Harald H. Risius
Leinen los – Pack' mers
Ein Segelroman

W0084520

Leinen los –

Pack' mers

Ein Segelroman

von Harald H. Risius

Aus der Serie
„Sail & Crime"
mit Hinni und Renate

RichterVerlag

Impressum

Leinen los – Pack' mers
Harald H. Risius
Ein Segelroman

Überarbeitete Ausgabe Oktober 2015
Die 1. Printausgabe erschien im Juli 2008
unter dem Titel „Makan Angin Pack' mers"
Copyright für alle Ausgaben: Harald H. Risius
www.HaraldRisius.de

erschienen im RichterVerlag
www.Verlag.RegineRichter.de
83132 Pittenhart

Umschlaggestaltung:
Regine Richter,
MarketingFotografie,
PrintDesgin, WebDesgin,
www.RegineRichter.de
Unter Verwendung eines Foto von Fotolia ©frog-travel.

Inhaltsverzeichnis

1. Kapitel

Traumrevier Mittelmeer

Der wachsende Steg – Ein Segelmagazin und seine Folgen – Jan blamiert sich mit einer Anzeige – Eine wirkliche Dame kommt an Bord

„So'n Schietwetter aber auch!" Hinrich Boomgarden, meistens Hinni genannt, ist richtig sauer. Auf den Regen, auf alles und hauptsächlich auf das Finanzamt. Angeblich hat er einige Einnahmen im letzten Jahr nicht ordnungsgemäß versteuert und nun soll er nachzahlen.

„Hol de Pahl fast!" Er drückt den nächsten, über zwei Meter langen Pfahl seinem Vereinskollegen in die Hand und kaum hat Jan Janssen den Pfahl richtig im Wasser positioniert, schlägt er mit dem dicken Vorschlaghammer zu.

Meistens kann Hinni ja geschickt mit seinem Werkzeug umgehen, aber heute, wo er soviel Wut im Bauch hat, bangt Jan trotz der dicken Schweißerhandschuhe, die er sicherheitshalber trägt, um seine Hände. Weiß er doch, dass auch er Gegenstand von Hinnis Wut ist, indirekt jedenfalls.

„Pass bloß auf, wo du hinschlägst, ich brauche meine Hände noch."

„Och du, du kummst up de Finanzamt ok ohne dien Hannen ut", meint Hinni grimmig, „Ihr braucht doch nicht mal einen Kopf! Wat sall dat ock!"

Dann, nach einer Weile intensiven Nachdenkens kommt Hinni noch eine erleuchtende Idee, die Jan weiter um seine Hände zittern lässt: „Dann krieg' ick eben dissen komischen Inkomenstürzedel nich und ick spar völ Geld. De kann ick sowieso net lesen!" Und schon holt Hinni wieder zum Schlag aus, noch kräftiger als vorher. Seine Wut scheint ihm ungeahnte Kräfte zu verleihen.

„Auch gut", denkt Jan, „dann sind wir eben früher fertig! Hauptsache er trifft weiterhin den Pfahl und nicht meine Hände."

Aber einen Zahn muss er Hinni noch ziehen, aber er wartet aus Sicherheitsgründen den nächsten Schlag ab: „Hinni, deinen Einkommenssteuerbescheid wirst du auf jeden Fall bekommen. Verschwinden lassen kann ich den nicht, das habe ich nicht in meiner Hand."

Es ist kurz vor Ostern. Seit Tagen regnet es, ein Tief jagt das nächste, Ostfriesisches Frühlingswetter eben und keiner kann sich noch vorstellen, dass jemals die Sonne geschienen hätte. Ausgerechnet in dieser Jahreszeit wird der jährliche Arbeitseinsatz im *Segelverein Großes Meer* eingefordert. Hinni und Jan haben mal wieder die unangenehmste, nasseste und körperlich schwerste Arbeit übernommen: die Reparatur des Anlegestegs. Mit Hosenstiefeln und gelbem Ostfriesennerz bewehrt staksen die beiden im Wasser herum, um neue Pfähle einzutreiben.

Zum Glück ist es sehr seicht hier. Es ist gerade so tief, dass eine Jolle oder ein Jollenkreuzer mit fast ganz eingeholtem Schwert anlegen kann. Das ist zwar schlecht fürs Segeln, aber gut für Reparaturen am Steg, sonst müssten sie entweder bis zum Bauch oder sogar bis zur Brust im Wasser stehen. In diesem Fall müsste eine Schwimmramme eingesetzt werden, die der Verein sich aber kaum leisten kann. Jedenfalls nicht, solange die Mitgliedsbeiträge für Normalverbraucher erschwinglich bleiben sollen.

Mit der Notwendigkeit der Reparatur ist das aber so eine Sache. Eigentlich ist der Steg noch ganz ordentlich in Schuss. Aber Hinni hat immer Probleme, bei auflandigem Wind mit seinem großen Jollenkreuzer vom Anleger des Segelvereins wegzukommen. Und auflandiger Wind ist die vorherrschende Windrichtung, liegt doch der Segelhafen am Ostufer einer Einbuchtung des Großen Meeres und meistens herrscht Westwind.

Das Große Meer ist ein Binnensee und beliebtes Surf- und Segelrevier in der Mitte Ostfrieslands. Es hat aber nichts mit einem Meer im Sinne der Sieben Weltmeere zu tun, obwohl der ostfriesische Fremdenverkehrsverband das auch gerne anders interpretiert. In Norddeutschland heißen aber die Seen eben Meer und das Meer heißt See: Steinhuder Meer, Zwischenahner Meer, Großes Meer und das benachbarte Kleine Meer oder eben die Nordsee und die Ostsee. Dass es komischerweise aber wieder Chiemsee oder Mittelmeer heißt, ist für einen echten Norddeutschen schwer zu verstehen. Man muss eben diese besondere regionale Ausdrucksweise hinnehmen und glauben, dass das so ist.

Der Anlegesteg des Segelvereins verläuft rechtwinklig zum Ufer und darf laut Auflagen des Wasser- und Schifffahrtsamtes nur maximal sechs Meter in das Wasser hineinragen. Zu kurz, findet Hinni, der seinen Jollenkreuzer zum Ablegen stets an die äußerste Spitze des Stegs verholen muss, um dann zunächst hilflos abzutreiben, bis er endlich genügend Fahrt ins Schiff bekommt, um gegen den Wind aufzukreuzen.

Und nun ergibt es sich eben bei jeder so genannten Reparatur, dass der Hinni-Steg, wie er im Verein meistens genannt wird, jedes Jahr ein Stückchen länger wird. Hinni verlässt sich darauf, dass schon keiner von der Behörde so genau nachmisst. Und wenn, dann wird ihm schon was einfallen.

Sein Vereinskollege Jan, ein ordentlicher und rechtschaffener Finanzbeamter, hat allerdings seine Probleme damit. Gesetz ist Gesetz! In jeder Beziehung, findet er. Und wie jedes Jahr leistet er mit seinem Arbeitseinsatz auch noch dem gesetzlosen Treiben Vorschub und dies belastet sein Gewissen. Dazu verlangt Hinni nun auch noch von ihm, den Steuerbescheid mit der Nachzahlungsforderung doch einfach verschwinden zu lassen.

„Eines Tages erwischen die uns und dann können wir den Verein dichtmachen", sorgt er sich jedes Mal.

Hinni lässt das allerdings kalt: „Joo, und? Un wenn all? Dann spendeer ick denen eben eine Kiste Bier und meinetwegen noch´n Buddel Korn dazu. Das ist immer noch billiger und einfacher, als einen Kratzer in meiner *Moi Wicht* auszuspachteln, wenn ich an den Anleger schramme. Hab' dich bloß nicht so!"

Jan findet allerdings, dass Hinni einfach zu beschränkt ist, um solche Gefahren zu erkennen. Auch die Sache mit dem Steuerbescheid: Hinni stellt sich das zu primitiv vor. Einfach Unterlagen verschwinden zu lassen und den Computer zu manipulieren ... Nein! Jans Beamtenseele ist zu Recht entrüstet.

Hinni, ein bodenständiger Ostfriese, ist mit einem äußerst praktischen Verstand ausgerüstet. Wo andere zaudern und zögern, hat er schon lange zu seinem Vorteil zugelangt. Seinen Job als Bootsbauer verlor er zwar schon vor einigen Jahren, aber zum Bau seines Jollenkreuzers *Moi Wicht* hat es gereicht, so hatte die Ausbildung doch etwas Gutes. Dass eben der Bau des Schiffes auch Grund für seine Kündigung war, verdrängt und verschweigt Hinni. Verschwand doch zu viel Material von der Werft, das in dem Jollenkreuzer nach einiger Zeit wieder auftauchte. Aber immerhin, Hinni besitzt nun das schönste und größte Boot des Vereins, das Flaggschiff sozusagen.

Bis vor kurzem lebte er trotz seiner achtunddreißig Jahre noch bei seiner Mutter, aber nachdem diese kurz vor Weihnachten gestorben ist, fehlt ihm eine feste Lebensbasis. Auch ein Grund für seine unterschwellige Wut, die er heute kaum unterdrücken kann. Obwohl, es geht ihm eigentlich nicht schlecht: Seine Eltern haben ihm genügend Grundstücke hinterlassen, die er gewinnbringend verpachtet hat und die ihm ein durchaus respektables Einkommen sichern. Und dass seine Wiesen und Äcker, die er nebenbei noch besitzt, auch noch – und zwar rechtzeitig! – zu Bauland werden, dafür sorgt er dann schon: ein nettes Wort und einen Schnaps an der richtigen Stelle hier, einen Gefallen dort – Hinni ist allseits beliebt.

Dass er mit der Sprache etwas auf Kriegsfuß steht, macht ihn eigentlich unter Ostfriesen erst recht sympathisch. So schlimm ist das ja nun auch wieder nicht. Das heißt, er redet eigentlich selten, finden viele seiner Freunde, aber wenn, dann doch sehr klar und deutlich, nur eben ungern Hochdeutsch. Meist wird es ein Mix aus beidem. Seine Muttersprache ist indes Ostfriesisch. Nicht Plattdütsch oder irgendeinen Dialekt, ,Ostfriesisch' eben. Er ist davon überzeugt, dass die Europäische Union eine sehr gute Entscheidung getroffen hat, als sie – seiner Meinung nach – speziell ,Ostfriesisch' zur eigenständigen Sprache erklärt hat. Offiziell heißt das zwar ,Saterländisch', damit ist für Hinni aber eben ,Ostfriesisch' gemeint. Nicht Friesisch oder irgendeinen norddeutschen Dialekt, was ja viele Binnenländer sowieso verwechseln, sondern eben ‚Ostfriesisch'. Für ihn ist das Hochdeutsche eher ein seltener und oft unverständlicher Dialekt, mit dem sich wichtige Dinge überhaupt nicht richtig ausdrücken lassen. Zwar hat auch er in der Schule mal Hochdeutsch gelernt und wenn er wirklich will und es nicht anders geht, kann er sich schon in dieser Sprache ausdrücken. Zum Beispiel wenn er auf dem Katasteramt in Aurich mit irgend so einem ‚Korinthenkacker' wegen seiner Grundstücksgrenzen verhandeln muss. Aber wenn ihm ein hochdeutsches Wort nicht richtig oder nicht rechtzeitig über die Lippen will, dann sagt er es eben mit seinen Worten. Für ihn ist es eben nicht so wichtig, in welcher Sprache er gerade spricht, sondern dass seine Botschaft klar und deutlich ankommt.

Und einsam ist Hinni auch nicht gerade: ein gut aussehender, kräftiger und manchmal auch großzügiger Mann wie er findet immer ein Mädchen, wenn ihm danach ist. Für eine Nacht, einen Segeltörn oder auch mal einen ganzen Sommer oder einen Winter. Gerne wühlen die schon mal in seinem meist wirren, blonden Haar und schauen in seine blauen Augen. Aber darüber redet Hinni ungern, seine Beziehungen und was da so passiert gehen nur ihn und die betreffende Partnerin was an. Vielleicht macht ihn ja gerade das so anziehend für viele Frauen.

Hinni findet andererseits, dass Jan einfach zu viel theoretischen Verstand hat und zu loyal Gesetzen gegenüber ist, um im Leben zu bestehen. Darum gewinnt der ja auch nie eine Regatta. Wie soll das auch gehen, wenn man jede Regel beachtet! Und fast jeden Abend muss er heim zu seiner Frau, die endlich Kinder von ihm will. Obwohl, das rechnet Hinni ihm doch zu seinen Gunsten an, er hat sich davor immer noch drücken können. Jan will lieber mal ein richtiges Schiff besitzen anstatt Steuer sparender Kinder.

Die beiden Männer sind, wenn sie sich gerade nicht über ihren angeblich vorhandenen oder eben nicht vorhandenen Verstand oder über Steuern streiten, ein gutes Team. Zumindest was Segeln angeht. Jan als akkurater Vorschoter zur Bedienung des Vorsegels – das auch Fock genannt wird – der sich genau ausrechnet, wann bei einer Wende die Fock durch den Wind muss und Hinni, der als Taktiker und erfahrenes Schlitzohr schon manche Regatta gewonnen hat. Und überhaupt, das Beste an diesem Team: Jan kennt die Regeln und Hinni weiß, wie man sie brechen kann.

Irgendwann, einige Stunden und etliche Pfähle später, lässt Hinni den Vorschlaghammer sinken: „Dat langt nu! Schmeer door noch mal Dreck up de Paahlen. Muss ja nicht jeder sofort sehen, dass die Pfähle neu sind."

Jan atmet erlöst auf, seine Hände sind noch dran und auch sonst ist alles an ihm heil. Und Hinni ist nun ruhiger, viel weniger aggressiv, wirkt aber immer noch erstaunlich fit. Wo nimmt der Kerl nur die Kraft und die Ausdauer her, wundert sich Jan.

Ein paar Querstreben werden noch angeschraubt, die Gehplanken aus Bangkiraiholz aufgenagelt, dann ist Hinni zufrieden und freut sich, mal wieder etwas nicht so ganz Legales, aber dafür ungemein Nützliches vollbracht zu haben. Sie sammeln ihr Werkzeug ein und machen sich auf den Weg zur Vereinsdusche. Beide frieren und dampfen zugleich und sie triefen vor Nässe: Regen von oben, Seewasser von unten und

Schweiß von innen, alles ist klitschnass.

Nach Seife duftend und mit frischen Klamotten betreten die beiden dann den Clubraum. Hier ist schon mächtig was los, der halbe Verein ist versammelt, es riecht nach Schnaps und Bier und vor lauter Qualm kann man kaum etwas sehen. Viele Mitglieder haben ihren Arbeitseinsatz für die Gemeinschaft geleistet, ein paar Frauen und ‚Vereinstöchter' haben für die Verpflegung gesorgt und nun gibt es einige Schnäpse aus der Vereinskasse.

„Richtig so, unsere Verpflegungsmehraufwendungen nach dienstlichem Einsatz haben wir uns verdient", findet Jan, der schon wieder eine Ausrede und eine korrekte Begründung für seinen hoffentlich kostenlosen Feierabendschluck sucht. Als Kassenwart des Vereins muss er diese Ausgabe ja schließlich auch rechtfertigen und vertreten können.

„Lass' die Kasse mal aus dem Spiel, Jan", meint Hinni großzügig, „ich geb´ uns einen aus." Und er winkt Imke, eines der Mädels an dem Tresen, mit seiner Privatflasche und zwei Schnapsgläsern zu sich her.

„Alle mal herhören", tönt es aus der Vorstandsecke, in der Geerd Geerdes, der Vereinsvorsitzende, im Moment noch alleine sitzt und seine Schäfchen beobachtet.

„Da sind ja auch Hinni und Jan", stellt er fest. „Seid ihr fertig?" Und nach einem vielsagenden Blick aus dem Fenster auf den Steg grinst er: „He, guckt mal alle, dem Hinni seiner ist schon wieder länger geworden."

Brüllendes Männergelächter ist die Antwort.

„Stimmt das, Hinni?" Imke schmiegt sich an ihren heimlichen Schwarm. Der aber bleibt ungerührt: „Wer dat meint, kann ja nachmessen! – Falls sich einer von euch bei dem Regen nach draußen traut, ihr Stubenhocker. Und wat net vermeten und registreert is, dat tellt ock net! All' kloor?"

Die letzten beiden Worte waren durchaus als Warnung gemeint und jeder hat verstanden, dass dies heute und in Zukunft kein Thema mehr sein darf. Hinni genießt es zwar, wie Imke ihre Brust an seine Schulter drückt, aber schon aus Prinzip versucht er cool zu bleiben. Erst soll das Mädel sich noch ein bisschen anstrengen, bevor er geruht, von ihr Notiz zu nehmen. Natürlich spürt er, dass sie keinen BH trägt und er weiß auch, dass sie will, dass er das spürt. Der Abend hat ja noch nicht einmal begonnen, er ist gespannt, wie er sich entwickelt.

„Komm' Jan, een drinken we noch. Un du, Imke, wat is mit di? Darfst du auch schon einen ordentlichen Schnaps mittrinken? Oder bist du noch immer bei Fanta und Cola?", provoziert er sie.

„Natürlich Hinni, ich darf alles, ich bin doch schon achtzehn. Hast du das vergessen? Wo wir doch an meinem Geburtstag so schön miteinander getanzt haben?", erinnert sie ihn. Imke ist selig, ihr Oberkörper gleitet wie zufällig noch einmal über Hinnis Schulter, dann setzt sie sich auf den Stuhl, den ihr Jan, ganz Kavalier, hinschiebt.

So ein Teufelskerl, denkt er sich, Hinni behandelt das Mädchen fast wie ein Kind und doch himmelt sie ihn an. Was würde sie wohl alles mit sich machen lassen, wenn Hinni nur richtig wollte? Warum immer nur Hinni, warum kommen die Mädchen nicht zu ihm? Eigentlich möchte Jan auch gern ein Draufgänger sein. Wild und verwegen, unbesiegbar. Ein echter Outlaw! Er hasst sich selber sogar dafür, dass er immer korrekt, verlässlich und treu ist. Auch seiner Frau gegenüber, bis jetzt zumindest. Aber er kann aus seiner Haut nicht heraus. Daran ändert auch der Drei-Tage-Bart nichts, den er seit einiger Zeit kultiviert. Und Anzug und Krawatte trägt er schon lange nicht mehr im Büro, neuerdings sogar meistens nur Jeans und einen dunkelblauen Seemanns-Troyer mit dem aufgenähten Emblem des Segelvereins, damit nur ja auch alle seine maritimen Ambitionen erkennen. Sogar seine langweiligen Lederschuhe von Deichmann hat er längst gegen teure Original *Sebago Docksides* ausgetauscht. Aber all das macht ihn nicht zu dem Helden und Herzensbrecher, der er gerne wäre.

Wenn er nur ein eigenes Schiff hätte, so wie Hinni, dann würden die Mädchen sich auch um ihn reißen, hofft er. Also, weiter sparen, dass von seiner Frau Birgit sehnlichst erwünschte Baby zielstrebig verhüten und vielleicht schafft er irgendwann den Absprung. Er gerät ins Träumen, sieht sich an einem fernen Strand, als Pirat mit einer Augenklappe und wird von sämtlichen weiblichen Auszubildenden des Finanzamts angehimmelt ...

„Moin, moin Karl!", dröhnt Hinnis Stimme plötzlich und Jan wird jählings aus seinem Traum gerissen, gerade als die Azubis im Bikini erscheinen und ihm exotische Cocktails servieren wollen. „Set di up de Stool!" Hinni rückt zur Seite. „Imke, sei lieb und hol noch'n Schnapsglas für Karl. Und ein paar Buddels Bier für uns alle", fügt er hinzu. Karl begrüßt die beiden Freunde und legt eine Segelzeitschrift, die er unter dem Arm getragen hat, auf den Tisch. Er ist Bauingenieur und deshalb auch für alle Baufragen des Segelvereins zuständig.

„Ist dein Steg mal wieder repariert, Hinni?", fragt er anzüglich. „Also, wenn du mich fragst, der sieht genau so aus wie vorher. Nur länger, oder?" „Joo, Karl, dat is wohl so. Dir kann

16

ich ja nichts vormachen. Aber da proten wi neit over, kloor?"

„Klar Hinni, da wird nicht drüber geredet. Mir ist das doch egal. Ich habe nichts gesehen. Aber pass auf, dass alle das Maul halten. Die von der Gemeindeverwaltung, die habe ich im Griff, aber im Wasser- und Schifffahrtsamt kenne ich keinen und mit den Grünen im Gemeinderat ist auch nicht zu spaßen. Und verkneife dir mal im nächsten Jahr deine Spezialreparatur. Du kommst doch auch so klar!"

„Ja, schon, aber wenn es nur etwas tiefer wäre und ich das Schwert ganz fieren könnte, dat was ook all wat. Können wir nicht ausbaggern?"

„Nee, Hinni, das kannst du ganz vergessen. Wir sind am Rand des Naturschutzgebietes und des Schilfgürtels, damit kommst du nicht durch."

Und dann zeigt Karl auf seine Segelzeitschrift: „Ist doch sowieso alles Scheiße hier, hier schaut mal, das würde mir gefallen."

Die Titelseite des Magazins zeigt einen fast leeren Strand mit blauem Wasser und einer ankernden Segelyacht dahinter, ein paar nette, nur mit Bikinis bekleidete Mädchen im Vordergrund, daneben eine Palme und den Text: „Sehnsucht nach Sonne – Traumrevier Mittelmeer." Auch Jan wird richtig wach. Er beugt sich über die Zeitschrift, bis Imke ihn zur Seite schiebt und ein paar Bierflaschen auf den Tisch knallt: „Ihr Scheißkerle, mal wieder nichts als nackte Weiber im Sinn. Hinni, du willst mir doch nicht untreu werden, oder? Soll ich mich lieber zu Karl setzen?"

Hinni brummelt etwas und zieht das Magazin zu sich heran: „Joo, dat het wol watt." Es ist aber nicht klar, was ihm besonders gefällt, das Mädchen, der Strand oder einfach die Aussicht auf Sonne und Wärme.

„Traumrevier Mittelmeer", liest er langsam vor. „Und wo ist das genau? Wie kommt man dahin?", fragt er Karl, der nicht nur in seinen Augen sondern auch tatsächlich ein weit gereister und Welt erfahrener Mann ist.

Karl Eilers, der wie fast alle Vereinsmitglieder aus der näheren Umgebung von Aurich oder aus Emden stammt, hat in seinem Leben schon mehr von der Welt gesehen, als nur das benachbarte Holländische Groningen, in das die Ostfriesen gerne zum Einkaufen fahren. Früher aus Preisgründen, als es noch Gulden gab und der Wechselkurs günstig war. Heute, weil man es eben tut und so gewohnt ist. Karl hat für eine große, international tätige Baufirma als Bauleiter fast auf der ganzen Welt gearbeitet und Erfahrungen jeglicher Art gesammelt. Vom Typ her ist er eigentlich eher ein bodenständiger Ostfriese, er liebt er es jedoch, immer mal wieder in ferne, exotische Länder hinauszukommen, in denen er sich dank seiner guten Allgemeinbildung und geistigen Flexibilität jeweils auch erstaunlich schnell zurechtfindet.

Auf seinen Reisen hat es zwar auch viele Frauen gegeben, nicht nur um seine Sprachkenntnisse und sein Wissen um Land und Leute zu vertiefen, aber zu einer festen Bindung hat es nie gereicht. Obwohl es eigentlich längst Zeit würde. Die Dreißig hat er längst überschritten, aber lieber hat er damals die Rathaustreppe gefegt, sich ‚freiküssen' lassen und Bier für das halbe Dorf ausgegeben, als sich zu binden. Wie jeder Ostfriese, männlich oder weiblich, der an seinem dreißigsten Geburtstag noch unverheiratet ist, musste auch er an einem Samstags nachmittags die Rathaustreppe kehren, so lange, bis er von einem Mädchen ‚freigeküsst', also mit einem Kuss von der ‚Jungmannschaft' befreit wurde. Da Karl als eine gute Partie galt, haben in seinem Fall gleich mehrere Mütter ihre Töchter hingeschickt und Karl hat jeden Kuss genossen. Aber das war's dann auch für ihn. Zwar hat er mit der einen oder anderen noch ein wenig herumgeflirtet und vielleicht war da auch noch etwas mehr als nur ein Kuss. Aber mit keiner Frau konnte er sich vorstellen durch die Welt zu ziehen, zu segeln oder eventuell sogar Kinder zu haben und großzuziehen. Seit einiger Zeit ist er aber arbeitslos, seine Firma musste Konkurs anmelden und ein neuer Job ist nicht so schnell in Sicht. Damit ist auch das Thema ‚feste Bindung' für ihn weit nach hinten gestellt.

Segeln und Wasser waren schon immer seine Leidenschaft und weil es zu einem eigenen Schiff finanziell und aus Zeit-gründen immer nicht gereicht hat, ist er oft auf fremden Schif-fen mitgesegelt. Und so nebenbei hat er dann einen Segelschein nach dem anderen gemacht: Den Sporthochseeschifferschein, das Allgemeine Sprechfunkzeugnis und sogar den *Pyroschein*, der ihn berechtigt Signalwaffen, wie zum Beispiel eine Seenot-pistole, zu benutzen und zu besitzen. Wohl kein anderes Ver-einsmitglied hat so profunde nautische und maritime Kennt-nisse wie er.

Eigentlich sind Karl und Hinni die Vorsitzenden des Ver-eins. Wenn es Probleme gibt, müssen die beiden sowieso immer ran: Karl, der die Lösung findet und Hinni, der sie mit seinen Mitteln durchsetzt. Aber keiner von den beiden hat sich je zur Wahl gestellt. Hinni, weil er keine zeitraubende Ver-pflichtung eingehen möchte, er will offen und frei bleiben und

Karl, weil er sich der Unterstützung der anderen Vereinsmitglieder nicht so sicher ist. Obwohl, wenn er sich als erfahrener
Mittelmeerskipper und Organisator solcher Törns qualifizie-
ren könnte, wäre das sicher etwas anderes. Dafür muss er aber
jetzt erstmals Hinni begeistern, natürlich nicht so auf direktem
Weg.

„Wie du da hinkommst?", greift er deshalb Hinnis Frage
einen Schnaps später auf. „Da musst du dein Fahrrad aber
ordentlich schmieren. Und über die Alpen musst du natürlich
auch, das ist sowieso nichts für dich", belehrt er ihn.

Hinni aber lässt nicht locker: „Nee, im Ernst, wenn ich das
hier alles so sehe, besonders das Schietwetter – ich möchte das
Mittelmeer schon mal sehen. Aber ihr müsst mit!"

„Ich auch, Hinni?" Imke schmiegt sich nun wieder an ihn.
„Ich gehe freiwillig mit. Aber nur, wenn du ganz lieb zu mir
bist."

Hinni grinst und weil Imke ja aus ‚besserem Hause' kommt
und deshalb nur Hochdeutsch spricht, findet Hinni es besonders wichtig, mit ihr auf Ostfriesisch Klartext zu reden:
„Meenst du, dat was good? Kiek eben, wovöl Konkurrenz du
door hest!" Er zeigt auf das Bikinimädchen auf dem Titelbild.

Imke schmollt: „Du Angeber, dann nimmt Karl mich eben
mit!" Sie rückt zur Seite, Richtung Karl.

„Das machst du doch, Karl? Mein Bikini ist noch viel knap-
per und eigentlich brauche ich auch gar keinen", lockt sie ihn.

„Natürlich Imke, du bist doch das schönste Mädchen weit
und breit." Geschmeichelt legt Karl seinen Arm um sie: „Aber
wenn du mit möchtest, musst du erst mal *richtig* segeln lernen.
Nicht nur immer mit Hinni im Schilf!"

„Nix was in't Reed", poltert Hinni. „Da sind wi man eben up Grund komm`n. Ist ja überall so flach hier."

Und Imke ergänzt: „Stimmt, richtig aufgelaufen ist Hinni. Bei mir! War doch viel zu kalt im Cockpit", sagt sie unschuldig.

Nun grinsen Karl und Jan sich an. „Sieh' mal an, also muss der Kerl auch mal eine Niederlage einstecken. Gut so", scheinen beide unisono zu denken.

Jan aber spinnt in seinen Gedanken den Faden weiter: Warme Sonne, ein geräumiges Cockpit oder eine diskrete Koje, braun gebrannte Mädchen mit oder ohne Bikini ... Sein Mund wird trocken und hastig greift er nach der Bierflasche. „Also, ich bin auch dabei", hört er sich sagen, „Karl, erzähl uns was vom Mittelmeer."

Und Karl erzählt vom Mittelmeer: Von der Côte d'Azur, Italien, Kroatien und Griechenland, der Türkei und Spanien, Tunesien, Sizilien und Lampedusa. Vom blauen Himmel und klarem Wasser, Ankerbuchten mit feinen Sandstränden, Delfinen und vielen bunten Fischen, kleinen Fischerhäfen und modernen Marinas, von Land und Leuten und von Sangria, Retsina und Ouzo, Mistral, Bora, Jugo und Schirokko.

Er erzählt lange und viel, alles was er mal gelesen, gehört und sogar selbst gesehen hat. Bier und Schnäpse werden geordert und spät am Abend ist es klar: „Wir wollen ans Mittelmeer. Bald!"

Leicht schwankend stehen sie auf. Wie selbstverständlich nimmt Hinni Imke in den Arm und verkündet, bevor die beiden die Tür erreichen: „Jungs, nächsten Sonnabend treffen wir uns wieder! Ick will mien *Moi Wicht* in't Water laaten. Helft ihr? Dann reden wir weiter!"

Jan hat eine schlimme Woche. Er findet keine auch nur halbwegs legale Lösung für Hinnis Steuerproblem und, Freundschaft hin oder her, etwas Ungesetzliches macht er nicht. Auch wenn er gerne ein Outlaw wäre, sein Job und seine Existenz sind ihm wichtiger. Noch! Und genau betrachtet, es geht doch nur um ein paar tausend Euro, die soll Hinni mal zahlen. Der hat es doch.

Damit könnte er eigentlich seinen Seelenfrieden wiedergefunden haben. Aber das Titelblatt des Segelmagazins kreist in seinem Kopf herum. Im Büro, abends in seinem Garten und besonders nachts im Ehebett. Nicht das seine Frau Birgit unattraktiv wäre oder ihn zurückweisen würde. Im Gegenteil, er fühlt sich fast überfordert. Aber mal wieder richtigen Sex, ohne gleich an schreiende und teure Babys denken zu müssen, das wünscht er sich. Birgit will Kinder, möglichst bald, er aber nicht. Gerade noch rechtzeitig hat Jan herausbekommen, dass sie heimlich die Pille abgesetzt hat und nun verhütet er auf seine Art, nämlich indem er mit Hilfe des Buches „Was die kluge Ehefrau wissen muss", das er als Jugendlicher mal bei seiner Mutter gefunden und gleich stibitzt hat, die unfruchtbaren Tage ausrechnet und in der übrigen Zeit entweder Müdigkeit oder Überstunden vorschützt.

Aber so geht das nicht weiter! Scheidung ist für ihn kein Thema, zumindest noch nicht, gesteht er sich ein. Eigentlich liebt er Birgit ja und außerdem würde er sich finanziell völlig ruinieren. Für ihn ist klar: ein eigenes Schiff bekommt er nur *mit* Birgit, aber *ohne* Kinder. Und dann taucht wieder das Titelblatt in seinen Träumen auf: braungebrannte, samthäutige und sexy Mädchen, die bereitwillig auf sein Schiff kommen, sich ihren Rücken einölen und dabei den Bikini gerne von ihm abstreifen lassen. Und er stellt sich die Nächte vor, gutausse-hende Frauen, die mit ihm nur Sex, aber keine Kinder wollen. Frauen, die er ohne Angst vor möglichen Folgen berühren kann.

Und es braucht ja auch nicht für immer zu sein. Vielleicht zwei Wochen, oder drei? Das kommt natürlich auf die Kosten an. Was muss man für so eine Segelyacht wohl bezahlen? Und für die Reise dorthin?

Er verbringt die Tage im Büro fast nur noch vor seinem Com-puter und surft im Internet. Und er erschrickt! Selbst wenn er sich die Kosten für eine Charteryacht mit Hinni und Karl teilen würde, das wären ja immer noch ein paar tausend Euro. Pro Person! Und leben muss man dort auch. Ein paar Mädels oder zumindest eines hätte er ja auch gerne dabei – darum geht es doch überhaupt – und nur Sprudelwasser kann er denen auch nicht anbieten.

Oder soll er Imke mitnehmen, vorausgesetzt die will über-haupt? Aber so geil wie die aufs Mittelmeer war? Nur, ihren Flug müsste er ja auch bezahlen, Imke hat gerade ein Studium begonnen und bekommt von ihrem Papa aus Prinzip nur ein schmales Taschengeld. Und was würde Hinni dazu sagen? Der betrachtet Imke sicher als seine Leibeigene.

Eine Anzeige in der Ostfriesen-Zeitung, das wäre doch eine Lösung, denkt er sich. Zum Beispiel: *Toller Skipper sucht junge, attraktive und finanziell unabhängige Frau für einen Segeltörn im Mittelmeer.* Kurz und knapp und nicht zu teuer. Unter Chiffre natürlich und mit Hinnis Anschrift. Das ist der ihm schuldig. Er gibt die Anzeige auf und schon nächsten Sonnabend soll die erscheinen.

Derart in Stimmung gebracht, kann er kaum noch das

Wochenende erwarten. Pünktlich zum Elfürtje, dem Tee um elf Uhr, der in Ostfriesland stets aus einem großen Anteil Schnaps besteht, kommt er bei Hinni an. Der erwartet ihn schon: „Moin, moin Jan, door bist du ja!"

„Moin Hinni und wo ist Karl?"

„Karl kommt gleich, aber wir können schon anfangen." Hinni hat die Flasche Korn schon in der Hand, die Gläser holt er aus der Hosentasche und schenkt großzügig ein: „Net lang schnacken, hol de Kopp in Nacken", prostet er seinem Kumpel zu.

„Moin, Hinni und moin, Jan." Karl taucht auf und beginnt auch gleich über die frühe Sauferei zu lästern: „Ist denn noch was für mich da? Ich habe verschlafen und noch gar kein Frühstück gehabt! Gibt es auch so etwas wie Kaffee?"

In Jans Hirn werden einige Windungen aktiv. Das kann er sich nicht vorstellen. Kein Frühstück? Das würde Birgit nicht zulassen. Die steht jeden Morgen mit ihm auf und frühstückt mit ihm. Egal wie früh er raus muss. Und zwar richtig, mit Tee und Kluntjes, dem weißen Kandis, und Sahne. Keinen schnell heruntergestützten Kaffee. Aber trotzdem, so ein Frühstück ist nicht alles, sagt ihm seine Draufgängerseele.

Nach dem Kaffee wird Hinnis Jollenkreuzer, seine *Moi Wicht*, die ihr Winterlager in einem ehemaligen Stall hinter seinem Wohnhaus hat, mit einem Wagenheber hochgekurbelt. Stützen werden gestellt und schließlich können die Pallhölzer, die kurzen Holzbalken zum Aufbocken eines Schiffes, so weit entfernt werden, dass Hinni den Anhänger darunter fahren kann. Ganz vorsichtig rangiert er seinen schweren Landcruiser mit dem Anhänger. Soviel Feingefühl und Geduld hätte ihm niemand zugetraut, der nur oberflächlich mit ihm zu tun hat. Jan bewundert ihn wider Willen: Mit Frauen, Autos und Booten kann er es. Wenn er jetzt eine Stütze anfährt und diese umkippt, dann ist die Saison gelaufen, aber das passiert nicht. Nicht bei Hinni. Langsam wird der Jollenkreuzer abgesenkt und landet sicher auf dem Bootsanhänger.

„Los Jungs, all kloor, wir fahren gleich zum Verein!" Jan und Karl steigen in den Landcruiser ein und Karl kann noch gerade die Flasche Korn als Wegzehrung einstecken. Alkohol und Autofahren, dass ist zwar auch in Ostfriesland nicht erlaubt, aber am Sonnabend und bei Bootstransporten muss es Ausnahmen geben, finden zumindest Hinni und Karl. Jan eigentlich auch, nur kennt er keinen entsprechenden Paragraphen in der Straßenverkehrsordnung. Aber er fährt ja nicht!

„So Hinni, langsam zurück, weiter, weiter!" Karl dirigiert Hinni, nachdem er die Lichtleiste von dem Anhänger entfernt hat. „Weiter, weiter, etwas nach links. Stopp, achtern schwimmt sie schon auf. Jan, etwas lose mit den Festmachern damit sie vom Anhänger freikommt!" Und nach einer kurzen Pause: „So Hinni, du kannst herausfahren, alles klar, deine *Moi Wicht* schwimmt wieder."

Hinni fährt den Wagen samt Anhänger auf den Parkplatz zurück. Jan und Karl ziehen den Jollenkreuzer mit den Leinen zum Anlegesteg und belegen die Festmacherleinen.

Der Mast wird mit einem Bolzen in dem Mastkoker, einem Schuh beziehungsweise Köcher, in dem der Mast auf dem Rumpf steht, befestigt. Der Verklicker, das Fähnchen oben auf dem Mast, das die Windrichtung anzeigen soll, wird aufgesteckt und die Wanten sowie das Vorstag, die Drahtseile, die den Mast abstützen, werden eingehängt. Zu dritt schaffen sie es, den Mast zu stellen, ohne den Jüttbaum als Hilfsvorrichtung benutzen zu müssen. Karl dreht die Spannschrauben ein und richtet den Mast nach Hinnis Anweisungen aus.

„Moi, good maakt", Hinni freut sich. „Jetzt nur noch fix das Ruder einhängen."

Auch das ist schnell gemacht und Hinni schleppt noch den Außenborder an Bord. Der ist zwar auf dem Großen Meer nicht erlaubt, na ja, aber manchmal ist eben zu wenig Wind oder er kommt total aus der falschen Richtung. Natürlich immer genau dann, wenn Hinni gerade schnell zurück in den Hafen oder sonst wo hin will.

Im Sommer, wenn das Wasser einigermaßen warm ist, kommt man auch ohne solche unerlaubten Hilfsantriebe aus. Zumindest Jollen, für die ein mitgeschleppter Außenborder ohnehin sehr hinderlich ist. Da das Große Meer sehr flach ist, kann man ohne weiteres bei widrigem Wind ‚optimale Höhe laufen'. Nicht gerade bei Regatten, da wäre das auch regelwidrig, aber sonst wird es gerne geübt: Der Vorschoter springt einfach mit einer Leine ins Wasser, das ja meistens nur bis zum Bauchnabel oder bis zur Brust reicht und zieht das Boot in die gewünschte Richtung, meistens gegen den Wind. Der Steuermann knallt die Schoten ordentlich dicht und jeder an Land mit nicht ganz so guten Augen wundert sich, wie hoch das Boot plötzlich an den Wind gehen kann. Dass da in der Nähe noch ein „Schwimmer" im Wasser herumplanscht, wird leicht übersehen, besonders wenn dieser sich durch entsprechende Kleidung zu tarnen weiß.

Aber Hinnis Jollenkreuzer ist für solche menschlichen Hilfsantriebe zu schwer und meistens sind seine Vorschoterinnen auch nicht geneigt Fron- und Hilfsdienste dieser Art zu leisten.

Es wäre ja auch kontraproduktiv, wenn die gerade angemachten Mädchen im Wasser sofort wieder abgekühlt würden.

Nein, in einer solchen Situation schmeißt Hinni lieber mal fix den Außenborder an und ab geht es ins Schilf. Dort ist das Ankern zwar auch nicht erlaubt, weil die Schilfbauern um ihren Rohstoff fürchten, aber Hinni ankert ja auch nicht, sondern sitzt einfach fest. Kann ja mal passieren.

Alle Drei setzen sich ins Cockpit, Jacken zugeknöpft und die Kragen hochgerollt, denn es weht immer noch ein empfindlich kalter Nordwind. Hinni holt wieder die Gläser aus der Hosentasche und Karl packt die gerettete Flasche aus: „Prost Hinni, prost Jan."

„Prost Karl, prost Jan! Auf eine gute Segelsaison und dusend mal Dank für eure Hilfe."

„Ach, da nicht für!" Jan ist schon unruhig, er will doch endlich auf sein Thema kommen: „Was ist denn nun mit unserem Mittelmeertörn, habt ihr da mal drüber nachgedacht?"

Hinni nickt: „Ja, ich hätte wohl Lust mal was anders zu machen." Dann wird sein Gesicht ganz ernst und seine Stimme lauter: „Ich mutt mal ruut hier! Es ist ja immer der gleiche Trott. Und du Karl, wau is dat mit di?"

Karl streckt die Beine aus und natürlich stoßen seine Knie an den Reitbalken, diesem ungeliebten, aber notwendigen Querbalken im Cockpit, an dem das Großschot, die Bedienungsleinen für das Großsegel, befestigt sind.

„Au, verdammt tut das weh! Doch, ich hätte auch Lust. Mal wieder in Shorts und ohne Ostfriesennerz segeln. Doch, das hätte was. Und Zeit habe ich ja im Moment genug."

Jetzt werden alle Drei ganz aufgeregt, wie kleine Jungs, die sich auf Weihnachten freuen. Mögliche Termine und Anfahrtsmöglichkeiten werden diskutiert, was für ein Schiff gechartert werden soll, wo man einen Vercharterer findet und welche Besegelung das Schiff haben müsste.

Schließlich fragt Karl ernüchternd: „Wo wollen wir denn nun eigentlich hin? Das Mittelmeer ist groß, sehr groß. Und wisst ihr, was so ein Charterschiff kostet? Und wie lange habt ihr denn Zeit, besonders du, Jan? Bekommst du überhaupt Urlaub von deiner Frau?"

Jan versucht seine Verlegenheit zu verbergen, von seiner künftigen vermögenden Freundin muss er ja noch nicht erzählen: „Doch, doch, das geht schon klar. Ich habe Urlaub genug und Birgit ist bestimmt auch froh, wenn sie mal allein sein kann." Wenn sie denn man alleine bleibt, denkt sich Karl, aber das sagt er als guter Freund natürlich nicht.

Karl bleibt weiter praktisch: „Und wer chartert das Schiff? Ohne entsprechende Segelscheine geht da nichts, bei den meisten Chartergesellschaften jedenfalls. Und mit Segelschein meinen die nicht den alten A-Schein für Binnengewässer, sondern was richtiges."

Jan schaut Hinni betreten an. Segelscheine? Sie können doch alle segeln, mehr oder weniger. Sogar auf der Ems und im Wattenmeer, einem der schwierigsten Reviere überhaupt. Den Tidenkalender für die Gezeiten haben sie doch im Kopf einprogrammiert. Aber nach einem Segelschein hat noch niemand gefragt.

„Wieso Karl? Ich denke du hast alle Segelscheine, grüne, weiße und gelbe. Die hast du mir doch gezeigt. Is dat denn neit genug?", fragt Hinni neugierig.

„Doch Hinni, für mich reicht das. Aber dann bin ich der Skipper und ihr seid meine Mannschaft und müsst das Deck

28

schrubben und andere Sklavenarbeiten verrichten. Mir immer Bier reichen wenn ich Durst habe und an Land Mädchen für mich schanghaien."

Jan nimmt das zunächst ernst, er guckt ganz erschreckt. Aber Hinni lässt sich von Karl nicht bluffen: „Dat is in Ordnung, Karl. Aber dann bekommen wir auch unsere Heuer. Dat hört sück so. Und wegen der Arbeitszeiten frage ich noch mal bei der Seeberufsgenossenschaft nach. Schikanieren darfst du uns heutzutage nicht mehr. Und Kielholen auch nicht, das ist neuerdings auch verboten. Und ordentliche Kabinen müssen sein und jeden Tag ein Fass mit Rum und ..."

Karl lacht und Jan atmet auf. „Gut", sagt Karl, „ich werde Skipper und an Bord habe ich das letzte Wort. Wenn ihr damit einverstanden seid, können wir weitersehen."

Beide sind natürlich einverstanden und froh, dass Karl das Ruder in die Hand nehmen will.

„Und wie geht es nun weiter?" Jan ist ungeduldig, er will wissen, wie er dran ist, was auf ihn zukommt und was das alles kosten wird.

Karl bereitet sich schon mal auf seine künftige Führungsrolle vor und delegiert: „Du, Hinni kaufst und liest alle Segelzeitschriften die du bekommen kannst, informierst dich über Vercharterer, Reviere und Schiffe und suchst die günstigsten Preise heraus. Lesen kannst du ja!"

Hinni hebt die Faust: „Du Kloogschieter, du!"

Karl lässt sich nicht beirren: „Klugscheißer bist du selber! Und du, Jan, suchst im Internet. Schau am besten unter yacht. de oder esys.org nach, da könntest du Informationen finden. Und eins noch, vorerst kein Wort zu den andern hier im Verein. Sonst zerreißen die sich bloß das Maul."

Jan ist etwas enttäuscht, er hätte sich schon gerne jetzt als harter, kerniger Hochseesegler und Salzwasserbuckel wichtig gemacht und von seinen künftigen Abenteuern erzählt. Aber er protestiert jetzt lieber mal nicht.

„Sicher halten wir erst mal den Mund, ist doch klar, oder was, Hinni?"

Auch Hinni nickt: „Joo, dat is kloor!" Er ist ja sowieso nicht für überflüssiges Gerede.

„Und nächsten Sonnabend treffen wir uns wieder hier. Oder bei dir, Hinni?", fragt Karl.

„Entweder hier, wenn gutes Wetter ist und wir einen Probeschlag segeln können. Heute ist mir das zu kalt. Oder bei mir zu Hause, ich sorge dann auch für einen ordentlichen Schluck."

Für Jan vergeht wieder eine unruhige Woche. Er ist gespannt, aufgeregt und voller Erwartung, wer ihm wohl alles auf seine Anzeige antworten wird. Seinen Job im Finanzamt macht er mechanisch und zum Glück hat Hinni ihn nicht wieder auf sein Steuerproblem angesprochen. Aber trotzdem wartet er sehnsüchtig auf Hinnis Anruf und dass dieser ihm sagt, dass da Post für ihn wäre.

Sicher wird Hinni das nicht so hinnehmen und nachfragen, wer und vor allen Dingen warum jemand für Jan an seine Adresse schreibt. Aber für den Fall hat Jan bereits eine Antwort parat: Er sucht einen neuen Gebrauchtwagen, ein schickes Cabriolet, das sich Birgit schon immer gewünscht hat. Aber es soll eine Geburtstagsüberraschung werden, deshalb kann er die Post doch nicht an seine eigene Anschrift senden lassen, hat er sich ausgedacht. Das wird Hinni sicher als plausible Begründung reichen, hofft er.

Aber leider kommt weder ein Anruf von Hinni noch eine

sonstige Mitteilung und enttäuscht macht Jan sich am Samstag wieder auf in den Segelverein.

Das Wetter hat sich überraschend gebessert, es herrscht ein stabiler Ostwind und das Barometer zeigt einen hohen Luftdruck, der noch für eine Weile einen klaren Himmel mit viel Sonnenschein verheißt. Richtig warm ist es geworden, zumindest jetzt am frühen Nachmittag. Viele Vereinsmitglieder haben inzwischen ihre Boote ins Wasser gelassen. Einfache, kleine Jollen meistens, aber schließlich kann man damit segeln und Freundinnen, Frauen, Arbeitskollegen und allen anderen, die es wissen wollen oder auch nicht, etwas vormachen und beweisen was für ein toller Kerl man ist.

„He Jan, alter Kumpel", wird er aus einer der Jollen angesprochen, „hilf mir doch mal fix den Mast zu stellen."

Jan greift das hingereichte Vorstag, er zieht und hinten aus dem Cockpit wird der Mast hochdrückt.

„Steht, alles klar, brauchst nur noch das Vorstag einzuschäkeln", wird aus dem Cockpit gebrummt. Missmutig greift Jan nach dem Drahtseil und dem Schäkel und befestigt das Vorstag an dem Bugbeschlag des Bootes. Er grübelt: Das kann es doch nicht sein, er ist doch nicht der Hilfsmaat für den halben Verein. Nur weil er kein eigenes Boot besitzt und deshalb auch nicht den üblichen Stress vor dem jährlichen Ansegeln damit hat ...

„Hallo Jan", wird ihm von einer der nächsten Jollen, einer Conger, zugerufen, die offensichtlich gerade anlegen will, aber wohl den Aufschießer verpatzt hat mit dem das Boot in den Wind gestellt wird, um die Fahrt abzubremsen. Irgendwie treibt das Boot gute zwei Meter vom Steg entfernt hilflos herum und entfernt sich bei dem Ostwind langsam aber stetig immer weiter vom Ufer.

„Nimm doch mal die Leine über", hört er gerade noch und schon fliegt ihm ein Festmacher entgegen, den Jan brav auffängt und an der nächsten Klampe am Steg belegt. Erst jetzt schaut er genauer hin und sieht wie sich Imke im Bikini auf dem Vordeck räkelt, während Geerd Geerdes, der Besitzer des Bootes, versucht sich und seine Jolle an Land zu verholen.

Seine Laune wird dadurch nicht besser: „Imke, so wird das nichts mit dem Segeln, du musst auch schon mal selber deinen zarten Hintern bewegen, wenn du segeln lernen willst." Aber eigentlich er ja nur sauer und neidisch auf Geerd, der sich heute das attraktivste und offensichtlich auch willigste Mädel aus dem Verein an Bord geholt hat.

„Ach Jan, wozu muss *ICH* segeln lernen", ruft Imke frech und streckt ihm ihren nur knapp verhüllten Busen entgegen. Aber Jan kann sich nur zu einem frustrierten und abweisendem „Verkühl dich nur nicht, Mädchen", aufraffen. Seine Laune ist wirklich nicht gut.

Er stapft weiter und sucht Hinni. Dessen Jollenkreuzer liegt ordentlich vertäut allein am Steg und er dreht sich suchend um.

„Hallo Jan", wird ihm zugerufen und er sieht Karl, wie der an einem der Tische sitzt, die wegen des schönen Wetters auf die Wiese gestellt wurden und heftig winkt: „Hier sind wir, komm' rüber."

Auch Hinni sitzt schon dort und beide haben bereits eine Flasche Pils vor sich stehen. Die beiden lachen laut und scheinen sich sehr zu amüsieren.

„Setz dich zu uns, wir müssen dir was zeigen", ruft Karl und angelt bereits eine weitere Bierflasche für Jan aus dem Kasten.

Jan öffnet die Flasche und prostet den beiden zu: „Was gibt es denn?", fragt er aufgeregt, „habt ihr schon was für unseren Törn gefunden?"

„Nein, das nun gerade nicht", Karl legt die Ostfriesen-Zeitung vom Wochenende auf den Tisch und deutet auf eine Anzeige: „Hier lies' mal! Da will noch einer ans Mittelmeer!"
Und Jan liest:

Toller Skipper sucht junge,
attraktive und finanziell
unabhängige Frau für einen
Segeltörn im Mittelmeer.
Zuschriften unter Chiffre
25788 an die OZ.

Nur mühsam kann er seine Betroffenheit verbergen und schnell vergräbt er sein Gesicht in ein Taschentuch, das er Gott sei Dank dabei hat. Er täuscht einen Hustenanfall vor, um die Röte, die ihm plötzlich in das Gesicht schießt, zu verbergen. Scheiße, wie kommen die nur auf seine Anzeige? Zwanzig Seiten mit Anzeigen sind da in der Wochenendausgabe und ausgerechnet seine finden die beiden heraus.

„Schaut mal hier", mokiert sich Karl und liest vor: „Toller Skipper, ha ha ha, was soll das schon heißen? Hat ein toller Skipper es nötig, sich eine Frau über eine Zeitungsanzeige zu suchen? Muss ja ein ganz verklemmter Bursche sein!"

Er setzt die Bierflasche an und lässt einige große Schlucke in seinen Hals gluckern. „Was meinst du, Jan?"

Jan taucht vorsichtig aus seinem Taschentuch auf. „Ja, scheint ein komischer Typ zu sein", bekommt er heraus und greift auch schnell zu seiner Bierflasche. Sein Hals ist wirklich ganz trocken.

Hinni denkt mal wieder praktisch: „Wer kann wohl solch eine Anzeige aufgeben? Den müssten wir direkt mal ausfindig machen. Soviel Segler und Skipper gibt es hier doch gar nicht. Setz doch mal einen Brief auf, Karl. Den schicke ich dann dahin."

Jan stellt sich augenblicklich vor, wie das wäre, wenn der Brief von Hinni letztendlich an dessen eigener Adresse landen würde. Er muss das verhindern!

„Och Hinni, das glaub mal nicht", ereifert Karl sich, „vielleicht keine richtigen Skipper, aber viele, die sich dafür halten. So Leute wie Geerd, die beim Anlegen nicht mal einen ordentlichen Aufschießer zustande bringen und entweder den Steg rammen oder weit davor verhungern!"

Jan wittert seine Chance und wird mutig: „Ja genau, der Geerd, der könnte das wohl sein. Erst gerade wieder musste ich ihm beim Anlegen helfen. Wir brauchen gar nicht hinschreiben."

Aber Hinni wendet ein: „Nee, glaube ich nicht. Dei hett doch immer een Wicht an der Hand, wenn seine feste Freundin mal gerade wegsieht. Erst heute hat er Imke an Bord gelockt, hab ich gesehen." Und dann grummelt er: „Mit der muss ich noch ein Wörtchen reden, der untreuen Magd."

„He Hinni, eifersüchtig?" fragt Karl scheinheilig. Aber Hinni antwortet nur mit einem kurzen „Pah, ik doch neit!"

Aber Karl lässt nicht locker: „Und schaut mal, *jung, attraktiv und finanziell unabhängig* soll sie sein", liest er vor. „Der will aber alles auf einmal."

Und dann wendet er sich an Jan: „Finanziell unabhängige

Frauen, die musst du doch bestens kennen. Dein Arbeitgeber versucht doch, denen ihr Geld abzunehmen." Jan wird wieder rot, er weiß nicht, ahnt Karl da etwas oder nicht?

Imke ist an den Tisch getreten und studiert die Anzeige: „Habt ihr das auch gesehen? Ich habe schon überlegt, ob ich mich da nicht bewerben soll?" Sie schaut in die Männerrunde: „Jung und attraktiv bin ich doch, oder?"

Jan schluckt, ihm wird das immer peinlicher und er verflucht seine Idee mit der Anzeige. Ob sich da wirklich solche Mädchen wie Imke melden würden? Er hat sich da etwas Solideres, Reiferes vorgestellt. Wenn auch nur für einen Urlaub. Ihm wird klar, wie absurd seine Idee war.

„Ja Imke, dat büst du wohl", gibt Hinni wohlwollend von sich, „aber der sucht doch eine finanziell unabhängige Frau", gibt er zu bedenken, „und du bekommst doch nur ein Taschengeld von deinem Papa", grinst er und denkt sich: Sonst würdest du mich doch nicht nach jedem Wochenende anbetteln.

„Meinst du, Hinni? Der denkt doch bestimmt nicht so kurzfristig wie du, ich erbe doch mal Papas Geschäft, wenn ich fertig studiert habe. Dann bin ich doch wohl finanziell unabhängig genug, oder?" Sie schaut triumphierend in die Runde und bleibt bei Hinni hängen: „Oder?"

„Jo, mien Wicht, aber dat düürt noch. Und dann willst du so einen ‚tollen Skipper' aushalten? Das überleg dir mal!"

„Das ist bestimmt ein armer Schlucker", vermutet Karl und setzt noch einen obendrauf: „Ein Heiratsschwindler!"

Jans Stimmung wird immer trüber. So hatte er sich das wirklich nicht vorgestellt. Ein Teenager mit der Hoffnung auf ein fernes Erbe fühlt sich von seiner Anzeige angesprochen? Nur weil die mal ans Mittelmeer möchte. Das kann ja wohl nicht sein. Eine junge reiche Witwe oder eine Millionärsgattin, die mal aus dem ehelichen Bett heraus und Spannung und Abenteuer erleben möchte, hatte er sich ausgemalt. Und für einen Heiratsschwindler halten die ihn? Zum Glück weiß ja keiner, dass er die Anzeige aufgegeben hat. Und das bleibt auch hoffentlich so. Obwohl Karl ihn schon wieder so merkwürdig anguckt, findet er.

Es wird Zeit dem peinlichen Treiben ein Ende zu machen und er holt tief Luft: „Also was ist denn jetzt mit unserem Mittelmeertörn?"

Hinni gibt Imke einen Klaps auf den Po: „Jetzt verzieh dich mal ein bisschen, mien Wicht, wir müssen noch ein Männergespräch führen."

Imke schmollt pro forma ein wenig: „Seid doch bloß alle Angeber, ihr Männer", springt aber schnell zum Tresen im Clubraum und hängt sich bei Geerd ein, der dort gerade eingetroffen ist.

„Also, was ist nun, ist jemand fündig geworden?" Hinni schüttelt den Kopf: „Ich weiß ja gar nicht, was genau ich suchen soll. Und das meiste verstehe ich sowieso nicht!"

„Was verstehst du nicht, Hinni?" Karl ahnt, dass er seinen Freund wohl etwas überfordert hat. Lesen und Texte auswerten ist ja wirklich nicht Hinnis Stärke.

„Ach, da steht so'n Quatsch wie Bareboatcharter, One-Way-Törn, Crewed Ship und Flottillencharter. Was heißt das überhaupt alles?"

Jan ergreift freudig die Initiative, hat er sich doch im Internet schlau gemacht und kann sich nun als Kenner präsentieren: „Also, bei der Bareboatcharter leihst du dir ein Schiff ohne Skipper und ohne Mannschaft. Das heißt, du musst selber segeln und deine Leute mitbringen."

Hinni ist verwundert: „Klar will ich selber segeln, das will doch jeder."

„Na ja, nicht jeder, viele wollen ein Crewed Chip, also ein Schiff mit Skipper, Bootsmann und vielleicht noch ein paar Hostessen, die dir Drinks ins Cockpit bringen", schwärmt Jan ihm vor.

„Echt, dat gifft dat ook?", fragt Hinni interessiert.

„Ja, Hinni, das gibt es, aber das kannst sogar du nicht bezahlen. Die verlangen da einige tausend Euro Chartergebühr pro Tag, habe ich gesehen! Und wer weiß, was du den Hostessen noch extra zahlen musst", grinst er.

Hinni aber gibt sich stur: „Ich bezahle doch keine Weiber!"

„Na gut, du nicht, aber viele Männer möchten einfach mal ihre Frauen zu Hause lassen und trotzdem Spaß haben."

„So wie ich", möchte Jan am liebsten noch hinzufügen. Bevor aber das Thema wieder abgleitet, macht er schnell weiter:

„Ein One-Way-Törn ist ein Törn, wo du das Schiff in einem Hafen bekommst und in einem anderen abgeben kannst." Und um Hinnis Revierkenntnisse nicht zu überfordern, fügt er noch hinzu: „Du charterst zum Beispiel in Jemgum, falls dir dort überhaupt jemand ein Schiff gibt", er kann sich den kleinen Seitenhieb nicht verkneifen, „und dann gibst du das Schiff in Borkum wieder ab. Da brauchst du die Ems nicht runter und wieder rauf zu fahren."

„Ja, das ist praktisch", gibt Hinni zu, „da kann ich die Flut ausnutzen und dann sollen die sehen, wie sie das Schiff gegen den Strom wieder nach Jemgum bekommen."

„Genau Hinni, du hast es kapiert", antwortet Jan schulmeisterlich.

Karl wird langsam ungeduldig, irgendwie scheint ihm die Initiative zu entgleiten: „Und, Hinni, Flottillencharter, das machst du sowieso nicht. Da segelt eine ganze Gruppe von Segelyachten hinter einem Leitboot her. Ist was für Leute mit ausgesprochenem Herdentrieb und wenig Segelkenntnissen. Kannst ja bei Notfällen immer nach dem Leitboot rufen. Wenn zum Beispiel das Bier nicht richtig kalt ist oder die Stereoanlage nicht funktioniert", erklärt er. „Und falls du mal eine Wende fahren oder sogar reffen musst, kommt jemand an Bord und macht das für dich."

Karl übertreibt natürlich, aber das merkt Hinni gar nicht.

„Nee, das ist alles nix für uns, wir wollen doch nur segeln und ein bisschen Spaß haben."

Hinni hatte sich alles viel einfacher vorgestellt. Segeln ist Segeln und Luxus ist Luxus. Beides zusammen zu bringen, war ihm noch gar nicht eingefallen. Karl spürt seine Enttäuschung und versucht ihn wieder aufzumuntern: „Aber jetzt wissen wir ja, was wir wollen und können gezielt suchen."

Das Wetter bleibt schön und ein paar Tage später ruft Hinni bei Karl an: „Sag' mal Karl, hast du Zeit? Ich möchte mit meiner *Moi Wicht* in die Ems nach Jemgum oder Bingum. Hast du Lust mal wieder richtig zu segeln?", lockt er.

„Ja Hinni, klar doch, Zeit habe ich schon. Aber nur, wenn ich noch jemand mitbringen kann."

„Oho! Watt is dat? Karl, hast du eine neue Freundin?" Für Hinni ist klar, das es sich nur um etwas Weibliches handeln kann. „Aber kann die auch segeln oder fällt die vor Angst gleich über Bord?"

„Nee, lass man, die ist Salzwasser gewöhnt, du wirst es schon sehen."

„Good, dann is dat kloor. Bringst du noch einen neuen Tidenkalender mit? Meiner ist noch vom vorigen Jahr." Hinni spart eben, wo er kann.

Am Donnerstag, pünktlich zur verabredeten Zeit früh am Morgen stehen Karl und dessen Freundin Marion auf dem Vereinssteg vor Hinnis Jollenkreuzer.

„Moin Hinni", macht Karl sich bemerkbar. Hinni hat schon die Abdeckplane abgenommen und taucht aus dem Cockpit auf. Sein erster Blick gilt Marion: Eine durchtrainierte und schlanke Figur, die durch enge, hochgerollte Jeans und einen knappen Pulli betont wird. Sie trägt einen Kurzhaarschnitt Marke Stoßwind wie er das nennen würde, dazu blaue Bootsschuhe mit heller Sohle, keinen Nagellack, keinen Lippenstift, ist aber trotzdem äußerst attraktiv. Hinni ist entzückt: „Moin, willkommen an Bord. Ick büün Hinni."

Karl versucht vorzustellen: „Das ist Marion", bekommt er gerade heraus, aber seine Freundin kommt ihm schon zuvor: „Doktor Marion Krull, so viel Zeit muss sein", stellt sie ihren Titel klar. „Aber lass mal Hinni, für dich bin ich Marion", grinst sie.

„Dann bin ich ja beruhigt." Hinni war erst ein wenig erschrocken, grinst aber wieder: „Mit einer Frau Doktor an Bord habe ich noch nie gesegelt. Kommt an Bord."

Er nimmt ihre Taschen mit den Klamotten entgegen und die beiden klettern über das Deck ins Cockpit.

„Eure Schlafsäcke könnt ihr gleich ins Vorschiff werfen. Ich überlasse euch großzügiger weise meine Doppelkoje", grinst er in Richtung Karl.

Marions eigentlich sehr straffes Gesicht zeigt plötzlich einige Unmutsfalten, registriert Hinni und erstaunt hört er ihren Protest: „Danke Hinni, das ist bestimmt lieb von dir. Aber bleib du mal in deinem Vorschiff. Wir nehmen lieber die beiden Kojen im Salon, da kommt Karl mir nicht zu nahe."

„Natürlich, wenn Frau Doktor das so will", wundert sich Hinni und nimmt sich vor, so bald wie möglich ein ernstes Wort mit Karl zu reden.

Das Schiff ist klar, der Außenbordmotor läuft und die Leinen werden losgeworfen. Auf einem Boot kann sie sich ja bewegen, stellt Hinni für sich fest. Sie sieht auch verdammt gut aus und weiß das offensichtlich auch. Aber warum zickt die so wegen der Koje herum? Und warum hat Karl mir noch nichts von ihr erzählt? Was läuft da? Oder läuft da etwa nichts? Für Hinni ist es immer wichtig zu wissen, in welcher Beziehung Personen zueinander stehen. Das hat ihm schon manchen Vorteil gebracht.

Bald biegt das Schiff westwärts in einen der vielen Ostfriesischen Kanäle ein, eine langweilige Motorfahrt steht bevor und Hinni kann seine Neugier nicht mehr beherrschen: „Was für eine Frau Doktor bist du eigentlich? Karl hat mir noch gar nichts von dir erzählt", fragt er beiläufig und bringt die Flasche für den ersten Manöverschluck ins Cockpit.

Karl nimmt den Sherry an, gießt einen kleinen, geizigen Schluck ins Wasser und murmelt etwas von Rasmus, Neptun und Meerjungfrauen, Gutem Wind und Guter Fahrt. Dann will er die drei Gläser füllen, die Hinni ebenfalls aus dem Salon herausreicht: „Ich dacht' ja nur, wo Damen an Bord sind, können wi doch net uut de Buddel drinken, watt?"

40

„Ach ihr Männer, mal wieder zu faul zum Abwaschen!"
Marion hat ihn durchschaut. „Lang' schon die Flasche her, im
Moment bin ich keine Dame."

Sie nimmt einen kräftigen Schluck und gibt die Flasche
Hinni zurück, der auch seinen Manöverschluck nimmt und die
Flasche an Karl weiterreicht. Die Gläser verschwinden flink
wieder in dem Schapp unter Deck.

Der Schluck hat gut getan, die Stimmung wird lockerer.
„Also Marion, was für'n Doktor bist du nun?", will Hinni wissen.

„Oh, ich habe Meeresbiologie studiert", gibt Marion Auskunft. Damit kann Hinni nun wieder nicht so viel anfangen.
Von Meeresbiologie weiß er eigentlich nur, dass sich Muscheln
und Algen an seinem Schiff festsetzen und ihm jeden Herbst
nach der Saison viel Arbeit mit dem Abkratzen bescheren. Und
richtig folgert er: „Dann kannst du mir ja sicher die Viecher
fortschaffen, die sich am Schiff festsetzen? Das neue, teure
Antifouling mit dem ich jedes Jahr den Rumpf anstreiche,
nutzt doch meistens nur wenig. Früher war das viel besser. Da
war jedenfalls ordentlich Gift drin, damit die Viecher gleich
abgehauen sind."

Damit gibt er Marion ein Stichwort und sie springt prompt
an: „Klar, Segler wie ihr, ihr würdet am liebsten das ganze
Meer vergiften, nur damit ihr ein bisschen Arbeit oder Geld
fürs Abkratzen spart. Segeln auf Kosten der Umwelt!"

Sie ereifert sich weiter: „Und was ist mit den Fischen? Soll
alles vergiftet werden? Wenn das Gift vom Schiffsrumpf ins
Wasser kommt, sind doch alle Lebewesen im Wasser betroffen."

Hinni versteht das nicht: „Das bisschen Gift auf soviel Wasser? Das verteilt sich doch!"

„Ja, das verteilt sich schon, aber es baut sich nicht ab. Das Zeug bleibt viele Millionen Jahre im Wasser und wird immer mehr. Irgendwann bestehen alle Ozeane dann nur noch aus Gift."

„Millionen Jahre, wer soll das erleben? Ist doch alles ein bisschen übertrieben, oder was sagst du, Karl?"

Karl ist in der Zwickmühle. Er kennt Marions Engagement für die Umwelt und besonders für die Meeresbiologie, aber er will auch Hinni nicht vergrämen: „Das wäre ja alles gut und schön, wenn sich alle dran halten würden. Aber schaut doch mal ins Mittelmeer? Oder nach Asien? Die dürfen das giftigste und billigste Antifouling auf Ihre Schiffe schmieren. Und was ist mit der Berufsschifffahrt? Die paar Kilo Farbe, die wir Segler brauchen, sind doch nichts gegen die Menge die für so einen Tanker gebraucht wird." Und etwas hilflos fügt er noch hinzu: „Irgendwie habt ihr beide recht!"

Das wiederum passt Marion gar nicht: „Nur das Thema nicht zu Ende denken. Genau so ist es! Männer! Scheißkerle! Flaschen! Ihr seid doch alle feige, inkompetent und denkt nur an euren Vorteil."

Irgendwie ist Hinni beeindruckt. Die Frau hat zwar offensichtlich was gegen Männer, aber sie redet wie ein Mann. Und das muss näher untersucht werden: „Sag mal, wieso hast du so eine schlechte Meinung über uns Männer?" Und er kann sich nicht verkneifen auch noch hinzuzufügen: „Hast du zu viel oder zu wenig davon?"

Marion ist immer noch in Fahrt: „Zuviel! Jeder Mann auf dieser Erde ist einer zu viel! Ich arbeite am Institut für Meeresforschung in Hamburg und meistens bin ich auf Forschungsschiffen unterwegs. Polarstern und so! Deutschlands großer Beitrag zur Meeresforschung", fügt sie ironisch hinzu.

Hinni nickt, ja, das Schiff kennt er, wenn auch nur von Bildern.

„Du kennst das Schiff? Meistens bin ich die einzige Wissenschaftlerin an Bord, alles andere sind Kerle. Und die seemännische Besatzung besteht sowieso nur aus Männern. Und weißt du, was solche Typen nach wochenlanger Fahrt im Atlantik von dir wollen? Ha? Jeder sagt dir, wie hübsch du bist und wie toll er ist, alle versprechen sie dir das Blaue vom Himmel herunter, nur damit sie mich in ihre Koje kriegen."

„Und warum machst du dann den Job? Gibt es keine Arbeit an Land?"

„Doch, sicher könnte ich auch im Institut an Land bleiben. Und was mache ich dann? Messdaten auswerten, Aufsätze schreiben und kluge Vorträge halten. Sogar eine Professur könnte ich bekommen. Aber wozu? Es hilft ja doch alles nichts, ich kann geeignete Maßnahmen gegen die Verschmutzung vorschlagen, so viel ich will. Nichts wird je durchgeführt. Die wirtschaftlichen Interessen überwiegen in jedem Fall und ich kann immer nur nach Vorschrift handeln.

Aber auf See, da habe ich jede Freiheit, die das Schiff mir gibt. Ich kann arbeiten wie ich will und wie das Wetter es zulässt, ich muss mich über Deck kämpfen, wenn das Schiff stampft oder schlingert. Aber ich kann auch zum Horizont sehen, wenn die Sonne gerade aufgeht, den frischen Wind riechen und die Salzgischt schmecken, wenn ein Brecher über das Vorschiff fegt. Und ich spüre die Stärke des Schiffes, wenn wir gegen den Sturm andampfen ..." Die letzten Worte verlieren sich und Marions Blick geht ins Leere.

Hinni ist beeindruckt, das hätte direkt von ihm sein können, nur nicht mit so schönen Worten. Studiert ist eben studiert! „Ja, das verstehe ich gut. Aber darum segeln wir doch auch, Karl, Jan und ich und all die anderen."

„Das Segeln gefällt mir ja auch sehr gut und ich bin dir dankbar, dass du Karl und mich mitnimmst. Aber das Meer muss doch erhalten bleiben."

Karl findet eigentlich, dass er nun lange genug von dem Gespräch zwischen den beiden ausgeschlossen war und nach einer Fortführung der Diskussion über den Umweltschutz steht ihm auch nicht der Sinn. Er möchte gerne auf ein anderes Thema zu sprechen kommen und die Gelegenheit erscheint ihm günstig. Es dauert noch lange, bis sie an die Ems kommen und bis Jemgum hinauf ist es dann auch noch ein gutes Stück. Die ruhige Kanalfahrt ist am besten geeignet für tiefsinnige Gespräche.

„Sag mal Marion, warst du eigentlich auch schon mal im Mittelmeer?", fragt er.

„Im Mittelmeer? Nein, ja, doch! Am Mittelmeer, in der Türkei, in Antalya, früher als Kind mit meinen Eltern."

Marion ist überrascht wegen des Themenwechsels, sie will zu ihrer Umweltdiskussion zurück und deshalb überschlagen sich ihre Worte.

Hinni ahnt worauf Karl hinaus will und greift schnell ein: „Und wie war es dort, hat es dir gefallen?"

„Gefallen? Es war traumhaft! Ein Strand, fast so schön wie der auf Juist. Und erst das Wasser – wunderbar klar. Bis auf zehn Meter Tiefe kannst du den Grund sehen, mindestens. Und es ist so herrlich warm dort. Ich habe stundenlang geschnorchelt und bin durch Fischschwärme hindurch geschwommen.

Millionen Fische um mich herum, in allen Farben schillerten die ...", schwärmt sie und mag gar nicht aufhören.

„Karl, weißt du eigentlich, dass ich schon damals alles über das Meer lernen wollte? Und das ich deshalb Meeresbiologie studiert habe?"

„Und warum schipperst du nun immer nur im Atlantik herum?", will Hinni logischerweise wissen.

„Um ehrlich zu sein, für das Mittelmeer gibt es keine Forschungsaufträge. Jedenfalls nicht mehr für mich. Es wird dort eine Fischfarm neben der anderen gebaut und die natürlichen Fischvorkommen und die Bestände sind wirtschaftlich kaum noch interessant. Aber im Atlantik gibt es noch handfeste ökonomische Interessen und deshalb auch Geld für Forschung. Ist so, leider!"

„Aber du würdest schon gerne mal wieder im Mittelmeer herumfahren?", hakt Karl nach.

„Ja klar, sehr gerne, aber ich muss doch Geld verdienen. Mein Haus abbezahlen, Steuern und Beiträge für die Krankenkasse und die Rente werden einfach vom Gehalt abgezogen. Das Auto ist auch noch nicht bezahlt. Wisst ihr überhaupt, was da übrig bleibt? Obwohl ich ein üppiges Gehalt habe", gesteht sie freimütig ein.

„Nein, Lustfahrten dort kann ich mir nicht leisten. Es sei denn, ich finde bald mal einen Millionär", fügt sie ernsthaft hinzu.

„Aber du hast doch sicher mal Urlaub?"

„Urlaub, jede Menge. Weißt du wie viel Überstunden ich auf See schiebe? Die alle nicht ausgezahlt werden, sondern abgefeiert werden müssen! Und ihr kennt das Dilemma: Hast du Geld, dann hast du keine Zeit um ein Schiff zu chartern. Und hast du Zeit, fehlt dir meistens das Geld. Bei mir trifft beides zu."

Karl schaut Hinni lange an. Einverstanden? fragt er wortlos. Hinni denkt nach: Frech ist sie ja die Frau, und gegen Männer hat sie auch was, ausgenommen Millionäre. Gegen alle Männer? fragt er sich eitel. Oder nur gegen bestimmte? Aber sie liebt das Meer und damit gehört sie eigentlich zu uns. Den Rest bringen wir ihr schon bei. An diesem Punkt seiner Überlegung nickt er Karl zu und dieser gibt sich einen Ruck:

„Also Marion, wir möchten dich was fragen: Hinni, Jan und ich würden gerne einmal einen Segeltörn im Mittelmeer machen. Wir wissen noch nicht wann und wo und was das kostet. Aber die Kosten werden auf jeden Fall ehrlich geteilt. Zu viert kann das nicht so schlimm sein. Hast du Lust mitzukommen?"

Seine Worte klingen fast wie ein Heiratsantrag und deshalb muss Marion lange überlegen.

„Du meinst, ein oder zwei Wochen nur segeln? Sonst nichts? Kein Hintergedanke? Ihr müsst wissen, ich bin nicht die übliche Bordfrau. Ich gehe Wache wie alle, ich koche wie alle und ich helfe auch beim *Rein Schiff machen* wie alle. Ich putze sogar das Klo und nehme es auseinander, wenn es sein muss. Aber nur wie alle. Und sonstige Dienstleistungen von mir gibt es nicht. Zumindest nicht, wenn ich nicht will."

Die letzten Worte hat Karl schon fast nicht mehr gehört. Er freut sich, das ging doch ganz locker. Also wird Marion, seine unerreichbare Liebe, mit ihm Segeln. Im Mittelmeer! Hauptsache, sie sind erst mal dort. Schließlich ist Marion ja keine Frau ohne Gefühle und sexy ist sie allemal. Die Sonne, die warme Luft, das blaue Wasser – das wird dann schon.

„Ja, dann sind wir jetzt schon vier!", stellt Hinni fest. „Sucht mal weiter nach einem Schiff. Ihr habt mich jetzt aber wirklich scharf auf das Mittelmeer gemacht. Nu will ick daar ook henn. Aber fix."

Und dann steht er auf: „Hier, Marion, nimm mal die Pinne und bleib immer schön in der Mitte vom Kanal."

Er taucht in den Salon ab und kommt mit der Sherryflasche wieder hoch.

„Das war ja ein tolles Manöver, Karl. Darauf gibt es jetzt aber einen ordentlichen Manöverschluck. Wie sich das vöör anständige Fahrenslüü hören deit."

Ein paar Stunden später, nach einem einfachen Mittagessen, bestehend aus einer Flasche Bier für jeden und ein paar belegten Brötchen, die Marion und Karl mitgebracht hatten, kommt schließlich die Sonne heraus. Der ohnehin kaum vorhandene Wind weht über den tiefgelegenen Kanal hinweg und so verzieht sich Marion auf das Vordeck, zum Mittagsschlaf, wie sie sagt. Schließlich hat sie Urlaub. Den Pulli und die Jeans hat sie ausgezogen, die Unterwäsche auch und nun liegt sie splitterfasernackt auf ihrem Schlafsack.

„Es stört euch doch hoffentlich nicht", hat sie die beiden vor die nackte Tatsache gestellt, „und sonst ist doch keiner hier, oder?"

Beide Männer schauen, aber keiner sagt etwas. Etwas irritiert fügt sie deshalb hinzu: „Oder bin ich euch zu fett?" Sie versucht eine Speckfalte in ihren Bauch zu drücken. Hinni und Karl schütteln ihre Köpfe.

„Aber gebt euch keinen Hoffnungen hin, Jungs, eine wirkliche Dame kann ausziehen was sie will, sie bleibt immer eine

Dame!"

Karl ist solche Attacken offensichtlich gewohnt, aber Hinni kann nur belustigt nicken. So ein Luder aber auch! Erst spielt sie die Männerfresserin und dann stellt ihren Traumkörper freizügig und kokett zur Schau.

Marion scheint wirklich zu schlafen, der Motor tuckert und der Fahrtwind trägt alle Geräusche nur nach hinten. Hinni traut sich deshalb zu fragen: „Karl, dat geit me ja nix an, aber was läuft da zwischen euch? Erst besteht sie auf getrennten Kojen und dann springt sie hier herum, als ob es ihr nicht schnell genug gehen könnte?"

Karl nickt betrübt: „Ja, das ist ein Problem mit ihr. Prüde ist sie ja überhaupt nicht. Sie hat nur keinen Bock auf Männer. Auf Frauen übrigens auch nicht, falls du das jetzt fragen willst", greift er vorweg.

„Ja, die Weiber, da soll man schlau draus werden. Dor is all watt bi! Und du hast wirklich noch nie mit ihr ...?"

„Doch schon, aber ganz selten nur. Sie hat Angst, dass zu viel Sex mit einem einzigen Mann sie zu stark binden könnte. Und das wäre schrecklich für sie, meint sie. Männer zum Segeln, als Freunde oder auch für eine Nacht, das ist für sie okay. Aber sie findet, dass es nur wenige Männer gibt, die sie zum Freund haben möchte. Mich betrachtet sie als Freund, aber leider eben nur als einen Freund."

„Ja, aber sie ist doch eine Frau. Und vertrocknet ist sie gerade auch nicht. Wie geht das?"

„Also Hinni, das bleibt nun aber unter uns, okay? Mir hat sie mal gesagt, sie hätte dreimal die Woche Sex und das sei besser als mit jedem Mann. Und ich habe sie auch schon mal dabei beobachtet."

„Watt? Du meinst heimlich? Das hätte ich eigentlich nicht von dir gedacht, Karl." Hinni ist entrüstet.

„Nein, sie wollte das so. Sie behauptet, es macht sie besonders an, wenn ihr ein Mann dabei zuguckt."

Hinni versteht das nicht richtig: „Und dich macht das wohl nicht an? Eine attraktive, nackte und erregte Frau! Das kannst du so mitmachen? Du bist doch sonst kein Kind von Traurigkeit und lässt nichts anbrennen."

„Stimmt Hinni, aber sie verlangt von mir ja auch keine Treue in diesem Sinne. Ich kann schlafen, mit wem ich will. Sie auch, wenn sie will. Aber wir sind wirklich gute Freunde. Marion ist ein prima Kumpel, sie geht mit dir durch jeden Sturm, wenn es sein muss."

„Und du willst wirklich nicht mit ihr ...?"

„Natürlich will ich gerne. Blödmann! Schau sie dir doch an. Solche Brüste und so einen Po siehst du selten. Ich bin doch nicht schwul. Aber ich will sie noch weniger als Freundin verlieren."

Hinni grinst: „Und nun hoffst du, im Mittelmeer, bei Sonne, lauem Wind, Urlaubsstimmung und Rotwein, da wird sie sich schon mal vergessen?"

Karl grinst nun auch: „Klar, man darf doch die Hoffnung nicht aufgeben. Aber komm mir ja nicht in die Quere. Ich glaube nämlich, dich mag sie auch."

Klar mag sie mich, auch wenn ich kein Umweltschützer bin, denkt Hinni. „Natürlich nicht, ist doch Ehrensache. Du büst doch mien allerbester Kumpel, prost Karl."

„Prost Hinni, alter Kumpel."

2. Kapitel

Aus einem Plan wird Realität

Eine vielversprechende Anzeige – ein tränenreiches Granatessen – Hinni bessert seine Bordkasse auf – Marion hätte fast die Crew gewechselt – das Geheimnis der Makan Angin *wird gelüftet*

Am nächsten Morgen liegen sie am Steg im alten Fischerhafen in Ditzum, einem kleinen Fischerdorf an der Westseite der Ems. Karl hat Brötchen, Schinken, Aufschnitt und Marmelade vom Bäcker und dem nahegelegenen Supermarkt besorgt und Hinni hat es geschafft, mit Bordmittel einen trinkbaren Instand-Kaffee zu brühen – richtiger, stilechter Ostfriesentee ist unter solchen Umständen nicht drin – und die drei sitzen gemütlich im Cockpit mit bester Aussicht auf den Hafen und die Ems.

Mit dem Liegeplatz gestern Abend hat es hervorragend geklappt, Marion scheint in solchen Dingen geübt zu sein: Kurz vor der Einfahrt hat sie schnell einen sehr knappen Bikini übergestreift, sich auf das Vorschiff gestellt und einladend einen Festmacher in Richtung des gewünschten Liegeplatzes geschwenkt. Da kann kein Mann widerstehen und erst recht kein Hafenmeister.

Hinni hat sehr wohlwollend bemerkt, dass Marion tatsächlich was von der Seefahrt versteht: Schnell hat mit einem ordentlichen Palstek eine Schlinge in die hinteren Festmacherleinen geknotet, keinen Hausfrauenknoten und auch kein Leinengewurstel, wie er das bei manchen hilfsbereiten Mädels schon erlebt hat. Bei der Einfahrt in die Box hat sie dann die

Schlinge so fix über die dicken Dalben zum Festmachen geworfen, dass er kaum hingucken konnte. Das war schon Klasse! Karl, mit dem Bootshaken in der Hand, konnte nur noch tatenlos zusehen.

Und der Hafenmeister hat sich vor Eifer fast überschlagen. Hilfsbereit hat er die vorderen Festmacher übernommen und an den Pollern am Kai belegt, nur um von Marion mit einem netten Lächeln belohnt zu werden.

Fertig! Befriedigt konnte Hinni den Motor ausstellen und sich von Karl ein Einlaufbier reichen lassen. Und nach reichlich Seescholle mit jungen Kartoffeln und einigen Schnäpsen im „Alten Fährhaus" in Ditzum war er sich sicher: Das wird ein guter Törn.

Hinni verkündet nun das Programm für das Wochenende: „Jan hat mich vorgestern noch angerufen und gesagt, dass er heute etwas früher Feierabend machen will. Wenn wir jetzt auslaufen, könnten wir noch ein paar Schläge segeln und ihn dann am Nachmittag in Bingum an Bord nehmen. Was meinst du, Karl?"

Karl zieht den Tidenkalender heraus und studiert ihn eine Weile. „Das ist in Ordnung. Ungefähr um elf Uhr ist Ebbe und ab dann läuft der Strom mit und so weit ist das ja nicht."

„Gut, dann ruf ihn mal an: Drei Uhr in Bingum!"

Karl kramt sein Handy heraus und erreicht Jan im Finanzamt. Er spricht eine Weile mit ihm, brummt gelegentlich ein „hmm, hmm" zurück und teilt seinen Freunden dann mit: „Jan ist schon ganz aufgeregt. Er will uns was ganz Interessantes zeigen, sagt er. Hat wohl was mit einer Anzeige im Internet zu tun."

„Das sehen wir dann ja", antwortet Hinni nur kurz und grinst dann nach einem Blick auf den Verklicker, dem Windanzeiger ganz oben im Masttopp: „Und nun, Frau Doktor, zieh dir mal was Warmes an, jetzt wird nämlich richtig gesegelt!"

Ein frischer Wind ist aufgekommen. Schnell sind die Leinen los geworfen und Hinni fährt sein Schiff mit dem Motor langsam aus der Box heraus. Das Groß wird hochgezogen, die Genua ausgerollt und dann macht Hinni es sich an der Pinne bequem.

Karl will sich neben Marion auf die Luvkante setzen aber Hinni protestiert: „Bevor du da mit Marion kuschelst, hol' mal erst de Buddel hoch, Manöverschluck!"

Marion nimmt Karl die Flasche aus der Hand. „Bevor du da wieder etwas vor dich hin murmelst – so wird das nichts. Die Götter wollen deutlich angesprochen werden." Sie spritzt einen reichlichen Schluck von dem Sherry ins Wasser und macht dann ihre Ansage: „Rasmus, Neptun und Poseidon, wer auch immer hier in der Ems das Sagen hat und alle ihr Meerjungfrauen und Nymphen, die ihr hier herumschwimmt, schenkt uns guten Wind und eine gute Fahrt!"

Karl freut sich: „Das war ein guter Spruch, Marion. Aber kannst du nicht auch noch so ein Nymphchen an Bord bitten?"

„Aber Karl, was soll das denn?" Marion spielt die Entrüstete: „Willst du mir untreu werden? Mit so einer Nymphe ist nicht zu spaßen, da bist du schnell überfordert!"

Nach einigen Schlägen und Manövern zum Eingewöhnen, bei denen sich Marion als fast perfekte Seglerin qualifiziert – schließlich will Hinni genau wissen, wen er da an Bord hat – wird dann endgültig der Kurs an Jemgum vorbei auf die Marina in Bingum abgesteckt. Als sie das neue Emssperrwerk passieren, versucht Marion schon aus Prinzip eine Diskussion über den Umweltschutz im Allgemeinen und das angebliche Aussterben der Fische speziell in der Ems anzufangen. Den Fischen wird durch das Sperrwerk der ursprüngliche Lebensraum genommen, behaupten die Umweltschützer. Bewiesen ist das zwar nicht, aber den an der Ems ansässigen Fischern hat das zumindest eine ordentliche Entschädigung eingebracht. Hinni, dessen Interessen eher dem Schiffsbau gelten, würgt aber schnell ab: „Und wie soll die Werft in Papenburg sonst ihre Schiffe in die Nordsee bekommen? Ich jedenfalls bin stolz, dass wir Ostfriesen die modernsten Kreuzfahrtschiffe der Welt bauen."

Das mit den Ostfriesen stimmt zwar nicht so ganz, die ‚Meyer-Werft' liegt in Papenburg, also knapp außerhalb Ostfrieslands, aber die gesamte Region profitiert von dem Schiffbau. Und die Werft baut tatsächlich die modernsten und größten Kreuzfahrtschiffe der Welt. Das Emssperrwerk war notwendig, um die Ems aufzustauen und den Wasserpegel für die Überführungsfahrten anzuheben. Der Bau wurde natürlich durch den deutschlandweiten Protest von Greenpeace, dem BUND und was es sonst noch an Umweltschutzorganisationen in Deutschland gibt, immer wieder verzögert. Aber auch so ist es immer noch Zentimeterarbeit, die riesigen Kreuzfahrtschiffe durch die Ems zu schleppen.

Sie laufen fast pünktlich zur vereinbarten Zeit in die Marina bei Bingum ein. Jan steht schon an einer freien Box und winkt die *Moi Wicht* herein. Marion kann sich diesmal ihre Bikiniaktion sparen.

„Moin" begrüßen sich die Freunde und Marion wird Jan

vorgestellt. Diesmal verzichtet sie auf ihren „Doktor!-So-viel-Zeit-muss-sein"-Spruch, sie will Hinni nicht weiter herausfordern.

Der Jollenkreuzer ist schnell aufgeklart, die Begrüßung wird mit ein paar Flaschen Bier gefeiert und Jan holt die Tasche mit seinen Utensilien und den Schlafsack aus dem in der Nähe geparkten Auto. Wie gewohnt will er seinen Kram auf die Bank im Salon werfen.

„Nee Jan", muss Hinni protestieren, „im Salon schlafen schon Karl und Marion." Und anzüglich fügt er noch hinzu: „Marion Steuerbords und Karl auf der Backbordbank."

Jan ist verwundert: „Wieso das?", doch bevor wieder eine Diskussion über ihr Sexualleben entsteht, wirft Marion schnell ein: „Karl schnarcht!"

„Und im Salon nicht?", fragt Hinni scheinheilig. „Ich hab' ihn doch sogar im Vorschiff gehört."

„Doch, schon, aber nicht direkt in mein Ohr." Damit beendet Marion die Diskussion mit Jan, der ohnehin noch nicht ganz kapiert hat, was da läuft. Er hat ein ganz anderes Thema im Kopf und will das auch schnell anbringen.

Bedeutungsvoll holt er ein Blatt Papier aus der Tasche und entfaltet es umständlich. Die Spannung steigt und Jan genießt die neugierigen Gesichter: „Hier, das habe ich gestern im Internet gefunden und für euch ausgedruckt!" Alle beugen sich über das Papier und Jan liest vor:

Seemännisch erfahrene Crew für einen Überführungstörn im September von Mallorca nach Korfu gesucht. Hand gegen Koje. Beteiligung an der Bordkasse erwünscht, sonst keine weiteren Kosten. Antwort an MakanAngin@web.de

Karl fasst sich als erster: „Super! Das ist doch genau das, was wir suchen! Wie auf uns zugeschnitten. Hey, die suchen genau uns! Besser kann es doch gar nicht gehen. Oder was meint ihr?", schaut er aufgeregt und fragend in die Runde.

Jan kann seinen Stolz auf seine Leistung nicht verbergen, auch er zappelt ganz aufgeregt. Aber bevor er ein Lobeslied auf sich selbst singen kann, kommt Karl ihm noch zuvor:

„Übrigens Jan, Marion kommt auch mit, das solltest du noch wissen. Das haben wir gestern beschlossen und Hinni ist auch einverstanden."

Gegen hübsche Frauen an Bord hat Jan natürlich nichts, er hat Marion ja auch schon ausführlich bei dem Anlegemanöver in Augenschein genommen und sie hat ihm gefallen. Also steht er auf, soweit dass das im niedrigen Salon des Jollenkreuzers möglich ist und gibt Marion feierlich die Hand: „Willkommen in der Crew!"

Bei soviel unerwarteter Höflichkeit kann Marion natürlich nicht anders, als sich artig zu bedanken: „Danke!"

Aber dann kann Jan nicht mehr an sich halten. Die Worte sprudeln nur so aus ihm heraus: „Habe ich das nicht genial gemacht? Was meint ihr, auf wie vielen Seiten ich gesurft bin und wie viel Schrott ich lesen musste. Aber mit Instinkt und Erfahrung ..."

„Schon mal was von Google gehört? Überführungstörn eingeben und schon wäre die Anzeige gekommen. Spart Zeit und das Lesen von lästigem Schrott. Aber das wird schon noch", stoppt Marion ihn.

Männliches Imponiergehabe ist ihr absolut zuwider und Jans geile Blicke von oben auf ihren knappen, ausgeschnittenen Pulli mag sie auch nicht. Die kurz aufwallende Sympathie für Jan ist schon wieder dahin.

Jan versucht sich zu retten: „Google, da war nichts", stottert er etwas hilflos und setzt sich schnell wieder hin. So ein richtiger Internetexperte ist er ja doch nicht. Marion lässt es für heute mit der Diskussion auch mal gut sein. Gibt es doch Wichtigeres.

Hinni hat die letzten Sätze gar nicht so richtig mitbekommen. Seine Augen kleben noch auf dem Anzeigentext: „Nu verkloort mi dat mal. Was heißt Hand gegen Koje?"

Karl findet, das nur er das Hinni am besten begreiflich machen kann: „Also, auf jeden Fall heißt das nicht, das du deine Hand ungefragt in fremde Kojen stecken darfst."

Und in Jans Richtung – auch er hat dessen sehnsüchtige Blicke auf Marions Busen bemerkt – fügt er hinzu: „Ich sag das nur mal so allgemein. Man geht nie ohne Einladung an Bord eines fremden Schiffes und schon gar nicht in eine fremde Koje."

Und dann zu Hinni gewandt: „Aber Hand gegen Koje bedeutet, dass du deine Arbeitshand zur Verfügung stellst und dafür eine Koje an Bord bekommst. Du weißt doch, eine Hand für das Schiff, die andere Hand für den Mann."

Marion kann es nicht lassen und wirft schnell ein: „Oder für die Frau!" Sie ist nicht damit einverstanden, dass Seefahrt und Segeln nur Männersache sein soll.

Jan greift grinsend den Faden auf, das kommt ihm gelegen: „Also du meinst, eine Hand für das Schiff, die andere für die Frau?"

Alle lachen, nur Marion findet den Witz gar nicht lustig. Aber so etwas ist sie ja gewohnt und deshalb faucht sie den Männern auch nur ordnungshalber ein „Blöde Chauvis" entgegen.

Hinni ist entsetzt: „Ich soll dort doch wohl nicht arbeiten?" Er findet, wenn er schon im normalen Alltag nicht arbeitet, will er das doch erst recht nicht im Urlaub und auf keinen Fall im schönen Mittelmeer machen. Irgendwie hat er es noch nicht richtig kapiert.

„Nein, nicht wirklich arbeiten", will nun auch Jan sein Wissen unter Beweis stellen. „Nur was so dazugehört beim Segeln: Ruder gehen, Segelmanöver, Navigation, vielleicht mal eine Reparatur, falls was kaputt geht, Saubermachen, Kochen ... Was an Bord während eines Törns eben so anfällt."

Hinni fällt ein Stein vom Herzen, sah er doch schon den Törn im Vorfeld als gefährdet an.

„Und hier", fügt Jan gleich hinzu, um Hinnis zweite Frage vorweg zunehmen, „hier ist eine Landkarte." Er schlägt seinen Schulatlas, den er auch gleich mitgebracht hat, an der markierten Stelle auf.

„Hier ist Mallorca", zeigt er auf die Insel im westlichen Mittelmeer. Sein Finger wandert nach rechts an Menorca vorbei in Richtung Sardinien, nach Cagliari an der Südküste, dann weiter nach unten, nach Pantelleria und zwischen der Sizilianischen Südküste und Malta hindurch, wieder nach rechts und schließlich stoppt er bei einer Insel, knapp vor der Griechischen Küste: „Da ist Korfu!"

„Und wie weit ist das?" will Hinni sofort wissen.

„Auf dem direkten Weg ungefähr tausend Meilen, ein bisschen mehr vielleicht" antwortet Karl, der schnell auf den Maßstab geschaut und im Kopf schon die Seemeilen abgeschätzt hat.

„Ganz genau kann man das so nicht sagen, dafür brauchen

wir eine Seekarte. Aber es kommt ja auch darauf, welche Route wir wählen. Wenn hier steht im September, ist vielleicht der ganze Monat gemeint. Und wenn wir vier Wochen Zeit hätten, könnte man ja auch noch einen kleinen Umweg segeln."

„Und die Bordkasse?" Jan hat sich natürlich auch schon Gedanken über den Umfang der Bordkasse gemacht und welche Kosten da auf ihn zukommen. Darum fragt er in die Runde hinein: „Was meint ihr denn, was da an Kosten auf uns zukommt?"

Karl hat auch hier wieder den schnellsten Überblick: „Na ja, Essen und Trinken auf dem Schiff – ist ja fast wie zu Hause. Und wir werden sicher viele Langstrecken segeln und an Bord essen. In den Häfen werden wir sicher meistens essen gehen, pro Woche ein oder zweimal, schätze ich. Und dann sind da noch allgemeine Kosten wie Diesel und Liegegebühren in den verschieden Häfen und Marinas."

„Na, das ist überschaubar", meldet sich nun auch Marion, die ja auch immer mit ihren Finanzen kämpft. „Aber es kommen ja auch noch die Flugkosten dazu: Nach Mallorca und von Korfu wieder zurück."

„Stimmt!" Karl nickt. „Aber das Wichtigste, sollen wir das Schiff alleine überführen, oder ist da noch jemand an Bord? Der Eigner beispielsweise."

Nicht das er sich das nicht zutrauen würde, theoretisch zumindest, aber ein Schiff über eine solche Strecke und dann in einem unbekannten Revier zu führen, das wäre schon eine Herausforderung für ihn. Er gesteht sich insgeheim ein, dass ihn plötzlich doch ganz berechtigte Selbstzweifel befallen. Nach einer kleinen Gedankenpause fragt er weiter: „Und um was für ein Schiff handelt es sich überhaupt? Da steht überhaupt nicht, ob es sich um eine Segel- oder Motoryacht handelt."

Marion setzt noch einen drauf, sie sieht sich schon an irgendeinen Harem verkauft: „Und was ist das für eine komische E-Mail Adresse: MakanAngin. Das ist doch kein Name. Vielleicht so ein Mafia Verein, der Drogen schmuggelt und Frauen verkauft?"

Karl versucht sie zu beruhigen: „Nee, die würden nicht so offen übers Internet suchen." Eine kleine Spitze kann er aber doch nicht lassen: „Mit dir jedoch würden sie sicher ein gutes Geschäft machen. Und hoffentlich beteiligen sie uns an dem Erlös. Haha!"

Marion droht: „Dann fahrt doch alleine, auf so einen Schlepperkahn will ich ohnehin nicht mit."

Die Hochstimmung ist nun doch etwas verflogen. So viel Neues. So viele offene Fragen. Und natürlich auch einige Risiken.

Aber Hinni bleibt positiv! Er versucht zu beschwichtigen und ordnet an: „Karl, du musst das organisieren! Frag' alles, was wir noch wissen müssen. Wir brauchen Informationen."

Karl besinnt sich auf seine Skipperrolle, die ihm schon vor einiger Zeit zugedacht wurde: „Also gut, wir können ja mal auf die Anzeige antworten und alle unsere Fragen loswerden."

Er blickt in die Runde. „Seid ihr alle einverstanden? Und wie sieht das aus, habt ihr im September überhaupt Zeit und Urlaub?"

Und als alle beistimmend ein „Ja" oder was man dafür halten kann murmeln, teilt er ein: „Jan, du kümmerst dich mal um mögliche Flüge nach Mallorca und von Korfu zurück. Termine und Kosten wollen wir wissen. Und du", wendet er sich an

Marion, „du kümmerst dich bitte um Reiseführer und ähnliche Informationen. Gibt es ja auch bei Google."

Jan grinst, aber Karl macht weiter: „Schließlich wollen wir außer Wasser auch noch etwas anderes sehen, oder? Ein paar Wörterbücher wären auch nicht schlecht: Spanisch, Italienisch und Griechisch, damit wir zumindest überall ein Bier und was zu Essen bestellen können. Oder einen anständigen Wein der jeweiligen Gegend."

Er schaut auf Hinni: „Das machst du am besten." Soll Hinni doch ruhig ein bisschen Geld ausgeben, den Tidenkalender hat er ihm ja auch noch nicht erstattet. Er fügt dann noch hinzu: „Und für dich kannst du ja auch noch gleich ein Deutschwörterbuch kaufen. Falls man dich im Ausland auf Hochdeutsch anredet."

Hinni nimmt es mit Humor: „Kloogschieter", brummt er. Aber so ganz ungestraft soll Karl auch nicht davonkommen. Schließlich ist eine Frau an Bord und da muss er das Gesicht wahren: "Du Karl, du antwortest auf die Anzeige! Du bist ja der Schriftgelehrte hier."

Dann ergreift er die Initiative. An Bord seines Schiffes ist er der Skipper: „So und nun gehen wir mal ins Dorf und suchen uns eine nette Kneipe zum Essen. Ich muss mal an die Luft. Mir wird das hier etwas zu eng und zu warm. Brauch' mal ein bisschen Bewegung."

„Aber lasst uns nicht zu lange bleiben, ich habe frischen Greetsieler Granat mitgebracht", verkündet Jan. „Die gab es heute auf dem Markt in Aurich. Nur Schwarzbrot sollten wir gleich noch fix besorgen."

In Ostfriesland werden die Nordseekrabben Granat genannt und es gibt kaum einen richtigen Ostfriesen, der sie nicht gerne mag. Und die von Greetsiel, einem alten Fischerhafen an der Leybucht, die sind die besten! Am liebsten isst man sie selbstgepult und nur mit etwas Schwarz- oder Vollkornbrot.

Auch Marion freut sich und versöhnt sich mit Jan: „Guck mal Jan, du hast ja auch ganz feine Züge. Solche Männer mag ich natürlich, die auch mal an wesentliche Dinge denken."

Auch Hinni ist von der Aussicht auf frischen Granat begeistert. „Das war eine gute Idee, Jan. Dann gehe ich mal fix alleine los und kaufe ein bisschen Brot ein."

Schon klettert Hinni aus dem Schiff, aber Marion aber ruft ihm nach: „Bringe bitte auch noch etwas Chilisauce mit." Hinni brummelt zwar, dass er gar nicht weiß, was das ist, aber irgendwie klingt es doch wie: „Ich versuche es mal."

Jan holt den Beutel mit den Krabben aus dem Auto und schüttet den ganzen Inhalt, zwei Kilogramm etwa, auf den Salontisch, auf dem Karl und Marion schnell eine alte Zeitung ausgebreitet haben. Karl hat inzwischen ein paar Bierflaschen aufgemacht und als Hinni seinen Hafenbummel beendet hat und mit Brot, Butter und Chilisauce zurückkommt, sind sie fertig fürs Abendessen und setzen sich auf die beiden Bänke am Salontisch.

Gespannt schauen die Männer auf Marion. Sie ist die einzige Nicht-Ostfriesin in der Runde und – so wird erwartet – kann sie sicher auch keinen Granat pulen. Nun ist das natürlich nicht besonders schlimm, wenn bei einem Granatessen des Pulens Unkundige dabei sind – besonders wenn es sich um Nicht-Ostfriesen handelt. Fällt dann doch für die Anderen in der Runde mehr ab. Schade zwar für den Unkundigen, aber so lernt er schneller. Ein leerer Bauch kann ungemein motivieren.

Aber Marion greift geschickt einen Granat mit dem rechten

Daumen und Zeigefinger, direkt vor dem Schwanz mit dem essbaren Fleisch, mit den Fingern der linken Hand umfasst sie den Schwanz etwas weiter nach hinten, am zweiten Ring. Eine kleine Drehung und dann ein leichter Zug – schon hat sie die Schale in der Hand und führt die rechte Hand mit dem Fleisch direkt zum Mund.

Die Männer sind beeindruckt! Mit der Extraportion wird nun wohl nichts. Hinni versucht ein Kompliment zu machen: „Den ersten Ostfriesentest hast du schon mal bestanden. Good maakt, Frau Doktor!"

Nachdem er einige weitere Krabben gepult und seinen ersten Hunger gestillt hat, setzt er die Unterhaltung fort: „Und mit Schiffen scheinst du ja auch umgehen zu können."

Für Hinni ist klar, sein Jollenkreuzer ist ein Schiff! „Wo hast du eigentlich segeln gelernt?", fragt er weiter.

Marion scheint ihn zu interessieren. Nicht als Frau, das hat er längst kapiert, dass sie kein Ziel für ein schnelles Eroberungsmanöver ist und natürlich will er auch Karl nicht in die Quere kommen. Aber als Seglerin und als Kumpel an Bord gefällt sie ihm. Und dass sie hübsch und ansehnlich ist, kann ja wohl kein Nachteil sein.

„Segeln habe ich als Kind am Chiemsee gelernt, meine Eltern haben dort schon ewig lange ein Ferienhaus und die Ferien haben wir natürlich meistens dort am Wasser verbracht. Ich habe dort alle möglichen Segelkurse absolviert: Den Opti-Schein, gerade als ich eingeschult wurde, den Grundschein und den A-Schein für Binnenseen habe ich dort in einer Segelschule auf einer ‚FAM', einem kleinen Jollenkreuzer, gemacht."

Hinni nickt, eine FAM, die kennt er. Ist natürlich nicht zu vergleichen mit seinem Schiff, aber immerhin.

„Ja, und mein Vater hatte dort eine Sunbeam 22, und ich war natürlich seine Vorschoterin zur Bedienung der Vorsegel und damit er Jemanden zum Herumkommandieren hatte", fügt sie hinzu. „Später habe ich dann auch alleine als Skipperin mit meinen Freunden segeln dürfen, als ich den A-Schein hatte und Papa meinte, nun könne ich nichts mehr lernen."

Hinni ist beeindruckt, er bemüht sich aber, es nicht zu zeigen. So eine Sunbeam mit einem soliden Ballastkiel ist schon ein schickes Schiffchen. Das hätte ihm auch gefallen.

Karl beobachtet, dass Marion ab und zu ihren Granat in die Chilisauce eindippt, bevor sie ihn in den Mund steckt. „Schmeckt das mit der Sauce? Ist die nicht ein bisschen scharf?", fragt er interessiert.

„Wenn man's mag und verträgt", kann sich Marion eine spitze Antwort nicht verkneifen. „Für schwache Männer ist das natürlich nichts. Ist sie zu scharf, bist du zu schwach!", zitiert sie einen Werbespruch.

Das will Karl nicht auf sich sitzen lassen: „Na denn gib' mal her, ich probiere das mal!"

„Ich auch!" Jan will natürlich nicht zurückstehen.

Nur Hinni bleibt gelassen. Einer Frau auf diese Weise zu imponieren ist nicht sein Ding. Er und Marion beobachten aber sehr gespannt, welche Mengen Chilisauce die beiden plötzlich konsumieren, ein richtiger Wettbewerb scheint da im Gange zu sein.

Karl gibt als erster auf: „Hinni, reich mir doch noch eine Flasche Bier rüber, ich habe plötzlich so einen Durst", bekommt er gerade noch unter Tränen heraus und Jan schließt sich an: „Für mich auch eine Flasche! Teufel, ist das Zeug scharf." Auch ihm schießt das Wasser ins Gesicht.

„Tröstet euch, Jungs", richtet Marion die beiden tränenüberströmten Männer auf, „moderne, emanzipierte Männer dürfen auch mal weinen. Karl, komm an meine Brust und wein' dich mal richtig aus."

Karl ist hin- und hergerissen, meint sie das ernst oder ist das doch wieder nur einer ihrer lockeren Sprüche? Und dann kneift sie wieder, wenn es ernst wird? Aber er ist noch so geschwächt von der Chilisauce, dass er diese Geschichte nicht mehr weiter verfolgt.

Nur Hinni grinst, hat er es doch geahnt. Zu Granat braucht man keine Chilisauce, das ist nur wieder so ein neumodischer, ausländischer Kram!

Marion gibt aber doch zu bedenken: „Aber am Mittelmeer solltet ihr euch schon auf etwas schärfere Kost einstellen, „Spaghetti al àrabiata" oder „Aglio al olio" mit viel Chilischoten oder „Chili con Carne", zählt sie auf, „Das sollten wir uns nicht entgehen lassen. Ich freu mich ja schon auf all die Köstlichkeiten. Übt mal fleißig in der Zwischenzeit."

Und dann reden sie wieder über ihr neues „Traumrevier Mittelmeer", schwärmen und träumen von ihrem Urlaub, den sie dort verbringen wollen und einige Stunden und etliche Flaschen Bier später gibt es eigentlich gar keine Probleme mehr ...

Vor ihrem geistigen Auge sehen sie eine schicke, weiße Segelyacht, mit der sie in rauschender Fahrt unter ‚Vollzeug' nur vom Wind getrieben durch die Wellen gleiten. Die Sehnsucht nach ihrem Traumrevier wächst mit jeder Flasche Bier und wird übermächtig, jetzt, da das Ziel plötzlich in so in greifbare Nähe gerückt ist. Schließlich aber fallen sie in einen tiefen

Schlaf und jeder träumt seinen persönlichen Traum weiter.

Hinni hatte am Abend zuvor zwar ein frühes Wecken ange-kündigt, weil er ja nicht nur träumenderweise im Mittelmeer sondern auch ganz konkret noch die Ems hinauf segeln möchte. Ein bisschen später wurde es dann doch mit dem Wecken und Aufstehen.

Sie sitzen noch beim improvisierten Frühstück im Cockpit, als Marion plötzlich auf die andere Seite der Marina zeigt: „Guckt mal da drüben, wieder so eine Crew mit lauter ‚echten' Männern', da bin ich ja mal gespannt."

Auch die Männer schauen sich nun neugierig den Zirkus an, der dort drüben an der Slipanlage veranstaltet wird. Vorerst ist nur ein großer Mercedes ML mit einem Essener Kennzeichen zu sehen, ein Bootsanhänger hängt dahinter und darauf liegt eine kleine, offensichtlich funkelnagelneue, französische Yacht mit einem Hubkiel.

„Schönes Schiff", kommentiert Jan, „kostet bestimmt vier-zigtausend Euro. Das wäre mein Traumschiff."

Drei Männer springen wichtig um das Gespann herum und versuchen den Fahrer so einzuweisen, dass dieser rückwärts die Slipanlage trifft. Das gelingt nicht, immer wieder stellt sich der Hänger quer und droht über den Kai abzustürzen.

„So wird das nichts", schreit da endlich der Fahrer, so laut, dass man es über den ganzen Hafen hört: „Ihr müsst mich rich-tig einweisen. Herrmann, mach' das mal selber, mit deinem Auto kann ja wirklich keiner klarkommen."

Der Fahrer wird gewechselt und nun scheint es tatsächlich etwas besser zu klappen, jedenfalls befinden sich Auto und Hänger nach einer Weile tatsächlich in einer geraden Linie auf der Slipanlage und bewegen sich langsam rückwärts in Richtung Wasser.

Herrmann, der Fahrer, beugt sich aus dem Seitenfenster und brüllt die anderen an: „Will denn keiner mal die Lichtleiste abnehmen? Ich muss doch nicht alles selber machen!"

„Urlaubsstimmung haben die aber nicht", stellt Jan fest. Für ihn wäre es eigentlich selbstverständlich, dass man bei einem solch schönen Schiff und dem herrlichen Segelwetter automatisch gute Laune hat.

Marion hat ihren Blick aber auf ganz andere Objekte gerichtet. „Oh, was schöne Männer", lästert sie. „Die scheinen ja gut betucht zu sein. Guckt mal: Timberlands, Cowes-Hose, Paul Shark Hemden, Helly Hansen Jacken ... Das ist mein Klamottenetat für ein ganzes Jahr. Pro Person gerechnet!"

Hinni jedoch interessiert sich nicht für den Preis der Yacht oder die Designerklamotten. Er ist echt entsetzt über das unprofessionelle Verhalten dieser Angeber aus dem Ruhrgebiet: „Mann oh Mann, die müssen aber noch üben! Soll ich mal rüber gehen und helfen?"

Für ihn wäre es ein Klacks das Schiff ins Wasser zu bringen und segelfertig zu machen, notfalls auch ganz allein. So etwas kann man doch einfach.

„Nein Hinni, bleib mal hier", bittet Marion jedoch, „das wird noch lustig! So ein schönes Hafenkino hat man nicht oft."

Nach einigen weiteren Vor-und-zurück-Manövern, die Marion mit entsprechenden sarkastischen Kommentaren begleitet, liegt das Schiff tatsächlich im Wasser und die vier Männer springen geschäftig auf das Schiff und wieder herunter und ziehen mit wichtigen Mienen an allen möglichen Leinen herum. Jeder versucht dem anderen Anweisungen und manchmal auch kluge Ratschläge zu geben, aber voran geht nichts.

„Guck mal", meldet Hinni sich wieder, die haben noch gar keine Fender gesteckt, da haben die aber nicht mehr lange Freude an Ihrem schönen, grünen Rumpf." Bei dem Wort grün verzieht er spöttisch das Gesicht, grün ist für ihn ja nun überhaupt keine Farbe für ein ordentliches Segelschiff. „Aber vielleicht mögen sie die Farbe ja auch nicht."

Tatsächlich reibt sich die Bordwand ohne den Schutz der Fender an dem rauen Betonkai, an einigen Stellen kommt schon die weiße Grundfarbe durch, sogar aus der Entfernung ist das zu sehen. Tiefe Kratzer bilden sich und Hinni will schon wieder aufstehen.

Marion hält ihn zurück: „Das sind doch alles feine Geldpinkel, nur so lernen die ihr Schiff kennen. Erfahrung macht klug. Muss eben ordentlich was kosten", philosophiert sie. Und bringt ihre Ansicht auf den Punkt: „Männer!"

Schließlich schreit da drüben einer die anderen an und hastig werden die Backskisten, die sich im Cockpit unter den Sitzbänken befinden, aufgerissen und durchwühlt, bis endlich die noch original verpackten Fender gefunden werden. Die Plastikschutzhülle wird heruntergerissen. Fenderleinen scheinen auch keine da zu sein und werden schließlich in einer anderen Packung gefunden. Zum Glück haben diese schon eine Schlaufe, um sie an den Fendern zu befestigen. Und dann hat plötzlich jeder einen Fender in Hand und alle versuchen gleichzeitig diesen an der Reling anzubringen.

„Scheiße, so geht das nicht", schreit Herrmann wieder los. „Einer muss mal das Schiff wegdrücken, wie sollen wir sonst die Fender hinhängen. Wo ist denn der Bootshaken", motzt er weiter.

„Hausfrauenknoten", kommentiert nun Jan die Aktion, „Nicht mal einen Webleinstek können die. Zum Glück waren die Fender schon aufgepumpt. Wie wollen die eigentlich den Mast stellen? Da hat doch keiner Ahnung?"

Hinni reicht es nun aber: „Jetzt gehe ich aber rüber und sorge da mal für Ordnung." Marion will ihn wieder festhalten, aber er schüttelt ihre Hand ab. „dat kann ick so net langer ankieken!"

Langsam schlendert er auf die andere Seite des Hafens und stellt sich vor der Yacht auf. „Moin, moin, könnt ihr Hilfe gebrauchen?", fragt er einen der Männer, von dem er ja schon weiß, dass der Herrmann heißt und der Boss zu sein scheint.

Geringschätzig und neugierig wie aus dem Zoo entlaufen wird er von allen vier Männern angeguckt. Hinni gibt neben dieser geschniegelten und gestylten Crew äußerlich ja wirklich keine gute Figur ab: Seine ausgetretenen, aber dafür rutschfesten Bootschuhe, die einfachen Jeans mit echten Tragespuren im ‚used look' und das alte Hemd sind wirklich kein imponierendes Outfit.

„Hilfe, ha ha ha", wiehert Herrmann, der vermeintliche Anführer plötzlich los. „Hilfe wozu? Läuft doch alles klar. Wir konnten bloß die Fender nicht finden. Hat die Werft an einem ganz blöden Platz versteckt."

„Neues Schiff?", fragt Hinni kurz.

„Ja, ganz neu wie man sieht. Ganz neues Design, kommt gerade von der Werft in Frankreich", versucht Herrmann sich und das Schiff wichtig zu machen.

Hinni aber bleibt gelassen und fragt neugierig: „Und hat das Schiff auch einen Namen? Ich mein ja bloß."

Für ihn ist klar, ein Schiff ist was anderes als ein Sportgerät und muss deshalb einen Namen haben. Wie soll er sich sonst merken, welche Leute zu welchem Schiff gehören. Etwa: „Das sind die vom blauen Schiff" oder „Die da gehören zum dem Schiff mit der Schramme an der Seite" oder gar „Der kommt von dem Schiff, das keine Anlegemanöver fahren kann und den hässlichen Aufbau hat."

Betreten schauen sich die vier an. Offensichtlich hat bisher keiner an einen Namen für das neue Schiff gedacht. „Nein, noch nicht", fängt sich Herrmann aber schnell, „die Schiffstaufe findet erst später in Anwesenheit unserer Damen statt."

Damit muss Hinni sich wohl zufrieden geben. Aber er hat ja noch die für ihn wichtigste Frage in petto: „Und wie wollt ihr den Mast stellen?"

Der Häuptling Herrmann spielt sich weiter auf, ganz offensichtlich muss er sich nach den vorangegangenen Blamagen vor seinen Kameraden profilieren: „Hey, was meinen Sie wohl? Ich habe die Sache voll im Griff. Bin doch nicht zum ersten Mal auf einem Schiff, habe sogar den SKS-Schein, falls Sie wissen was das ist", macht er sich weiter wichtig, „und außerdem haben wir eine Einweisung vom Verkaufsbüro und eine Gebrauchsanleitung."

Hinni schaut betreten, so eine Abfuhr hat er noch nicht erlebt. Er will doch eigentlich nur helfen. Wenn die den Sport-Küsten-Schein haben, dann sollten die doch wirklich etwas vom Segeln verstehen. Und richtige Segler helfen sich immer wenn es nötig ist, nehmen auch Hilfe dankbar an und beleidigen sich deshalb nicht, so kennt er das. Und Segler duzen sich auch, ohne erst lange fragen zu müssen.

„Und wie wollt ihr den Mast stellen?", fragt er aber doch noch einmal mit Blick auf die kleine Yacht. Für Herrmann, den vermeintlichen Boss, ist das ein Stichwort. Jetzt will er es wissen: „Los Jungs, Mast stellen. Zeigen wir dem Ossi hier mal wie das geht."

Der Mast wird in den Mastkoker eingelegt, der Bolzen eingesteckt und die Mutter aufgesetzt. Soweit alles richtig, kommentiert Hinni für sich, vielleicht ist das ja alles nur ein bisschen Aufregung bei denen. Er erwartet, das nun ein oder zwei Mann das Vorstag übernehmen, um zu ziehen. Die anderen sollten sich hinten an den Mast stellen, um das Masttopp nach oben zu drücken. So hätte er es gemacht und natürlich hätte er auch vorher noch das Achterstag eingeschäkelt und die Wanten eingeschraubt.

Hier aber läuft das offenbar anders, registriert er dann doch verwundert, denn plötzlich, ohne weiteres Kommando, springen alle vier Mann an den Mast, ganz in der Nähe des Mastfußes, dort wo man am bequemsten an Deck stehen kann und sie ziehen nach oben. Ein wenig hebt sich der Mast achtern, dann gibt es plötzlich einen Knall, das Masttopp fällt auf das Deck zurück und die vier haben plötzlich das untere Ende des Mastes samt Koker in der Hand und machen reichlich dumme Gesichter.

Aha, so geht das also. Hinni verkneift sich eine laute Bemerkung. Karl, Jan und Marion sind in der Zwischenzeit auch herangekommen und haben sich das Schauspiel angesehen. Aber Marion lacht laut heraus: „Ha ha, ein tolles Manöver! So einen Zug! Hey, ich mag kräftige Männer", spottet sie.

Sie wendet sich leise an Jan und Karl: „Was soll das Schiff kosten, sagst Du, Jan? Vierzigtausend Euro? Ist doch ein Klacks für die. Schau dir mal die Armbanduhren von denen an."

Nun haben Jan und Karl mit Uhren in dieser Preisklasse

relativ wenig Erfahrung, aber Marion weiß offensichtlich Männer nach Ihrem materiellen Wert zu taxieren, stellt Karl fest. Na ja, aus ihrem Faible für Millionäre hat sie auch nie einen Hehl gemacht.

„Alles teure Marine Uhren von Rolex und Tag Heuer", informiert Marion. „Für so eine Uhr musst du ein Jahr arbeiten", wendet sie sich an Karl.

Auf der Yacht aber herrscht lange betretenes Schweigen. So schnell scheint noch keiner zu kapieren, was eigentlich passiert ist. Es wird probiert, der Mastschuh wird wieder dahingestellt, wo er eigentlich sein sollte, aber es hilft alles nichts: Das Teil ist kaputt! Und nun beschuldigt jeder den anderen, nicht aufgepasst zu haben und eine Weile später, als ein Schuldiger nicht gefunden werden kann, werden Alternativen gesucht: „Da gibt es doch wohl hoffentlich eine Garantie auf das Schiff?", will einer wissen.

„Klar, ist ja totaler Murks von der Werft. Ich hätte ja gleich eine Hallberg Rassy gekauft", meldet sich Herrmann zu Wort. „Aber die gab es ja nicht so klein und mit Hubkiel."

„Die Einweisung war doch voll Scheiße. Sollten wir da nicht noch auf Produkthaftung klagen?", fragt der erste wieder.

„Oder wir können uns das Geld von der Kaskoversicherung holen", schlägt der dritte Mann vor, „und die können uns auch gleich für den geplatzten Urlaub entschädigen."

„Und wie ist das mit der Skipper-Rückholversicherung bei einem Unfall", will dann wieder einer wissen.

Marion lästert weiter, mal laut, mal leise, über die so tollen Männer im Allgemeinen und speziell diese, offensichtlich Rechts- aber wenig Seekundigen Küstenschiffer.

Aber als auf dem Kai so richtig Stimmung aufkommt und

Herrmann schließlich anfängt, das Schiff wieder an Land zu slippen, geht Hinni doch noch mal auf die Crew zu: „Also, kaputt ist kaputt und nun ist euer Urlaub wohl im Arsch, was?"

Dort mag sich nun aber keiner mehr lustig über ihn machen, zu groß ist die Blamage. „Ja, Scheiße, das war es dann wohl. Wir wollten eigentlich zwei Wochen im Wattenmeer segeln", gibt Herrmann Auskunft.

Und dann, nach reiflicher Überlegung fragt er Hinni plötzlich: „Oder kann man hier am Ort so etwas reparieren lassen. Sie kennen sich hier doch offensichtlich aus?"

„Ja, auskennen tu ich mich wohl! Darf ich mal auf das Schiff und mir den Schaden ansehen?" Bevor er eine Antwort bekommt, ist Hinni auch schon auf der Yacht und untersucht den Schaden.

„Also, wenn ihr wollt, ich das kann das reparieren, jetzt sofort! Und ihr könnt noch heute weiter. Aber dat köst jau watt!"

Die vier schauen sich an, den letzten Satz haben sie nicht verstanden. Karl springt deshalb ein: „Er meinte, dass die Reparatur etwas kostet."

Einer aus der Crew, der mit dem Vorschlag der Kaskoversicherung, ruft begeistert: „Hey, wenn der das reparieren kann, das wäre doch super. Ich will doch jetzt nicht wieder nach Hause zurück. Meine Alte lacht mich ja aus. Frag doch mal, was er dafür haben will", wendet er sich an den Chef der Crew.

Hinni taxiert noch mal kurz Schiff, Auto und Outfit der Crew. Er überschlägt, was wohl jede Jacke von denen gekostet hat. Und bevor er gefragt wird, hat er schon die Antwort: „Dreihundert Euro. Und den Mast stellen wir euch auch noch. Um zwei Uhr wird alles fertig sein, ihr könnt so lange in die

Kneipe gehen. Übrigens, ick büün Hinni", stellt er sich dann auch noch vor, „mein Schiff liegt da drüben."

Herrmann, der offensichtliche Chef gibt ihm nun sogar die Hand, schaut fragend seine Crew an und als kein Protest kommt: „Abgemacht! Ich bin Doktor Koslowski!"

Hinni staunt: „Und noch?"

Menschen ohne Vornamen sind ihm suspekt. Herrmann aber versteht nicht was er meint und fragt sicherheitshalber noch einmal: „Aber können Sie das überhaupt? Nicht das uns dann morgen trotzdem der Mast abfällt"

„Doch, dat kann ick" antwortet Hinni, „sogar ohne SKS-Schein! Geht mal ruhig in die Kneipe."

Nachdem die vier zögernd abgezogen sind, winkt Hinni Karl heran: „Guck mal, die Werft hat den Mastkoker nur mit vier Schrauben in einer dünnen Sperrholzplatte befestigt, die im Kajütdeck einlaminiert ist. Kein Wunder, dass die ausreißen."

Karl, der Bauingenieur, erkennt auch sofort warum: „Ja klar, so ein Mastschuh wird ja normalerweise auch nicht mit Zug nach oben belastet. Der Mast drückt in der Regel nach unten und die Schrauben müssen nur eventuelle Scherkräfte auffangen, damit der Mast seitlich nicht verrutschen kann. Für einen Franzosen eigentlich ganz logisch und sauber konstruiert", nimmt er die Werft in Schutz. „Und die Idioten hätten doch bloß den Mast weiter hinten anheben müssen und einer oder zwei hätten am Vorstag gezogen", sinniert er.

Hinni aber ist schon in Gedanken bei der Reparatur: „Die alten Schraubenlöcher kleistern wir mit Epoxykleber zu und bohren zwei neue Löcher zusätzlich. Bohrmaschine habe ich da, Kleber und Schrauben auch. Hol' doch mal bitte die Werkzeugkiste und die Kabeltrommel aus dem Schiff."

Während Karl auf den Kai springt, fängt Hinni schon an, den nur lose aufgesteckten Mastbolzen herauszudrehen. Nun kommen Marion und Jan auch an Bord.

Jan freut sich: „Die hast du aber sauber ausgenommen. Geschieht denen aber recht. Und es trifft ja wohl keine Armen."

Marion aber überlegt laut: „Was sind das wohl für Typen, viel Geld, keine Ahnung von Schiffen, waren aber ganz traurig, als ihnen klar wurde, dass der Urlaub nun vorbei sein sollte. Ich glaube, die sehe ich mir mal genauer an. Braucht ihr mich hier?"

Und als weder eine Antwort von Hinni noch von Jan kommt, springt sie an auf den Steg und schlendert in Richtung Kneipe.

Karl schleppt nach einer Weile keuchend die Werkzeugkiste heran: „Zum Teufel, was hast du da nur alles drin? Bei der nächsten Regatta bleibt die aber an Land."

Er sucht schon einen Stromanschluss für die Bohrmaschine. Zum Glück gibt es einen am Steg und das Verlängerungskabel ist lang genug. Hinni rührt den Kleber an, die alten Löcher werden zugespachtelt. Dann fragt er: „Hat mal jemand ein paar Streichhölzer?"

„Was willst du denn damit, du rauchst doch gar nicht", antwortet Jan. Zufällig findet er aber ein kleines Heftchen aus einer Auricher Kneipe in seiner Tasche und gibt sie Hinni.

„Löcher dicht machen will ich damit", gibt Hinni Bescheid, bricht ein paar Streichhölzer aus dem Heft heraus und drückt sie in die gerade ausgespachtelten Löcher, um sie auch wirklich auszufüllen.

„Genial", kommentiert Jan. Und Hinni wandelt dann auch

noch einen alten Bootsbauerspruch um: „Und wo ein kleines Loch wird sein, da stecke man ein Streichholz rein."

Karl ist erstaunt: „Hinni, du kannst ja sogar dichten, und das sogar im zweifachen Sinn."

Zwei neue Löcher werden in den Boden des Mastschuhs gebohrt und dann schraubt Hinni das Teil schon wieder auf das Deck. Die vorhandenen Schrauben kommen in die alten Löcher und werden in dem noch flüssigen Epoxykleber mit den Streichhölzern verankert.

„Such' mal zwei Edelstahlschrauben, ungefähr so groß wie diese hier", fordert er dann Karl, seinen neuen Assistenten, auf.

„Mann, Hinni, was hast du hier nur alles für einen Kram drin", wühlt der sich durch die Kiste. Hinni aber grinst froh: „Siehst ja, wozu es gut ist. Alles aufbewahren. Nun verkaufe ich denen doch glatt zwei Schrauben für dreihundert Euro. Die Stunde Arbeit wollen wir mal nicht rechnen, das ist Freundschaft!"

Jan allerdings kann es nicht lassen und kräht vom Steg: „Das ist Schwarzarbeit! Mal wieder an der Steuer vorbei gearbeitet. So funktioniert das also bei dir, Hinni. Das kostet dich aber was, damit wir den Mund halten."

„Ich dachte, Finanzbeamte sind unbestechlich. Aber hilf lieber mit, bevor du hier dumme Sprüche klopfst. Such' schon mal eine lange Leine, eine Schot oder so."

Nach kurzer Zeit ist der Mastschuh fest aufgeschraubt, Hinni zieht und wackelt einmal zur Probe: „Alles fest. Der hält genug aus. Jetzt müssen wir nur noch den Mast wieder einbolzen und dann vorsichtig stellen. Jan, du machst deine Leine mit einem Stoppersteck am Vorstag fest."

Jan macht es und bekommt sogar den geforderten Knoten,

den Stopperstek, fast auf Anhieb hin.

„Und du Karl, drehst die Wantenspanner ein, gerade soviel, dass sie Zug aufnehmen können. Ich mache das Achterstag fest."

„Aber erst einmal lasst uns den Hubkiel absenken, damit das Schiff nicht so herumschlingert, wenn wir den Mast stellen", fällt Hinni dann noch rechtzeitig ein.

Während Hinni sich um den Hubkiel kümmert, überprüft Karl das gesamte laufende Gut, das an den Mast gehört und zählt auf: „Dirk, Spifall, Fockfall, Großfall, alles klar. Ein Verklicker ist schon am Mast, das ist auch in Ordnung. Und ein elektronischer Windrichtungsanzeiger und eine UKW-Antenne sind wohl nicht vorgesehen", stellt er fest.

Hinni schaut sich das an und findet auch, dass der Mast komplett bestückt ist. Dann kommandiert er: „So, jetzt gehen Karl und ich nach hinten und stemmen den Mast hoch und du, Jan, gehst an Land und ziehst am Vorstag, aber kräftig. Und gerade ziehen, genau in Richtung des Schiffes, bloß nicht schräg. Wir beide Karl, wir gehen dann langsam, so wie der Mast sich hebt, mit nach vorne und achten darauf, das er nicht zur Seite ausbrechen kann, bis die Wanten den Mast halten. Das muss sauber und mit einem Schwung ohne viel Gewackel gehen. Los jetzt, hau ruck!"

Es klappt genau so, wie Hinni sich das vorgestellt hat. Einmal zwar kommt der Mast bedrohlich ins Schwanken, kann aber von den drei Männern gehalten werden. Bald steht er senkrecht und Karl flitzt schnell nach vorne, um das Vorstag einzuschäkeln.

„Alles klar, meldet er. Vorstag ist fest!"

„Jetzt noch den Mast ausrichten", fordert Hinni auf. Er legt sich mit dem Rücken auf das Vordeck und peilt den Mast hinauf: „Backbordwant etwas lose, Steuerbordwant fester!"

„Gut so! Jetzt die Unterwanten. Karl, etwas dichter und du, Jan, etwas lose geben."

„Stopp, das war etwas zu viel, jetzt bei dir, Karl, einen Schlag lose und du, Jan, drehst den Spanner dicht. Gut! Passt. Kerzengerade."

Aus Gewohnheit kontrolliert Hinni noch einmal das Achter- und das Vorstag. Alles klar. Seefest und sicher!

„Und jetzt können wir denen auch noch eben den Großbaum und die Segel anschlagen. Ist doch ein Klacks. Was wollen die ohne Segel?"

Karl braucht keine weitere Aufforderung. Er holt den Großbaum, an dem das Segel mit der Unterseite befestigt wird aus der Kajüte, hängt ihn mit dem einen Ende am Mastbeschlag ein und sichert den Bolzen mit einem Splint. Jan hat inzwischen schon die Dirk befestigt und das andere Ende durch die Klemmen auf dem Kajütdach gefädelt, er holt die Dirk dicht, so dass der Großbaum etwa waagrecht liegt und belegt an einer Klampe. Die Dirk ist ein langes Seil, das am hinteren Ende des Großbaums befestigt wird, durch eine Rolle im Masttopp läuft und dann auf das Deck zurückgeführt und dort belegt, also befestigt, wird. Damit wird verhindert, dass der Großbaum in das Cockpit fällt, wenn das Großsegel nicht benötigt wird.

„Fertig!", meldet er.

Hinni hat in der Zwischenzeit auch das Vorsegel in der Kajüte gefunden, auf das Vordeck gelegt und überprüft die Reffleine des Rollreffs. Mit einem Wirbelschäkel befestigt Jan das Fockfall, also das Seil, mit dem das Vorsegel hochgezogen wird, in den Kopfbeschlag am oberen Ende des Segels und fädelt dann das Vorliek, die vordere Seite des Segels, in das Vorstagprofil ein, während Karl bereits am Mast steht und am Fall zieht.

Das Vorsegel rauscht nach oben und Karl belegt das Fall an der Klampe am Mast. Dann springt er ins Cockpit und rollt mit der Reffleine das Vorsegel ein.

Jan knotet die Schot, die er vorher vom Vorstag abgenommen hatte, an das Schothorn, dem hinteren, unteren Ende des Vorsegels, führt die beiden Enden der Schot durch die jeweiligen Leitösen auf dem Deck und legt sie um die Winschen. Das Vorsegel ist nun fertig angeschlagen und kann jederzeit ausgerollt du benutzt werden!

„Jetzt noch das Großsegel. Aber erst mal die Großschot anschlagen", kommandiert Hinni weiter. Karl hat die bereits in der Hand, Hinni steht am Mast und befestigt das Großfall am Kopfbeschlag des Segels.

Mit einem „hiev up!" geht das Großsegel in die Höhe. „Und jetzt das Segel wieder runter und sauber auftuchen. Jan, kannst du ein paar Bändsel auftreiben?", fordert er seinen Kumpel auf.

Karl schaut aber noch mal genau auf das Segel, das sich im leichten Wind bläht: „Haben die keine Segellatten?"

„Nein, sieht nicht so aus. Hat wahrscheinlich die Werft noch versteckt. Die können die später auch selber noch einstecken", beschließt Hinni. „Aber dies hier sollen wohl die Reffleinen sein, die können wir ja noch eben einscheren.

Als auch das getan ist, lässt er das Großsegel herunterfallen. Es wird sauber in verschiedenen Lagen über den Großbaum gelegt und festgebändselt.

Hinni springt vom Schiff auf den Kai, betrachtet das Ganze noch einmal und stellt fest, dass alles in Ordnung ist. Er schaut auf die Uhr und verkündet dann: „Fertig! Reparatur plus Schiff segelfertig machen, gut eine Stunde. War doch ein Klacks, oder? Man muss eben uns Profis ran lassen. Danke, Jungs, das haben wir fein gemacht."

Er ist er zu Recht stolz auf die saubere und schnelle Arbeit. „Jetzt können wir ja mal unsere Frau Doktor in der Kneipe besuchen und unseren Lohn kassieren."

Jan aber schaut noch einmal lange nachdenklich und neidisch auf die schöne, kleine Yacht und dann marschiert er Karl und Hinni nach, Richtung Kneipe.

Marion fand wirklich, dass das Stellen eines Mastes eine typisch männliche Angelegenheit ist, die zumindest bei echten Seglern von Urinstinkten gesteuert wird und dass eine Dame dabei nur im Wege stehen kann. Also hatte sie beschlossen, sich die Crew des Schiffes ohne Namen einmal näher anzusehen. Männer sind allzumal interessante Studienobjekte, auch wenn sie nur der Bestätigung ihrer tief ins Unterbewusstsein eingebrannter Vorurteile dienen. Und, auch davon ist Marion überzeugt, Männer werden immer interessanter, je mehr Geld sie haben. Zumindest kann man dann leichter über die Schwächen hinwegsehen.

Auf dem Weg in die Kneipe am Hafen überprüft sie noch schnell ihr Outfit: Auch der letzte Knopf des Poloshirts wird geöffnet, die Jeans werden sexy hochgerollt und die Haare noch ein wenig zerzaust. Auch wenn die meisten Männer ihr nicht gefallen, heißt das ja noch lange nicht, die sie den Männer nicht gefallen will.

Die Tür der Gastwirtschaft steht wegen des sonnigen Wetters weit geöffnet und sie sieht schon von draußen die vier traurigen Gestalten mit zerknitterten Mienen und diversen Bier- und Schnapsgläsern vor sich in einer dichten Rauchwolke an einem Tisch in der Nähe des Tresens sitzen. Hoppla, denen ist aber die Suppe total verhagelt, stellt sie fest. Oder gehören die auch etwa zu den Männern, die im Urlaub schon mit einer ordentlichen Flasche Bier geweckt werden müssen, damit es überhaupt ein schöner Tag werden kann?

Herrmann sieht Marion als erster hereinkommen. Seine Miene hellt sich etwas auf und galant steht er auf, um Marion an den Tisch zu bitten: „Möchten Sie auch ein Bier oder lieber ein Kaffee", bietet er an.

Marion will die aber nicht so billig davonkommen lassen. Sollen die doch mal sehen, dass es auch in Ostfriesland Damen mit Stil gibt: „Wenn es hier so etwas gibt, hätte ich gerne einen Prosecco mit einem Schuss Holunderblütensirup", erinnert sie sich schnell an das neue Modegetränk der Hamburger Schickeria-Kneipen.

„Und da ich mich noch nicht vorgestellt habe, mein Name ist Doktor Krull, Meeresbiologin."

Herrmann verschluckt sich an seinem Bier. Das Marion eine hübsche Frau ist, kann man nicht übersehen. Aber ihre bissigen Kommentare vorhin am Steg ließen eher auf eine verklemmte, unterbezahlte und scheinemanzipierte Büroangestellte oder Verkäuferin schließen.

Um sich von der Überraschung zu erholen, versucht er erst einmal Marions Bestellung bei dem Wirt unterzubringen. Leider erfolglos und so muss Marion sich dann doch mit einem Cappuccino zufrieden geben. Macht nichts, denkt sie zufrieden mit sich selbst, das erste Teilziel wurde ja erreicht.

Herrmann stellt nun seinerseits seine Freunde vor: „Ja also, das ist Doktor Hartmann, Zahnarzt. Das ist Doktor Gessner, Volkswirtschaft und hier der Herr ist Doktor Steeger, Rechtsanwalt und Wirtschaftsberater und ich selber bin Wirtschaftsprüfer", erklärt er, selber von all den Titeln beeindruckt.

Der Wirt, der gerade den Cappuccino und eine neue Runde Bier bringt, staunt nicht schlecht. So viele Doktoren auf einmal in seiner Bingumer Hafenkneipe, das hat er noch nicht erlebt.

„Einen Cappuccino für die Dame", sagt er galant und dann, nachdem er auch die neue Runde Biergläser abgestellt hat: „Zum Wohl, die Herren."

Keiner der Männer findet auch nur den Anfang eines Gesprächsfadens, also ergreift Marion die Initiative mit der Standardfrage unter Seglern: „Wo wolltet ihr denn hin in eurem Urlaub, ich meine, falls Hinni euch das Schiff repariert?"

„Wieso, macht der das denn nicht?", fragt Herrmann beunruhigt.

„Doch, wenn er das verspricht, dann klappt das auch. Aber ihr habt Glück, das Hinni gerade hier ist, denn einen guten Bootsbauer findet hier man nicht so einfach!", stellt sie fest. „Sonst hättet ihr das Wochenende hier herumgehangen!"

„Ach, der ist Bootsbauer? Das hätte der doch gleich sagen können", moniert Herrmann. Marion aber protestiert: „Wieso, ihr habt den doch gar nicht zu Wort kommen lassen. Der wollte euch doch von Anfang an nur helfen."

Doktor Gessner möchte nun wohl auch Marion auf sich aufmerksam machen und versucht die Urlaubspläne zu erläutern: „Also wir wollen eigentlich die Ems hoch, bis Borkum und dann in das Wattenmeer und versuchen, alle die Ostfriesischen Inseln und die Siel-Orte anzulaufen: Greetsiel, Neßmersiel, Bensersiel, Neuharlinger Siel und Carolinensiel", zählt er auf.

„Und in Carolinensiel nehmen wir das Schiff wieder an Land, nachdem einer den Pkw und Hänger von hier abgeholt hat. Hier gibt es doch wohl einen Stellplatz für zwei Wochen, oder was meinen sie?"

Der Wirt hat natürlich zugehört und schaltet sich ein: „Wenn das euer Auto mit dem Hänger da drüben ist, den könnte ich schon unterbringen. Aber das kostet natürlich eine Stellgebühr. Zehn Euro pro Tag!"

Befriedigt stellt Marion fest, dass der Wirt es auch nicht so mit dem „Sie" hat und das seine Geschäftstüchtigkeit auch nicht unter dem geballten Auftreten von fünf Akademikern leidet.

Mit Doktor Gessner ist sie aber noch nicht fertig: „Ein schöner Törn! Aber nicht einfach. Habt ihr denn schon mal im Wattenmeer gesegelt?"

Natürlich ist ihr klar, dass von denen noch keiner wirklich mit einem eigenen Schiff verantwortlich gesegelt hat. Und ein Törn im Wattenmeer ist nun wirklich nichts für Anfänger. Sie kämpft mit sich: Soll sie die nun in ihrer Selbstüberschätzung unterstützen oder denen den Urlaub total vermiesen? Nur kein Mitleid, entschließt sie sich, zumindest kann man ja mal das Selbstbewusstsein ordentlich ankratzen.

Und bevor Doktor Gessner ein leises „Nein" antworten kann, fragt sie scheinheilig weiter und ihre Miene drückt deutlich ihr Misstrauen aus: „Aber ihr habt doch sicher schon ähnliche Törns gemacht und euch vorbereitet? Das Wattenmeer ist ja bekanntlich eines der schwersten Reviere der Welt. Strömungen, die Tide, die Priele, also die Fahrrinnen, die sich ständig verlagern und in keiner Seekarte korrekt eingezeichnet sind. Die Sandbänke kommen und gehen auch, verändern sich nach jedem Sturm. Dann die Gatten, die Fahrwasser zwischen den Inseln, sind wahrhaftig kein Spaß. Erst im vorigen Jahr ist dort eine Crew mit vier Männern, alles Segelanfänger und Lehrer von Beruf, bei nur mäßigem Sturm ertrunken."

Sie hält kurz inne, damit ihre Worte auch gut einsickern. Dann fährt sie fort: „Und das Wetter wechselt hier natürlich ständig, das heißt, meistens ist es ordentlich windig. Und wenn der Strom gegen den Wind steht, wird es ruppig auf dem Wasser. Die für Anfang Mai übliche Schönwetterperiode wird bald vorbei sein. Habt ihr eigentlich einen UKW-Empfänger für den Wetterbericht vom Seeamt? Und wie steht es mit aktualisierten Seekarten und dem Tidenkalender? Sonst braucht ihr gar nicht erst abzulegen."

Sie redet sich richtig in Fahrt und malt ein Schreckensszenario aus. Obwohl, übertrieben ist das nicht. Das in den Landkarten überwiegend in leichtem Blau eingezeichnete, so malerisch aussehende Revier hat es wirklich in sich. Und dass man bei Ebbe und gutem Wetter zu Fuß vom Festland zu den Inseln wandern kann, macht die Sache seglerisch nicht wirklich einfacher.

Die Männer schauen sich an. Will die uns verarschen oder haben wir da was übersehen, drücken ihre Mienen deutlich aus. Herrmann, der Chef fühlt sich aber doch zu einer Antwort verpflichtet, nachdem alle andern vor sich hin starren und schweigen: „Also, so schlimm kann das doch nicht sein. Ich habe in diesem Winter den SKS-Schein gemacht und erst im vorigen Herbst einen dreihundert Seemeilen langen Ausbildungstörn auf der Ostsee. Ich fühle mich fit", macht er sich und seinen Kameraden Mut. „Aber kennen sie sich denn im Wattenmeer aus?", fragt er.

„Ich bin dort ein paar mal mit Freunden gesegelt, ich habe auch den SKS-Schein und segele seit meiner Kindheit, aber ich traue mir nicht zu, allein im Wattenmeer zu segeln", gibt sie Auskunft und versucht weiter die Selbstüberschätzung dieser Männer zu untergraben.

„Aber ihr scheint ja alle noch nicht lange zu segeln, wie seid ihr eigentlich zusammengekommen?", möchte sie dann wissen.

Jetzt ergreift Doktor Steeger das Wort, er findet, auch er sollte seinen Beitrag zu dem Gespräch leisten. „Also, wir kennen uns alle aus der Schul- und Studienzeit. Nachdem wir das Studium abgeschlossen hatten, wollten wir weiter den Kontakt zueinander halten und uns in unserer Karriere gegenseitig unterstützen. Also gründeten wir einen ‚*Corporate Climbers Club*'."

Marion staunt, auf so eine Idee ist sie noch nicht gekommen. Ein Club, in dem man sich gegenseitig in der Karriere unterstützt! Sie hat es zwar auch zu einer anerkannten Wissenschaftlerin gebracht, sogar international, aber nie groß über ihre Karriere nachgedacht. Alles was sie gemacht und unternommen hat, ist durch ihre Liebe zu ihrem Beruf und der Biologie des Meeres und der Ozeane begründet und motiviert. Nicht wegen der Karriere und des schnellen Geldverdienens. Geld kennt sie eigentlich nur als Mangelware.

Doktor Steeger fährt fort: „Jetzt haben wir alle so ziemlich unsere Ziele erreicht und die Interessen gehen auseinander. Oder besser, wenn ich das so sagen darf", er schaut seine Kollegen an, „jeder denkt in erster Linie an seine persönlichen Interessen. So haben wir um der alten Freundschaft willen beschlossen, etwas ganz anderes gemeinsam zu machen und sind aufs

Segeln gekommen. Wir gründeten eine GbR, eine Gesellschaft bürgerlichen Rechts, haben gemeinsam die Segelyacht gekauft und dies soll unser erster Törn werden."

Marion ist entsetzt über so viel Naivität, was das Segeln anbelangt. Keine Ahnung haben die und eine GBR dient als Grundlage für einen Törn. Da können aber auch nur Juristen drauf kommen.

„Und euer erster Törn führt euch gleich ins Wattenmeer. Warum übt ihr nicht erst mal auf der Ostsee?"

Herrmann findet, so langsam muss er wieder die Gesprächsführung übernehmen, sonst springt ihm noch die Crew ab.

„Nun, den SKS-Schein habe ich ja und die anderen haben auch schon häufiger auf dem Baldeney See bei Essen gesegelt. Also wird das schon klappen. Oder hat jemand den Mut verloren, nur weil diese schöne Dame hier uns etwas Angst einjagen möchte?", fragt er in die Runde.

„Oh du arrogantes Schwein", denkt sich Marion, aber gegen Dummheit ist kein Kraut gewachsen. Aber eine Frage muss sie doch noch stellen: „Und warum segeln eure Frauen oder was ihr sonst an Perlen zu Hause habt, nicht mit? Oder habt ihr etwa keine?" Nicht das sich der Corporate Climbers Club noch als Schwulenklub entpuppt.

Die vier Männer drucksen etwas herum, Frauen beziehungsweise Freundinnen gibt es schon, aber auch da gibt es offensichtlich Langeweile, schließt Marion aus dem Gemurmel.

„Aber am nächsten Wochenende kommen die Damen nach Greetsiel und dort wird dann auch das Schiff getauft", verkündet Herrmann schließlich.

Offensichtlich hat er das bis jetzt selber noch nicht gewusst und seine Kameraden erst recht nicht. Aber keiner lässt sich was anmerken.

„Sofern ihr überhaupt die Tide erwischt und in den Hafen hineinkommt", bezweifelt Marion.

Aber ihr Interesse wendet sich jetzt einem anderen ‚Projekt' zu. Der Zahnarzt, Dr. Hartmann, hat bisher noch gar nichts gesagt, fällt ihr auf. Ein ganz Stiller, jedenfalls kommen keine arroganten Sprüche. Dabei sieht er nicht einmal schlecht aus. Und wenn es Zahnärzten früher auch schon mal besser gegangen sein soll, es geht denen ja nicht wirklich schlecht. Das sieht man schon an der goldenen ‚Rolex Yachtmaster', die betont zur Schau gestellt wird. Sie mustert ihn aufmerksam und sagt dann in die Runde: „Da wir doch alle Segler sind, sollten wir uns eigentlich duzen, ich bin Marion."

Herrmann nickt ihr zu: „Gerne, ich bin Herrmann, das ist Werner." Der Nebenmann stellt sich selber vor: „Rudolf" und schließlich erfährt sie noch, das der Zahnarzt „Walter" heißt.

Offensichtlich durch das plötzliche Duzen beflügelt, ergreift nun auch Walter das Wort: „Wie ist das eigentlich mit dir? Du hast Ahnung vom Segeln und du kennst dich hier auch aus. Willst du nicht mit uns segeln?"

Begeistert wird er von seinen Kollegen unterstützt: „Klar Marion, komm doch mit uns, wir laden dich ein."

So schnelle Avancen hatte Marion nun nicht erwartet. Die Kerle lassen ja nichts anbrennen, da sind sie sich plötzlich alle einig. Sind aber trotzdem Schweine, erwarten am nächsten Wochenende die Frau oder die Freundin und bis dahin möchten sie ihren Spaß haben? Nicht das sie überhaupt vorgehabt hätte mit einem dieser Männer was anzufangen, eigentlich wollte sie ja nur mal deren Gesinnung und ihren eigenen Marktwert testen…

„Oh, ich scheine ja einen hohen Marktwert zu haben", bemerkt sie deshalb. „Aber könnt ihr einer Dame auch ein entsprechendes Ambiente bieten? Nur eine Doppelkoje mit einem von euch, das vergesst mal ganz fix wieder", gibt sie Bescheid und gerade in diesem Moment spürt sie, wie sich eine Hand auf ihre Schulter legt.

„Mit wem willst du nicht in die Koje", hört sie Karl fragen und er klingt nicht besonders freundlich.

„Ach was, mit keinem. Jedenfalls mit keinem von diesen hier."

„Nein, nein, war nur ein Scherz", beeilt sich auch Walter zu versichern, denn hinter Karl stehen nun auch Jan und Hinni und mit den Dreien ist sicher nicht zu spaßen.

Hinni baut sich vor Herrmann auf: „Alles klar." Sein Tonfall lässt offen, ob dies als Frage oder als Feststellung gemeint war. Und Herrmann fällt dann nichts anders ein, als ebenfalls, „alles klar", zu murmeln.

„Na, denn ist ja alles in Ordnung. Euer Schiff ist jedenfalls wieder zu gebrauchen." Dann streckt er die Hand aus, beim Geld einnehmen darf man nicht zu lange zögern:

„Dreihundert Euro, wie abgemacht. Und weil wir euch auch noch die Segel angeschlagen haben, dürft ihr uns auch noch ein Bier ausgeben", fordert er.

Herrmann ist insgeheim dankbar. Wenn das Anschlagen der Segel genau so eine Blamage geworden wäre, wie das Stellen des Mastes, dann hätte er seine Führungsautorität und seine Position als künftiger Skipper gleich zur Verfügung stellen können. Er holt seine Geldbörse heraus, zahlt das Geld aus und großzügig ruft er auch noch dem Wirt zu: „Aber eine Flasche Schampus haben sie doch auf Lager, oder? Bringen sie die mal und Gläser für alle!"

Gut eine Stunde später sind Hinni und seine Crew wieder auf der Ems. Immer noch bläst ein leichter Ostwind, die Sonne scheint von einem blauen Himmel und sie haben es sich im Cockpit bequem gemacht. Segeln vom Feinsten. Diesmal sitzt Jan an der Pinne und Karl und Hinni strecken sich auf der Luvseite auf der Bank aus. Und alle drei müssen auffällig häufig das Vorsegel überprüfen und einen Blick auf das Vordeck werfen. Denn dort liegt Marion, natürlich wieder im Evakostüm. Ein schönes Wochenende liegt vor ihnen ...

Sie haben es am Sonntag noch bis nach Borkum geschafft und von dort aus fahren Marion und Jan mit der Fähre nach Emden und dann mit dem Bus weiter nach Leer. Sie steigen in ein Taxi und fahren zur nahen Bingumer Marina, wo Jan seinen PKW abgestellt hat.

Die namenlose Yacht mit den vier Akademikern ist nicht mehr dort, aber wohin die nun schließlich gesegelt sind, weiß auch der Wirt nicht zu berichten. Nur das der Hänger bei ihm in Verwahrung steht.

„Na ja, nicht unser Bier", denken sich beide.

„Sind doch alles erwachsene Männer", stellt Jan fest, aber Marion widerspricht: „Männer ja! Aber erwachsen? Habt ihr schon mal erwachsene Männer gesehen? Ich nicht! Männer werden vielleicht sieben Jahre alt, dann wachsen sie nur noch."

Die kommende Woche vergeht im Flug. Karl und Hinni sind von Borkum aus durch die Priele des Ostfriesischen Wattenmeeres gesegelt und als dann das Wetter schlechter wurde, haben sie sich wieder auf den Weg nach Hause gemacht. Diesmal nur die Ems hinauf, zurück bis zur Knock, einem kleinen Badestrand mit einer Slipmöglichkeit für den Trailer.

Hinni hat sein Auto mit dem Hänger geholt und die beiden haben die „*Moi Wicht*" auf dem Landweg an ihren Liegeplatz am Steg des Segelvereins am Großen Meer gebracht.

Unterwegs hat Karl schon alle möglichen Texte für seine Antwort auf die Internetanzeige formuliert und als er sich dann, kaum zu Hause angekommen, an sein Notebook setzt, geht das ganz flüssig:

Wir sind eine aus vier Personen bestehende erfahrene Crew und hätten Interesse an dem Überführungstörn im September von Mallorca nach Korfu. Bitte senden Sie uns aber vorab noch nähere Informationen. Besonders interessiert uns: Der genaue Termin und die geplante Dauer des Törns? Wer wird außer uns noch mitsegeln und wer soll die Schiffsführung übernehmen? Um was für ein Schiff handelt es sich genau? Was bedeutet Makan Angin?
Freundliche Grüße, Karl Eilers.

Er klickt auf die Senden-Taste und die E-Mail geht heraus. Karl atmet auf und beginnt seine Klamotten von dem Segeltörn auszupacken. Dreckige Socken, Unterwäsche und Hemden fliegen gleich in Richtung Waschmaschine, der Schlafsack wird ordentlich aufgerollt und verstaut. Ein wenig überlegt er noch, ob nicht der Schlafsack auch eine Wäsche nötig hatte: Nicht wirklich, findet er, aber dann stellt er sich Marions Kommentar bezüglich der Männerwirtschaft vor. Beim weiteren Grabbeln in der Tasche findet er einen kleinen Briefumschlag, den ihm

Marion offenbar in seine Tasche geschmuggelt hat. Erstaunt reißt er ihn auf und findet eine Karte mit einem großen roten Herz darauf. Aufgeregt dreht er die Karte um und liest:

Lieber Karl, dieses Herz würde ich dir ja gerne schenken, leider brauche ich es aber noch für mich. Es war ein schönes Wochenende mit dir und ich freue mich auf das Mittelmeer. Gruß an Hinni und Jan, Deine Marion.

Typisch Marion, immer für eine echte Überraschung gut. Karl ist gerührt, er stellt die Karte an seinen Nachttisch und hofft, irgendwann einmal Marions Herz nicht nur als Postkarte zu bekommen. Das Problem, erkennt er, liegt ja darin, dass Marion nur klischeehafte Bilder von Männern in Ihrer Vorstellung hat: Ständig irgendeine Flasche am Hals, stinkend, schnarchend, immer ein Spielzeug wie Autos, Boote und andere Fahrzeuge in Reichweite und nichts anderes im Kopf als die drei F's: Frauen, Finanzen und Fußball. Sie sind ungeschickt im Haushalt und selten mal nicht nur an den eigenen Vorteil denkend. Vor lauter Rührung und Sympathie nimmt er sich vor, diesem Klischee ab sofort nicht zu entsprechen und holt schon mal den Schlafsack wieder aus dem Schrank, um ihm doch noch eine Wäsche zu verpassen.

Kaum läuft die Waschmaschine, als das Notebook sich meldet – eine Mail. Karl eilt in sein kleines Büro und liest:

Hallo Karl Eilers,
danke für Ihre Zuschrift. Ihre Fragen beantworte ich gerne: Die Überführung soll Anfang September beginnen. Ab dem 01. Oktober habe ich einen Liegeplatz in Korfu gebucht, dann sollte das Schiff dort

sein. Ich bin Eigner des Schiffes und werde als Skipper die Schiffsführung übernehmen. Weitere Personen werden wahrscheinlich nicht dabei sein. Das Schiff ist 42 Fuß lang, etwa 5 Jahre alt und mit allen notwendigen und sinnvollen Geräten ausgerüstet: Radar, GPS, Kartenplotter, Seefunk, Navtex und Wetterdekoder etc ...

Bevor ich Ihnen jedoch eine endgültige Zusage mache, möchte ich von Ihnen einiges wissen: Vollständige Namen und Nationalität, Alter, Beruf, Körpergröße und Gewicht. Ihre seglerische Qualifikation, seemännische Erfahrung und sonstige Kenntnisse, die an Bord einer Segelyacht nützlich sind, wie zum Beispiel im Umgang mit Motoren oder in der Pantry. Bestehen Krankheiten oder Allergien? Wie ist Ihre sportliche Kondition? Kann einer von Ihnen Spanisch, Italienisch oder Griechisch? Bitte senden Sie auch ein Foto von jedem. Ich hoffe auch, dass sie alle Nichtraucher sind. Raucher wären bei mir an Bord nicht willkommen. Verstehen sie meine Neugier nicht falsch, aber wir werden vier Wochen an Bord eines kleinen Schiffes zusammenleben und da muss schon alles zusammenpassen. Makan Angin ist übrigens der Name des Schiffes!
Viele Grüße R. Reichle

Karl glaubt seinen Augen nicht zu trauen. Das ist ja ein richtiger Fragebogen, schlimmer der von der Marine, den er damals ausfüllen musste, als er vom Militärischen Abschirmdienst auf seine Eignung zum Geheimnisträger überprüft wurde. Er schaut auf die Uhr und überlegt, ob er Hinni noch anrufen soll. Nein, entscheidet er, besser morgen. Heikle Themen sollte man besser nichts zu später Stunde besprechen. Und Marion liegt auch sicher schon im Bett, alleine hofft er. Die will er besser auch nicht stören – wo er doch jetzt gerade auf dem besten Weg ist, ein rücksichtsvoller Mann und Frauenversteher zu werden.

Am Samstag treffen sich Karl, Jan und Hinni. Dieses Mal nicht im Segelverein, sondern bei Hinni zu Hause. Angeblich weil das Wetter zu schlecht ist, ein kleiner Segelschlag auf dem Großen Meer würde bei keinem große Freude auslösen, aber eigentlich möchten sie keine Zuhörer haben, zu heikel ist das Thema. Natürlich geht es um den Fragebogen. Karl hat schon am Tag vorher mit Marion telefoniert und sie hat ihm gleich vorsichtshalber auch gleich ihre Körbchengröße mitgeteilt, nämlich 75 C, „falls das auch für den Schiffseigner wichtig ist!"

Jan aber regt sich auf: „Das ist ja wie bei der Inquisition, Alter, Beruf, vollständiger Name... Und was geht den mein Gewicht an und ob ich Leberflecken, Lepra oder Sonnenbrand habe und HIV-positiv bin. Und was heißt schon seglerische Qualifikation, wir können segeln, oder nicht. Das hast du doch schon geschrieben Karl, oder?"

Hinni aber ist erstaunlich gelassen. „Nu reg' di man net upp, Jan. Wenn ich mit einer unbekannten Crew einen längeren Törn machen wollte, würde ich das doch auch wissen wollen. Ich guck mir auch jeden an, der bei mir an Bord kommt, ob der zwei linke Hände hat oder nicht. Nee, ich finde, das ist in Ordnung."

Karl hadert mit sich, einerseits widerstrebt es ihm, solch einen Fragebogen zu beantworten, anderseits möchte er aber doch im Mittelmeer segeln, mit Marion an Bord und in der Koje ...

Jan hat ähnliche Gedanken. In seinem Amt werden ihm immer die Grenzen seiner Macht unter Hinweis auf den Datenschutz gezeigt und hier soll er freiwillig ... Das kann doch nicht erlaubt sein. Aber dann denkt auch er an vier Wochen Urlaub, in der Sonne, auf einer Segelyacht, Bikinischönheiten am Strand, die auf ihn warten ...

Hinni spürt, das sich seine Freunde in anderen Welten befinden. Auch er träumt: Mal raus aus Ostfriesland, zum ersten Mal für längere Zeit in seinem Leben. Er möchte etwas anderes sehen. Seit ihm die Arbeitsstelle gekündigt wurde, fällt ihm die Decke auf den Kopf. Und am Geld hapert es bei ihm ja nun wirklich nicht, aber etwas Sinnvolles machen, etwas das wirklich Spaß macht, wäre sein Ziel.

„Karl", sagt er, „das Träumen nutzt nichts. Fang an den Fragebogen zu beantworten. Hier ist Papier."

„Was soll ich denn schreiben?" kämpft Karl immer noch mit sich. Aber er nimmt das Papier und macht vier Spalten: Karl, Jan, Hinni und Marion schreibt er darüber. Und dann trägt er die Namen ein. Beim Beruf wird er schon etwas unsicher. Was soll er bei sich und Hinni eintragen? Arbeitslos? Das klingt so blöd! Grundbesitzer bei Hinni? Das taugt auch nicht, findet er.

Aber Jan hilft ihm aus der Klemme. Für ihn ist das klar: „Bei mir schreibst du Finanzbeamter. Hinni, du bist und bleibst Bootsbauer, mit oder ohne Job. So steht es auch in deiner Akte beim Finanzamt. Und du Karl, bist auch immer noch ein Diplom-Ingenieur. Und Marions Beruf kennst du ja selber."

Jetzt findet Karl den Faden: „Gut, klar. Deutsche sind wir auch alle. Oder soll ich bei dir lieber Ostfriese schreiben, Hinni? Zum Alter: Wie alt bist du eigentlich Jan?"

„Zweiundvierzig!"

„Hinni ist achtunddreißig, das weiß ich zufällig noch. Marion auch! Dann bin ich ja der Senior hier mit fünfundvierzig. Dann trag ich das mal so ein."

„Gut! Hast du eigentlich eine Waage, Hinni?"

„Was willst denn damit?"

„Dich wiegen natürlich, oder kennst du dein Gewicht aus dem Kopf?"

„Nee, kenn' ich nicht. Aber schreib mal achtzig Kilo. Und ein Meter achtzig groß bin ich", drückt Hinni aufs Tempo. Ihm macht das auch keinen Spaß, er will damit fertig werden. „Muss doch nicht alles exakt stimmen. Der Kahn wird schon nicht untergehen, wenn ich bis zum Herbst ein paar Kilo mehr mitbringe. Und vielleicht wachsen wir ja auch noch."

Karl hakt die Punkte ab. „Krankheiten hat keiner, oder? Warst du nicht letztes Jahr mal seekrank, Jan?", witzelt er.

„Nein, war ich nicht, höchstens hatte ich mal eine leichte Kinetose. Hinni war aber selber seekrank und musste in den Hafen zurück. Mich hat er nur vorgeschoben."

„Ihr werdet zu viel gesoffen haben! Soll ich das nun schreiben oder nicht", will Karl wissen.

„Nein, natürlich nicht, das ist Bordgeheimnis. Steht ja auch nicht im Logbuch."

„Gut, dann ist das auch klar. Marion hat auch keine Krankheiten, denke ich. Was ist mit Allergien? Jan?"

Baby-Allergie, will Jan antworten, aber schluckt es dann doch hinunter. „Keine. Aber bei Marion kannst du mal gleich Männer hinschreiben."

Karl wird etwas rot und er wehrt sich kraftlos: „Neidhammel! Und du Hinni?"

„Schiffe ohne Namen und Leute mit Segelschein aber Null Ahnung", erinnert er sich an das letzte Wochenende.

„Gut, dann schreib ich so auf", neckt Karl ihn. „Aber im Ernst, was soll ich denn zu unseren seglerischen Qualifikationen schreiben? Hast du überhaupt einen Segelschein, Hinni?"

„Hab ich. Den alten weißen A-Schein mit Motorschein und zwar seit genau vierundzwanzig Jahren, wenn das jemand genau wissen will. Und bestimmt zehntausend Meilen Küstenskipperei."

„Wir sind beeindruckt, Hinni", spöttelt Karl. Er kennt doch Hinnis Abneigung gegen Segelscheine und bloßes theoretisches Wissen.

„Aber am besten", fährt Hinni fort, „du schreibst als Qualifikation einfach Ostfriese." Für Hinni ist klar, ein Ostfriese ist qualifiziert – für alles.

„Und du Jan?"

„Ob ich auch Ostfriese bin? Das weißt du doch, reinrassig seit 18 Generationen!", empört sich Jan.

„Nein, hast du einen Schein?"

„Ja, den A-Schein, am Großen Meer gemacht", gibt er an, als sei dies der Inbegriff für eine seglerisch hervorragende Leistung.

„Okay, Marion hat den SKS-Schein und ich den Sporthochseeschiffer, das sollte reichen, oder?"

„Und was ist mit Sprachen? Gut, bei Hinni schreiben wir mal ,perfekt Ostfriesisch als Muttersprache'. Was ist bei dir Jan?"

„Kannst ruhig das gleiche schreiben!"

Karl grinst „Mach ich. Marion spricht perfekt Englisch und ein paar Wörter Italienisch. Und ich eigentlich auch nur Baustellenenglisch."

„Und Nichtraucher sind wir doch auch alle", fällt Karl noch ein. Sogar Marion hat sich das Rauchen nach der letzten Erhöhung der Tabaksteuer abgewöhnt. Nicht aus gesundheitlichen

Gründen allerdings, sondern um die Regierung zu ärgern.

„Das muss nun aber reichen", findet er. „Sollen wir noch ein Foto mitschicken, damit der Eigner Freude an uns hat?"

„Wieso, meinst du, der ist schwul?", überlegt Jan laut.

„Nein, mein ich nicht wirklich. Was soll der sonst mit Marions Körbchengröße", witzelt Karl, aber ganz wohl ist ihm nicht dabei. „Aber ein Bild von Marion habe ich von ihr bereits per E-Mail bekommen."

Hinni geht in seine Schlafkammer und kommt mit einem alten Passfoto zurück: „Hier, das kannst du nehmen."

„Und ich sende dir Montag auch ein Bild per Mail", bietet Jan an.

Aber Hinni hat noch ein anderes Anliegen. Für ihn ist das Ganze ja noch abenteuerlicher als für Jan und Karl. Karl ist weitgereist und Jan war ja auch schon oft im Urlaub im Ausland.

„Karl, du solltest auch mal fragen, was wir da so alles brauchen. Klamotten zum Beispiel.

Karl lästert: „Ich glaube, deinen Konfirmationsanzug kannst du im Schrank lassen. Aber eine schöne weiße Bootsmannsuniform solltest du dir schneidern lassen. Und eine Mütze mit Goldrand", lacht er dann, selber amüsiert von der Vorstellung, Hinni in einer weißen Uniform zu sehen.

Jan aber greift den Faden auf: „Und weiße Handschuhe natürlich, damit du mit deinen ewig ungewaschenen Fingern keine Dreckspuren auf dem schönen weißen Deck hinterlässt. Schwarz-rot-goldene Unterwäsche wäre auch angebracht, die machen sich gut an der Reling, falls du wider Erwarten deine Klamotten mal waschen solltest, ha ha ha", spottet er.

Ein paar Tage später hat Karl alle Informationen zusammen und sendet sie an R. Reichle. Er macht sich Gedanken, wegen der Anrede. Soll er „Lieber R. Reichle" schreiben? Das klingt etwas komisch. „Sehr geehrter Herr Reichle" ist zu formell, man ist doch unter Seglern. Wieso nennt der eigentlich seinen vollen Vornamen nicht, gibt es das etwas zu verbergen? Nachher heißt der noch Rupprecht, Remoulade, Remolus oder Rasmus, sinniert er und wir dürfen den nie mit seinem Vornamen anreden. Schließlich entscheidet Karl sich und schreibt:

Ahoi Makan Angin ...

Und er schreibt alles auf, was seine Freunde ihm aufgetragen haben. Fast alles, die BH-Größe von Marion lässt er mal weg und das mit der Seekrankheit von Jan und Hinni auch. Das eine geht keinen was an und das andere ist doch zu ehrenrührig, findet er.

Schon einen Tag später kommt die Antwort und sogar ein Bild der Segelyacht ist beigefügt. Karl überfliegt die Zeilen und greift sofort zum Telefon: „Moin Hinni, nur das du Bescheid weißt, wir segeln im September auf der *Makan Angin*. Ich habe gerade die Zusage bekommen. Und sogar du darfst mit."

Das dort steht: "*... ich freue mich auf den Törn und darauf, sie alle kennen zu lernen, besonders den Ostfriesen ...*", verschweigt er zunächst mal. Nachher kauft Hinni sich tatsächlich noch eine weiße Kommandantenuniform und schwarz-rot-goldene Unterwäsche, stolz wie er nach den Zeilen sein wird. Hinni ist unberechenbar!

Marion und Jan werden später am Abend auch angerufen und sie verabreden, sich mindestens noch einmal zu treffen, um alle Details zu besprechen.

Hinni hat es am eiligsten. Er drängt auf ein baldiges Treffen. Jan und Karl wundern sich über ihren Freund: Früher wollte der nie heraus aus seiner ihm vertrauten Umgebung und jetzt kann es nicht schnell genug gehen.

Von R. Reichle waren auf Anfrage noch ein paar Informationen bezüglich der persönlichen Ausrüstung gekommen und Karl liest diese vor. Alles wird ohne Kommentar abgehakt, dann liest er weiter: „Badeshorts und kurze Hosen für den Landgang!"

„Nee, ruft Hinni aufgeregt, „kurze Büxen an Land treck ick net an, ick bünn doch kein Tourist."

Er hat das Bild der Touristen in Ostfriesland vor Augen: Stiefel, kurze Hosen und gelben Ostfriesennerz – immer, bei jedem Wetter. Ein absolut lächerlicher Aufzug in seinen Augen.

„Okay", kommentiert Karl nur kurz, „dann kannst du ja in deinen Jeans ersticken." Er weiß, wie heiß es am Mittelmeer sein kann, sogar noch im September und er nimmt sich vor, ein paar kurze Hosen extra einzupacken. Die darf Hinni ihm dann abbetteln.

Die Wochen vergehen, es wird noch hin- und her geschrieben und telefoniert. Aber dann ganz plötzlich, am erstem Septemberwochenende ist es so weit: Reichlich mit Taschen beladen und alle mit einer zünftigen Seglerkappe auf dem Kopf treffen sie sich morgens um halb fünf am Bremer Flughafen und sind gespannt auf die Dinge die da kommen sollen: Hinni auf seinem ersten Flug, Karl überlegt ob Marion nun wohl mit ihm ..., Jan träumt von seinen künftigen Bikinischönheiten. Nur Marion scheint cool zu bleiben und den Überblick zu behalten: „Träumt nicht Männer, wir müssen ins Gate."

3. Kapitel
Törnbeginn

Der Boss ist eine Lady – Friesengeist auf Mallorca – Eine Yacht mit einem Harem – Eine verrückte Wette – Bojenmanöver – Marion rettet einen Bootshaken

Einige Stunden später gegen zehn Uhr steht die Crew in der Empfangshalle des Flughafens von Mallorca. Zum Glück war vereinbart, sich am ‚Meeting Point' unter dem Schild mit den vier Pfeilen zu treffen. Hier warten sie nun schon einige Minuten und halten Ausschau nach dem Skipper der *Makan Angin*, der versprochen hat, sie hier abzuholen. Neugierig werden alle Abholer gemustert: Jemand mit wettergegerbtem Gesicht müsste es sein, vielleicht mit einer Skippermütze auf dem Kopf oder wirrem, blonden Haar, Matrosenhemd oder zumindest einem blau-weiß gestreiften Poloshirt, verblichene Jeans und ausgelatschte Bootsschuhe ...

Niemand ist in Sicht, der diesem vermeintlichen Idealbild eines Skippers auch nur im Entferntesten ähnlich sieht. Zumeist sind es nur ‚Malle-Touris', wie Marion spöttisch bemerkt. Mädels in knappen Röckchen mit Bikinioberteilen, die Männer oft nur mit Badeshorts und Sandalen mit Socken bekleidet, es latschen hier alle möglichen Typen herum.

Eine Frau, etwas entfernt auf einem der Sessel sitzend, fällt angenehm auf: Gepflegtes, sportliches Outfit, dezentes Make-up, edle Handtasche und teure Schuhe ... Überhaupt ein attraktives Aussehen, sexy, aber nicht ordinär. Eine echte Lady. Es scheint, als ob sie auf jemanden wartet, ihren Lover vielleicht, überlegt Marion, aber warum schaut die immer zu uns herüber, sind wir so exotisch?

Schließlich steht die Frau auf, ein leichtes Lächeln umspielt ihre Mundwinkel und kommt langsam auf sie zu. Was die wohl will, fragen sich die Männer und sind schon ganz aufgeregt ... Aber bevor einer von ihnen auch nur daran denken kann, sie anzusprechen, sagt diese Frau: „Hallo, ihr müsst die Ostfriesen-Crew sein. Ich bin Renate Reichle, eure Skipperin!"

Eine Bombe hätte wahrscheinlich nicht weniger Wirkung auf den Gemütszustand der vier haben können. Man kann ihren Gesichtern ansehen, welche Gedankenblitze durch die Köpfe jagen. Sie schlucken, sie sehen sich an. Das also ist R. Reichle!

Jan und Karl fassen sich als erste, eine attraktive Frau als Skipperin! Na, warum denn nicht, denkt der eine und Jan hat den Titel eines fast pornografischen Buches im Kopf, das er mal gelesen hat: *Der Boss ist eine Lady.*

Marion hat etwas länger zu kämpfen, sah sie sich doch als einzige Frau an Bord und hätte mal die Männer so richtig tanzen lassen können. Aber na, ja, drei Männer auf zwei Frauen ist immer noch ein akzeptables Verhältnis.

Hinni aber wird immer blässer. Langsam nimmt er seine Kappe herunter und kratzt sich heftig und ausgiebig am Hinterkopf. Fast reißt er sich die Haare aus, aber er merkt das kaum. Tausend Gedanken gehen ihm schlagartig durch den Kopf: Skipper sind Persönlichkeiten denen man sich unbedingt fügen muss. ‚Next to God', den gleichen Status hatte früher seine Mutter. Die hat er geachtet und geehrt, so wie es sich gehört und es ihm beigebracht wurde. Sie hat ihn aber auch immer wieder gegängelt und bevormundet, auch als er schon erwachsen war und besonders nachdem der Vater starb. Immer musste er in erster Linie für sie da sein: Keinen Urlaub, schon gar nicht im Ausland. Mädchen durfte er jede Menge haben, aber keine zum Heiraten. Die Verpachtung und der gewinnbringende Verkauf oder die Verpachtung der Grundstücke, alles musste nach ihrem Willen geschehen. Und nun, als er hofft, endlich einmal herauszukommen, hat er wieder eine Frau vor seiner Nase, eine Skipperin, die höchste Macht auf Erden! Mann oh Mann, hat das denn kein Ende.

Ein Fluchtimpuls überkommt ihn. Kaum kann er der Unterhaltung und der gegenseitigen Vorstellung folgen. Irgendwann gibt er irgendwem die Hand und murmelt „Hinni" und noch etwas, das man für Ostfriesisch halten kann. Seine Gedanken aber sind ganz woanders: Wie komme ich hier weg, denkt er, wann geht der nächste Flieger zurück nach Bremen? Wo bekomme ich ein Ticket her? Er nimmt wahr, dass die anderen um ihn herum plötzlich lachen, die Stimmung scheint sich gelöst zu haben. Sind die etwa mit einer Frau einverstanden? Und dann kommt ihm siedend heiß der Gedanke: Aber was denken die zu Hause, wenn ich jetzt schon wieder zurückkomme. Ich habe doch allen ausgiebig vom Mittelmeer vorgeschwärmt. Geerd Geerdes, der alte Neidhammel, hat sich ja so geärgert. Und Imke erst, die musste mit Gewalt daran gehindert werden mitzukommen. Dieses kleine Luder.

Und dann taucht er langsam aus seiner Versenkung auf und es wird ihm klar: Hinni, du bist jetzt wirklich am Mittelmeer, dem Ziel deiner Träume! Er gibt sich einen Ruck: „Was habt ihr gerade gesagt? Wollen wir hier anwachsen?"

Und zu Renate gewandt: „Ich will endlich dein Schiff sehen."

Renate hat natürlich die anfängliche Bestürzung ihrer Crew

102

bemerkt, sie hatte auch damit gerechnet. Das war nicht zu vermeiden, bei ihrem Plan. Aber jetzt sollen sie sich etwas erholen von ihrem Schock, denkt sie, Bewegung ist da das beste Rezept.

„Gut, geh'n mer! Nehmt euer Gepäck derweil und kommt mir nach. Ich besorge schon mal ein Taxi für uns alle", kommandiert sie und schreitet voran, Richtung Taxistand, ohne sich noch einmal umzusehen.

Wie Winnetou, erinnert sich Jan an seine Jugendzeit, als er Winnetous und Old Shatterhands Abenteuer mit glühenden Ohren gelesen hat. Der drehte sich auch nie um, sondern ging einfach selbstverständlich davon aus, dass man ihm folgt.

„Eine Fränkin", stellt Marion fest, die sich seit ihrer Zeit am Chiemsee mit Bayerischen Dialekten auskennt.

„Aber verdammt sexy", ergänzt Hinni, als ob Fränkin und ein attraktives Äußeres sich eigentlich ausschließen würden.

Jan fragt Karl leise: „Und du hast wirklich nicht gewusst, dass unsere Skipperin eine Frau ist? Warum wollte sie uns das wohl nicht vorher mitteilen?"

„Wahrscheinlich weil sonst alle geilen Kerle bei ihr mitsegeln wollen, nur weil sie eine Frau ist", vermutet Karl. Und mit einem Seitenblick auf Jan: „So was soll es ja geben, das Männer nur segeln, weil sie auf Frauen scharf sind."

„Ach, und du wohl nicht", schaltet sich Marion ein. „Alle Männer sind in der Beziehung gleich, da macht euch bloß nichts vor."

Inzwischen sind sie am Taxistand angekommen, wo Renate bereits eifrig mit dem Fahrer eines Großraumtaxis verhandelt. Nein, sie verhandelt nicht, sondern sie legt den Preis einfach fest.

„Zum Club de Mar, zwanzig Euro, aber dafür direkt an den

Steg", fordert sie und zum Erstaunen aller geht der Fahrer sogar darauf ein. Die Fahrt verläuft mehr oder weniger schweigend, zu viele Eindrücke, die erst mal verarbeitet werden müssen. Eine Unterhaltung wäre auch schwierig geworden, der Fahrer fährt Höchsttempo bei weit geöffneten Fenstern.

Nur Renate gibt hin und wieder einen Hinweis: „Hier links, das ist der berühmte und berüchtigte Ballermann", erklärt sie und etwas später zeigt sie auf die bekannte Kathedrale an der rechten Straßenseite. Keiner kann die Hinweise richtig würdigen, sie schwitzen und dampfen in ihren Klamotten, die noch für nächtliche Temperaturen in Norddeutschland angezogen wurden.

Bald biegt das Taxi links ab und sie halten vor einer Schranke, der Einfahrt zum *Club de Mar*, der riesigen Marina am *Paseo Maritim*. Die Schranke wird sofort geöffnet als Renate dem Wärter zuwinkt und sie fahren weiter, direkt an einen der unzähligen Kais, an den Renate den Fahrer dirigiert.

Alle sind beeindruckt über die Anzahl und die Größe der Yachten, die hier versammelt sind. Tausend oder zweitausend Schiffe, schätzt Jan mit neidischem Blick und sie alle sind deutlich größer als sein persönliches 30-Fuß Traumschiff, von dem er so schwärmt.

„Aussteigen, wir sind da", wird er aus seinen Gedanken gerissen und automatisch greift er nach den Gepäckstücken, die der Fahrer schon auslädt.

„Hier, das ist mein Schiff", zeigt Renate.

Am Steg, eingezwängt zwischen vielen anderen luxuriös aussehenden Schiffen, liegt eine moderne Segelyacht. Wie üblich am Mittelmeer, mit dem Heck zum Pier und am Bug mit einer Mooringleine, die im Boden des Hafenbeckens verankert ist, festgemacht. Die weiße Bordwand ziert ein blauer Streifen, der zum Heck mit dem Schriftzug Holiday 42 endet. Über dem Niedergang befindet sich eine blaue Sprayhood zum Schutz vor Wind und Regen und das große Cockpit ist mit einem Sonnensegel, einem Bimini Topp, überspannt. An der Backbordsaling, die oben am Mast die Wanten abspreizt, hängt die Fränkische Flagge in den Farben rot und weiß und einem schwarzen Adler schlaff herunter.

„Aber das Deck ist ja ganz rot", wundert sich Jan.

„Kein Wunder", wird ihm von Renate erklärt, „heute Nacht hat es mal wieder den ganzen Staub aus der Sahara herübergeblasen, wir hatten einen Schirokko und ich hatte heute früh noch keine Zeit, um ‚Rein Schiff' zu machen."

Sie fährt fort: „Aber lasst eure Taschen erst mal hier stehen, sonst schleifen wir den Staub noch in die Kojen und die habe ich gestern ausgiebig geputzt – für euch!"

Die drei Männer sehen sich an, so sieht die doch gar nicht aus, als ob sie selber das Schiff putzt. Eine interessante Lady!

„Jetzt trink 'mer erst mal einen Kaffee und ich erzähle euch, wie das hier so läuft."

Renate steuert auf die Taverne mit den kleinen Tischen am Ende des Stegs zu. Ein paar Tische werden zusammengeschoben, Espresso und Cappuccino werden bestellt. Hinni schaut auf die Uhr: „Tiet for een Elfürtje, ick heff doch noch watt mitbrocht."

Er läuft zu seiner Tasche zurück und kommt mit einer Flasche wieder. „Hier ein Gruß aus Ostfriesland, echter *Friesengeist*. Ein Schnaps, ich wusste ja nicht, dass du eine Dame bist."

„Manchmal bin ich auch keine Dame", antwortet Renate. „Und das kann man trinken? Also gut, einen Begrüßungsschluck!" Gläser werden aus der Taverne geholt, der Wirt guckt zwar etwas mürrisch, aber Renate beschließt, das nicht zur Kenntnis zu nehmen.

„Das ist heute aber eine Ausnahme. Ich bin nicht dafür, schon tagsüber an Bord Alkohol zu trinken. Vor allen Dingen hasse ich die ständigen Manöverschlucke, die manche Männercrews für ihr Ego brauchen. Das ist hier kein Ententeich, wie manche glauben. Meistens passiert nichts, aber wenn es kommt, dann plötzlich und du musst fit sein", belehrt sie.

„Aber im Hafen ist das natürlich etwas anderes und wir werden ja heute nicht mehr auslaufen." Sie ist ja auch gespannt auf den *Friesengeist*.

Nachdem die Gläser eingeschenkt sind, bittet Hinni den Kellner um ein Feuerzeug und zündet es über den Gläsern an. Der Alkohol fängt sofort mit blau-rot-gelben Flammen an zu brennen.

„Wollt ihr mich abfackeln?", ruft Renate entsetzt, wird aber sofort von den Ostfriesen beruhigt: „Ist nur so ein Ostfriesischer Brauch", erklärt Jan.

„Damit der Alkohol schneller verdunstet", grinst Hinni und dann bringt er den alten, dazugehörigen Trinkspruch aus:

„Wie Irrlicht im Moor, so flackerts empor,
lösch aus ..., trink aus ...,
genieße leise, auf echte Ostfriesenweise,
den Ostfriesen zur Ehr, vom Friesengeist mehr."

Bald sind die Flammen verloschen und als Renate zu ihrem Glas greifen will, hält Karl sie zurück. „Moment, die Gläser sind noch heiß, warte!" Er bläst auf ihr Glas, damit es schneller abkühlt.

„Prost", sagt Hinni schließlich und erhebt sein Glas. „Auf einen guten Törn."

„Ich wusste gar nicht, dass ihr Ostfriesen so schnell entflammbar seid", beantwortet Renate grinsend den Toast.

Karl, der den gesamten Schriftverkehr geführt hat, findet, dass nun eine Erklärung notwendig ist, warum sich Renate nicht früher als Frau zu Erkennen gegeben hat. Er spürt die stummen Fragen seiner Freunde und fragt direkt heraus: „Sag mal, warum hast deinen Vornamen immer nur mit R. abgekürzt? Sollten wir nicht wissen, dass du eine Frau bist?"

Renate hat diese Frage erwartet und sich die Antwort schon zurechtgelegt: „Ja, genau so ist es! Was meint ihr wohl, welche Art von Zuschriften ich sonst bekommen hätte? Lauter eingebildete Männer, die kaum eine Segelyacht gesehen, geschweige denn geführt haben, mir aber ständig kluge Ratschläge geben wollten. Und dann gibt es Männer, die können zwar segeln, haben aber ein Problem mit einer Frau als Skipper. Die hätten sich erst gar nicht gemeldet oder sofort wieder abgesagt. Und dann hätte es sicher noch einen Haufen Zuschriften von einsamen Männern gegeben, die mir wohlwollend bei der Führung einer Yacht und vielleicht auch noch anderswo helfen wollten."

„Ja, aber du hättest dir doch eine Frauencrew suchen können", fragt Marion interessiert.

„Was, lauter Weiber an Bord? Überemanzipierte Luxusweibchen, die sich mal selbst was beweisen wollen? Oder die keinen Mann abbekommen haben und nun Ersatz im Segeln suchen? Die sind ja noch schlimmer als Männer. Nein danke, wirklich nicht."

Marion wird etwas rot, fragt aber tapfer weiter: „Und wieso

bist du alleine an Bord. Gibt es da keinen Mann", möchte sie Renates Liebesleben erforschen. „Oder eine Familie?", fügt sie dann noch hinzu.

Renate hat auch diese Frage erwartet, aber die Antwort fällt doch etwas schwerer: „Ja, ich bin verheiratet – noch! Dieses Schiff hatte ich ursprünglich meinem Mann geschenkt, weil ich dachte, so was würde ihm gefallen und er hätte ein neues Spielzeug, damit er mir zu Hause nicht auf den Geist geht."

Jan muss heftig schlucken. Da kann man ja nur neidisch werden, denkt er sich, welche Frau kann ihrem Mann schon so eine Super-Luxus-Segelyacht schenken, nur damit der nicht zu Hause herumsitzen muss – wow.

Aber Renate fährt fort: „Aber das klappte nicht, er konnte und wollte sich einfach nicht mit dem Segeln beschäftigen. Nicht einmal für fünf Minuten konnte er den Kurs halten. Ich habe ihn deshalb zurück auf das heimatliche Sofa verbannt, da kann er den Haushalt beaufsichtigen, auf unsere beiden fast erwachsenen Töchter aufpassen und ab und zu bringe ich ihn auf Trab, wenn etwas zu erledigen ist. Dafür habe ich dann selber segeln gelernt. Gründlich! Ich habe Kurse gemacht, für den Funkschein gepaukt, bin bei anderen mitgesegelt, um zu lernen und schließlich hat man mir sogar den Küsten-Schein gegeben. Seitdem segele ich hier alleine oder gelegentlich mit Freunden und natürlich mit meinen Mädels."

Sie trinkt von ihrem *Friesengeist*. „Hey, der schmeckt ja sogar! Aber ein bisschen stark für den späten Vormittag, oder?"

Dann fährt sie fort: „Und nun macht es mir hier auf Mallorca keinen Spaß mehr. Ständig steigen die Preise für die Liegeplätze, in den Buchten wird man abkassiert, für nix und wieder nix. Ich bin doch nicht hier, um die Spanischen oder die Mallorquinischen Finanzen zu sanieren. Deshalb möchte ich das Schiff nach Korfu überführen – und dabei will ich richtig segeln und etwas Spaß auf dem Törn dahin haben."

Hinni verfolgt das alles still und sehr interessiert. Eine Frage muss er nun aber doch loswerden. So ein Schiff fällt doch nicht vom Himmel und diese Frau macht nicht den Eindruck als ob sie sich aushalten lassen würde. „Und wovon lebst du? Ich meine, das kostet ja alles ein bisschen."

„Na ja", antwortet Renate, „ich komme schon klar. Meine Eltern hatten mal ein Sägewerk in Franken, das habe ich geerbt und eine Weile selber geführt. Hat die Männer gefreut – ich im Minirock und Stöckelschuhen auf dem Gabelstapler! Ha! Als es dann wirtschaftlich nicht mehr ging – zu viel Konkurrenz aus dem Osten nach der Wende – habe ich die Maschinen verkauft und die Hallen günstig an eine Spedition verpachtet. Zum Glück liegt das Gelände direkt an der Autobahn. Und was ich so zu regeln habe, mache ich vom Schiff aus, per Internet und Telefon. Es gibt ja sogar ein Wireless-Lan-Netz hier in der Marina. Das könnt ihr nachher auch benutzen, wenn ihr wollt."

Und bevor ihre Crew nun das große Staunen anfangen und tausend weitere Fragen stellen kann, kommandiert sie: „Nun aber los aufs Schiff. Wir haben noch viel zu tun."

Dort angekommen teilt sie die Arbeit ein: „Da das Schiff eigentlich nicht betretbar ist, kaufen wir erst mal ein. Am besten gehen Marion, Karl und Jan. Marion, du sprichst etwas Italienisch wie ich gelesen habe, dann wirst du auch das Wichtigste in Spanisch verstehen. Die können hier aber auch fast alle Englisch. So, hier ist ein Zettel, mit allem, was wir noch brauchen. Wenn euch noch etwas einfällt, spezielle Getränke oder Lebensmittel, dann kauft das einfach. Wein ist aber genug an Bord, da habe ich meine speziellen Sorten. Geht zunächst mal von einer Woche auf See aus, ohne weitere Einkaufsmöglichkeiten. Und bringt reichlich Trinkwasser in Flaschen mit."

Und dann beschreibt sie den Weg zum nächsten Supermarkt, dem *Carrefour*, gleich um die Ecke.

„Ihr könnt mit den Einkaufswagen direkt hier an das Schiff kommen. Und umziehen braucht ihr euch erst gar nicht, da drin ist es lausig kalt", fügt sie dann noch hinzu und: „Könnt ihr das Geld auslegen? Wir richten dann nachher die Bordkasse ein."

Dann richtet sie sich an Hinni: „Und wir beide Hinni, wir schrubben erst mal das Deck." Sie spürt, das Hinni immer noch nicht so recht weiß, was er von ihr halten soll. Da ist Arbeit immer die beste Therapie. Kollektives Deckschrubben verbindet. Und soll Hinni ruhig gleich sehen, dass sie auch kräftig zupacken kann.

„Halt du mal den Schlauch, ich nehme den Schrubber."

Marion, Karl und Jan müssen erst mal Dampf ablassen. Das waren sehr viele neue Eindrücke. Der Flug hat sie nicht nur nach Mallorca gebracht, sondern gleich in eine andere Welt versetzt. Sie sind überrascht und geschockt, wissen aber noch nicht, ob das nun gut ist oder schlecht.

Marion macht den Anfang: „Verguck dich bloß nicht in die, Karl. Das ist bestimmt nur so eine reiche Ziege, die dich später fallen lässt, wenn sie mit dir ausgespielt hat."

„Na, ich weiß nicht. Jedenfalls Stil hat sie", antwortet Karl und fügt schnell hinzu: „Genau wie du natürlich! Und sie scheint genau zu wissen, was sie will."

Für Marion ist genau dies das Problem: „Dann pass mal auf dich auf Karl, hoffentlich weißt du auch was *DU* willst."

Karl nutzt die Gelegenheit um Marion in den Arm zu nehmen, „Was sind denn das für Töne. Du bist doch nicht eifersüchtig, oder?"

Jan aber hat ganz andere Probleme: „Das kann doch nicht sein, dass die von der Verpachtung einer Halle so einen Lebensstil finanzieren kann", überlegt er, „Da muss doch noch was anderes dahinter stecken."

Karl kennt die Schwäche von Jan: „Vermutest du schon wieder Steuerhinterziehung?" Er weiß, dass Jan davon träumt, einmal einen ganz großen, spektakulären Fall aufzuklären.

„Das kann doch sein", antwortet Jan, „aber Geld, das hinterzogen werden soll, muss doch erst verdient werden. Also, womit verdient die ihr Geld?"

„Und davon muss reichlich da sein", stellt Marion fest, „Schuhe, Handtasche, Uhr, alles vom Feinsten. Wenn du mir so etwas schenken wolltest Karl, das würdest du in Ostfriesland gar nicht bekommen."

„Vielleicht schmuggelt sie ja und wir sind jetzt ihre Helfer", vermutet Karl, aber eigentlich will er nur Jan etwas aufziehen.

„Wieso heuert die Leute wie uns an, sie hätte sich doch einen Profiskipper leisten können, wenn es nur um eine Überführung geht. Aber die braucht uns, weil wir so unverdächtig aussehen."

„Oder sitzt ihr Alter etwa gar nicht in Franken auf dem Sofa, sondern liegt tot in der Bilge unter dem Salonboden und soll unterwegs entsorgt werden? Der war ja vielleicht Milliardär und sie hat ihn umgebracht. Zutrauen würde ich es ihr", vermutet nun auch Marion. Bei abstrusen Verdächtigungen und

Verschwörungstheorien ist sie immer gern dabei.

Karl aber weiß es noch besser: „Vielleicht betreibt die auch einen Puff, sexy genug sieht sie ja aus und du Marion gehst demnächst auch anschaffen."

„Kann ich ihr nicht verdenken, attraktiv genug bin ich ja. Mit mir würde die eine Menge Kohle verdienen. Karl, du musst mich retten", verlangt sie, „Ich habe doch gleich gesagt, ich gehe auf kein Schlepperschiff."

„Oder sollen wir etwa ausgeraubt werden", fragt Jan. Mit seiner bisher unangetasteten Urlaubskasse, die seine Geldbörse fast zum Platzen bringt, fühlt er sich als reicher Mann.

„Ach, mit unseren paar Kröten. Nicht mal Lösegeld könnte die für uns bekommen. Oder meinst du Birgit zahlt für dich?", fragt Karl.

Jan kratzt sich am Kopf. Er weiß es nicht, aber das ist eine interessante Frage. Vom Sparbuch fürs Schiff weiß seine Frau ja nicht!

„Wahrscheinlich geht die gar nicht mit an Bord", vermutet Marion nun, „so wie die aussieht, segelt die doch nie! Gestyltes Haar, geschminkt wie für ein Galadiner oder als ob sie den Direktor der Deutschen Bank verführen möchte, teure Uhr und Schmuck ohne Ende. So kann man nicht segeln."

„Bestimmt hat die schon Plutonium und die Baupläne für ein Atomkraftwerk in der Bilge versteckt, morgen früh verdünnisiert die sich und einer von der Mafia springt an Bord und zwingt uns, damit direkt nach Libyen zu segeln", setzt Jan noch einen drauf. Er liebt es, sich solche Geschichten auszudenken, vor allen Dingen, wenn ihm dabei die Heldenrolle zufällt.

„Fein, das ist lustig, dann kann ich ja schon nächste Woche

bei Gaddafi auf dem Schoß sitzen, Karl", freut sich Marion. Karl weiß mal wieder nicht, was er von Marion halten soll. Mal will sie von keinem Mann etwas wissen, dann spielt sie die Eifersüchtige und schließlich tut sie wieder so, als ob sie dem Nächstbesten direkt ins Bett hüpfen möchte. Bevor er sich aber dazu äußern kann, hält Marion ihn fest: „Hier, lauft doch nicht vorbei, das scheint der Supermarkt zu sein."

Sie stehen vor einem riesigen Einkaufszentrum und ein angenehmer Kälteschauer überfällt sie, als sie das Gebäude betreten. Irgendwo im zweiten Stock finden sie den Supermarkt und sind von der Größe überrascht.

„Zweiundvierzig Kassen", zählt Jan, „Wahnsinn. Wer kauft hier bloß ein? Das sieht doch alles richtig teuer aus."

„Na ja, Jan, die Spanier waren mal unsere Gastarbeiter. Aber inzwischen verdienen die mehr als wir, netto gesehen. Bei denen ist das Finanzamt nicht so gierig", klärt Karl ihn auf.

Sie wühlen sich durch den Supermarkt, den Einkaufszettel in der Hand und sind erstaunt, das es hier fast alles gibt: Deutsches Brot, Deutsche Konserven, Deutsches Bier in fast allen Marken. Beim Bier bleibt Jan stehen und lädt etliche Paletten „Jever Pils" in den Wagen. „Hat sie doch gesagt, dass wir Bier nach unserer Wahl mitbringen können. Oder so ähnlich jedenfalls."

Marion steuert auf eine der Fischtheken zu und studiert die Preise: „Nicht gerade billig, aber was haltet ihr von Scampi, in der Pfanne gebraten?"

Sie lässt drei Kilo abwiegen und sucht dann den Gemüsestand. Knoblauchzehen stehen ohnehin auf der Liste, die hätte sie auch auf jeden Fall gekauft. Jan und Karl verziehen etwas das Gesicht, sie wissen nicht so recht, wie sie mit der Aussicht auf so viel Knoblauch umgehen sollen. Aber Marion tröstet: „Macht euch nicht draus. Wir stinken dann alle gleich. Blöd nur für den, der keinen Knoblauch isst."

Schließlich ist die Liste abgehakt und drei Einkaufswagen sind voll. Damit es schneller geht, steuert jeder mit seinem Wagen eine Kasse an und sie sind überrascht, mit welcher Professionalität sie an der Kasse behandelt werden. Das sollte einem mal bei Aldi passieren, dass die Kassiererin neben Hochdeutsch auch noch Englisch und Spanisch kann.

Am Schiff angekommen, erleben sie dann eine zweite, große Überraschung: Hinni steht barfuß mit aufgekrempelten Jeans auf dem Deck, er hat einen Wasserschlauch in der Hand, mit dem eifrig auf dem Deck herumspritzt – und Renate haben sie erst gar nicht erkannt: Alte, wirklich alte, ausgetretene Bootschuhe zieren ihre Füße, eine verblichene, allerdings sehr kurze Hose betont ihre ohnehin langen Beine und ein noch älteres T-Shirt spannt sich über ihre Brust. Kein Make-up mehr, nur einen dezenten Lippenstift, kein Schmuck, eine robuste Armbanduhr und das zuvor noch so sorgfältig gestylte Haar ist einfach aufgesteckt und mit einer Spange gehalten.

Das Schiff glänzt vor Nässe, auf dem Deck kann man nun den Teakbelag erkennen und die Aufbauten glänzen weiß in der Mittagssonne.

„Dann wollen wir erst mal einladen", schlägt Renate vor. „Erst die Lebensmittel, damit die nicht so lange in der Sonne rumstehen und dann euer ganzes Geraffel. Und dann überredet Hinni mal, sich endlich kurze Hosen anzuziehen. Der schwitzt sich ja sonst noch zu Tode."

Tatsächlich, obwohl Hinni überwiegend mit dem kühlenden Wasserschlauch hantiert hat, läuft ihm der Schweiß in Strömen herunter.

„Ich habe ihm gesagt, er soll Hemd und Hose ausziehen und seine Badehose anziehen. Aber er will nicht. Er sagt, er geniert sich, ich weiß nur nicht warum. Ich hab schon viele Männer mit und ohne kurze Hosen gesehen. Jetzt mach mal hinne, Hinni!", fordert Renate ihn nochmals auf.

Aber es ist nicht der schwitzende Hinni, der die Einkaufstruppe in Erstaunen versetzt. Das war zu erwarten, dass es dauern wird, bis Hinni sich an einen etwas lockeren Lebensstil und eine freie Kleiderordnung gewöhnt.

Nein, die Verwandlung ihrer Skipperin bringt sie aus der Fassung. Das ist ja plötzlich eine Frau, die zufassen kann, die aussieht wie eine Seglerin – immer noch sehr attraktiv, da sind sich die Männer einig. Marion aber schaut nicht nur auf die Hot Pants und das straffe T-Shirt, sie sieht auch Hände, die den Bürstenstil fest im Griff haben, sie sieht Füße, die fest auf dem Deck stehen und einen Gesichtsausdruck, der zu sagen scheint: „Das macht mir alles unheimlich Spaß."

Also, mit dem Mädchenhandel, Plutoniumschmuggel und einem besonders schweren Fall von Steuerhinterziehung scheint es diesmal nichts zu werden, sagt sich Jan. Und wieder weiß nicht, ob er sich nun ärgern oder freuen soll. Wäre ja mal was anders gewesen, so ein bisschen Spannung und Abenteuer im Mittelmeer. Gaddafi mal persönlich kennen zu lernen, mit ihm mal von Mann zu Mann zu reden und so eine richtige Männerfreundschaft anzuleiern. Vielleicht könnte er sein Finanzberater werden? Sicher hätte er auch ihm seinen Harem gezeigt und wer weiß, was sich daraus noch alles entwickelt hätte. Schade, wäre eine echt geile Sache geworden ...

„Soviel Bier? Was wollt ihr denn damit?" Mit diesem

erstaunten Ausruf von Renate wird Jan aus seinen Träumen gerissen. „Ja, das braucht man schon", stottert er so ein bisschen unbeholfen. Er sieht sich in einem echten Erklärungszwang. „So eine Palette Bier ist doch im Nu weg! Sicher, wenn man sie so im Ganzen sieht, mag das auf den ersten Blick ein wenig viel aussehen. Aber wir sind doch zu fünft."

„Wollt ihr zu jeder Wende und Halse etwa eine Dose leeren, oder habt ihr Angst, unsere Logge könnte versagen, wir wissen nicht mehr wie schnell wir segeln und ihr müsst improvisieren?", fragt Renate weiter. „Aber egal, an Bord damit, einen Teil davon am besten gleich in die Kühlbox."

Jan wendet sich an Karl: „Was meint die mit der Logge und unseren Bierdosen", fragt er. Karl aber weiß Bescheid, schließlich hat er den Hochseeschifferschein. „Das funktioniert tatsächlich, mit leeren Bierdosen kann man eine Ersatzlogge basteln, ich zeige es dir mal. Aber die Frau scheint echt was drauf zu haben", er räuspert sich, als Marion ihn etwas strafend ansieht. „Rein seglerisch, meine ich natürlich."

Unter Deck werden erst einmal die Kojen verteilt und Renate hat auch hier schon klare Vorstellungen: „Wer mit wem in die Koje geht, ist mir im Prinzip wurscht." Sie sieht erst Marion an, die etwas rot wird, und dann die drei Männer. Und als auch Karl dann seine Gesichtsfarbe etwas verändert, glaubt Renate auch zu wissen, wie es um Karl und Marion steht: Sie will nicht, er darf nicht und trotzdem scheinen sie ein Paar zu sein. Merkwürdig, dass muss ich weiter beobachten, nimmt sie sich vor.

„Nur meine Koje hier im Vorschiff, samt Bad, die ist tabu. Die anderen Kojen könnt ihr aufteilen wie ihr wollt. Das Bad achtern Backbords müsst ihr euch allerdings teilen. Platz ist ja genug. Nur der Salon sollte frei bleiben, sonst gibt es morgens und abends immer ein großes Herumgeräume."

Sie verteilt Laken, Decken- und Kopfkissenbezüge. Wieder eine Überraschung für die drei Nordseesegler, sind sie doch keinen größeren Komfort als ihre eigenen Schlafsäcke und die kurze Vorschiffskoje oder die schmalen Salonbänke auf Hinnis Jollenkreuzer gewohnt.

Nachdem sich alle fürs Erste eingerichtet haben, setzen sie sich ins Cockpit in den Schatten unter das Biminitopp und Renate beginnt den Törn zu erläutern und die Wachen einzuteilen: „Das Ziel ist Korfu, das ist euch bekannt. Wir wollen spätestens am ersten Oktober dort ankommen, das wisst ihr auch. Ich schlage vor, wir segeln morgen erst mal in eine Bucht von Mallorca und machen übermorgen dann den Absprung hinüber nach Menorca. Ich habe gedacht Ciutadella wäre interessant für euch. Dann segeln wir rüber nach Korsika, in die Straße von Bonifacio. Wind seid ihr doch gewohnt, oder!"

Renate winkt ab, als Hinni sich entrüstet zu Wort melden will „Klar, an der Nordsee ist ja nur Wind, weiß ich doch. Aber ihr werdet schon sehen, was ein richtiger Wind ist."

„Hoffe ich jedenfalls", fügt sie dann nach einer kurzen Pause noch hinzu.

„Zu den Wachen: Karl, du bist Sporthochseeschiffer, du übernimmst eine Wache. Den zweiten Wachmann", sie grinst, „oder die Wachfrau, darfst du dir aussuchen. Hinni, du hast zehntausend Meilen Erfahrung und bist als Ostfriese ja sowieso qualifiziert, die zweite Wache zu übernehmen."

Hinni wundert sich: Will sie ihm jetzt schmeicheln, ihn ein bisschen auf den Arm nehmen oder sollen jetzt alle wissen, das sie den Fragebogen auswendig gelernt hat? Nach gründlicher Überlegung und Zwiesprache mit seinem Ego entscheidet Hinni sich aber für ersteres.

Karl hat, wie von Renate erwartet, Marion zu seiner Wachmannschaft erwählt, so bilden Hinni und Jan die zweite Wache.

„Ich selber bleibe wachfrei, aber ich manage das Schiff, lege den Törn fest, treffe alle für das Schiff und die Sicherheit wichtigen Entscheidungen und ich navigiere. Karl, du wirst hiermit mein Co-Navigator", legt sie fest. „Geräte und Karten erkläre ich später. Auch für die anderen. Jeder sollte Bescheid wissen."

Nun ist Jan wieder überrascht. Das Schiff wird „gemanaged", stellt er fest. In seinen Segel- und Abenteuerromanen hieß das immer „befehligt." Ein großes Schiff, ein Kriegsschiff zum Beispiel kann auch wird „kommandiert" werden. Schiffmanagement, sinniert er. Klingt wie Unternehmensmanagement. Wird das etwa doch ein ganz ziviler Törn?

Renate aber erklärt noch: „Ich bleibe deshalb wachfrei, weil ich den Überblick und auch noch Zeit für meine anderen Aktivitäten in Deutschland per Internet behalten will."

Marion fragt vorsichtig: „Und wer kocht?" Sie hofft, dass nicht sie als Frau alleine für diesen Job qualifiziert zu sein scheint. Renate hat aber hierfür eine klare Vorstellung: „Kochen wird immer die Wache, die gerade frei hat. Und ansonsten, wenn wir keine Wachen brauchen, wird reihum gekocht. Jeder darf mal zeigen, was er so drauf hat."

Die Truppe richtet sich ein und Marion inspiziert dann Hinnis Vorrat an kurzen Hosen. Keine da! Nur eine Badehose, aber nichts für den Landgang.

„Hinni, ich glaube, wir machen heute noch einen Einkaufsbummel", schlägt sie vor und bevor Hinni abwehrend reagieren kann, hakt Renate ein: „Gute Idee, wenn hier alles soweit klar ist, gehen wir nach Palma rein. Vielleicht noch etwas shoppen, wir können Tappas in einer kleinen Taverne am *Paseo Maritim* essen, dann gibt es ein Eis im Café Bosch und wenn ihr wollt, noch einen Absacker in der Bar Abacco. Damit hätten wir einen ausgiebigen Rundgang durch Palma gemacht. Es wird euch gefallen. Heute lade ich euch ein – Captainsdinner! Auch wenn der Skipper eine Lady ist."

Ganz so schnell kommen sie dann doch nicht los. Erst muss Marion sich noch etwas anhübschen, dann fällt Karl ein, dass ein frisches Hemd und eine frische Hose auch nicht übel wären und schließlich wollen Jan und Hinni in dem allgemeinen Schönheitswettbewerb auch nicht nachstehen. Und als sich die Tür zur Vorschiffskabine öffnete, steht da wieder die Lady vom Flughafen. Nur diesmal in weißen Slacks, einem raffinierten Top, der ihre Brüste vorteilhaft modelliert, chice weiße Mokassins und eine dazu passende Handtasche. Die Männer halten die Luft an, aber Renate kommt jedem Kompliment zuvor: „San mer alle fertig? Dann geh'n mer!"

Sie schlendern den Paseo Maritim entlang und Hinni findet tatsächlich in einem der vielen kleinen Läden ein paar kurze Hosen, die er dann auch tatsächlich kauft, nachdem Renate und Marion ihm gut und geduldig zugeredet haben. Und weil es immer noch warm ist, will er die am liebsten gleich anziehen, wird aber daran gehindert, weil Renate behauptet, einen Kavalier an ihrer Seite haben zu wollen. Und der trägt abends keine Shorts. Alles zu seiner Zeit! Und als Marion das noch untermauert, in dem sie behauptet, dass er in dem Fall wirklich wie ein Tourist in Aurich aussehen würde, gibt er sich geschlagen.

Dann lotst Renate ihre Truppe in die Taverne auf der anderen Seite des Paseo Maritim. Hier sitzt man sehr schön unter Zeltdächern mit einer herrlichen Aussicht auf die Kathedrale, die Bahia und den ‚Real Club Nautico de Palma', dem Königlichen Segelclub. Ohne lange zu fragen bestellt sie verschiedene Tappas und als der Kellner nach den Getränken fragt und Sangria anbietet, sind die Ostfriesen begeistert. Sangria, diese wässrige Rotweinbowle ist doch das Synonym der sonnenhungrigen Norddeutschen für Mallorca und Ballermann, für Sonne, Strand und lockeres Leben.

Jans Fantasie geht da noch etwas weiter, aber Hinni will mit Blick auf den Yachtclub wissen, ob es denn überhaupt keine richtigen Schiffe in Mallorca gäbe. Richtige Schiffe sind für ihn etwas, das normale Menschen, so wie er, sich leisten und segeln können. Aber was hier liegt, ist für ihn außerhalb des Vorstellungsvermögens. Sicher liegt auch in Ostfriesland in dem einen oder anderen Yachthafen mal eine größere Yacht, aber das sind Ausnahmen. Hier aber ist so ein zwölf Meter Schiff das absolute Minimum, hart an der Armutsgrenze, so scheint es.

Und als Jan ihn darauf aufmerksam macht, dass sehr viele Schiffe die Deutsche Flagge zeigen, sind sich beide einig. Jan fasst das in seine Worte: „Das kann mit richtigem Segeln nicht viel zu tun haben. Das sind Geldanlagen, an der Steuer vorbei", sagt er als Fachmann, mit einem neidischen Unterton in der Stimme.

Aber Marion hat mal wieder ihre eigene Version: „Männerschiffe. Je geringer die Potenz, desto größer das Schiff!"

Karl nutzt das Stichwort: „Und was ist mit Männern, die gar kein Schiff haben? So wie ich? Null Schiff – unendliche Potenz? Ist doch logisch, mathematisch jedenfalls!"

Der Kellner erspart Marion die Antwort und serviert ein großes Tablett mit verschiedenen Tappas, stellt eine Flasche Rotwein vor Renate auf und knallt einen Literkrug Sangria mit den Gläsern auf den Tisch. Fertig!

„Besonders höflich sind die auch nicht", mokiert sich Karl.

„Nein, aber sei froh, dass wir überhaupt bedient werden. Es ist noch Saison und in einer Stunde bekommst du hier keinen Platz mehr", informiert ihn Renate. „Aber die Tappas sind echt Klasse hier, haut rein!"

Hinni beäugt misstrauisch die kleinen Tellerchen. Er hat Hunger. Normalerweise bekommt er mittags einen Eintopf oder sonst was ähnliches, jedenfalls etwas Ordentliches und die Welt ist in Ordnung.

„Hiervan sull ick satt woorn?", murmelt er vor sich hin. Aber Renate hat es trotzdem verstanden: „Ach Hinni, wart mal ab. Die sind nur zum Probieren. Von dem was dir besonders schmeckt, bestellen wir dann nach."

Es dauert lange und viele Tappas werden nachbestellt, bis alle satt sind. Hinni ist rundum zufrieden: „Hätte ich nicht gedacht! Danke für das Essen – Skipper", fügt er nach einer kleinen Gedankenpause hinzu. Für ihn gibt es nur Skipper, egal ob männlich oder weiblich und jemanden Skipper zu nennen, ist seine Art, um hohen Respekt auszudrücken.

Renate hat verstanden. Sie hat gehofft, ziemlich bald von den Männern respektiert zu werden, sonst wäre es möglicherweise ein qualvoller Törn geworden. Froh lädt sie deshalb noch ein: „Und jetzt zum Cafè Bosch, dort gibt es ein spitzenmäßiges Eis."

Sie schlendern in die Altstadt von Palma. Marion und Renate gehen voraus, die Männer haben soviel zu sehen, dass der

Abstand immer größer wird. Und als sie schließlich an einem Männerspielzeugladen, wie Renate sagt, vorbeikommen und Hinni, Jan und Karl sich an der Schaufensterscheibe die Nasen plattdrücken um Schäkel, Bootshaken, Leinen aus neuester Kunstfaser, Schlauchboote und PS-starke Außenbordmotoren zu bewundern, nimmt Renate Marion beiseite.

„Sag' mal, wie stehst du eigentlich zu Karl? Ich sehe, dass er oft und gerne an deiner Seite ist und Händchen hält, aber ihr habt keine gemeinsame Koje. Gibt es da etwas, das unterwegs ein Problem für uns alle werden könnte?"

Marion ist überrascht über diese direkte Frage. Aber sie ist auch froh, mal mit jemandem darüber sprechen zu können, auch wenn sie Renate erst einige Stunden kennt.

„Ich mag ihn, aber ich liebe ihn nicht! Das Problem ist nur, er scheint mich zu lieben. Wenn ich nun mit ihm schlafe, wird das bald zur Gewohnheit und eines Tages sitze ich dann ständig auf seinem Sofa oder er auf meinem. Das kann und will ich nicht. Mal für eine Nacht und das wäre es dann, damit käme ich eher zurecht."

Ja aber ...", will Renate fragen, aber Marion kommt ihr zuvor: „In Hamburg ist das kein Problem, da suche ich mir jemanden in einer Single-Bar, wir verbringen die Nacht zusammen, wir haben Spaß und gesunden Sex oder auch nicht, und am nächsten Morgen geht jeder wieder in sein eigenes Bett."

„Und was ist mit Jan, der guckt dich auch immer so gierig an?", will Renate dann noch wissen.

„Ach Jan! Soweit ich von Karl weiß, will seine Frau ein Kind von ihm, aber Jan nicht. Und so verhütet er durch Unterlassung. Das führt natürlich zu einem Stau und deshalb schaut er alle halbwegs passenden Frauen immer so notgeil an."

Nach kurzen Nachdenken fügt sie hinzu: „Mit dem könnte ich aber schon mal schlafen, schlecht sieht er ja nicht aus. Da wäre ich jedenfalls sicher, dass er nach einer Weile wieder heim zu seiner Frau geht."

Renates Neugier ist aber noch nicht befriedigt. Die Gelegenheit ist günstig, da will sie nun auch genau Bescheid wissen: „Und was ist mit Hinni, der scheint dich auch zu mögen. Aber auf eine respektvolle Weise."

„Ach, Hinni ist eigentlich ein toller Kerl. Der schaut selten einer Frau hinterher, er geht einfach davon aus, dass sie ihm nachlaufen. Dem imponiere ich, weil ich ein paar spezielle Anlegemanöver mit Körpereinsatz beherrsche."

„Wie geht das?"

„Ach, vielleicht führe ich das ja mal vor. Wenn mir danach ist und es uns nutzt. Aber warum möchtest du so genau über das Liebesleben *unserer* Männer Bescheid wissen?" möchte Marion nun doch gerne wissen. Sie kommt sich etwas ausgefragt vor.

„Ach, ich muss immer genau wissen, was um mich herum so vorgeht. Das ist so eine Marotte von mir. War nicht böse gemeint. Kümmere du dich mal um deinen Karl und sorge dafür, dass es keine Eifersüchteleien unter den Männer gibt."

Inzwischen sind die Männer wieder aufgerückt und Renate lotst sie durch die Altstadt zu einem unscheinbaren Eckcafe.

„Dies ist das Cafè Bosch, wo wollen wir uns setzen?"

Ein paar Tische und Stühle stehen auf dem Bürgersteig und Hinni und Karl rücken ein paar noch freie Tische und Stühle zurecht.

„Es gibt hier wirklich das beste Eis von ganz Mallorca", schwärmt Renate, „kein Schickimicki, kein Protz und zivile Preise."

An den Nebentischen sitzen tatsächlich auch kaum Touristen sondern eher Männer mit typisch spanischem Aussehen: Schwarzem Haar, funkelnden dunklen Augen und einem schwarzen Schnurrbart. Mit ihren lässigen Jacketts, den offenem Hemden und meist dunklen Hosen, das Gesicht garniert mit einer dunkel geränderten Brille und einer Zeitung auf dem Tisch, scheinen es überwiegend Intellektuelle zu sein, oder zumindest solche, die sich dafür halten.

Die beiden Frauen jedenfalls haben ihre Freude an den attraktiven Männern und bald fliegen Blicke hin und her. Hinni aber kommentiert das mit einem einzigen Wort und drückt damit auch die Meinung von Jan und Karl aus: „Affen!"

Ein Kellner kommt mit der Speisekarte und alle bestellen sich einen großen Becher Eis.

„Hmm, wirklich prima", gibt Marion ihr Urteil ab, aber auch die Männer sind begeistert. Karl aber wird unruhig, Marion flirtet ihm zu offensichtlich mit einem der ‚Affen' und als alle ihren Becher geleert haben, drängt er zum Aufbruch.

Renate hat verstanden, warum. Karl scheint Marion ja schon für sein Eigentum zu halten, überlegt sie. Hoffentlich gibt es da keine Probleme. Aber an Bord wohl weniger, eher an Land. Sie geht auf Karls Wunsch ein und verkündet: „Auf zum Abacco, dort gibt es noch einen Schlummertrunk."

Wieder führt sie ihre Crew durch enge Gassen und bleibt schließlich vor einem Gebäude im Stil eines Italienischen Dogenpalastes stehen. „Hier sind wir, lasst uns rein gehen ..."

Der Besuch ist ein Erlebnis, nicht nur für solche, die Verständnis für florale Kunst haben. In jeder Ecke, auf jeder Stufe steht ein riesiges Arrangement aus Blumen oder Früchten, jedes in einer anderen Weise gestaltet und jedes ist ein Kunstwerk für sich. Und in der schummrigen Bar setzt sich die Dekoration dann fort, die Gäste verlieren sich in einem Blumen- und Pflanzenmeer. Das ganze Lokal verströmt einen Hauch von Luxus in schummeriger Atmosphäre.

Für die drei Ostfriesen ist das eine andere Welt, besonders Hinni hat zu kämpfen, zu fremd ist ihm dieses Umfeld. So bestellt er sich dann auch nur ein einfaches Bier, etwas Vertrautes und Erdverbundenes in dieser verwirrenden Umgebung, während Gläser mit Gin Tonic, Mai Tai und Planters Punch auf den Tisch gestellt werden. Als er aber dann zu Renate schaut, ist er allerdings überrascht: Vor hier steht nur eine kleine Karaffe mit einem Rotwein, Hausmarke.

Renates letzter Test wurde auch erfolgreich bestanden. Das war ihr sehr wichtig, zu sehen, wie die Crew unter Alkohol reagiert. Sicher haben sie alle außer Hinni etwas mehr getrunken, zu verlockend war ja auch die Auswahl an exotischen Cocktail, aber schließlich hat jeder gewusst, wann sein Quantum erreicht ist.

Zufrieden mit ihrer Crew beschließt sie den Abend: „Schluss für heute! Es ist zwar noch nicht spät, aber wir müssen morgen früh raus." Und als sie sieht, das jeder noch einen Schluck in seinem Glas hat, bringt sie einen Toast aus: „Auf eine gute Crew und einen schönen Törn."

„Reise, Reise", mit diesem alten Kommando der Fahrtensegler weckt Renate ihre Crew am nächsten Morgen. „Aufstehen, backen und banken!"

Verschlafene Gesichter gucken aus den verschiedenen Kabinentüren hervor.

„Reise, Reise", das ist klar. „To rise" ist englisch und bedeutet Aufstehen. Aber „Backen und banken"? Diesen Ausdruck hat selbst die Seefahrt gewohnte Marion nicht gehört.

„Essen kochen und hinsetzen", heißt das wohl, erklärt Renate. „Das war das beliebteste Kommando an Bord der alten Segler, neben dem Befehl ‚Rum fassen', natürlich."

Jan kommt auch hervor: „Rum fassen, wo?"

„Später vielleicht, bring erst mal Karl und Hinni ans Tageslicht."

Renate hat das Frühstück schon vorbereitet. „Tee oder Kaffee? Das Wasser ist noch heiß, aufbrühen müsst ihr ihn euch selber."

Der Cockpittisch ist eigentlich etwas klein für fünf Personen, aber irgendwie quetschen sich alle drum herum. Renate und Marion auf der Steuerbordbank, die Männer auf der anderen Seite.

„Ostfriesische bunte Reihe", kommentiert Karl, er hätte ja lieber neben Marion gesessen.

„So, jetzt kommt die Sicherheitseinweisung mit Eintrag ins Logbuch", erklärt Renate etwas später, als das Frühstück beendet ist und Karl und Jan den Abwasch erledigt haben.

Sie verteilt die Rettungswesten. „Das sind Automatikwesten, ich denke jeder kann damit umgehen, oder?", schaut sie fragend in die Runde. „Gut, dann helft euch mal beim Anprobieren, stellt sie für euch ein und schreibt euren Namen drauf. Tape liegt auf dem Navigationstisch."

„Feuerlöscher gibt es vier: In jeder Backskiste einen, dann je einen im Motorraum und unter dem Sitz am Navigationstisch. Und für den Fall, dass euch mal das Fett aus der Pfanne hüpft und in Brand gerät, hängt in der Pantry noch eine Brandschutzdecke. Versucht erst mal die, bevor ihr das Schiff mit dem Feuerlöscher unbrauchbar macht." Sie zeigt auf einen Haken neben der Spüle.

„Gute Sache", kommentiert Karl, „ich habe beim Deutschen Segel Verein mal eine Brandschutzübung gemacht, das war eine Riesensauerei mit den Feuerlöschern."

Sie erklärt dann noch die Seenotmittel, die Rettungsinsel, Rettungsboje und den Schwimmkragen und spürt, dass ihre Crew das alles gelangweilt abnickt.

„Aber dies ist alles nichts Neues für euch, denke ich. Karl, trage mal ins Logbuch ein, dass die Sicherheitseinweisung erfolgt ist."

Und dann zeigt Renate das Schiff. Sie fangen auf dem Vordeck bei dem Anker und dem dort lagernden Schlauchboot an und hören erst am Heck bei der Badeleiter und der Heckdusche auf. Jedes Detail wird erklärt und hinterfragt. Im Prinzip sind alle diese Vorrichtungen und Hilfsmittel bekannt. Natürlich lesen sie alle die bekannten Segelmagazine und besuchen auch die Bootsmessen, aber in der Realität auf einem Schiff sieht das alles noch etwas anders aus. Aber Renate spürt, dass alle etwas von der Sache verstehen und die vielen Fragen sind doch nur ein Zeichen von guter, verantwortlicher Seemannschaft.

Dann erklärt sie die Instrumente. Den Wetterdecoder, die Seefunkstelle und wie ein Mayday-Ruf, der internationale Notruf, abzusetzen ist, auch das Radargerät wird kurz in Betrieb genommen. Der Kartenplotter, der die Seekarten digital gespeichert hat und auf einem Bildschirm zeigt, der GPS-Rechner, der satellitengestützt ständig im Sekundentakt die aktuelle Position des Schiffes ermittelt und in den Kartenplotter überträgt, werden ausprobiert und diskutiert. Die Funktion und Bedienung des Autopiloten wird erläutert, der Windrechner und natürlich auch noch die Standardinstrumente wie das Echolot für die Messung der Wassertiefe sowie die Logge, die die Geschwindigkeit durch das Wasser anzeigt.

„Sechsundzwanzig Grad Wassertemperatur", liest Hinni ab, nachdem er sich durch das Menü der Logge getippt hat. „Das ist ja wie zu Hause in der Badewanne."

Renate ist überrascht! Alle diese Geräte, die sie damals ihrem Mann als Spielzeuge gekauft und auf die sie besonders stolz ist, beeindrucken ihre Crew kaum. Ganz selbstverständlich gehen die damit um.

Marion bemerkt Renates Reaktion. Sie erklärt: „An Bord meiner Forschungsschiffe sind wir natürlich immer auf dem letzten technischen Stand, die meisten Geräte sind doppelt oder sogar dreifach vorhanden und ich brauche für meine Arbeit auch die navigatorischen Daten. Also kann ich auch damit umgehen."

Und Hinni brummelt dann noch: „Ist ja fast wie auf einem Fischkutter." Er hat einen Großteil seiner Jugend auf dem Kutter seines Onkels verbracht und natürlich auch die ‚Aufrüstung' der Küstenfischerei miterlebt.

„Aber die EPIRB-Boje hast du noch vergessen", erinnert er dann Renate und zeigt auf das Heck.

„Stimmt, habe ich echt vergessen, die Boje mit dem automatische Notfallsender! Die ist ja einfach nur da und man braucht sie nie – hoffentlich bleibt das auch so! Diese hier ist am Heck installiert. Sie kann manuell ausgelöst werden", sie deutet die Funktion an, „oder schwimmt im Fall, dass wir sinken, selbstständig auf und übermittelt ein Notsignal und unsere Position. Übrigens auf der Frequenz 406 Megahertz und mit GPS Interface", fügt sie zu Hinni gewandt noch hinzu. „Unser Signal wird also von Satelliten weltweit empfangen und zwar innerhalb von wenigen Minuten. Aber ich will das Teil behalten, passt mir also auf!"

Karl knallt die Haken zusammen wie in seiner Marinezeit – nur knallt hier mit seinen weichen Bordschuhen nichts – legt die rechte Hand an einen eingebildeten Mützenschirm und ruft: „Aye, aye, Sir, Madam. Befehl verstanden, Sinken ist verboten."

Alle lachen und beteuern: „Nein, sinken wollen wir nicht!"

Jan wird dann noch zum Bordkassenwart ernannt und angewiesen, schon mal von jedem seinen Beitrag zu kassieren.

„Hier sind zweihundert Euro", hält Renate ihren Beitrag hin, „wenn jeder den gleichen Betrag einzahlt, kommen wir erst mal eine Weile hin. Und das Geld für den gestrigen Einkauf kannst du gleich wieder dem ausbezahlen, der das Geld ausgelegt hat."

Nachdem alle Fragen weitgehend geklärt und jeder mit dem Schiff nun halbwegs vertraut ist, kommandiert Renate: „Fertigmachen zum Ablegen."

Alle springen auf und erwarten nun Action, aber Renate beruhigt: „Erst wollen wir aber noch die Wassertanks auffüllen. Viel dürfte nicht hineingehen, wir haben ja kaum etwas verbraucht. Machst du das, Jan? Und dann können wir auch schon den Landanschluss entfernen." Sie zeigt auf das Stromkabel, das von der Steckdose am Heck zu einer der Stromboxen auf dem Steg führt.

Als der Wassertank voll und der Schlauch in der Backskiste verstaut ist, kommandiert Renate dann endlich: „Also dann: Pack' mers!"

Nichts passiert. Alle sehen sich erstaunt an. Die Crew schaut auf Renate und Renate schaut auf die Crew. „Hey, was ist, wir wollen doch raus oder hat noch jemand was vergessen?"

Immer noch großes Unverständnis. Schließlich dämmert Marion etwas, Erinnerungen an ihre Zeit am Chiemsee werden wach: „Jungs, ich glaube, dass war das Kommando ‚Leinen los', nur auf Fränkisch!"

Renate lacht: „Ich dachte, das verstehen alle. Mein Segellehrer war ja auch ein Franke. Aber du hast Recht, Marion. Kommando zurück! Ich glaube wir müssen noch etwas klären!"

Sie versammelt ihre Crew noch einmal im Cockpit: „Marion, du wirst hiermit offizielle Dolmetscherin. Ich weiß ja nicht, welche Kommandos im Nautischen Dialekt anders lauten als bei uns. Aber du bist doch sozusagen bilingual, wie ich höre."

Dann erklärt sie das geplante Ablegemanöver: „Kennt ihr euch mit Mooringleinen aus? Hinni, du gehst an den Bug und wirfst die Leine auf mein Kommando los. Jan und Karl, jeder geht an eine Landleine, am Heck. Die sind schon auf Slip belegt, ihr braucht sie nur zu lösen und durchziehen. Und Du, Marion nimmst den Bootshaken und stehst zur Verfügung, falls etwas nicht so ganz klappt!"

Sie geht an das Ruderrad, lässt den Motor an und prüft den Wind: „Backbordleine los und einholen!" Gleich danach kommandiert sie: „Mooringleine loswerfen!" Nach einer kurzen Pause, als die Mooringleine ins Hafenwasser geklatscht und abgesunken ist, kuppelt sie den Vorwärtsgang ein und gibt ein wenig Gas.

„Steuerbordleine achtern los und einholen!" Das Schiff gleitet langsam vorwärts und als das Heck fast auf der Höhe des Bugs des daneben liegenden Schiffes ist, betätigt sie das Bugstrahlruder, der Bug schwenkt schnell nach Steuerbord in die Windrichtung und das Schiff liegt plötzlich genau in der Mitte der Fahrrinne.

„Sauber", kommentiert Hinni, „und das bei dem Seitenwind." Renate freut sich über die Anerkennung, aber sie wiegelt ab: „Na ja, ich habe ganz vergessen zu erwähnen, wir haben auch ein Bugstrahlruder."

Bald dreht sie in eine etwas breitere Fahrrinne ein und dann nach einer Weile kommt endlich die Hauptfahrrinne und sie fahren zwischen den beiden Molen-Türmen aus dem Hafen heraus.

„JJJiiipppiiieeehhh", schreit Renate dann plötzlich, „Tschüss Mallorca, jetzt geht es los." Sie wirkt befreit, ihr Gesicht strahlt, locker und gelöst steht sie hinter dem Ruderrad. Jetzt habe ich alles erreicht was ich wollte, scheinen Gesicht und Körperhaltung aus zu drücken, der Rest ist nur noch Spaß.

„Jan, hol doch für jeden eine Dose von deinem geliebten Bier, heute ist eine Ausnahme."

Die Dosen werden geknackt und als Renate ihre Dose genau wie die Männer an den Mund hält, sind alle zufrieden: Renate mit ihrer Crew. Die Crew mit ihrer Skipperin. Und Hinni bemerkt: „Saufen kannst du wie ein Kerl, wenn du willst."

Renate winkt entrüstet ab. „Aber Hinni, Damen saufen grundsätzlich nicht. Ich kann aber durchaus schnell trinken, wenn es sein muss. Und aus der Flasche oder aus der Dose zu trinken, lernst du automatisch, wenn du plötzlich ein Sägewerk in Bayern leiten musst."

„Warschau, Schwall! Eine Riesenwelle", ruft Marion vom Vordeck Karl zu, der mittlerweile das Ruder übernommen hat und dann scheppert es auch schon in der Pantry. „Habt ihr das

Geschirr nicht weggeräumt", ruft Renate entsetzt und stürzt den Niedergang hinunter.

„Blöde Idioten", schreit Marion nun einer riesigen Motoryacht hinterher, die den Schwall verursacht hat. „Noch dichter konntet ihr ja wohl nicht an uns vorbeifahren."

Aber genauso gut hätte sie eine Wand anbrüllen können. Eine nicht enden wollende weiße Fläche rauscht vorbei, eine Riesenmotoryacht, bestimmt achtzig oder hundert Meter lang, die Brücke so weit oben, das man kaum hinaufsehen kann und ganz oben noch ein Extradeck mit einem Hubschrauber.

Renate taucht wieder aus dem Niedergang auf. „Nichts Wesentliches passiert. Aber das nächste Mal wird weggeräumt, bevor wir ablegen!"

„Typisch Männerwirtschaft", schaltet Marion sich ein und zu Renate gewandt: „Was glaubst du, wie es bei denen zu Hause aussieht?"

Karl droht mit dem Zeigefinger: „Nur wenn du da bist! Weil ich dir jeden Wunsch von den Augen ablese und unablässig zu deinen Diensten stehe, komme ich doch überhaupt nicht zum Aufräumen."

„Das war übrigens die *Lady S.*", informiert Renate. „Sie gehört irgendeinem Ölscheich oder so. Meistens liegt das Schiff im Hafen und nur wenn der große Meister an Bord ist, wird mal ausgelaufen. Den Hubschrauber habt ihr gesehen? Am Heck befindet sich noch eine große Klappe, über die drei Landcruiser ausgerollt werden können. Ein Großraumbüro ist auch da und natürlich jede Menge Kommunikationsmittel. Von *dem* Schiff aus wird der weltweite Ölpreis gemacht und damit die Weltwirtschaft gelenkt! Ja, und dann hat der noch seinen Harem hier auf dem Schiff untergebracht, habe ich gehört."

Marion reckt sich am Vordeck hoch. „Einen Harem? So sieht der aus? Und die Mädels dort machen ihr Leben lang nur Kreuzfahrt? Wow!"

Fast scheint es, als wolle sie sich dort auch bewerben. Aber Karl bringt sie zurück: "Kein Leben lang, nur so lange du jung und knackig bist und Prinzen gebären kannst. Und dann fliegst du über Bord und wirst entsorgt. Bestenfalls!"

„Wieso bestenfalls? Was kommt denn noch?", will Marion wissen.

„Na ja, die besonders guten werden gemästet bis sie dick und fett sind und werden dann an einen orientalischen Puff verkauft."

„Echt?", fragt Marion „Na, in orientalischen Puffs kennst du dich ja wohl aus."

Die Windmessanlage zeigt acht bis zehn Knoten Wind, nur kommt er leider genau von vorn. Hinni ist das Motorgebrumme lästig, er möchte lieber segeln. „Wieso nicht?", fragt er, „Wir können doch aufkreuzen!"

„Hat leider keinen Sinn bei dem bisschen Wind", belehrt ihn Renate. „Wir sind doch keine Jolle. Aber es wird nachher besser. Die Bahia de Palma, in der wir uns gerade befinden, saugt den Wind nur so an. Das sind ja alles nur thermische Winde im Moment. Wenn wir gleich um das Capo Blanco herum sind, wird es dann besser. Halte mal genau auf das Kap dort an Backbord zu", weißt sie Karl ein.

Hinni überlegt, die Sache mit der Jolle geht ihm im Kopf herum. Sein Schiff ist ja auch eine Art Jolle, ziemlich groß zwar und mit einer Kajüte. Es wiegt vielleicht 500 Kilogramm und hat eine Segelfläche von zwanzig Quadratmetern. Das Gewicht schätzt er, die Segelfläche kennt er. Schließlich musste er jeden

Quadratmeter davon bezahlen. „Wie schwer ist dein Schiff?", fragt er Renate.

„Ungefähr zehn Tonnen!"

„Und die Segelfläche."

„Achtzig Quadratmeter, wieso?", kommt die Antwort.

„Na ja, dein Schiff ist zwanzigmal schwerer als mein Jollenkreuzer, die Segelfläche aber nur viermal größer. Sollen wir mal Regatta segeln?", schlägt Hinni vor.

Zu seiner Verwunderung geht Renate darauf ein: „Jeder mit seinem Schiff? Du hast aber Mut."

„Wieso Mut, du wirst mir doch nur hinterher segeln."

„Wetten das nicht? Du kennst mich noch nicht. Ich mache Kleinholz aus deinem Schiff. Verlass dich nicht darauf, dass ich bei einer Regatta eine Dame bin."

„Dann musst du dir aber noch eine treffsichere Kanone aufs Vordeck bauen lassen. Du wirst nämlich die ganze Zeit nur mein Heck sehen. Weit voraus, am Horizont."

„Super, ich wollte immer schon mal ein Kanonenboot haben. Also, wetten wir nun?" Renate will es wissen.

„Gut, wetten wir!"

Alle staunen über Hinni – aber verrückte Sachen ist man ja von ihm gewohnt.

Renate überlegt kurz: „Ich nehme die Wette an! Um was wetten wir? Ich setze einen Karton Veuve Clicquot."

Hinni schaut sich hilfesuchend nach Jan um. Er ahnt zwar, dass es sich um etwas Trinkbares handelt und teuer klingt das auch. Er ist sich aber über die Kosten nicht im Klaren: „Kann ich mir das leisten?"

Jan hat Hinnis letzte Steuererklärung noch vor Augen und so kann er ihn beruhigen: „Kannst du dir leisten, Hinni!

Schlimmstenfalls verkaufst du noch eine Wiese, ha ha."

Hinni kratzt sich am Kopf, was ist schon eine Wiese, wenn die Ehre eines Ostfriesen auf dem Spiel steht: „Das gilt!"

Renate will das jetzt perfekt machen: „Wann, wo, welche Crew, bei welchem Wind."

Jetzt scheint das ernst zu werden, alle wollen sie einen Vorschlag anbringen: „Natürlich im Mittelmeer, Hinni kann sein Schiff doch trailern, sein Auto schafft das schon."

„Ja klar, am besten ihr segelt bei Triest in der Nördlichen Adria, das sind doch nur 1400 Kilometer von Ostfriesland aus", schlägt Karl vor. „Geschätzt!"

„Hinni, du wirst die Wette schon deshalb nicht gewinnen, weil du das Schiff gar nicht dort hin bekommst", wird er von Marion angestachelt.

„Wieso, das Mittelmeer ist doch noch gar nicht ausgemacht. Ich bin für eine Regatta zwischen Neßmersiel und Baltrum", antwortet Hinni schlagfertig.

Marion hat sich nun aber voll auf Renates Seite geschlagen: „Nee Hinni, das ist nicht fair, erstens: Wie soll sie das Schiff in die Nordsee bekommen und zweitens ist es viel zu flach dort. Eine Regatta im Priel, du spinnst doch!"

„Gut, dann eben von Borkum nach Emden und zurück. Da fahren sogar die großen Autotransporter." Hinni will seinen Reviervorteil nicht aufgeben.

„Und *Makan Angin* überführen wir nächstes Jahr nach Ostfriesland. Wir helfen dir, Renate." Jan ist schon ganz begeistert.

„Nein, nein, daraus wird nichts", schaltet sich Renate wieder ein. „Ich will doch nicht im Regen bei arktischer Kälte in der Nähe des Nordpols segeln! Hinni, du musst schon ins Mittelmeer kommen, wenn du die Kiste Champagner gewinnen willst."

Nach einigem Überlegen willigt Hinni ein: „Gut am Mittelmeer. Aber die anderen Bedingungen stelle ich!"

„Welche?" fragt Renate.

„Erstens: Wir segeln beide ‚Einhand', alleine, ohne Crew!" Er hofft auf einen Vorteil, weil Renate ihr großes Schiff alleine sicher nicht so gut manövrieren kann.

„Gut", antwortet Renate. Der Punkt geht an mich, denkt sie.

„Und zweitens?"

„Maximal Windstärke vier!", fordert Hinni.

Renate überlegt: Natürlich hätte ihr Schiff bei stärkerem Wind viel bessere Chancen, aber so viel sie weiß, ist Hinnis Schiff ein Jollenkreuzer ohne Ballastkiel, da kann zu viel Wind gefährlich werden.

„Einverstanden! Sonst noch Bedingungen?"

„Match race, Schiff gegen Schiff. Ohne Yardstick-Berechnung, also keinen Bonus oder Abzug wegen der Schiffsgröße", schlägt Karl vor.

„Okay, was noch?"

„Nichts, das ist alles. Den Zeitpunkt stimmen wir dann ab, auf jeden Fall nächsten Sommer", sagt Hinni. Und dann fällt ihm noch was ein: „Jan, Karl, ihr kommt doch mit? Ich weiß ja gar nicht wo es lang geht, von Ostfriesland nach Triest. Wir fahren alle drei."

Jan und Karl sind gerne einverstanden, das heißt doch, dass sie im nächsten Jahr wieder im Mittelmeer segeln können.

Renate aber will das perfekt machen: „Gut! Alles geritzt. Karl schreib' das mal ins Logbuch, samt allen Nebenbedingungen. Hinni und ich unterschreiben."

Und zu Hinni gewandt sagt sie: „Und du schaust schon mal,

wo du in Ostfriesland eine Kiste Veuve Clicquot herbekommst! Die kannst du gleich mitbringen."

Hinni ist sich aber sicher: „Wieso ich. Du verlierst doch. Ich lade dich aber zu meiner Siegesfeier ein."

Beiden Kontrahenten werden noch viele Vorschläge gemacht, wie die Regatta zu gewinnen sei und wie man Hinnis Jollenkreuzer nach Italien bekommen will und so haben sie plötzlich Capo Blanco Backbord querab.

„Neuer Kurs 120 Grad", kommandiert Renate. Sie muss dazu nicht einmal auf die Seekarte schauen.

Das Kap wird gerundet und tatsächlich, der Wind kommt nun achterlicher, mehr von hinten. „Karl, dreh das Schiff in den Wind und mach' die Großschot auf, damit ich das Großsegel herausziehen kann. Hilfst du mir, Jan?", bittet Renate.

„Zieh' mers aussi", ruft sie dann und diesmal ist keine Übersetzung nötig. Das Segel kommt heraus und während Karl schon wieder auf den ursprünglichen Kurs geht, holt Jan die Großschot dicht.

„Marion, jetzt verzieh dich mal da vorne, wir holen die Genua heraus", warnt Renate Marion, die sich schleunigst ins sichere Cockpit flüchtet. Als dann die Segel stehen, ordentlich getrimmt sind und endlich der Motor abgestellt werden kann, atmen alle befreit auf.

Das Schiff legt sich etwas auf die Seite, der Bug schneidet durchs Wasser und hebt und senkt sich mit jeder Welle, Gischt zischt am Steven vorbei, kein Geräusch stört den Frieden, der sich plötzlich über das Schiff legt, nur der Wind rauscht in den Segeln und drückt das Schiff vorwärts. Ein ganz leichter Druck im Ruder – das Schiff ist optimal getrimmt. Zufrieden und glücklich lehnt sich die Crew zurück. Das ist Segeln im Mittelmeer, genau davon hatten sie geträumt … Und nun liegen sie tatsächlich an Deck einer schönen Segelyacht, ein warmer Wind streicht über den Körper und jeder träumt seinen Traum.

Hinni geht immer noch eine Frage im Kopf herum: „Sag mal Renate, was bedeutet eigentlich *Makan Angin*?"

Für Hinni sind Schiffsnamen wichtig und vor allen Dingen hasst er zusammengestoppelte Namen wie zum Beispiel REGI. Da weiß doch jeder gleich, die eine Freundin heißt Regina und die andere Gisela. Oder die Töchter, bestenfalls. Nein, ein Schiff muss einen soliden Namen haben. Den eines Sternes oder eines Seevogels. Aldebaran, Sirius oder Venus, Albatros oder Seemöwe, vielleicht sogar Amerikanischer Weißkopfadler, wenn man ein amerikanischer Patriot ist. Sturm oder Mistral, so darf ein Schiff auch getauft werden.

Auch ein richtiger Mädchenname ist akzeptabel. Aber wenn Karl zum Beispiel jemals ein Schiff bekäme und Marion seine Braut würde, wäre es auch verdächtig, wenn der sein Schiff dann „Marion" nennen würde. Das klingt schon wieder so nach seinen Sponsoren. „Ma" für Mama, seine Mutter, „Ri" für Richard, seinen Vater und „On" für Onkel Eduard.

Auch darf man dem Schiff mit dem Namen etwas schmeicheln, Schiffe sind ja weiblich und denen tut das gut. Darum heißt sein Schiff ja auch *Moi Wicht*, – Schönes Mädchen. Darum hat er auch selten Ärger mit seinem Schiff. Ganz schlimm ist es natürlich, wenn jemand sein Schiff ‚Carefree' nennt, so wie er es gestern im Club de Mar gesehen hat. So ein Schiff ist doch keine Slipeinlage. Noch schlimmer ist es natürlich, wenn jemand sein Schiff ‚Ice Cream II' tauft, was er auch schon gesehen hat. Und deshalb muss er nun wissen, ob *Makan Angin* nicht auch der Name für eine neue Babywindel oder gar noch Schlimmeres ist.

Renate antwortet und spricht nicht nur Hinni sondern alle an: „Also, ich war beruflich für einige Zeit in Indonesien, Holz einkaufen und habe dort auch ein wenig Indonesisch beziehungsweise Malaysisch, was ja fast das Gleiche ist, gelernt. Makan heißt ‚essen', als Verb, Angin ist der Wind. *Makan Angin* bedeutet also: ‚Die den Wind isst'. Es steht aber auch als Synonym für ‚Bummeln gehen' oder ‚etwas Luft schnappen'."

Marion stimmt ihr zu: „Ja, etwas Luft schnappen, das tut gut", und alle versinken wieder in ihren Träumen.

„Bis zur ‚Punta de las Salines' sind es jetzt noch knapp zwei Meilen", informiert Renate nach einer Weile. Sie und Karl haben sich gerade mit der Seekarte beschäftigt und die Position eingetragen. „Man sieht deutlich den Leuchtturm. Halte da mal genau drauf zu", weist sie Jan an, der inzwischen das Ruder übernommen hat.

„Ja, aber dann kommen wir doch viel zu dicht unter Land!", protestiert er. „Stimmt! Aber mach mal trotzdem", beharrt Renate. Und zehn Minuten später, als sie schon ziemlich dicht unter Land sind, kommandiert sie plötzlich: „Alle Segel einholen und Motor an. Jan, kümmere du dich um das Lot."

Die Wassertiefe wird schlagartig immer geringer, achtzig Meter, vierzig, zwanzig, zehn, acht, sechs …

Als vier Meter erreicht sind, geht Renate an das Ruder und steuert vorsichtig parallel zum Ufer. „Leute, das müsst ihr euch ansehen, diese Farben. Ich übernehme derweil das Ruder."

Und tatsächlich, der Boden schimmert in einem unheimlich schönen türkisgrün durch das Wasser, nur selten unterbrochen von einigen dunkleren Flecken: Seegras oder Felsen vermutlich. Eine bizarre Welt, die sie da von oben betrachten können.

„Und vor einigen Jahren schwammen hier noch Fischle herum, in allen Farben", schwärmt Renate. Sie schiebt den Gashebel auf die niedrigste Stufe, damit sie alle ja lange genug diesen Anblick genießen können.

„So, das war es leider. Toll, oder?" Alle sind beeindruckt. Genau so haben sie sich das Mittelmeer vorgestellt. Die Segel werden wieder ausgerollt und Renate gibt den Kurs in Richtung Porto Pedro an, wo sie die Nacht an einer Boje verbringen möchte.

„Porto Pedro ist eine riesige Bucht. Früher konnte man dort frei ankern. Aber als zu viele Schiffe kamen, hat man Bojen gelegt. Das schafft Platz, weil der Raum zum Schwojen geringer ist, wenn der Wind das Schiff um die Boje herumtreibt. Aber dafür ist es fast immer gerammelt voll und es kostet Gebühren", erzählt Renate.

Spätnachmittags fahren sie in die Bucht ein und zum Glück gibt es noch ein paar freie Bojen. Renate verteilt ihre Anweisungen: „Jan und Hinni, ihr geht aufs Vordeck. Nehmt den Bootshaken und einen Festmacher mit."

Sie fährt an eine Boje heran, Jan fasst die Boje mit dem Bootshaken und versucht sie hoch zu holen.

„Scheiße, ist die schwer!" Es war aber nicht das Gewicht der Boje, sondern eine plötzliche Windböe, die Jan zu schaffen machte. Er kann das Schiff nicht gegen den Winddruck halten und die Arme schmerzen, als ob sie gleich ausgerissen würden. Hektisch versucht er den Bootshaken wieder von der Boje loszubekommen aber die Spitze scheint sich verhakt zu haben. Der Bootshaken will unbedingt an der Boje bleiben.

„Loslassen, Jan", schreit Renate von hinten, „Lass einfach

fallen!"

Jans Arme sind meterlang, so kommt es ihm vor, als der Bootshaken ins Wasser platscht. Renate manövriert nun das Achterschiff an die Boje heran. Jan klettert auf die Badeplattform, bekommt die Boje zu fassen und kann den Bootshaken befreien.

„So, und nun könnt ihr gleich den Festmacher durch den Ring ziehen und damit nach vorne gehen."

Diesmal klappt das Manöver zufriedenstellend und Renate versucht Jan aufzurichten: „Du hast völlig richtig gehandelt. Gegen den Wind kannst auch du das Schiff nicht halten. Aber es hat doch prima geklappt. Wir klaren noch fix das Schiff auf und dann ist Feierabend. Cocktail- und Bikinitime! Genießt die Bucht und achtet mal darauf, wie viel Vegetation mit verschiedenen Grüntönen es am Ufer gibt."

Es ist wirklich ein malerisches Bild, üppige Bäume und Sträucher und dazwischen die vielen herrschaftlich anmutenden, weißen Villen, die auf und an die Felsen gebaut wurden.

Bald kommt eine weitere Yacht heran, mindestens fünfzig Fuß lang, mit acht Männern drauf. Eine deutsche Flagge und am Großbaum ein Schriftzug, irgendetwas mit ‚... Yachting. com'. Renate und Marion haben sich mit einem Gin Tonic und ihren Bikinis auf das Vordeck verzogen, die Männer trinken ihr Bier im Cockpit. Marion richtet sich auf: „Schaut mal, das wird bestimmt lustig."

Inzwischen haben die acht Männer die beiden Mädels auf dem Vordeck gesehen und fangen an zu pfeifen und zu rufen: „Habt ihr Langeweile? Kommt doch rüber zu uns. Wir segeln jedenfalls richtig."

Marion beobachtet die Männer und sagt zu Renate: „Na

ja, vielleicht wollen die mal segeln lernen. Scheint eine Segelschule zu sein."

Das andere Schiff kommt näher, es will offensichtlich an der
noch freien Nachbarboje anlegen. Einer der Jungs steht am
Ruder und bekommt Anweisungen von einem weiteren Segler,
der hier der Skipper zu sein scheint.

„Vorne Boje aufnehmen", brüllt der plötzlich. Vier Mann
rennen nach vorne.

„Nehmt eine Leine mit, wie wollt ihr das Schiff festmachen?", schreit der Skipper. Vier Mann rennen zurück, reißen
die Backskisten auf, vier Mann springen hinein und wühlen
nach einer Leine.

„Bootshaken!", kommt nun der Befehl und alle vier reißen
sich um den einzigen Bootshaken, jeder will schneller und
damit vermeintlich besser sein als der andere. Der Sieger stellt
sich mit dem Bootshaken am Bug in Position und lauert auf
die langsam auf ihn zu kommende Boje. Er packt sie mit dem
Haken ...

„Aufstoppen", brüllt der Skipper nun wieder und dann passieren drei Dinge gleichzeitig: Eine dichte, schwarze Rauchwolke kommt aus dem Auspuff, das Schiff schießt nach vorne
und den Mann mit dem Haken reißt es über Bord. Platsch!

Renate, Hinni, Karl und Jan lachen lauthals heraus, aber
Marion hechtet mit einem eleganten Sprung über die Reling
ins Wasser und schwimmt auf den Bootshaken zu. Gerade
kann sie ihn noch fassen, bevor der abzutauchen droht.

Sie schwimmt an das Heck des Schiffes. „Hier ist euer Bootshaken, der war sicher teuer, oder? Den Kerl da kann ich doch
treiben lassen, oder? So einen braucht ihr doch bestimmt nicht
mehr!"

Und Hinni ruft aus dem Cockpit heraus: „Seid ihr eine Segelschule oder eine Schwimmschule?"

Inzwischen kommt der erfolglose Bojenfänger an sein Schiff herangeplanscht: „Ihr Arschlöcher, könnt wohl vorwärts und rückwärts nicht unterscheiden", schreit er wütend.

„Hattest du nicht gesagt, du wolltest sowieso gleich schwimmen? Ich wollte dir nur ins Wasser helfen", versucht der Rudergänger seinen Fehler zu beschönigen.

Der Skipper aber mahnt: „Also, das war Scheiße! Aber jetzt helft erst unserem Olympiaschwimmer aus dem Wasser und dann will ich endlich eine Leine an der Boje haben!"

Und zu Marion sagt er: „Danke für den Bootshaken, tolle Reaktion. Trinkst du ein Bier mit uns?"

Marion aber gibt sich spröde, auf diese Tour lässt sie sich nicht anmachen: „Nee, Bier mag ich nicht. Habt ihr sonst nichts? Dann schwimm' ich mal wieder rüber. Meine Jungs dort können wenigstens segeln."

Inzwischen sind alle ins Wasser gesprungen und plantschen ein wenig herum. Marion aber klettert ins Schiff, trocknet sich ab und nach einiger Zeit kommt ein köstlicher Duft aus der Pantry. „Backen und banken, die Shrimps sind fertig."

„Das riecht aber köstlich, was hast du damit gemacht?", fragt Renate.

„Ganz einfach, ich habe die nur in heißem Olivenöl mit viel Knoblauch in der Pfanne gebraten. Drei Minuten, dann umdrehen und noch mal zwei Minuten. Fertig!"

Auch der Rest der Crew ist begeistert. Sie pulen vorsichtig an den heißen Shrimps herum, aber das Ergebnis lohnt sich: „Wirklich lecker, hmm", ist die einhellige Meinung und sie lecken sich schmatzend die Finger ab.

„It's fingerlicking good", meint Karl, „jetzt weiß auch ich, was das bedeutet."

Hinni weiß zwar nicht so recht was er von dem vielen Knoblauch halten soll, aber als er aufgeklärt wird, dass dieser nicht nur Vampire vertreibt, sondern auch böse Klabautermänner, ist er beruhigt.

„Nachschub!", verlangt er. Renate stimmt ihm zu: „Und stell' am besten gleich zwei Pfannen gleichzeitig auf den Herd!"

Der nächste Morgen beginnt mit einem günstigen Wetterbericht: „Südost bis Süd, vier bis fünf Beaufort", liest Karl von dem Ausdruck des Wetter-Decoders ab, mit dem er sich inzwischen vertraut gemacht hat. „Ideale Backstagsbrise, der Wind kommt schräg von achtern!"

Alles wird schnell aufgeräumt und seefertig gemacht, sogar das abgewaschene Geschirr verschwindet diesmal in den Schapps, den Schränken in der Pantry.

„Fein", lobt Renate, „Da wird sich unser Bordklabautermann aber freuen." Hinni will genau wissen, was sie damit meint, aber er wird von lautem Klopfen an die Bordwand unterbrochen.

„Ist er das?", fragt er.

„Ich glaube, da will jemand was von dir, Jan", vermutet Renate.

„Von mir?" Jan ist erstaunt, wer soll hier etwas von ihm wollen. „Das ist bestimmt jemand vom Hafenamt und will für die Boje kassieren. Gibt dem mal gleich unseren Müll mit. Sonst bekommt der kein Geld."

Zu Jans Erstaunen war das mit dem Müll aber kein Witz. Die Müllabfuhr funktioniert hier sogar auf dem Wasser.

„Aber dafür gleich dreißig Euro?", mault Jan trotzdem. Das zahlt er zu Hause für einen ganzen Haushalt. Pro Monat.

4. Kapitel
Auf hoher See

Ein rasender Fender – Karl wird Comandante von eigenen Gnaden – Ein Toast auf hoher See – leuchtende Toiletten – Blistersegeln – Eine Stadt für Krebse – Starkwind vor Bonifacio

Capo Dartuch mit dem markanten Leuchtturm an der Westhuk von Menorca kommt in Sicht, jetzt sind es nur noch wenige Meilen bis Ciutadella und Renate übernimmt das Ruder. Sie kennt die Einfahrt und die Liegeplätze dort.

Der Hafen von Ciutadella entpuppt sich als sehr langer und sehr, sehr schmaler Schlauch mit ein paar Liegeplätzen für Transityachten direkt hinter der Einfahrt an der langen Pier. Renate versucht zwar weiter in den Hafen hinein zu fahren, in der Hoffnung, einen freien Platz an einem der Clubstege zu erwischen, wird aber von dem Marinero, dem Hafenwärter, barsch zurückgepfiffen.

Kein Glück diesmal und sie müssen längsseits am dem Pier festmachen. „Obindn", sagt Renate, als sie ein paar Meter von dem Pier entfernt sind. „Festmachen!", übersetzt Marion. Die Fender werden an die Reling gehängt, Jan springt an Land und Hinni gibt die Leinen an. Je eine Vor- und eine Achterleine wird auf Slipp belegt und dann kommt noch je eine Spring nach vorne und nach achtern. Hinni prüft die Leinen und gibt noch reichlich lose. Das ist er so gewohnt von der Nordsee, wenn das Wasser ziemlich hoch steht. Sonst hängt sich das Schiff bei Ebbe auf.

Der Marinero kommt herangeschlendert und kassiert brummig die Liegegebühr. Alle staunen wieder einmal über die Preise.

„Mensch, wir wollen doch keinen Hafen kaufen", schimpft Jan, aber Renate beruhigt ihn. „Das ist hier noch nicht mal teuer. Strom und Wasser gibt es umsonst. Jedenfalls drückt der Marinero meistens ein Auge zu, wenn man ihn lieb anblinkert. Holt schon mal den Wasserschlauch und das Stromkabel für den Landanschluss heraus."

Und nach einem kritischen Blick auf das Deck, das einige Salzspuren aufweist: „Wer hat denn gerade Wache? Die sollte nämlich noch das Deck abspülen."

Renate führt die Truppe in die Altstadt von Ciutadella. Es geht über schmale Holzplanken, die über dem Wasser an der hohen Felswand befestigt sind. Viele einheimische Yachten und Fischerboote haben hier fest gemacht, dann mündet der Steg in eine breite Straße, mit vielen Restaurants und eifrigen Kellnern. Vor jedem Lokal werden sie angehalten und ihnen wird die Speisekarte vorgelesen, aber sie winken ab. „Später vielleicht, es ist zu früh zum Essen!"

Dann geht es eine Treppe hinauf, die rechts und links von Andenkenhändlern gesäumt ist. Besonders die beiden Frauen werden oft angehalten und sie müssen die Kollektion von Halstüchern, Kettchen aus Muscheln und kleinen Halbedelsteinen, bunten Gläsern und T-Shits mit witzigen oder auch weniger witzigen Motiven bestaunen. Ansichtskarten und kleine Gemälde mit Strandmotiven werden angeboten, einige Stände mit Hand-Taschen und Ledergürteln, nicht unbedingt hübsch, aber mit Erinnerungswert und den Männern wird bedeutet, sie sollten ihren Frauen doch etwas Nettes kaufen, der Liebe wegen.

Schließlich stehen sie vor der Kathedrale und auch Jan und Hinni bleibt es nicht erspart: Sie müssen zumindest so tun, als ob sie Interesse an mittelalterlicher Kunst haben und die Kathedrale besichtigen. Interessant finden sie nur, dass da jeder einfach in die Kirche hinein darf. Zu Hause in Ostfriesland gibt es ja fast nur Evangelische Kirchen und die sind üblicherweise abgeschlossen. Außer Sonntagvormittags, aber dann geht auch kaum einer hinein. Hier aber, stellen sie fest, befinden sich fast immer Menschen in dem Gotteshaus, mal abgesehen von den Touristen. Da knien alte Frauen in einer Bank, junge Mädchen beten vor dem Altar und Männer sitzen in den Bänken und lesen in einem der vielen Traktate, die hier ausliegen. Eine andächtige Stille, in der nur geflüstert wird.

Bald stehen sie wieder in der hellen Sonne. Renate wendet sich an Jan: „Jan, ich hoffe, du hast die Bordkasse mit, ich habe nämlich Hunger. Gehen wir etwas essen? Kultur macht bekanntlich hungrig."

Ein kleines Restaurant an dem großen Platz vor der Kathedrale ist bald gefunden. Das Essen ist zwar nur mäßig, aber dafür gibt es einen guten Hauswein, findet Renate. Die Männer trinken zwar tapfer mit, aber so richtig Freude kommt bei denen mit Rotwein nicht auf.

„Ihr trinkt zu Hause kaum Wein, oder?", fragt sie Karl. Für sie unvorstellbar, ein Essen oder einen Abend ohne ein Glas Wein.

„Nein, eher ein Bier", antwortet Karl und Jan erinnert sich: „Bei uns zu Hause gab es gelegentlich Weißwein, meistens Rheinhessen. Je süßer, desto besser. Das hat uns nicht zu Weinliebhabern und Weinkennern werden lassen. Der ‚Ostfriesische Landwein' heißt bei uns eben ‚Dornkaat'."

„Was ist das?" fragt Renate neugierig.

„Ein Schnaps aus Korn gebrannt, aber edel!"

Sie schlendern zum Schiff zurück, die Luft ist angenehm, eine ganz leichte Landbrise streichelt die Haut, sie genießen die Atmosphäre. Plötzlich aber schreckt Hinni sie auf: „He, was ist das, ein Torpedo im Hafen?"

Tatsächlich, ein längliches, rundes Gebilde rast durch den Hafen, Richtung Meer. „Ein Torpedo, Hinni, das gibt es doch nicht. Wir sind doch nicht im Krieg. Das ist bestimmt nur ein Fender", meint Karl.

„Aber sieh hin, ein Fender rast doch nicht so, nicht einmal bei Ebbe." Jeder Nordseesegler hat wohl schon mal den einen oder anderen Fender verloren, den der Ebbstrom auf Nimmerwiedersehen mitgenommen hat, aber so schnell sind die dann auch nicht.

„Bestimmt war das ein Modellboot", vermutet Jan.

„Quatsch, wer baut schon einen Fender mit Antrieb und Fernsteuerung." Plötzlich schreit Renate auf: „Die Schiffe sind weg." Dort wo vor kurzem noch die Schiffsrümpfe über den Kai ragten, sieht man jetzt nur noch Masten. „Das Schiff ist gesunken!"

Hinni aber bleibt ruhig, „Es wird jetzt Ebbe sein, ist doch normal." Renate aber wird jetzt ganz nervös: „Quatsch, hier gibt es doch keine Tide, nicht im Mittelmeer. Was ist da los?"

Ihre Schritte werden immer schneller, fast rennen sie zu ihrem Schiff. Bald sind sie direkt am Kai und im Vorbeilaufen sehen sie, das kaum noch Wasser im Hafenbecken ist und die anderen Yachten bedenklich schräg an der Kaimauer liegen, sie haben sich an den eigenen Festmacherleinen aufgehängt.

Plötzlich kracht es neben ihnen, eine Klampe reißt aus ihrer Verankerung auf dem Deck aus. Renate zieht ihre Pumps aus und rennt barfuß voran zur *Makan Angin*, jedenfalls dorthin, wo sie sein sollte.

„Gott sei Dank", entfährt es ihr, als die Männer und Marion herangekommen sind, „sie ist noch da." Und dann ganz sachlich: „Seht ihr irgendwelche Schäden?"

Keiner kann im Dämmerlicht einen Schaden feststellen, nur dass der Wasserspiegel um fast eineinhalb Meter gesunken ist. Das Schiff hängt locker an den Festmachern.

Sie fällt Hinni um den Hals: „Du hast die Leinen belegt. Wieso hast du so viel Lose gegeben? Du hast mein Schiff gerettet."

Hinni versteht das Getue eigentlich nicht, aber wenn einem eine Frau um den Hals fällt, dann greift man zu und drückt sie an sich. Und das tut er natürlich auch.

„Na ja, das ist doch nichts Besonderes. Wir geben immer etwas Lose in die Festmacher, wenn wir bei Flut anlegen und es gerade kein Schwimmsteg ist."

„Aber Hinni, hier gibt es keine Tide", überlegt nun auch Karl. „Was also ist da los?"

Auch die Besatzungen der anderen Schiffe rennen aufgeregt am Kai herum. Fast alle haben Schäden, das Meiste ist zwar reparabel, aber ärgerlich. Es wird in verschiedenen Sprachen diskutiert und Hände und Füße sind im Einsatz, als jeder dem anderen klarmachen will, wie schlimm sein Schaden ist. Auch die Marineros, die Hafenwärter und Helfer sind gekommen und einer von denen sagt plötzlich: „Rissaga."

Bei Renate fällt ein Groschen. Sie springt aufs Schiff und ruft, „Karl, komm mit." Sie drückt ihm das Hafenhandbuch in die Hand und fordert ihn auf: „Schau mal in den Allgemeinen Teil, unter Wetterphänomene. Ich sehe im Internet nach."

Inzwischen steigt der Wasserspiegel wieder und hat in zehn Minuten den alten Stand erreicht, aber nur, um dann sofort wieder abzusinken. Alle klettern aufs Schiff und versuchen die Fender optimal aufzuhängen und die Leinen zu kontrollieren.

Renate und Karl tauchen aus dem Niedergang auf. Karl berichtet: „Also, es scheint sich tatsächlich um eine ‚Rissaga' zu handeln. Ein seltenes Phänomen, das wissenschaftlich noch nicht geklärt ist. Es tritt nur bei bestimmten Wetterlagen in einigen wenigen, bestimmten Mittelmeerhäfen auf, aber nicht immer. Kann zwölf bis vierundzwanzig Stunden dauern, steht hier. Vor einigen Jahren hat es hier in Ciutadella sämtliche Yachten kurz und klein geschlagen, verursacht durch den Umstand, das zu dem Zeitpunkt gerade eine Fähre in den Hafen einlaufen wollte. Es gibt aber auch ‚Mini-Rissagas', die nicht so viel Schaden anrichten, so wie heute hoffentlich."

Marion klatscht. „Wieso klatscht du?", fragt Karl.

„Karlchen, das war doch ein Klassevortrag, bei nur zehn Minuten Zeit für Recherche und Ausarbeitung. Das muss doch honoriert werden. Wir sind stolz auf dich."

Karl wehrt bescheiden ab: „Na, stand doch fast alles genauso im Handbuch, den Rest hat Renate im Internet gefunden."

Keiner hat Lust, jetzt in die Koje zu gehen und so sitzen sie dann noch lange im Cockpit, trinken ihren Schlummertrunk, diskutieren das seltene Phänomen immer wieder in allen Einzelheiten, halten gemeinsam Wache und lassen sich, begleitet vom Quietschen der Fender, von der ‚Rissaga' auf und nieder fahren, wie in der Schiffschaukel auf dem Jahrmarkt.

Sie stoßen alle noch mal auf Hinni an, den vorausschauenden Leinenleger, und sind froh, dass er das Schiff vor Schäden bewahrt hat. Langsam, spät in der Nacht, hört dann auch das Auf und Nieder auf, so dass sich alle beruhigt in die Koje legen können.

Am nächsten Mittag lugt Karl aus dem Niedergang hervor. „Wir sind jetzt zwölf Meilen außerhalb der Küste", teilt er mit, „und damit auf hoher See!"

Alle jubeln. „JJJiiipppiiieeehhh", schreit Renate. Es geht ihr wirklich gut, trotz der kurzen Nacht.

„Wow", gibt auch Marion von sich und Jan und Hinni sind beeindruckt. Im Ostfriesischen Wattenmeer kennen sie jeden Priel und jede Pricke, aber auf eigenem Kiel auf hoher See ... Das hat was.

„Das war die gute Nachricht für euch", fährt Karl fort, Jan und Hinni aus ihren Gedanken reißend, „und jetzt die schlechte Nachricht: Hier hat der Küstensegelschein keine Gültigkeit mehr! Ab jetzt haben nur noch Hochseeschiffer das Sagen!"

Er wendet sich an Renate, nimmt Haltung an wie ein Marineoffizier und sagt förmlich, aber mit einem Zwinkern in den Augen: „Edle Frau, Herrin dieses vortrefflichen Schiffes, der von Ihnen befohlene Kurs zwingt mich, ihnen das Kommando über diese hervorragende Mannschaft zu entziehen und auf mich, einem staatlich geprüften Hochseeschiffer, zu übertragen. Ihre Rechte als Eignerin bleiben ihnen aber selbstverständlich erhalten."

„Oh, *mon Comandante*, ein trefflich Wort und so galant gesprochen! Als Eignerin gebe ich Ihnen hiermit folgende, wohl überlegte Order: Führen sie das Schiff auf schnellstem Wege an die Küste der Insel Korsika, die zum Reich der Franzosen gehört. Dort erwartet Sie höchstes Lob, wenn wir die Leinen in Bonifacio festmachen können, bevor der Sturm, der uns dräuet, meine Haare verwüstet hat. Und jetzt lassen sie der Mannschaft einen Imbiss und ein Döschen von dem edlen Biere zukommen, das unser wackerer ‚Jan der Ostfriese‘ hier an Bord geschleppt hat."

„Sehr wohl, Madam, ihr Wunsch wird sofort erfüllt!" Er salutiert noch einmal und wendet sich dann an seine Mitsegler: „Jan, Hinni, ab in die Pantry. Ihr habt gehört was unsere edle Herrin geruhte zu befehlen. Sucht was zu futtern, knackt ein paar Dosen Bier auf und bringt Madam die Weinflasche und ein Glas herauf."

Renate lächelt huldvoll: „Nehmen Sie mein höchstes Lob entgegen, Sire Capitano, sie haben mir meinen sehnlichen Wunsch nach einem Glas edlen Vinos von den Augen abgelesen."

Hinni versteht zwar nicht so ganz, was dort gespielt wird, aber das Bier nimmt er dankend entgegen. Die Yacht jagt mit rauschender Fahrt bei achterlichem Wind dahin, er genießt die warme Luft, befindet er sich doch endlich auf hoher See, bequem und sicher im Cockpit einer Segelyacht, nette Kumpels neben sich, die Stimmung ist gut ... So wohl hat er sich lange nicht gefühlt.

Er ist überwältigt von der Situation und möchte das irgendwie in Worte fassen. Auf Ostfriesisch würde ihm da schon etwas einfallen, aber so steht er nur auf, gibt Renate die Hand und sagt schlicht: „Danke. Ist ein Klasse Törn mit dir!" Er prostet erst ihr und dann den anderen zu: „Und mit euch allen." Damit hat er haargenau das gesagt, was alle in diesem Moment empfinden. Spätestens ab jetzt sind sie wirklich eine Crew.

Renate greift den Faden auf: „Danke Hinni. Und jetzt wollen wir noch Neptun um seinen Beistand bitten." Sie gießt ein wenig von dem Wein ins Wasser und sagt, ebenso schlicht wie Hinni: „Wir bitten dich, Neptun, um Gute Fahrt. Gib uns guten Wind und lass uns sicher ankommen."

Der Wetterdekoder hatte am Morgen nicht so ganz erfreuliche Daten ausgespuckt. Zwar sollte der günstige Südwind heute noch anhalten, aber dann wird er laut Vorhersage aus dem nordwestlichen Quadranten kommen und normalerweise ist dann mit einem Mistral zu rechnen. Und tatsächlich sind für den übernächsten Tag für den ‚Golf von Lion' schon Windstärken um acht Beaufort gemeldet, also Sturm! Und einen Tag später kommt der Sturm dann sicher auch an der Korsischen Küste an.

Renate hatte angeboten, an der Küste von Menorca so lange zu warten, bis der Mistral wieder vorbei ist. Der Hafen von Mahon wäre ein günstiger Platz zum Abwettern, aber die Crew war dagegen. Hinni meinte, das ein bisschen Sturm doch Abwechselung bringen würde und Karl misstraut ohnehin allen Wettervorhersagen.

„Es heißt doch Wettervorher*sage*, da kann keiner wissen, ob sie stimmen wird. Und was kommt dann, wenn der Mistral vorbei ist? Tagelang Flaute? Oder gleich wieder ein neuer Sturm? Ich bin dafür auszulaufen, es kommt doch immer anders als vorhergesagt."

Renate ist damit sehr einverstanden, dass ist auch ihre Meinung, aber sie will natürlich die noch frische Crew nicht in einen Sturm zwingen.

Also sind sie ausgelaufen. Unter Motor aus dem Hafen heraus und an der Küste entlang. Das Ablegemanöver hat trotz „Pack' mers" diesmal ohne Verzögerung geklappt. Nachdem sie bald darauf Kap Nati an der Nordwestküste von Menorca passiert hatten, konnten sie dann schon fast den genauen Kurs nach Bonifacio steuern, 75 Grad. Hier wirkte sich auch wieder der Wind aus und schnell waren die Segel ausgerollt.

Nun treibt sie der Wind dahin, langsam versinkt Menorca hinter der Küste und vor ihnen liegt ein weites, leeres Meer. Allen ist klar, dass sie in den nächsten zwei oder drei Tagen kein Land sehen werden. Das richtige Abenteuer hat begonnen.

Später am Nachmittag teilt Renate die Wachen ein: „Ich schlage vor, um sechs Uhr mit der Wache zu beginnen und dann alle vier Stunden zu wechseln. Hinni und Jan, wollt ihr zuerst? Um zehn lösen euch dann Karl und Marion ab."

Marion wehrt ab: „Ich kann jetzt aber noch nicht schlafen. Ist ja noch heller Nachmittag und viel zu warm in der Koje."

Das mit der Wärme in den Kojen stimmt wohl. Auf See, so hatte Renate angeordnet, sollen die Luken immer geschlossen bleiben, weil im Ernstfall keiner mehr daran denkt, sie zu schließen. Und damit ist es, ohne einen kräftigen und kühlenden Durchzug, ein wenig stickig in den Kabinen.

„Nein, müsst ihr natürlich nicht. Hauptsache ihr haltet nachher bis zwei Uhr durch. Aber die Freiwache muss sich ja ohnehin um die Mahlzeiten kümmern."

„Ja, gute Idee, kocht mal was Anständiges", fordert Hinni, „ich habe Hunger." So richtig kann er sich damit noch nicht abfinden, dass er kein ordentliches Mittagessen bekommt.

Marion und Karl machen sich auf in die Pantry und da sie

sich, bei der Schräglage des Schiffes und den ständigen Bewegungen je nach Wind und Welle, im Schiff doch noch etwas unsicher fühlen, wird es zwar nichts ‚Anständiges'in Hinnis Sinn, aber sie bringen doch eine ordentliche Portion Spaghetti und Tomatensauce auf den Cockpittisch. Standardkost aller Chartersegler im Mittelmeer.

Hinni mault zwar etwas, aber zumindest sind die Portionen groß genug, dass auch er satt wird. Und als zum Abschluss noch einige Becher mit fertigem Schokoladenpudding auf den Tisch kommen, ist er halbwegs versöhnt und übernimmt das Ruder.

Leider hat er nicht lange das Vergnügen. Der Wind wird immer weniger und schläft mehr und mehr ein. Ohne den Winddruck schlackert der Großbaum herum und knallt jedes Mal in die Schot und die Genua, das vordere Segel, wedelt zwischen den Wanten.

„Wir können als traditionsbewusste Fahrtensegler jetzt hier herumeiern, auf Wind warten – der kommt aber nicht vor morgen früh – und uns derweil das Rigg zerschlagen lassen – oder du startest den Motor, Hinni", schlägt Renate vor.

Alle sind für den Motor, auch wenn das Gebrumme sicher nicht angenehm ist. Die Segel werden eingerollt und die Schoten ordentlich dichtgeholt und belegt.

„Marschfahrt zweitausend Umdrehungen", gibt Renate vor, „da kommen wir gut voran, sparen aber Sprit. Schließlich sind es noch über zweihundert Meilen nach Bonifacio."

Hinni wird es langweilig, nur am Ruder zu sitzen und auf den Kompass zu starren. „Du hast doch einen Autopiloten?", fragt er.

„Klar", sagt Renate, „du brauchst nur auf ‚Auto' zu drücken. Dann fährt das Schiff den letzten Kompasskurs, so lange du willst. Aber besser, wir geben einen Wegepunkt ein, dann werden auch Strömungen automatisch ausgeglichen."

Sie geht an den Navitisch, wie der Navigationstisch meistens kurz genannt wird, studiert kurz die Seekarte und programmiert dann die Koordinaten von Kap Scorno, der Nordwesthuk von Sardinien in den GPS-Rechner ein. Dort müssen sie auf jeden Fall dran vorbei und danach kann man schon wieder nach Sicht navigieren.

Dann fällt ihr aber etwas ein: „Karl, wie war das mit der Wettervorhersage? Übermorgen soll Starkwind aus Nordwest kommen?"

Karl bestätigt dies und Renate erklärt dann: „In dem Fall sollten wir unseren Kurs etwas weiter nördlich absetzen, dann haben wir den Wind mehr achterlicher, wenn er denn kommt und wir müssen nicht vierkant gegen an stampfen. Also geben wir noch mal fünfzehn Grad nach Backbord." Der Autopilot schluckt diese Daten brav und das Schiff geht auf neuen Kurs.

Langsam vergeht die Zeit bei dem eintönigen Geschaukele und Motorgebrumme. Aber die Wellen nehmen langsam ab und als die Sonne sich über den Horizont senkt, ist die See fast spiegelglatt.

Alle sitzen im Cockpit, sehen über das Heck und schauen dem Sonnenuntergang zu. „Will keiner seinen Fotoapparat holen?", fragt Renate. Keiner will es, sie sind zu überwältigt von dem Eindruck, den der Sonnenuntergang auf hoher See bietet.

Marion fast ihre Empfindungen in Worte: „Ein andermal vielleicht, ich habe ja schon viele Sonnenuntergänge im Atlantik gesehen und alle sind unvergleichlich. Das kann man nicht fotografieren, das hat man entweder im Kopf oder ist ein Banause."

Der Himmel färbt sich, wie eine gewaltige rosa Kuppel steht er über ihnen, die Sonne wird glutrot, berührt den Horizont und scheint im Meer zu versinken. „Zzziiisch", macht Jan, aber der Scherz kommt nicht an, heute nicht.

Der Himmel spiegelt sich in dem nun fast glatten Wasser, nur leichte Wellen kräuseln es noch und jede Welle leuchtet rosa auf.

Nach einer Weile des Betrachtens und des Staunens ergreift Renate das Wort: „Das ist der Beweis, dass der liebe Gott doch wollte, das wir Frauen auch segeln. Sonst würde er das Meer nicht jeden Tag für eine halbe Stunde rosa färben." Alle lachen, der Bann ist gebrochen.

„Wieso" fragt Marion, „wieso hast du das Gefühl, das Frauen nicht segeln sollen?"

„Nein, ich nicht! Aber mein Segellehrer behauptete immer: ‚Wenn der liebe Gott wollte, dass die Frauen segeln, hätte er das Meer nicht blau sondern rosa gefärbt.' Aber hier haben wir den Gegenbeweis."

Für alle wird es eine ungewohnte Nacht, mehr oder weniger. Hinni, Karl und Jan schlafen selten auf dem Jollenkreuzer, wenn er in Fahrt ist und alle sind von dem ewigen Motorengebrumme genervt, das in den Kojen unter Deck noch stärker dröhnt als oben im Cockpit.

Am nächsten Morgen checkt Renate das Logbuch: *Keine außergewöhnlichen Vorkommnisse, Kurs 60 Grad, die ganze Nacht keinen Wind,* steht dort als letzter Eintrag von Karl.

Hinni und Jan haben gerade Freiwache und sie bringen ein

ordentliches Frühstück zustande: Gebratene Eier mit Speck, Brot, das gestern Morgen noch ganz frisch war, Kaffee und Tee nach Belieben, Saft, Müsli, Joghurt ...

„Super", lobt Renate, „ihr solltet um die Frühstückszeit immer Freiwache haben."

Jan aber hat von nächtlichen Erfahrungen zu berichten: „Heute Nacht, auf dem Klo, da hat das irrsinnig geleuchtet, als ich abgepumpt habe." Sein Gesicht strahlt ganz stolz.

Marion lacht: „Oh Jan, das ist bestimmt nicht die erleuchtete Erhabenheit dessen, was du da abgesondert hast."

„Nein? Was denn?"

„Luciferin!"

Jetzt sind alle interessiert: „Was ist Luciferin", fragen sie gleichzeitig.

„Gut", sagt Marion, „also ist eine kleine Biologiestunde gefällig! Ich erkläre es mal auf Deutsch. Es handelt sich um biolumineszente Dinoflagellaten, die da im Wasser herumschwimmen."

„Bio – was?", will Hinni wissen. Das soll Deutsch sein?

„Einzelliges Plankton, das bei Stress durch katalytische Oxidation einen Leuchtstoff namens Luciferin erzeugt", erklärt Marion.

„Wieso Stress?", fragt Jan.

„Hättest du keinen Stress, wenn dir jemand auf den Kopf pinkelt?"

Hinni lacht lauthals, aber Marion fährt unbeirrt fort: „Im Ernst, das Plankton fängt an zu leuchten um den Gegner zu verwirren, wenn es angegriffen wird. Und Fremdstoffe im Wasser und der Sog der Pumpe werden als Angriff angesehen."

„Ich habe das schon oft gesehen, aber auch nicht gewusst, was das ist", sagt Renate, „aber es sieht unwahrscheinlich toll aus, wenn der transparente Ansaugschlauch plötzlich aufleuchtet. Man muss natürlich das Licht ausmachen oder gar nicht erst anmachen."

„Gut", sagt Hinni, „dann werde ich nur noch im Dunkeln pinkeln. Das möchte ich auch sehen."

„Plankton kann man übrigens auch mit einer feinen Gaze einfangen und essen", berichtet Marion weiter. „Es gibt Forschungsprojekte, die mit Plankton in Zukunft die weltweite Ernährung sicherstellen wollen. Verschiedene Walarten ernähren sich übrigens von Plankton. Und weil das Plankton so empfindlich reagiert, sollten wir die Meere nicht weiter verseuchen."

Na das musste ja noch kommen, denkt sich Hinni, aber wenn das so ist ...

Kurze Zeit später kommt wieder Wind auf und Renate beschließt den Blister, das große Vorsegel aus sehr leichtem Tuch, zu setzen. „Das ist im Prinzip ganz einfach", erklärt sie, „kein Vergleich mit dem Stress beim Spinnaker. Helft mir mal, den Blisterschlauch aus der Backskiste zu holen."

Hervor kommt ein riesiger, fast zwölf Meter langer Schlauch, in dem sich das dünne Segel befindet. „Sieht aus wie ein Elefantenkondom", scherzt Jan.

„Genau! Und weil du dich offensichtlich mit Kondomen auskennst, können wir beide den Blister setzen."

Der Kopfbeschlag wird am Spifall eingeschäkelt und der Fuß wird mit einer Art Talje, einem Flaschenzug in einer Öse am Bugbeschlag befestigt.

„Zieh mers auffi!" kommandiert Renate und bald hängt der

Blisterschlauch wie eine riesige, dünne Wurst neben dem Vorstag.

„Und nun?", fragt Jan. Er hat das mit dem Kondom noch nicht kapiert. Renate zeigt es ihm: „Hier unten in dem Schlauch ist ein Ring und den kannst du mit den beiden Leinen hier hochziehen. Mach mal!"

Tatsächlich, der Schlauch rollt sich auf, bis der Ring ganz oben am Kopfbeschlag ist – wie bei einem Kondom, nur umgekehrt. Zum Vorschein kommt ein weiß-blau gestreiftes, sehr leichtes Segel, das sich im Wind zu blähen beginnt.

„Hier sind die Schnürl – ach so, die Schoten!" Renate drückt Jan je eine grüne und eine rote Leine in die Hand. „Die kannst du hinten am Heckkorb durch die Rolle führen und dann auf der freien Winsch belegen.

Renate korrigiert mit der Talje noch die Spannung des Blisters und als der dann im Wind steht und das Schiff vorwärts zieht, sind alle begeistert.

„Wirklich viel einfacher als ein Spinnaker", lobt Karl. „wenn ich immer an den Stress damit bei den Ausbildungstörn denke – aber das lag wohl auch daran, dass die Ausbilder sich selber nicht so hundertprozentig auskannten."

Marion steht am Ruder und Renate trägt ihr auf: „Hab' immer gut die Windanzeige im Auge. Bei mehr als fünfzehn Knoten Wind sollten wir das Ding wieder herunterholen. Sonst wird das Stress."

Das Schiff macht bald fünf, sechs Knoten Fahrt, es rauscht dahin und alle hoffen, noch möglichst viele Meilen in Richtung Korsika zu machen, bevor der vorhergesagte Starkwind einsetzt.

„Kann mich mal einer ablösen?", verlangt Marion, die

immer noch am Ruder steht. Hinni springt sofort auf, er ist schon ganz begierig, das Schiff mit dem prall stehenden Blister zu steuern, immer dem Wind und den Wellen nach.

Marion verschwindet unter Deck und kommt nach einiger Zeit wieder – mit einem Handtuch unter dem Arm aber ansonsten – nackt! Drei Männeraugenpaare starren sie an. Marion stellt sich kokett in Pose, Brust raus, Bauch rein und sagt nach einer kurzen Weile: „So, habt ihr genug gesehen? Dann ist das Thema ja durch, oder?"

Und zu Renate gewandt: „Ich darf mich doch auf dem Vordeck sonnen, oder was dagegen?"

„Natürlich, ich komme mit. Ihr Männer bleibt mal hübsch im Cockpit. Aber sagt Bescheid, wenn ihr ein Manöver vorhabt. Vorher!"

Auch sie verschwindet in Richtung Vorschiff und hat auf dem Wege dorthin noch schnell ihr Handtuch gegriffen und schon den BH aufgehakt.

„Sag mal Karl", fragt Jan, „ist die eigentlich immer so? Mal total gegen Männer und dann spaziert sie hier wieder vor uns allen nackt herum. Sie sieht übrigens Klasse aus, da hast du einen guten Fang gemacht!"

Karl will zu einer Antwort ansetzen, aber Hinni kommt ihm zuvor: „Also, wenn ihr mich fragt, Marion ist ein guter Kumpel und bestimmt auch kein Kind von Traurigkeit. Glaube ich jedenfalls. Ihr Problem ist nur, sie hat zu viel im Kopf und zu wenig im Bauch und im Hintern."

„Du meinst zu wenig Gefühl", fragt Karl, interessiert an Hinnis Meinung über seine Freundin.

„Ich meine, sie hat ein verdammtes Problem, die Kontrolle nicht zu verlieren. Und bei der Liebe kann man nicht kontrollieren, wo das hinführt", bringt Hinni seine Lebensweisheit auf den Punkt.

Auf dem Vordeck streckt Marion Renate ihre Flasche mit Sonnenmilch entgegen: „Würdest du bitte meinen Rücken eincremen? Oder soll ich Karl rufen."

„Nein, nein, das mache ich gerne. Lass die Männer mal wo sie sind, die haben jetzt erst mal deinen Anblick zu verdauen."

Marion scheint Renates kreisende Handbewegungen auf ihrem Rücken zu genießen. „Darf ich dich jetzt auch mal was Persönliches fragen?"

„Nur zu", antwortet Renate.

„Hast du schon mal was mit Frauen gehabt? Ich meine, bist du lesbisch?"

Renate lacht: „Nein, um Gottes willen. Du vermutest das, weil ich deinen Rücken so zart streichele?"

„Ja!"

„Ach, ich mag eben schöne, attraktive Körper, bei Männern und Frauen. Und ich mag schöne Dinge berühren. Aber keine Angst, dabei bleibt es."

„Na ja, hätte ja sein können. Ich hatte mal eine kurze lesbische Beziehung, das war aber ein großer Irrtum. Meine Partnerin war auch eine dominante Persönlichkeit und wollte mich beschlagnahmen."

„Du meinst ich bin dominant?", fragt Renate erstaunt.

„Ja natürlich. Schau doch mal wie du die Männer herumkommandierst. Und wie selbstverständlich sie dir folgen. Erstaunlicherweise!"

„Leite du mal ein Sägewerk mit lauter Männern. Entweder du setzt dich vom ersten Tag an durch oder du gehst baden mit deiner Führungsautorität. Und ich hatte das Problem, das mich alle Mitarbeiter schon als Kind gekannt haben und plötzlich war ich der Chef, als erst meine Mutter und dann auch noch mein Vater starben. Vierundzwanzig war ich damals, hatte gerade mein Studium beendet. Ich habe es als hohes Lob empfunden, als einer meiner langjährigen Mitarbeiter plötzlich ‚Du, Frau Chefin' zu mir sagte."

„Mein Mann war da auch keine große Hilfe", fährt Renate fort, „er hat zwar ein wenig im Betrieb mitgeholfen, aber Führen und Managen konnte er nicht. Hatte wohl auch keine Lust dazu, lieber hat er sich mit seinen Spielsachen beschäftigt."

„Spielsachen?"

„Ja, er sammelt altes Spielzeug, Blechautos und so."

„Und damit spielt er dann?" fragt Marion. Sie wundert sich.

„Nein, spielen tut er damit nicht. Er hat ja in den letzten Jahren nicht einmal mehr mit mir gespielt. Er sammelt nur, staubt es gelegentlich ab und stellt es wieder in den Schrank zurück zum Anschauen!"

„Du hast studiert? Was denn?", greift Marion Renates frühere Bemerkung auf.

„Betriebswirtschaft, an einer Fachhochschule für Holztechnik."

„Und deshalb möchtest du das Schiff auch ‚managen'! Die Männer sind ganz verwirrt, die hatten natürlich so eine Art Pirat als Skipper erwartet, mit Kielholen und an der Saling aufknüpfen bei Befehlsverweigerung, aber keine Managerin."

„Ach, Männer und ihre Spiele. Die werden nie erwachsen. Aber Seefahrt hat heute doch nichts mehr mit der angeblichen Romantik der Windjammer zu tun. Schau, Leuchttürme werden außer Betrieb gesetzt, weil es heute GPS gibt. In Griechenland werden Wetterberichte über Seefunk nur noch auf Ersuchen gesendet. Also musste ich mir doch einen ordentlichen Wetterdecoder und einen Wetterkartenschreiber samt Notebook anschaffen. Und wenn ich dann schon einen Computer an Bord habe, kann ich damit auch gleich navigieren und im Internet surfen, falls es in der Marina ein WLAN-Netz gibt. Radar ist ein Gebot der Sicherheit bei der Verkehrsdichte auf bestimmten Wasserstraßen. Und auf den Brücken der Großschiffe befindet sich doch teilweise überhaupt keine Wache mehr. Also muss ich mein Schiff doch eher wie ein modernes Unternehmen führen und nicht mehr als Piratenschiff."

„Schade eigentlich", antwortet Marion, „ich würde gerne mal so eine Angeber-Luxusmotoryacht entern."

Renate lacht: „Besonders nackt, was? Um die Männer total zu verwirren? Wer möchte das nicht, besonders wenn die aus lauter Boshaftigkeit mit ihrer Heckwelle dicht am Bug vorbeirauschen und sich totlachen, wenn wir bei dem Schwall Mühe haben, nicht von Bord zu fallen."

„So wie die Arschlöcher vorgestern!"

„Ja! Muskelkraft wird doch überhaupt nicht mehr gebraucht auf einem modernen Segelschiff. Schau, ich kann dieses Schiff total alleine segeln. Alles wird von der Technik erledigt: Rollreffs, Autopilot, Bugstrahlruder, alles kann vom Cockpit aus erledigt werden. Nein, so ein Schiff muss wie ein guter Betrieb geführt und gemanaged werden."

„Und was ist der Zweck eines solchen Betriebes? Eine Firma macht Gewinne und erstellt eine Bilanz, soviel ich weiß."

Renate antwortet ganz ernst: „Mein Gewinn ist Glück, Zufriedenheit, Selbstvertrauen, Teamfähigkeit und ich bleibe beweglich, geistig und körperlich. Etwas, was du auch im teuersten Wellnesshotel und Fitnesscenter nicht kaufen kannst. Auf der anderen Seite der Bilanz stehen natürlich der hohe materielle und zeitliche Aufwand für die Unterhaltung und Pflege des Schiffes."

Sie fährt fort: „Sieh dir doch mal so einen Organisationsplan einer Firma mit den relevanten Positionen an und vergleiche das mit unserem Schiffsbetrieb: Jan hat die Bordkasse, das ist mein Buchhalter, keine Frage. Auch wenn der immer den Playboy spielen möchte, mit seinem Drei-Tage-Bart und dem ‚In-den-Busen-Geschiele'. Karl ist mein Technischer Leiter, er macht die Navigation und kümmert sich um alles, damit das Schiff funktionsfähig bleibt. Das passt auch gut zu ihm, er hat doch so was früher auch gemacht."

„Ja, er hat Flugplätze und Hotels gebaut. Er kümmert sich wirklich um alles, er unternimmt auch was und man kann sich hundertprozentig auf ihn verlassen. Und er weiß sehr viel, hat einen großen Teil von der Welt gesehen und eine Menge gelesen. Wenn er mal auftaut, ist er auch ein ausgesprochen intelligenter Gesprächspartner. Das schätze ich doch so an ihm. Aber was ist mit Hinni, welche Rolle spielt der in deinem Betrieb?"

„Hinni? Hmm, Hinni ist eben Hinni. Jede Firma braucht so ein Betriebsfaktotum. Einen, den man überall einsetzen kann und der für ein gutes Betriebsklima sorgt."

„Ja, ich glaube, da liegst du nicht falsch bei Hinni. Äh, Entschuldigung, das mit dem Liegen war nicht so gemeint."

Renate lacht: „Brauchst dich nicht zu entschuldigen. Wieso sollte ich nicht bei ihm liegen, wenn mir danach ist. Mein Mann interessiert sich doch ohnehin nicht mehr für mich."

Nun lacht Marion auch: „Das ist deine Sache. Aber welche Rolle hast du mir denn zugedacht."

„Na, das ist doch sonnenklar. Du bist meine wissenschaftliche Beraterin, verantwortlich für Forschung und Entwicklung und du bist natürlich auch die Frauenbeauftragte. Den ersten Auftrag habe ich auch schon für dich: Kümmere dich mal darum, wie wir unseren Müll loswerden, der fängt schon an zu stinken."

Im Cockpit wälzen die Männer ganz andere Probleme. Jan steht am Ruder und Karl und Hinni haben es sich auf der Cockpitbank auf der Luvseite bequem gemacht. Sie stecken die Köpfe zusammen.

„Sag mal Karl, es gibt da doch Tabellen, wann wo welcher Wind zu erwarten ist?", will Hinni wissen.

„Klar gibt es das. Du meinst die Monatstabellen mit den Windsternen, Temperatur und Klimaangaben für das betreffende Revier. Die findest du in den Handbüchern vom Bundesamt für Seeschifffahrt und Hydrographie, dem BSH. Aber was willst du damit?"

„Ich überlege ja bloß, wegen der Regatta mit Renate, ich brauche doch eine Jahreszeit mit wenig Wind, wenn ich den Vorteil des Jollenkreuzers ausnutzen will. Gibt es denn auch spezielle Revierinformationen, über besonders windstille Buchten vielleicht?"

Karl ist überrascht, er hatte wie alle anderen diese Wette für einen Scherz gehalten. Aber Hinni scheint es wirklich ernst damit zu sein.

„Wieso, willst du wirklich gegen Renate antreten, mit deinem Schiff?"

„Ja, abgemacht ist abgemacht. Aber ich will natürlich gewinnen. Wenn Renate auch ein guter Kumpel ist, ich lass mich doch nicht von einer Frau fertig machen."

„Und nun meinst du, ich soll dir ein Revier und eine Jahreszeit mit garantiert wenig Wind herauszusuchen?"

„Jo, genau!"

„Und du meinst, das reicht um zu gewinnen?"

„Nee, wahrscheinlich nicht, wir müssen uns noch einiges einfallen lassen."

„Wir? Ich denke ihr segelt jeder ‚Einhand'."

„Das schon, aber wir haben ja nicht abgemacht, dass ich an Land keine Crew haben darf, von der ich unterstützt werde. Und du bist ab sofort mein ‚Landcrewskipper', ha ha. Die wird sich wundern. Auch am Mittelmeer sind wir Ostfriesen unschlagbar, Karl, wir müssen nur zusammenhalten."

Nur waren die Bayern schon in Triest, als wir Ostfriesen noch von Torfmooren umgeben waren und von Italien und dem Mittelmeer überhaupt nichts wussten, denkt sich Karl, aber das verschweigt er Hinni lieber. Optimismus ist eine gute Sache und den will er ihm nicht nehmen. Und außerdem garantiert die Regatta ja einen weiteren Sommer am Mittelmeer.

Wohlig streckt Karl die Füße von sich: „Klar halten wir zusammen Hinni. Ich bin dabei!"

Der Wind hat gegen die Mittagszeit unmerklich immer weiter nachgelassen, der Blister hängt schlaff herunter und die Logge zeigt nur noch zwei Knoten Fahrt an, mit fallender Tendenz. Karl findet, es ist Zeit, den Motor wieder anzuwerfen.

„Hey, ihr Ladies", ruft er nach vorne, „ich schlage vor, den Blister einzuholen und den Motor anzuwerfen, verzieht euch mal da vorne, wenn ihr nicht erschlagen werden wollt!"

Renate lacht Marion zu: „Siehst du, unser Technischer Leiter waltet seines Amtes. Klappt doch!"

Nach einiger Zeit ist die See wieder spiegelglatt. „Brettl eben", sagt Renate. TGS schreibt Marion unten am Kartentisch ins Logbuch.

„Sag mal", fragt Karl sie, „was soll das heißen, TGS?"

„Willst du die jugendfreie Version oder die unter Seemännern übliche?"

„Beide natürlich", fordert Karl.

„Die jugendfreie Version bedeutet: Total glatte See!"

„Und die andere? Sag schon", will nun auch Renate wissen.

Marion grinst die Männer an: „Tittenglatte See! Aber jetzt habe ich Arbeit für euch. Gebt mal eine leere Wasserflasche."

Die liegen inzwischen haufenweise im Cockpit herum, rollen mit jeder Schiffsbewegung hin und her und nerven mit ihren Geräuschen. „Jetzt brauche ich ein Messer."

Sie sticht mit dem Messer, das Renate ihr reicht, ein paar Löcher knapp über dem Boden in die Flaschenwand und etwas höher, in der Mitte der Flasche, noch einige weitere. Dann fliegt die Flasche in hohem Bogen über Bord.

„Hey, das ist Umweltverschmutzung", schimpft Jan, „gerade du machst so was!"

„Wieso, was ist denn passiert?", fragt Marion scheinheilig.

„Du wirfst Plastikmüll über Bord. Ich denke, du hast es so mit der Sauberhaltung der Meere."

„Jetzt guck dir mal die Flasche an, die ich gerade ins Wasser geworfen habe." Alle Augen starren ins Wasser.

„Nicht mehr zu sehen, abgesoffen", stellt Hinni sachlich fest.

„Genau! Die wird bald in einigen Hundert Metern Tiefe auf dem Meeresgrund liegen. Kein Mensch sieht sie und sie stört auch keinen."

„Zersetzt die sich nicht?", will Renate wissen.

„Da wo keine Luft und kein Licht mehr hinkommt? Die bleibt da ewig! Aber das Gute an der Geschichte ist, jede leere Flasche auf dem Meeresgrund ist eine potentielle Behausung für Einsiedlerkrebse und einige Fischarten. Das ist nachgewiesen! Also tun wir doch nur ein gutes Werk."

„Auf geht's", kommandiert Renate sofort. Sie hat den Nutzen erkannt. „Lasst uns Krebshütten bauen. Sucht alle leeren Plastikflaschen zusammen und dann über Bord damit."

„Funktioniert das auch mit leeren Bierdosen", will Karl dann noch wissen. Ihn ärgern auch die vielen leeren Dosen, die sich inzwischen angesammelt haben."

„Natürlich, ihr müsst nur die Öffnung etwas weiten und am Boden Löcher hineinstoßen. Das geht sogar mit einem Marlspieker."

Die nächste Viertelstunde wird eifrig an den neuen Krebsbehausungen gebastelt, Techniken werden ersonnen, wie die Löcher am schnellsten und sichersten eingebracht werden und dann entbrennt ein Wettbewerb, wessen Flaschen und Dosen in der kürzesten Zeit untergehen.

Eine komplett neue Stadt für Einsiedlerkrebse entsteht. „Hier kommt das Rathaus", ruft Karl und eine Zweiliterflasche fliegt über Bord. „Hier eine neue Kneipe", ruft Hinni und Jan wirft dann sofort noch ein Finanzamt hinterher. „Da hättest du auch eine Fünf-Liter-Flasche nehmen können", findet Hinni, „bei eurem Wasserkopf."

Renate lacht: „Männer und ihr Spieltrieb! Marion, das hast du fein hinbekommen. Die Männer haben was zu tun und wir sind unseren Müll los. Tragt das mal ins Logbuch ein, samt genauer Position."

„Wieso das?"

„Für unsere Nachkommen. Damit die später mal wissen, warum gerade hier ein blühende Stadt für Krebse entstand."

Nach einem Abendessen, das kulinarisch auch nicht höher entwickelt war als die gestrigen Spaghetti – diesmal gab es als Variante Nudeln mit Tomatensauce – sitzen alle wieder im Cockpit und warten auf den Sonnenuntergang.

„Karl, schau doch noch einmal nach den neuesten Wetterberichten", bittet Renate. Karl verschwindet und kommt nach einer Weile mit einigen Zetteln aus dem Niedergang.

„Hier habe ich die aktuelle Kurzfristvorhersage für den Löwengolf, herausgegeben vom Deutschen Wetteramt. Er reicht den schmalen Ausdruck von dem Wetterdecoder ins Cockpit: „Hier, lest selbst."

Vier Köpfe beugen sich über das kleine Stückchen Papier:

Golfe du Lion (42.2N 4.5E)

MI 05. 18Z: 6-7/8
DO 06. 00Z:7/9
DO 06. 06Z:6/8
DO 06. 12Z:6/8
DO 06. 18Z: 5-6/7
FR 07. 00Z:5/6

Hinni fordert: „Erklär' das mal genau."

„Kein Problem. Die ersten beiden Spalten sind Wochentag und Datum, wir haben heute Mittwoch."

„Was, Mittwoch schon", seufzt Marion „da ist ja fast die

erste Woche herum."

Karl lässt sich aber nicht ablenken: „Die nächste Spalte ist die Uhrzeit, in UTC, früher sagte man auch ‚Greenwichzeit' dazu, also zwei Stunden früher als die hiesige Sommerzeit. Die letzte Spalte sind die Windstärken, in Beaufort, hinter dem Schrägstrich stehen die Windstärken der zu erwartenden Böen."

„Böen bis neun, das kann lustig werden. Aber wir sind hier nicht im Löwengolf", gibt Renate zu bedenken.

„Stimmt, hier ist der Ausdruck für das Seegebiet westlich von Korsika. Wir sind ziemlich genau an der Position, für die der Wetterbericht errechnet wurde, also wird er auch mehr oder weniger stimmen. Wie sich das Wetter aber Richtung Küste entwickelt, weiß ich natürlich auch nicht. Hier lest selber."

Er gibt den Ausdruck Renate. Sie liest vor:

WESTLKOR/S (41.4N 7.2E)

MI 05. 18Z:5/
DO 06. 00Z: 5-6/6-7
DO 06. 06Z: 5-6/6-7
DO 06. 12Z: 4-5/
DO 06. 18Z: 4-5/
FR 07. 00Z:4/

"Wie wir sehen, kommt der Starkwind etwas später nach Korsika, dafür aber schwächer. Soll uns recht sein. Aber wir stellen uns auf alles ein", stellt Renate fest.

Dann zählt sie ein Bündel von Maßnahmen auf: „Also: als erstes klappen wir mal das Biminitopp ein. Die Sonne ist schon fast untergegangen und für den Abend brauchen wir es eh' nicht. Jeder nimmt heute Nacht seine Schwimmwesten mit ins Cockpit, bei Windstärken ab fünf Beaufort werden die auch angelegt und ihr pickt euch mit den Lifebelts in die Ösen im Cockpit ein. Ausnahmslos! Und keiner verlässt nachts das Cockpit, ohne eingepickt zu sein und schon gar nicht zum pinkeln. Wir spannen jetzt je eine Sorgleine auf beiden Seiten des Decks vom Bug bis zum Heck, in denen könnt ihr eure Lifebelts befestigen, wenn einer mal aus dem Cockpit heraus muss. Entsprechende Ösen am Bug und Heck sind vorhanden. Die Sorgleinen sind hier."

Sie zieht zwei weiß ummantelte Stahldrähte mit Schäkeln an beiden Enden aus der Backskiste. „Das kann die Wache machen, so lange wir noch an Deck sind, also am besten jetzt."

Nach einer Weile, als die Sorgleinen gespannt und von Renate für gut befunden sind, geht es dann weiter:

„Fenster und Luken bleiben geschlossen, bis wir im Hafen von Bonifacio sind. Das gilt auch für das Schiebeluk über dem Niedergang. Besser ihr erstickt da unten, als dass ihr ersauft."

„Sollten wir nicht etwas Heißes zu Trinken bereitstellen", schlägt Marion vor. „Nachher unter Deck bei der Schaukelei hätte ich jedenfalls keine Lust in der Pantry zu stehen, nur weil jemand nach heißem Kaffee schreit."

„Sehr gute Idee", gibt stimmt Renate zu, „da kann sich auch die Freiwache drum kümmern. Thermoskannen findet ihr genug in dem Schapp unter der Spüle. Macht mal je eine Kanne Kaffee, Tee und eine heiße Bouillon. Brühwürfel sind im Lebensmittelschapp, hinter den Gewürzen."

Dann holt Renate noch eine Tüte aus ihrer Vorschiffskabine: „Hier sind Ingwerstäbchen, von *Eilles*. Die beugen Seekrankheit vor."

Hinni brummelt: „Ich wird' doch nicht seekrank."

„Probier' trotzdem mal eins, die schmecken gut und schaden kann es ja nicht. Sie sind allerdings etwas scharf."

Karl bestätigt das. „Stimmt, ich kenne die aus den Tropen. Die kühlen auch den Körper etwas ab. An den Geschmack gewöhnt man sich."

Renate will aber nicht mehr lange über Ingwerstäbchen diskutieren: „Ich stell die Tüte mal zu den Thermoskannen, wer meint, kann ja mal probieren. Falls aber einer ernsthaft befürchtet seekrank zu werden, ich habe auch Scopoderm-Pflaster. Die helfen aber nur, wenn man sie *vorher* aufklebt."

Keiner glaubt, ein Problem mit Seekrankheit zu haben oder zu bekommen und Renate nimmt ihnen das auch ab. Andernfalls hätte sie schlichtweg ein Pflaster angeordnet. Sie weiß aus eigener Erfahrung, nichts ist schlimmer bei Sturm, wenn um einen herum alles tobt und schwankt, als sich auch noch um Seekranke kümmern zu müssen.

„Gut, also keiner. Aber wie Marion schon sagt, keiner wird Lust zum Kochen haben oder auch nur ein Frühstück zu machen. Wir stellen deshalb Kekse, Zwieback, Knäckebrot und ein paar Tafeln Schokolade bereit. Da kann sich jeder bedienen, der mag."

„Und dann möchte ich, dass unter Deck alles picobello verstaut, verzurrt und festgelascht wird. Nicht, dass jemand bei Schlagseite über seine eigene, dreckige Unterhose oder sonstigen Krempel stolpert, der ihm plötzlich entgegenrutscht."

Sie schaut in die Runde und stellt befriedigt fest, dass ihre Maßnahmen offensichtlich Zustimmung finden. Klar, jeder hat schon einen Sturm auf See erlebt und hat Respekt vor den Elementen. Keine Angst – Respekt eben. Keiner hält sie für eine überdrehte, ängstliche Ziege. Da kennt sie leider andere Männer, die spielen den Helden so lange es ruhig ist und bei ein bisschen Wind hängen sie dann das Gesicht über die Reling und schreien nach ihrer Mama. Und man hat noch Glück, wenn sie nicht über Bord fallen. Obwohl, um manch einen wäre es nicht schade.

„Und dann zur Navigation", fährt sie zufrieden mit sich selber fort: „Karl, du stellst den aktuellen Standort fest und trägst ihn in die Karte ein. Wir sind bis jetzt etwas weiter nördlich gefahren als wir eigentlich sollten. Das brauchen wir jetzt nicht mehr, sondern steuern einen genauen Kurs auf Bonifacio zu. Bei Landannäherung werden wir den Kurs dann noch einmal überprüfen und eventuell korrigieren. Da kümmerst du dich drum, Karl. Gib jeweils der Wache, die die andere ablöst, den genauen Kurs an. Ach ja, und holt eure Regenjacken oder was ihr so habt heraus, es wird sicher nass werden."

Hinni schaut misstrauisch zum Himmel. „Sieht aber nicht nach Regen aus!"

Der Himmel ist klar, keine Wolke ist zu sehen. Er kann nicht einmal glauben, dass es Sturm oder doch zumindest Starkwind geben soll. Außerdem behagt ihm die Vorstellung nicht, in kurzen Hosen und der Regenjacke herumzulaufen. Wie ein Tourist in Ostfriesland.

„Nein, Regen sicher nicht, aber wenn wir eventuell gegen die Wellen fahren müssen, kommt jede Menge Wasser über. Rechnet ruhig mit Wellenhöhen bis zu vier Metern, die bauen sich hier fix auf. Besser ihr zieht auch Jeans und ein warmes Hemd an, oder besser noch Thermounterwäsche, damit sich keiner unterkühlt."

Kälte schafft ein Gefühl der Unsicherheit und Angst, da ist es besser, im Zweifelsfall ein wenig zu schwitzen.

„Noch Fragen?"

Keiner hat eine Frage. Alle haben schon einmal einen Sturm auf See erlebt und so dramatisch ist der Wetterbericht auch wieder nicht.

„Noch eins", fällt Renate dann noch ein, „in der Straße von Bonifacio ist der Wind immer um zwei bis drei Beaufort stärker als in den Seegebieten drum herum. Kein Grund zur Sorge, aber rechnet nicht mit einer Damenbrise."

„Alles verstanden", meldet Karl, „ich denke wir kommen schon klar."

„Gut, dann sollte die Freiwache versuchen etwas Schlaf zu bekommen, solange es noch ruhig ist. Und dann schaun mer mal was so kommt. Ich schalte derweil schon mal Positionslichter ein."

Sie verschwindet im Niedergang und Karl sieht nacheinander das Topplicht aufleuchten und dann den roten und grünen Widerschein der Buglampe und zum Schluss das weiße Licht der Hecklampe.

Kurz nach Mitternacht kommt etwas Wind auf, aus Nordwest, wie vorhergesagt. Karl und Marion ziehen die Segel heraus und stellen den Motor ab. Offensichtlich haben alle einen leichten Schlaf gehabt, denn Jan und Hinni stehen plötzlich in Unterhosen und T-Shirt im Niedergang.

„Alles klar?" fragt Hinni.

„Ja, sicher doch", antwortet Karl, „legt euch mal wieder hin. Das ging leider nicht leiser mit den Segeln. Aber dafür ist der Motor jetzt aus und wir haben einen flotten Wind, Stärke drei bis vier."

„Nee", meint Hinni, „ich kann jetzt doch nicht schlafen, es ist mir viel zu stickig da unten. Komm Jan, wir ziehen uns an, wir haben ja ohnehin in einer Stunde Wache."

Dann bietet er Karl und Marion an: „Wir können auch die Wache schon jetzt übernehmen, dann bekommt ihr noch eine Mütze Schlaf, solange es ruhig ist."

„Das ist lieb Hinni, aber nee, ich bleibe an Deck. Ich bin viel zu aufgekratzt um zu schlafen", gibt sie zu.

Alle vier machen es sich im Cockpit bequem und beobachten, wie der Wind langsam aber stetig an Kraft gewinnt. Die Segel straffen sich kräftig, das Schiff neigt sich immer mehr auf die Leeseite, das Deck taucht gelegentlich ins Wasser und der Druck im Ruder wird stärker. Bald hat die Windgeschwindigkeit zwanzig Knoten erreicht und Karl fragt etwas unsicher, da das Schiff ihm noch fremd ist und er nicht weiß, wie viel Wind es unter vollen Segeln vertragen kann: „Was meint ihr, sollten wir mal reffen?"

Marion hilft ihm: „Der beste Zeitpunkt zum Reffen ist der, wenn man zum ersten mal daran denkt, hat mein Segellehrer auf dem Chiemsee gesagt. Geh mal in den Wind, Karl, ich ziehe das Großsegel ein Stück herein."

Karl luvt an, die Genua knallt als der Wind von vorne kommt, die Großschot auch und Marion dreht das Großsegel etwa zur Hälfte herein. „Ist vielleicht ein bisschen viel, aber sonst müssen wir gleich schon wieder reffen. Kannst die Großschot dichtholen und wieder abfallen, Karl!"

Renate steckt nun auch den Kopf aus dem Niedergang: „Habt ihr gerefft? Gut."

Marion ist noch mit der Genua beschäftigt. „Hinni, fier mal

die Genuaschot", stöhnt sie, während sie versucht, die Reff-leine aus der Trommel der Reffanlage über die Winsch heraus zu kurbeln. „Schon besser, langsam mitfieren."

Als auch die Genua auf etwa die halbe Fläche verkleinert ist, weist sie Hinni an: „Kannst die Schot wieder dichtholen und belegen."

„Wir sollten aber noch das Achterstag auf Spannung brin-gen, ich möchte das Großsegel so steif wie ein Brett haben", ordnet Renate an, immer noch in der Niedergangsluke stehend und reicht Hinni die Winschkurbel.

Sie erklärt: „Damit erzeugen wir eine Biegung im Mast und da das Vorliek, also die vordere Kante des Großsegels, eben-falls eine Rundung hat, nehmen wir den Bauch aus dem Segel und der Wind hat weniger Angriffsfläche."

Hinni kurbelt am Achterstag und nach einer Weile meldet sich Karl: „Stimmt, der Druck am Ruder wird geringer."

„Und die Krängung auch", ergänzt Renate, „Jedenfalls the-oretisch. Bei den Wellen kann man das nicht so genau feststel-len."

Tatsächlich sind auch die Wellen langsam immer höher geworden, auch der Wind nimmt immer mehr zu und die erste Gischt spritzt über das Vordeck.

„Ich hole mal unsere Jacken", bietet Hinni an und kommt kurz darauf mit dem Ölzeug herauf. Auch Renate erscheint nach einer Weile wieder, komplett angezogen und einem breitrandigen Hut auf dem Kopf.

„Hey, das ist ja ein echter Südwester", wundert sich Hinni, „gibt es so was noch?"

„Klar, man muss nur etwas suchen. Ich will doch morgen früh nicht wie ein Wischmopp aussehen."

Alle lachen. „Na, wenn das dein größtes Problem ist", sagt Karl, „dann geht es uns ja gut."

Das kurze Lachen wirkt befreiend auf die ganze Crew, die Spannung und Nervosität, die sich vor einem Sturm immer bildet, legt sich etwas.

„Aber jetzt bitte ich darum, dass wir alle die Schwimmwesten anlegen und die Lifebelts einklicken, es sei denn, jemand will lieber unter Deck in die Koje", erinnert Renate. „Wo sind die Schwimmwesten überhaupt?"

Jan springt in den Niedergang. „Bring meine mit", schreit Karl.

„Meine auch", ruft ihm Hinni hinterher

„Und meine auch, aber grabbele nicht in meiner Tasche mit den Dessous herum", schließt sich Marion an.

Inzwischen zeigt der Windmesser dreißig Knoten an. „Sieben Beaufort", kommentiert Hinni, der inzwischen den Platz am Ruder mit Karl getauscht hat. „Wir schieben ordentlich Lage. Aber es ist nicht viel Druck auf dem Ruder."

„Gut", sagt Renate, „dann brauchen wir jetzt nicht weiter zu reffen. Das habt ihr vorhin schon gründlich gemacht. Aber ich würde jetzt auch mal gerne ans Ruder!"

Sie wechselt den Platz mit Hinni und pickt ihren Lifebelt in die Öse ein. „Super", schreit sie, „JJJiiipppiiieeehhh, Korsika, wir kommen."

Sie hat den lederummantelten Reifen des Ruderrades fest im Griff, breitbeinig steht sie im Cockpit, ein Bein auf der Sitzbank um die Schräglage auszugleichen, ihre Füße scheinen sich am Boden festzusaugen. Konzentriert schaut sie nach vorne, versucht in der Dunkelheit die Wellen zu erkennen, um rechtzeitig gegenzusteuern, ihre Augen blitzen voller Freude und Kampfgeist. Sie hat ein Schiff, das dem Sturm gewachsen ist und eine Mannschaft, auf sie sich verlassen kann. Und wieder Freude am Leben.

Hinni drückt mal wieder die Meinung aller mit knappen Worten aus: „Na, dann können wir uns ja beruhigt hinlegen, du hast das voll im Griff – und wohl auch deinen Spaß."

Und dann gehen seine Gedanken in eine ganz andere Richtung: Das wäre eine Frau mit der man was unternehmen könnte, keine, wie die verwöhnten Mädchen, die sich sonst an ihn heranmachen und wo er nicht weiß, wollen die sein Vermögen oder ihn. Nein, mit dieser könnte er jeden Sturm abreiten, auf See und an Land. Und dann vermischen sich seine Gedanken und werden zu Träumen, er hört kaum noch den Wind und nicht mehr die Gischt, die immer stärker über das Schiff hinweg donnert ...

„Hinni, steck doch mal das Schott in den Niedergang, nicht das da noch Wasser hereinläuft und wir morgen im Salon schwimmen können", wird er von Renate aus seinen Träumen gerissen, „und dann mach die Schiebeluke ganz zu."

Zum Glück nimmt der Wind vorerst nicht weiter zu, aber die Böen drücken das Schiff immer wieder auf die Seite. Dann gurgelt das Wasser auf dem Leedeck entlang, knallt gegen die Aufbauten und verschwindet am Heck. Aber der Wind schralt fast unmerklich, er kommt immer weiter von vorne. Die Schoten werden alle paar Minuten ein wenig dichter geholt, bis Renate meldet: „Ich kann den Kurs nicht mehr halten, Demma umleng."

Das hat zwar keiner verstanden, aber irgendwie ist allen klar, dass jetzt eine Wende gefahren werden muss.

„Hinni an die Backbordschot, Jan an die Steuerbordschot!"

„Ist klar", meldet Jan.

„Ist klar", meldet auch Hinni.

„Ree", kommt nun wieder das Kommando von Renate und sie dreht das Schiff mit dem Bug in den Wind. Großsegel und Genua knallen, die Schoten schlagen gegen die Wanten und den Aufbau und Renate muss aufpassen, um nicht von dem Block des Großschots getroffen zu werden. Ein ohrenbetäubender Lärm vermischt sich mit dem Toben der See.

„Hol über Genua!"

Jan schmeißt die Schot los und Hinni holt seine auf der anderen Seite des Schiffes ein.

Mann, hat der eine Kraft, denkt Renate, der braucht überhaupt keine Winsch. Aber irgendwann muss auch Hinni aufgeben, er legt die Schot noch ein paar Mal um die Winschtrommel und kurbelt den letzten Meter herein.

„Knall die Schot nur ordentlich dicht, wir müssen Höhe machen", fordert Renate und sie holt auch die Großschot, die sich direkt hinter ihr befindet, dicht. Mit dem Hintern hält sie das Ruderrad in Position und mit beiden Händen reißt sie an der Schot."

„Bis auf den letzten Millimeter", stellt Hinni bewundernd fest. Er stößt Jan an: „Du solltest mit deiner Skipperin mal keinen Streit anfangen, ich glaube die hat Kraft."

Renate lacht: „Wenn ihr schon so viel Balken gestapelt hättet wie ich ..."

Das Segeln wird nun zunehmend ungemütlich, hart am Wind knallen sie in jedes Wellental, so dass der Mast zittert und die nächste Welle hebt das Schiff wieder viele Meter hoch. Drei, vier Meter sind die Wellen inzwischen hoch, schätzen sie. Renate versucht auszusteuern, so gut es bei dem geringen

Licht des Mondes und der Sterne geht, aber viel hilft es nicht.

Alle können etwas Warmes vertragen und so bietet Karl an, die Thermoskannen und ein paar Becher herauf zu holen. Er klettert den Niedergang hinunter und muss sich kräftig an den Handgriffen festhalten, so neigt sich das Schiff bei jeder Welle auf die Seite. Von der Treppe hangelt er sich zur Pantry; nicht einfach bei einem Fußboden, dessen Neigung einer Kinderrutsche entspricht und die wie eine Wippe hin und herschwankt. Zum Glück sind überall Handgriffe angebracht, in die Karl sein ganzes Gewicht legen muss. Hoffentlich halten die, wünscht er sich angesichts der winzigen Schrauben, mit denen diese befestigt zu sein scheinen. Das Schlimmste unter Deck aber sind die Geräusche: Die Schotten und Deckverbindungen knarzen und ächzen, Geschirr und andere Gegenstände scheppern in den Schapps herum, in der Backskiste klirren die Weinflaschen und Bierdosen und die Wellen dröhnen und toben auf dem Deck herum und lassen jedes Mal das ganze Schiff erzittern.

Mit den Thermoskannen unter dem Arm und den Bechern in der Tasche seiner Jacke schafft er den Weg zurück zum Niedergang und will das Luk öffnen. Abrupt wird ihm das aus der Hand gerissen und wieder zu gezogen. „Au", schreit er, „Idioten, ihr hättet mir fast die Finger abgeklemmt."

Er hört und sieht wie eine Wasserladung auf die durchsichtige Luke aus Plexiglas stürzt und sobald die abgelaufen ist, wird die Luke wieder geöffnet.

„Tut uns Leid, Karl", tröstet Marion ihn, „aber wir wollten dich vor dem Ertrinken retten."

„Das habt ihr fein gemacht, ich wäre fast vor Schreck den Niedergang heruntergefallen", und dann schaut er, ob seine Finger wirklich noch dran sind.

„Schnell, Karl, beeile dich. Niedergang zu, da kommt der nächste Brecher", ruft Renate hinter dem Ruder.

Vier Hände ziehen Karl ins Cockpit und Marion schiebt schnell die Luke zu. Keinen Augenblick zu früh. Steil erhebt sich die nächste Welle über dem Bug und fällt dann über das Schiff her. Vom Deck ist nichts mehr zu sehen, nur noch Wasser, Gischt und Schaum. Die Welle rauscht über das Deck, sie wird von der Sprayhood, die den Niedergang schützt, noch einmal angehoben und fällt dann mit voller Wucht in das Cockpit, wie ein Wasserfall.

Alle sind klitschnass, das Wasser kriecht durch den Kragen, steht in den Stiefeln und die Jeans sind ohnehin durchnässt. Keiner hatte zu Hause an Offshore-Ölzeug, wasserdichte Overalls für Hochseefahrten, gedacht, ärgert sich Karl. Man segelt doch im Mittelmeer, hat es geheißen, dem Traumrevier mit palmengesäumten Buchten und weißen Stränden. Und nun befinden sie sich plötzlich im Sturm auf Hoher See.

„Gib mal einen Schluck Kaffee", bittet Jan, als die Welle am Heck abgerauscht ist.

„Mir auch", meldet sich Renate.

Karl angelt die Becher aus der Tasche. „Ich habe nur drei Becher verstauen können", gibt er Bescheid, „wir müssen reihum trinken."

Er pickt seinen Lifebelt wieder ein und versucht einzuschenken. Gar nicht so einfach, Kanne und Becher in eine Flucht zu bringen. Dazu wird er noch geärgert: „Hast du unten erst mal ausgiebig einen Schnaps getrunken, Karl, du tatterst ja so", verdächtigt ihn Marion, „Wir haben uns schon gewundert, was du da unten so lange machst."

Er schafft es, alle drei Becher halbwegs voll zu bekommen.

Der erste geht an Renate. „Mann am Rohr geht vor", reimt er.

„Hey, ich bin aber eine Frau", protestiert Renate, nimmt aber dankbar den Becher.

Einen Becher bekommt Marion und dann rollt schon wieder der nächste Brecher heran.

„Warschau, festhalten!", schreit Renate und schon knallt die Welle an den Rumpf und über das Deck. Diesmal wird das Schiff voll an der Seite getroffen.

„Mein Fehler", schreit Renate, „Kaffeetrinken und steuern gleichzeitig geht nicht bei dem Seegang."

Das Schiff neigt sich weit auf die Seite und Karl nimmt nur noch wahr, das die Leewanten plötzlich unheimlich locker hängen und Spiel haben, dafür sind die Wanten auf der Luvseite zum Zerreißen gespannt. Hoffentlich halten die das aus, denkt er noch und dann steht er wieder unter einem Wasserfall.

Langsam, ganz langsam, so kommt es allen vor, richtet sich das Schiff wieder auf, das Cockpit ist fußhoch mit Seewasser gefüllt, das langsam gurgelnd in dem Abfluss verschwindet und Marion und Jan schauen traurig auf ihren Becher, in denen gerade noch duftender heißer Kaffee war und die jetzt mit kaltem Salzwasser gefüllt sind.

Brecher um Brecher rollen heran und Renate versucht auszusteuern, so gut es geht. Nach einer halben Stunde wird sie abgelöst, obwohl sie noch Stunden am Ruder stehen könnte, sagt sie.

„Ich schlage vor, wir wechseln uns am Ruder reihum halbstündlich ab, wegen der Konzentration. Ein grober Steuerfehler wäre nicht gerade das, was wir jetzt gerne hätten, oder?"

Marion geht ans Ruder und nach einer kurzen Phase der Eingewöhnung findet auch sie ihren Rhythmus. „Wenn die

Welle heran kommt, musst du direkt darauf zu steuern und wenn du auf dem Kamm bist, fällst du wieder ab, surfst die Welle hinunter und nimmst Fahrt auf für die nächste Welle", rät Renate ihr.

„Echt geil", schwärmt Marion. Das Wasser, das ihr bei jeder überkommenden Welle in den Nacken und den Hals fließt, scheint sie nicht zu spüren und von einer Frisur ist schon lange nichts mehr zu erkennen.

Was sind das bloß für Weiber heutzutage, sinniert Jan. Er stellt sich unter einer Frau immer nur etwas Anschmiegsames vor, wo er den Ritter und Helden spielen kann. Aber Frauen wie Renate und Marion hat er noch nicht kennen gelernt. Und komischerweise sind die auch verdammt attraktiv, stellt er fest. Er vergleicht mit seiner Birgit, die nur dreiviertel so attraktiv und ein viertel so wenig Kampfgeist hat, wie eine dieser beiden Frauen.

Immer wieder fegt eine Böe heran, lässt das Schiff krängen und in der Welle erzittern. „Ich glaube der Wind schralt, er kommt immer mehr von vorne", meldet sich Marion vom Ruder. „Ich kann den Kurs nicht mehr halten und muss ständig mehr nach Westen steuern."

„Gut", sagt Renate, „dann gehen wir mal wieder auf unseren alten Kurs. Fährst du die Wende?"

„Natürlich. Klar zur Wende!"

Auch diese Wende klappt hervorragend, als hätten sie das schon viele Male geübt.

„Sauber", lobt Renate „das klappt ja hervorragend, trotz der Welle hast du das Schiff auf Anhieb durch den Wind bekommen."

Marion wehrt bescheiden ab: „Na ja, was so eine alte Chiemseeseglerin ist ... Aber Karl, du könntest mich mal wieder ablösen."

„Gut, dann werde ich euch mal in die Sonne hineinsteuern."

Tatsächlich, voraus am Horizont wird der Himmel immer heller, bald leuchtet er in rosa und gelben Farben, schließlich schiebt sich die Sonne hinter dem Horizont hervor und das Meer erstrahlt wieder pink auf jedem Wellenkamm.

„Schau, Renate, der liebe Gott sieht uns, er macht wieder ein Meer für Mädchen", jubelt Marion.

Karl wird etwas unruhig. Steuerbords taucht ein Kap auf, das eigentlich nicht dort sein sollte. Auch Renate hat das gesehen: „Was ist das dort für ein Kap, Karl? Doch wohl nicht Kap Scorno?"

Sie verschwindet im Niedergang und kommt bald wieder hervor: „Doch das muss Kap Scorno sein. Aber wieso sind wir denn so weit südlich gekommen. Wir hätten doch direkt auf Bonifacio zu steuern können."

„Ja, aber das tun wir doch!"

„Glaube ich nicht, das GPS zeigt einen ‚COG', Kurs über Grund, von 105 Grad an, wir müssten aber doch 90 Grad steuern, wenn die letzte Kartenposition stimmt."

Karl denkt nach, lange und gründlich und kontrolliert immer wieder die Instrumente am Ruderstand.

„Oh Scheiße", kommt ihm dann plötzlich von den Lippen. „Ich habe nach der Angabe ‚BTW' gesteuert, ‚bearing to waypoint', also dem Kurs zum Wegepunkt. Und unser zuletzt eingegebener Wegepunkt war doch Kap Scorno. Scheiß Technik! Wir hätten einen neuen Wegepunkt eingeben müssen."

„Super Karl, dann hättest du uns ja fast perfekt auf den Felsen gefahren", lästert Marion.

„Zum Glück sind wir ja nicht all zu weit vom Kurs ab", beruhigt Renate, „warte mal, ich gebe dir gleich einen neuen Kurs und programmiere den neuen Wegepunkt ein."

„Genau 72 Grad", ruft sie nach einer Weile aus dem Niedergang und dann: „Wenn du willst, kannst du jetzt auf den Autopiloten umschalten, die Ansteuerung von Bonifacio ist drin. Sind noch knapp vierzig Meilen bis dahin."

Sie kommt dann fluchtartig mit blassem Gesicht den Niedergang hoch: „Das ist vielleicht ein Geschiss dort unten, bei dem Geschaukele einen Kurs abzustecken und die Tasten auf dem GPS zu finden. Aber geh jetzt mal auf den neuen Kurs."

„Aye aye Sir, Madam, 72 Grad liegen an", meldet Karl nach einiger Zeit, immer noch etwas zerknirscht wegen seines Anfängerfehlers. Er hat versucht, den Autopiloten einzuschalten, musste aber feststellen, dass der es nicht geschafft hat, gegen die Wellen Kurs zu halten. Jetzt steuert er wieder manuell.

„Der Wind scheint ja wieder geraumt zu haben, er kommt immer achterlicher", stellt Renate dann fest, „Wahrscheinlich dreht er jetzt genau in die Straße von Bonifacio ein. Fiert mal die Schoten a weng auf."

„Das heißt: Schoten ein wenig auffieren", übersetzt Marion prompt.

Bald taucht die steile Küste von Korsika über dem Backbordbug auf und je näher sie der Küste kommen, desto weniger heftig knallen die Wellen an den Bug. Das Segeln macht nun wieder richtig Spaß, die Knüppelei gegen den Wind hat aufgehört. Zwar weht immer noch ein ordentlicher Wind mit fünfundzwanzig bis dreißig Knoten, aber mit einer deutlich geringeren Welle. Sie haben einen Raumschotkurs, der Wind kommt schräg von hinten, die Krängung wird immer geringer und Renate lässt die Genua ausrollen.

„Lasst noch ein Reff drin", schlägt sie vor, „aber bei dem achterlichen Wind kann *Makan Angin* schon etwas mehr Segel vertragen."

Sie rauschen der Küste von Korsika entgegen und bald sind einzelne Konturen zu erkennen. Eine unwirtliche, rotbraune, steile Felsenküste, mit ausgewaschenen Rinnen. Inzwischen kommt der Wind wieder etwas vorlicher und die Schoten werden a weng dicht geholt.

Alle freuen sich auf den Hafen und hoffen auf eine ordentliche Mahlzeit und etwas Schlaf. ETA 14.07 rechnet der GPS-Rechner die voraussichtliche Ankunftszeit aus, noch gut vier Stunden.

„Warschau, Böe", ruft Hinni, der die Wellen auf der Luvseite aufmerksam beobachtet hat.

„Schoten auf, schick di", schreit Renate durch den Wind und dann pfeift die Böe auch schon durch das Rigg. Die Schoten knallen, die Segel flattern und das Schiff legt sich scharf auf die Seite.

„Schoten wieder dicht", kommandiert Renate, als der Spuk vorbei ist. „Wow, das war knapp."

„Windgeschwindigkeit achtundvierzig Knoten", meldet Karl vom Steuerstand, „Windstärke neun bis zehn."

Und dann fegt auch schon die nächste Böe heran, das Schiff wieder hart auf die Seite legend.

„Na Hinni, ist das hier ein Wind? Hättest du nicht gedacht, oder? Wie wär's, wenn wir unsere Regatta vor Bonifacio fahren?" Und dann: „Wir sollten noch etwas reffen, das kann noch schlimmer werden."

Unter heftigem Geknalle der offenen Schoten werden die Segel nun auf fast ein Drittel der ursprünglichen Segelfläche eingerollt, trotzdem macht das Schiff bei dem Wind, der nun nicht mehr von achtern, sondern fast direkt von der Seite kommt, eine gute, schnelle Fahrt. Sechs bis sieben Knoten zeigt die Logge.

Renate prüft die Segel und stellt fest: „Wir können die Schoten wieder a weng aufmachen, wir machen dann weniger Lage und die Segel werden auch besser ziehen."

Sie jagen auf Bonifacio zu und je näher sie der Küste kommen, desto geringer werden die Wellen und das Schiff wird ungebremst durch die Wasserberge immer schneller.

„Fast acht Knoten", meldet Marion, die vor einiger Zeit wieder das Ruder übernommen hat. „Das macht richtig Spaß! Ist fast wie ein Orgasmus, wwwooowww." Sie verdreht in gespieltem Entzücken die Augen und Karl weiß mal wieder nicht, was er dazu sagen soll.

Die Sonne steigt immer höher und bald sind sie in der Windabdeckung der Küste. Die Segel werden wieder etwas ausgerefft und sie nähern sich Bonifacio.

„Fünf Meilen noch", meldet sich Karl vom Navigationstisch, an dem nun auch wieder ordentlich gearbeitet werden kann, „wir haben es gleich geschafft. Punkt zwei Uhr werden wir an der Einfahrt sein."

Renate sucht immer wieder die Küste mit dem Fernglas ab. Plötzlich ruft sie: „Dort, das muss es sein. Genau voraus. Hast einen sauberen Kurs abgesetzt, Karl." Karl entspannt sich, das Lob tut gut, nach der Schlappe in der Nacht.

Bald ist auch die Einfahrt von Bonifacio erreicht. „Motor an und Segel rein", gibt Renate ihre Anweisungen und reicht das Hafenhandbuch aus dem Niedergang. „Das ist ein langer schmaler Schlauch, bleibt nur immer hübsch auf der rechten Seite vom Fahrwasser."

Plötzlich springt Renate wie von einer Tarantel gestochen auf und stürzt wieder in den Niedergang zurück. „Hast du sie gekniffen, Hinni?" fragt Jan. „Nee, ich weiß auch nicht was die plötzlich hat."

Renate taucht abermals aus dem Niedergang auf, eine Französische Flagge schwenkend. „Wir können doch hier nicht mit der Spanischen Gastlandflagge an der Steuerbordsaling einlaufen. Noch besser wäre natürlich, wir könnte auch die Korsische Flagge setzen, die habe ich aber nicht. Hier, Jan, wechsele doch bitte die Flaggen aus."

Sie fahren in die von hohen Felswänden gesäumte Bucht ein, fast wie ein Tor sieht es aus und nach einer Rechtsbiegung wird der Blick auf die Stadt Bonifacio mit den vielen Glockentürmen frei. Davor ist eine Marina erkennbar, mit einem Gewimmel von Masten.

„Ob da noch Platz für uns ist?", zweifelt Hinni.

Renate aber ist optimistisch: „Schaun mer mal. Und wenn nicht, können wir immer noch in der Bucht dort drüben auf der Backbordseite ankern. Fahr mal langsam rein und wir peilen die Lage. Hängt mal die Fender an die Reling."

„Wir greifen zu Marions Spezialmanöver", schlägt Hinni vor und dann, ohne weiter zu fragen, befiehlt er: „Marion, Einsatz!"

Marion lässt sich nicht lange bitten. Wie alle anderen, hat sie an der Einfahrt schon ihre Jacke ausgezogen und jetzt fallen auch noch das Poloshirt und die ohnehin nassen Jeans in das Cockpit und sie steht im Bikini bereit.

Sie lässt sich von Jan die Festmacher geben und marschiert langsam und würdevoll auf das Vorschiff, wissend, das viele Männeraugen jetzt auf sie schauen.

„Besser du gehst jetzt auch ans Ruder und wir Männer bleiben in der Deckung", schlägt Hinni vor und Renate begreift. „Wenn es denn dem schnellen Anlegen dient", grinst sie. Schnell lässt auch sie ihre Jeans fallen, und stellt sich hinter das Ruder.

Die Marina ist voll, wirklich voll. Viele Yachten haben hier Zuflucht vor dem Sturm gesucht und sie müssen fast ganz an das Ende des Fahrwassers fahren, bis endlich ein Marinero in seinem Schlauchboot Kenntnis von dem Schiff nimmt. Marion steht am Bugkorb und winkt einladend mit den Leinen. Plötzlich aber kommt Fahrt in sein Motorboot, steil schießt der Bug empor, als er Marion in ihrer ganzen drallen Pracht wahrgenommen hat und er braust heran.

„Wie lange", fragt er auf Französisch und Marion blinkert ihn an: „Eine ganze lange Nacht, mon ami."

Der Marinero dreht sein Boot mit viel Schwall und viel Radau auf dem Teller herum und winkt dann Renate zu.

„Follow me", soll das wohl heißen und sie winkt ihm nett zurück.

Tatsächlich wird schnell ein Platz gefunden, nicht gerade die erste Reihe, aber immerhin ein ordentlicher Platz mit Wasser, Stromanschluss und einer Mooringleine. Renate fährt das Schiff in die schmale Lücke, der Marinero steht inzwischen auf dem Steg steht und nimmt ihre Heckleinen in Empfang.

„Mooringleine ist fest", meldet Hinni von vorne.

„Wow, super, das war ja Klasse", freut sich Renate und sagt dann zu Marion, „aber da vorne steht dein neuer Kavalier, ich glaube der will noch was."

„Na, dann wird' ich dem mal was auf Italienisch vorschnacken. Korsisch und Italienisch haben viele Ähnlichkeiten. Wahrscheinlich sag' ich dem, dass sein Schniegel zu klein ist, das trifft alle Männer."

„Gut, mach das mal, aber vielleicht will der auch nur die Liegegebühr kassieren. Wir hauen uns derweil in die Koje. Vorher schaut aber jeder in seiner Kabine einmal nach, ob irgendwo Wasser hereingekommen ist."

„Wieso", will Hinni wissen, „leckt das Schiff?"

„Hoffentlich nicht, aber nach meiner ersten Sturmfahrt hatte ich überall Wasserspuren in den Schapps und Regalen. Es hat lange gebraucht, bis ich die Ursache gefunden hatte. Die hatten in der Werft die Relingstützen nicht richtig abgedichtet und die Unterlegscheiben fehlten auch. Das war eine Heidenarbeit, bis ich die ganzen Verkleidungen abgeschraubt hatte."

„Ja, hast du das denn nicht bei der Werft reklamiert", fragt Hinni. Für Pfuscharbeit hat er kein Verständnis, schon gar nicht bei Schiffen.

„Natürlich habe ich das. Aber weißt du was die gesagt haben?"

„Nee."

„Wer segelt denn schon bei Sturm! haben die gesagt. Ehrlich, das war die offizielle Antwort. Als wenn Schiffe nur im Hafen benutzt werden dürften", ereifert Renate sich.

„Aber zum Glück ist ja der Kiel noch dran!" Karl spielt auf einen Artikel an, den er vor einiger Zeit in einem Segelmagazin gelesen hat. Demnach hat ein Schiff von der gleichen Werft auf Hoher See plötzlich den Ballastkiel verloren. Natürlich ist das Schiff sofort gekentert und es hat sogar Tote gegeben.

„Ja, und ich hoffe, der bleibt auch dran. Ein paar Belastungstest hat der ja nun hinter sich – erfolgreich. Aber es ist schon ein Problem, die Schiffe werden nur noch für Vercharterer konstruiert, sie müssen schnell und leicht sein, damit die Charterer zu Hause von immer neuen Rekorden berichten können, sie müssen viel Kojen aufweisen und sie dürfen kaum noch etwas kosten."

„Aber jetzt ab in die Koje", fährt sie dann fort, „Falls irgendwo Wasser hereingekommen sein sollte, bitte ich um eine Meldung, ansonsten Gute Ruhe."

Zwei Stunden später rüttelt Renate ihre Crew wach: „Hey, ihr seid nicht im Urlaub. Das ist ein Segeltörn und jetzt machen wir Bonifacio unsicher. Aber erst das Schiff aufräumen!"

Alle waren sofort erschöpft in die Kojen gesunken und haben tief und fest geschlafen. Langsam kommen sie aus ihren Kabinen hervor und beginnen alle Gegenstände, die bei dem Sturm durch den Salon und die Kabinen geschleudert wurden, wieder aufzuräumen. Das Geschirr in den Schapps wird aufgeräumt, Seekarten, Handbücher, Zirkel und Dreiecke, die auf eigentlich auf den Navigationstisch gehören, vom Boden aufgesammelt und in den Kabinen finden Taschen, Handtücher und Bettzeug wieder ihren Platz.

„Fertig zum Landgang", meldet Karl.

„Aber erst möchte ich noch das Salz vom Deck abwaschen, vielleicht hilft mir einer?", bittet Renate.

Zwei Stunden Sonnenschein haben genügt, um das Deck zu trocknen und eine dicke Salzkruste zurückzulassen, die unter dem Wasserstrahl aber schnell aufweicht. „Mach du mal das Deck und ich putze derweil die Fenster", schlägt Renate Jan, ihrem freiwilligen Helfer vor.

Inzwischen stehen die anderen gewaschen, gekämmt, nach Rasierwasser oder Parfüm duftend und landgangsmäßig angezogen im Cockpit bereit.

„Hat eigentlich jemand von euch einen Reiseführer oder so etwas", fragt Renate dann. „Nicht das wir hier blind und dumm durch die Gegend laufen. Wissen schafft Vorsprung, ihr wisst ja", grinst sie.

Aber Marion ist vorbereitet: „Habe ich! Ich habe auch die wichtigsten Informationen schon herausgesucht. Wollt ihr hören?

Die Männer wollen eigentlich nicht, aber Marion liest trotzdem vor:

„Korsika. Die ältesten Siedlungsspuren stammen aus der Jungsteinzeit. Den Phöniziern folgten im 6. Jahrhundert v. Chr. Griechen, später Etrusker und Karthager."

„Was waren das für Leute", fragt Hinni, der mit Phöniziern, Karthagern und Etruskern nicht viel anfangen kann, aber Marion überhört die Frage geflissentlich. Geschichte ist auch nicht ihr Fach.

„227 v. Chr. wurde die Insel der römischen Provinz Sardinien angeschlossen, bevor es eigene Provinz wurde."

Jan gähnt demonstrativ, aber Marion liest unbeirrt weiter:

„Im 3. Jahrhundert n. Chr. setzte die Christianisierung ein. Nach dem Untergang des Weströmischen Reiches im Jahr 476 n. Chr. wurde Korsika von den Wandalen regiert, danach fiel es zuerst an das Byzantinische Reich, später an das Largobardische Königreich."

„Jetzt kommt etwas für dich, Hinni", unterbricht sich Marion. „Pass auf, es geht um Seeschlachten." Tatsächlich, die Männer heben die Köpfe.

„Ab dem 11. Jahrhundert wetteiferten die Seemächte Genua und Pisa um Korsika, bis Genua 1284 in der entscheidenden Seeschlacht bei Meloria die Oberhand behielt. Die Genueser regierten Korsika bis zum 18. Jahrhundert, mit Ausnahme einer Periode von 1458 bis 1558, in der die Insel unter französischer Herrschaft stand."

„Wo liegt Meloria", will Hinni dann wieder wissen. Auch diese Frage kann Marion nicht beantworten. „Steht hier nicht. Diese Bücher kann man ohnehin nur verstehen, wenn man Geschichte studiert hat", gibt sie zu.

„Na, dann hör doch einfach auf", fordert nun auch Jan. „Wir kapieren das sowieso nicht."

„Doch, ein bisschen Bildung muss sein, ist auch gut fürs Finanzamt", antwortet Marion ihm, liest aber aus dem nun folgenden Text nur die Stichworte vor:

„1768 traten die Genueser die Insel im Vertrag von Versailles an Frankreich ab... Während der Französischen Revolution und der Napoleonischen Kriege war die Insel zweimal in der Hand der Briten ... Seit den siebziger Jahren gibt es auf Korsika eine starke Unabhängigkeitsbewegung, die bis heute durch Bombenanschläge" – Jan und Hinni horchen auf, stellt Marion fest – *„auf Regierungsgebäude und Touristenzentren auf sich aufmerksam macht."*

„Diese Unabhängigkeitsbewegung, also die Abspaltung von Frankreich gibt es immer noch, das Symbol dafür ist das rote Tuch, das sich besonders Jugendliche um Stirn und Kopf knoten", ergänzt Marion ihren Vortrag.

Und dann blättert sie um und liest stichwortartig weiter:

„Die Insel ist von Cap Corse im Norden bis Bonifacio etwa 185 km lang, die größte Breite beträgt 85 km ... Es ist gebirgig, schroffe Gipfel und tief eingeschnittene Buchten ... So wie hier", stellt sie fest. *„Der höchste Berg ist der Monte Cinto mit 2.710 Metern Höhe*

über Normalnull ... 250.000 Einwohner ... Die Sprache ist Korsisch, ein italo-romanischer Dialekt ... Es werden Weizen, Wein, Oliven Gemüse und Zitrusfrüchte angebaut."

Marion blättert noch eine Weile: „Ansonsten kann ich keinen Hinweis auf besonders wichtige Kathedralen, Gebäude oder Museen finden."

„Gott sei Dank", wirft Hinni wieder ein, aber auch diesmal ignoriert Marion ihn.

„Aber ich habe Hunger und könnte einen Bissen vertragen. Es stehen nämlich auch ein paar nette Restaurants hier im Reiseführer."

Etwas müde aber neugierig laufen Renate und Marion den Männern voran, die abgeschlafft hinterher schlurfen und ihrem Wunsch nach einer Kneipe oder einem Restaurant immer häufiger und lauter Ausdruck verleihen.

„Nun seid mal nicht solche Kulturbanausen", schimpft Marion, aber Karl wehrt sich. „Was hat denn ein Schuhladen nach dem anderen mit Kultur zu tun?" fragt er.

„Ohh, sehr viel", antwortet Renate, „aber ich kenne keinen Mann, der das versteht."

Schließlich wird aber doch ein kleines, aber dafür umso teureres Restaurant auf dem Felsen direkt über dem Hafen gefunden und sie können beim Essen auf ihr Schiff herabsehen. Nach dem ersten Glas Wein weicht auch langsam die Müdigkeit und Jan beginnt über den nächtlichen Sturmtörn zu prahlen. Immer stärker wird der Wind, immer höher die Wellen und ihre Heldentaten immer bedeutungsvoller.

„Und wenn du, Hinni, auf meinen Befehl nicht sofort angeluvt wärst, hätte uns der Brecher bestimmt unter sich begraben", schwärmt er über sich selber und als er dann auch noch behauptete, dass er in allerletzter Sekunde das Schiff vor dem Aufprall am Kap Scorpo gerettet hat, macht Renate dem Treiben ein Ende.

„Schluss jetzt, ich bin müde und ihr sicher auch. Morgen früh geht es weiter, ins Maddalena Archipel. Ablegen spätestens um zehn Uhr, okay."

„Und damit deine Heldentaten nicht vergessen werden, Jan, kannst du sie ja noch direkt deinen Kollegen im Finanzamt übermitteln. Da drüben ist ein Internetcafè. Wir trinken derweil noch einen Absacker im Cockpit. Mir wäre noch nach einem Gin Tonic. Ich frage mal den Wirt hier, ob er uns noch etwas Eis mitgibt."

5. Kapitel
Im Maddalena Archipel

Häuser auf der Abbruchkante – Jans Träume rücken in greifbare Nähe – Ankermanöver – Umweltschutz kann man kaufen – Und ewig lockt das Weib – Kulinarische Genüsse

Am nächsten Morgen besteht Renate darauf, dass noch frisches Obst und Gemüse, Käse und sonstige Leckereien von den kleinen Marktständen in der Nähe des Hafens eingekauft werden. Als Karl und Marion eine Weile später mit diversen Plastikeinkaufstaschen schwer bepackt zurückkommen, ist das Schiff fertig zum Auslaufen.

„Pack' mers!" Dieses Kommando muss nicht mehr übersetzt werden, Ostfriesen sind ja sprachbegabt und lernfähig, einige haben ja sogar hochdeutsch gelernt und da ist natürlich Fränkisch erst Recht kein Problem. Die Leinen werden losgeworfen und *Makan Angin* gleitet aus dem Hafen.

„Wir sollten noch kurz bei der Tankstelle anlegen und Diesel bunkern", schlägt Renate vor. „Wir haben doch einiges verbraucht und wer weiß, wann wir wieder eine so günstig gelegene Tankstelle finden."

Sie dreht in Richtung auf die an der Backbordseite des Fahrwassers gelegene Tankstelle zu und legt längsseits an. Der Tankwart hält schon den Schlauch bereit, Hinni nimmt ihn an und steckt den Zapfhahn in den Tankstutzen am Heck des Schiffes.

Renate kramt aus der Backskiste noch einen Kanister hervor: „Benzin für den Außenborder brauchen wir auch. Vergesst nicht Gemischöl hinzuzufügen. Eins zu Fünfzig."

Inzwischen strömt der Diesel in den Tank und nach einer Weile fuchtelt der Tankwart aufgeregt mit seinen Händen.

„Was will der", fragt Hinni.

„Ich glaube, du sollst aufpassen, wenn der Tank voll ist."

„Weiß ich doch nicht, der wird schon von selbst stoppen."

In dem Moment springt eine Dieselfontäne aus dem randvollen Tank und ergießt sich über das Heck. Hinni weicht erschreckt zurück, kann aber dem Strahl nicht ausweichen.

„So ein Scheiß aber auch, kann ich doch nicht wissen, dass die automatische Abschaltung nicht funktioniert." Er schraubt schnell den Verschluss zu, damit nicht noch mehr Treibstoff austritt und dann betrachtet er den Schaden: Neben einer großen Dieselpfütze auf der Heckplattform haben seine Bootsschuhe, die schöne neue kurze Hose und sogar das Hemd etwas abbekommen und der Diesel juckt entsetzlich auf der Haut. Etwas pikiert und betroffen steht er herum.

Alle lachen sich kaputt. „Hinni, du riechst ein wenig streng", mokiert sich Marion, „Geh mal unter die Dusche."

„Das haben wir sofort!" Renate greift eine Pütz aus der Backskiste, verteilt großzügig Spüli über Hinni und der Heckplattform und spült dann alles reichlich mit ein paar Pützen Hafenwasser ab.

„Hey, was soll das?" Hinni kommt sich wie geteert und gefedert vor, aber bevor er ernsthaft das Schimpfen anfangen kann, nimmt Renate die Heckdusche und Hinni wird mit Süßwasser abgespült.

„So, und jetzt raus aus deinen Klamotten, zieh dir was Frisches an und häng' die nassen Sachen derweil an die Reling."

Jan hat inzwischen den Tankwart bezahlt und beklagt ein

tiefes Loch in der Bordkasse: „Unverschämte Preise!"

Während Hinni noch in der Unterhose auf dem Deck herumsteht und versucht seine nassen Sachen an der Reling aufzuhängen, fährt Renate die Yacht aus dem Hafen heraus und biegt Backbords in die Straße von Bonifacio ein.

„Ist das schon Sardinien da drüben?", fragt Marion und zeigt nach Süden, wo eine Felsenküste im Dunst zu erkennen ist.

„Klar, die Straße ist hier nur etwa zehn Meilen breit. Das dort auf der anderen Seite ist Italien!"

Hinni ist beeindruckt: Den Hintern noch in Frankreich, wenn im Moment zwar auch nur mit Unterhose bekleidet, und da vorne liegt Italien zum Greifen nahe. Er kratzt sich nachdenklich auf dem Kopf: „So also sieht Italien aus. Dunstig und verschwommen!"

Es weht ein mäßiger Wind aus West und die See hat sich auch wieder beruhigt. Kein Vergleich mehr mit dem Seegang am Vortag. Die Genua wird ausgerollt und das Schiff geht vor dem Wind auf Ostkurs, die hohen Felsen von Bonifacio lassen sie etwa eine halbe Seemeile an der Backbordseite.

„Schaut mal", ruft Renate ganz aufgeregt, „Wie ausgewaschen die Klippen hier sind und dort oben, direkt an der Kante, stehen Häuser."

Karl schaut sich das auch interessiert an. „Da ist aber mächtig Erosion im Spiel, die Felsen hängen dort oben ja richtig über. Wenn das mal abbricht ...", sorgt er sich. Und dann kommandiert er plötzlich: „Bloß weg hier von dem Felsen, neuer Kurs 180 Grad, da will ich nicht drunter begraben werden ..."

Renate lacht: „So schnell passiert das hoffentlich nicht. Aber wir können uns ruhig etwas südlicher halten und auf die Inselgruppe dort hinten zusteuern.

Jan aber hat ganz andere Überlegungen: „Wenn das abbricht, dann sind die Häuser futsch. Das ist ja lebensgefährlich! Macht sich da keiner was draus? Die Häuser scheinen doch bewohnt zu sein, sogar große Mietshäuser stehen dort. Sind die gegen Absturz versichert? Das muss doch verboten werden, dass da auch noch jemand wohnt. Gibt es hier denn keine Bauordnung?"

„Ach Jan, nicht überall sind die Menschen so korrekt wie auf deinem Finanzamt. C'est la vie heißt das hier. Aber hier im Reiseführer steht, dass die Kante tatsächlich gefährdet ist, eines Tages abzubrechen. Aber die Geologen geben noch ein paar Jahrzehnte Zeit", versucht Marion ihn zu beruhigen.

„Ach, wenn du den Reiseführer gerade zur Hand hast, schau' doch mal nach, was dort über das Maddalena Archipel steht", bittet Renate.

„Gar nichts, da muss ich mal den für Sardinien holen."

Eine Weile später zitiert sie: „Arcipelago delle Maddalena: Im Nordwesten haben wir die Inseln Razzolli, Budelli und Santa Maria. Dann schließen sich Isola Spargi und Isolo Spargiotto an. Weiter östlich befindet sich dann die Hauptinsel Isola Maddalena, daneben Isola Santo Stefano und westlich Isola Caprera. Die Inseln Maddalena und Caprera sind durch einen Damm mit einer Zugbrücke, die sich aber nicht mehr öffnen lässt, verbunden."

Und zu Karl gewandt ergänzt sie: „Also können wir da schon mal nicht mehr durch, mon Navigateur."

Karl ergänzt aus dem Küstenhandbuch: „Es gibt dort zahlreiche schön gelegene Buchten mit Sandstränden und auch einige mit guten Ankergründen. Außerdem noch einen kleinen Yachthafen Porto Massimo auf der Insel Maddalena, an der Nordseite von Porto Lingo."

Marion ist aber noch nicht fertig: „Und da ihr so an Geschichte interessiert seid: Giuseppe Garibaldi hat einen Teil seinen Lebens auf Cabrera verbracht und starb dort 1882."

„Wer ist Giuseppe Garibaldi?", will Hinni wieder wissen.

„Ein italienischer Patriot, steht hier. Wahrscheinlich so etwas wie euer Klaus Störtebeker, der Hansepirat, der den Reichen genommen und den Armen gegeben hat."

Hinni nickt befriedigt, der Likedeeler, der Gleichmacher, den kennt er natürlich.

Nach knapp zwei Stunden angenehmen, sanften Schaukelns vor dem Wind wird die Meeresstraße immer breiter, die Sardinische Küste verläuft sich in südlicher Richtung im Dunst und die ersten Inseln des Maddalena Archipels sind deutlich erkennbar.

„Jetzt kommen wir in das Tyrrhenische Meer", informiert Karl, der sich eine Weile mit der Seekarte beschäftigt hat. Und als wenn der Wind dies beweisen will, schläft er plötzlich ein, aber nur, um ein paar Minuten später verstärkt aus östlicher Richtung zu blasen und mit der Genua hin und her zu schlackern.

„Ah, der Wind kommt mal wieder genau von vorne, direkt auf die Nase. Motor an und Genua einholen", ruft Renate, „wir fahren unter Motor weiter und schauen uns die Inseln an. Aufkreuzen lohnt sich nicht."

Und dann: „Karl, schau noch mal auf die Karte, sind wir schon in Italien?"

„Noch nicht, es ist aber nur noch eine knappe Meile!"

„Gut, dann reiche mir mal die Italienische Flagge herauf."

Sie entfaltet die Flagge und erklärt: „Basilikum, Mozzarella, Tomate. Die Italienischen Farben: Grün, weiß und rot. Man weiß nur nicht, ob die Pizza Margherita nach der Landesflagge kreiert wurde oder ob das umgekehrt war."

Eine Weile fahren sie dann zwischen den Inseln umher, schauen und staunen und erkunden mögliche Ankerplätze. Dies ist das Revier, das sie aus dem fernen Ostfriesland hergelockt hat: Blaues und türkisfarbenes Wasser, feine Sandstrände, blauer Himmel, warmes Wasser und angenehme Temperaturen. Sommer pur, nur die Palmen fehlen. Ein leichter Wind weht zwischen den Inseln und streichelt die von der Sonne gewärmte Haut.

Renate schaut aber mit etwas Sorge auf Hinni, der sich nur mit seinen Badeshorts bekleidet von der Sonne bescheinen lässt. Seine sonst nicht gerade von der Sonne verwöhnte Haut beginnt sich röten. Er hat die typische Hautfarbe der Nordseesegler: Braunes Gesicht und rote Unterarme, ansonsten weiß. Die kommen ja aus dem Ölzeug nicht heraus, wie soll da Sonne an die Haut kommen, überlegt Renate. Und Hinni mit seinem blonden Haar scheint besonders anfällig zu sein. Sie reicht ihm eine Flasche mit Sonnenschutzmilch: „Hier, Hinni, probiere das mal. Ich möchte nicht, das du einen Sonnenbrand bekommst."

„Was? Sonnenbrand? Ich habe mich doch gerade erst hingelegt, vor zehn Minuten. Ich bekomme keinen Sonnenbrand", behauptet er und ignoriert seine bereits gerötete Haut. Und er hat sogar recht, in Ostfriesland, dort wo selten die Sonne scheint, gibt es kaum eine Chance, sich einen ordentlichen Sonnenbrand aufzubrennen. Das ist höchstens etwas für die Touristen auf den Inseln, aber die liegen ja auch nur den ganzen

Tag nackt am Strand herum.

„Komm Hinni, mach es, bitte!" So lieb angesprochen, mag Hinni nicht weiter widersprechen. Etwas ungelenk mangels Übung versucht er die Sonnenmilch auf seiner Haut zu verteilen und an seinen Rücken kommt er schon gar nicht heran.

„So wird das nichts, Hinni, dreh dich mal um!" Renate spritzt ihm etwas von der Lotion auf den Rücken und massiert sie dann ganz sanft in die Haut ein. „Tut das gut, Hinni?" fragt sie nach einer Weile. Hinni stöhnt wohlig: „Kannst ruhig weitermachen, ich glaube da sind noch viele Stellen, wo du noch gar nicht warst."

Renate lacht: „Nein Hinni, das hier ist eine rein vorbeugende, medizinische Therapie, erotische Massagen gibt es woanders." Hinni ist zwar nicht sehr wortgewandt, aber er hört meistens genau zu. Meint sie nun tatsächlich nur *woanders*, oder von *jemand anderem*, fragt er sich.

„Aber jetzt bin ich dran, kannst dich gleich revanchieren", fordert Renate und streckt sich bäuchlings auf der Cockpitbank aus, knöpft ihren BH auf und genießt Hinnis kräftige Hände auf ihrem Rücken.

Hinni hätte ewig so weitermachen mögen, aber Karl unterbricht ihn: „Was meint ihr, da vorne, das sieht nach einer perfekten Ankerbucht aus. Soll ich mal reinfahren?"

Alle schauen nach Backbord, dort wo er hinzeigt. Zwischen den braunen, zerklüfteten Klippen tut sich eine breite Öffnung auf und bildet eine weite Bucht, die von einem herrlichen weißen Sandstrand gesäumt wird.

„Stimmt, das sieht gut aus, fahr mal rein. Wie heißt die Bucht?", fragt Renate.

„Cala Santa Maria", liest Karl aus dem Handbuch vor.

„Ach, auf der Insel Santa Maria! Ja, das ist eine gute Bucht für uns." Renate hat vorher die Seekarte und das Handbuch ausgiebig studiert. Wissen schafft Vorsprung und unterstützt die Autorität.

Sie knöpft ihren BH zu und richtet sich sichtbar widerwillig auf. Hinnis Hände, die so kräftig zupacken, aber ihren Rücken so sanft streicheln können, haben ihr gut getan. Geht doch, denkt sie, den muss man nur ein bisschen auf Schwung bringen. Lernfähig ist er ja.

Einige Ausflugsboote liegen am Strand, eine andere Yacht ankert bereits in der Bucht. Der Platz scheint günstig zu sein.

„Klar zum Ankern!"

Karl und Jan werden etwas nervös. Freies Ankern kennen sie mehr aus der Theorie, denn an der Nordsee gibt es kaum Buchten und selten Gelegenheit zum Ankern. Und wenn es denn schon mal einer gewagt hat, werden Horrorgeschichten erzählt von Ankern, die in dem weichen Schlick nicht halten und von gerissenen Ankerleinen. Von Schiffen, die es Nachts mit dem Ebbstrom auf die offene See hinausgetrieben hat oder die sich gestrandet im Wattenmeer wiedergefunden haben und von Händen, die von herunterrasselnden Ankertrossen zerfetzt wurden. Das Spektrum der Schauergeschichten zum Thema ‚freies ankern' ist sehr groß.

Etwas unschlüssig stehen sie herum und Hinni ist auch keine Hilfe, seine Gedanken beschäftigen sich noch mit dem Rücken, dessen glatte, gebräunte Haut er gerade noch gestreichelt hat.

Renate lacht: „Ankern ist wohl keine Ostfriesische Spezialität, oder? Aber kein Problem, geht ja fast alles automatisch. Hinni, komm mit!" Sie möchte weiter Hinnis körperliche Nähe spüren und deshalb nimmt sie ihn mit aufs Vorschiff.

„Mach' mal die Klappe hier auf, darunter sind die Anker-wisch und achtzig Meter Kette, so viel brauchen wir hier aber nicht." Dann hält sie ihm ein elektrisches Schaltpaneel hin, das an einem flexiblem Spiralkabel hängt.

„Wenn du auf DOWN drückst, geht die Kette heraus, mit UP holst du sie wieder hoch. Und jetzt müssen wir nur noch den Anker etwas nach vorne schieben, bis er frei vor dem Ste-ven hängt."

Sie drückt auf DOWN, lässt die Kette etwa einen Meter her-aus und Hinni schiebt den Anker über die Bugrolle, so dass der nur noch von der Kette gehalten wird.

„Wir sind klar zum Ankern", ruft sie nach hinten, „Wie tief ist es hier, was zeigt das Lot?"

„Genau fünf Meter", kommt prompt die Antwort.

Renate schaut zum Strand, der etwa hundert Meter entfernt ist. „Das passt. Fahr mal rückwärts, ganz wenig Gas!" Als das Schiff langsam Fahrt über das Heck aufnimmt, nickt sie Hinni zu und der drückt auf DOWN. Die Kette rasselt heraus und auf einem Display in dem Schaltpaneel werden Zahlen sichtbar: „Fünf, sechs, sieben…zwanzig…fünfundzwanzig", liest Hinni vor.

„Bei fünfundzwanzig Metern kannst du stoppen, das reicht." Das Schiff fährt immer noch rückwärts und die Kette strafft sich allmählich.

„Gut dahinten, der Anker scheint gegriffen zu haben. Jetzt graben wir ihn langsam ein, Motordrehzahl zwölfhundert. Nehmt eine Landpeilung und achtet darauf, ob diese steht!"

Nach einer Weile, als die Kette immer straffer wird und mehr und mehr aus dem Wasser kommt ruft sie: „Gut, meine Peilung steht. Das passt. Kannst Gas wegnehmen." Fast rückartig fällt die Ankerkette durch das Eigengewicht in das Wasser zurück und das Schiff dreht sich langsam in dem leichten Wind.

„Das war ja easy", kommentiert Karl, „Unsere erste Ankerung! Steht uns dafür ein Manöverschluck zu?"

„Klar, jetzt ist Feierabend. Holt mal Bier und Wein herauf." Nachdem auf das erfolgreiche Manöver angestoßen wurde sagt Renate: „Das ist aber nicht immer so einfach. Erstens haben wir hier sehr viel Platz und brauchen kaum auf andere Schiffe Rücksicht nehmen. Zweitens ist der Ankergrund feiner Sand, was meinst ihr wohl, was los ist, wenn da Seegras oder Kraut wächst und der Anker sich auch nach dem zehnten Versuch nicht eingraben lässt."

„Was macht man dann?" will Jan wissen.

„Ist doch klar, dann nimmst du einen Spaten, tauchst herab und buddelst ein Loch für den Anker. Darum gehört ein Spaten ja auch zur Sicherheitsausrüstung", grinst Renate. Jan guckt irritiert.

Marion nimmt den Faden auf: „Ich dachte, der Spaten wäre für den Fall, das man auf Grund festsitzt. Aber das mit dem Ankerloch buddeln ist eine gute Idee." Jan wird immer unsicherer. Diese Weiber, nie weiß man, wie man dran ist.

Renate fährt fort: "Oder der Grund besteht aus Steinen und Felsplatten. Da hast du kaum eine Chance, den Anker einzugraben. Und wenn du Pech hast, klemmt sich der Anker zwischen zwei Steine und du bekommst den nie wieder heraus."

„Und was macht man dann?" Diesmal fragt Hinni, die Aussicht einen Anker zu verlieren, behagt ihm nicht.

„Meistens befestige ich dann schon vorher eine Leine ganz vorne an dem Ankerschaft mit einer Ankerboje daran – die liegt übrigens vorne im Ankerkasten, hast du vielleicht gesehen. Falls der Anker klemmt oder sich nicht ausbrechen lässt, kann ich ihn mit der Leine in der anderen Richtung herausziehen. Und die Boje markiert gleichzeitig den Anker."

„Und warum haben wir das heute nicht gemacht?", fragt Hinni weiter. Das Ankern interessiert ihn plötzlich.

„Weil ich aus dem Handbuch wusste, das wir hier nur feinsten Sand zu erwarten habe. Und so eine Ankerboje wird von manchen Leuten für eine Festmacherboje gehalten, obwohl ich groß *ANCHOR* darauf geschrieben habe. Die binden einfach ihr Schiff daran fest, das habe ich vor einigen Wochen erst auf Menorca erlebt."

„Und drittens", fährt Renate fort, „hatten wir kaum Wind, wir brauchten also kaum auf die Windrichtung zu achten und viertens habe ich ja eine gute Crew."

Hinni wundert sich: „Natürlich hat man eine gute Crew, sonst würde ich doch gar nicht erst ablegen."

Aber Renate bleibt bei ihrer Meinung: „Ihr werdet schon noch sehen, was für Leute heute glauben segeln zu können und welch lustige und manchmal auch gefährliche Ankermanöver die fahren. Aber jetzt schwimmen wir erst mal eine Runde und schnorcheln den Anker ab."

„Den Anker abschnorcheln?" Jan weiß nicht, ob er jetzt wieder auf den Arm genommen werden soll.

„Ja, das Wasser ist so klar, du kannst den Anker auf dem Grund sehen. Ich mache das immer und schaue, ob er sich ordentlich eingegraben hat und wir sicher liegen. Wenn nicht, fahre ich ein neues Ankermanöver. Dann kann ich nachts ruhiger schlafen."

Aus der Backskiste werden von früheren Crews vergessene

Tauchbrillen, Schnorchel und Schwimmflossen hervorgekramt und angepasst, nur Karl und Marion haben ihre eigene Ausrüstung mitgebracht.

Hinni hat etwas Mühe, sich mit den ungewohnten Teilen anzufreunden, an der Nordsee gibt es nichts zu sehen unter Wasser, deshalb kommt dort auch keiner auf die Idee zu schnorcheln oder zu tauchen. Aber als er dann endlich im Wasser schwimmt, ist er überrascht, welch neue, fremde Welt sich ihm hier eröffnet: Fünf Meter unter ihm ist ein feiner, weißer Sand klar zu erkennen, einige Steine liegen herum und gelegentlich sind auch einige Unterwasserpflanzen zu sehen. Viele Fische schwimmen in Schwärmen neugierig um das Schiff herum, sie sind allerdings viel zu klein für die Pfanne, findet Hinni.

Dann schwimmt er am Schiff entlang, erkennt hinten das Ruder, den Propeller und den tiefen Ballastkiel. Vom Vorschiff kommt die Ankerkette senkrecht ins Wasser herab und legt sich mit einem scharfen Knick auf den Boden. Er folgt der Kette mit einigen Schwimmbewegungen und erkennt nach einiger Zeit den Anker. Vor dem Anker sieht er eine kurze Schleifspur in dem Sand, die entstand, als sich der Anker eingegraben hat. Vom Anker selber ist nur noch der Schaft zu sehen, nur wenn man genau hinsieht, kann man von den Flunken noch zwei, drei Zentimeter sehen, die aus dem Sand herausragen.

Plötzlich wird er am Rücken berührt, erschreckt fährt er herum. Renate ist ihm nachgeschwommen und zeigt erst auf den Anker und formt dann ein O mit dem Zeigefinger und dem Daumen, okay soll das heißen. Sie schiebt ihre Maske die Stirn hinauf. „Der Anker liegt super, da darf ruhig ein wenig Wind kommen, heute Nacht."

Ein wenig später sitzen sie im Cockpit, jemand hat einen

Cappuccino aus der Dose gemacht und es gibt ein paar Kekse. Hinni fragt Renate: „Was sind das eigentlich für Markierungen in der Ankerkette, gelb, rot, grün?"

„Und blau", ergänzt Renate, „aber die konntest du nicht sehen, die liegt noch im Ankerkasten. Und nach der blauen kommt wieder eine gelbe, rote, grüne und blaue. Alle zehn Meter eine Markierung, insgesamt achtzig Meter. Die Markierungen habe ich sicherheitshalber abgebracht, könnte ja sein, dass der Zähler im Schaltpaneel mal nicht funktioniert."

Hinni hat seinen kurzen Ausflug in die Unterwasserwelt aber noch nicht verarbeitet. Er ist beeindruckt und erzählt von den bunten Fischen: „Wie im Aquarium", ergänzt er seine Feststellung.

Marion schaltet sich ein: „Leider ist der Fischbestand im Mittelmeer schon sehr dezimiert. Vor etlichen Jahren war das noch ganz anders."

Marion erzählt nochmals von Ihren Kindheitserlebnissen vor der Türkischen Küste, als das Mittelmeer noch nicht überfischt war. „Ein weiterer Grund für den Rückgang des Fischbestandes ist natürlich auch, dass das Mittelmeer nur ein geringes Nährstoffreservoir für Fische hat", ergänzt sie.

Jan hört nur mit halbem Ohr zu. Drüben am Strand hat ein neues Boot mit Touristen angelegt und eine lange Schlange junger Menschen hüpft an Land. Die Jungs laufen mit viel zu großen Schlabberhosen herum, die Mädchen haben so gut wie nichts an. Jan holt das Fernglas, das muss er näher beobachten. Leider wird er etwas enttäuscht, das Nichts entpuppt sich als knappe Bikinis, sieht aber trotzdem aufregend aus.

Einige Mädchen sondern sich ab und steuern auf einen abseits gelegenen Strandabschnitt zu. Und dann, er glaubt seinen Augen nicht zu trauen, die Mädchen streifen ihre Bikinis ab und legen sich nackt auf ihre Handtücher. Jedes Detail ihrer Körper kann er in seinem Fernglas erkennen. Genau so hatte er sich das vorgestellt in seinen Träumen vom Mittelmeer und er ist überzeugt: Jetzt werden seine Träume wahr, er muss nur noch handeln!

„Ich glaube, ich schwimme noch mal eine Runde. Vielleicht auch zum Strand um ein paar Muscheln zu sammeln."

„Gut, mach das, aber pass auf, wo du hinlangst, nicht dass du hier noch als ‚Dittlespatscher' verhaftet wirst", ruft ihm Renate noch nach. Hat sie doch seine Absichten schnell durchschaut.

Schon steht Jan auf dem Heck, bereit, sich in ein Abenteuer zu stürzen. Aber zunächst sieht es so aus, als ob er nur von der Badeplattform stürzt, sein Versuch, mit einem eleganten Kopfsprung schon mal etwas Aufmerksamkeit zu erlangen, ist total misslungen.

Marion lacht: „Wer weiß, nach welchen Muscheln ihm der Sinn steht. Da bin ich ja mal gespannt, wie sich unser Jan als Beachboy so macht."

Hinni muss auch grinsen. „Bring mir ein paar Muscheln mit", ruft er Jan noch nach, aber der krault schon unverdrossen in Richtung Strand.

Kurz darauf, alle liegen sie entweder auf dem Vordeck oder im Cockpit im Schatten des Biminitopps, steuert eine weitere Yacht die Bucht an. Eine Charteryacht, das erkennt man an dem Schriftzug auf dem Großbaum und wer es dort nicht lesen kann, findet den gleichen Schriftzug noch einmal auf dem Segelkleid und dem Rumpf des Schiffes. Drei Männer mit ihren Freundinnen sind an Bord, alle noch sehr jung, es scheint, als ob die jeweiligen Väter einen Segeltörn für das bestandene Abitur gesponsert hätten. Einer steht am Ruder, alle anderen sitzen auf dem Vorschiff, zwei davon haben ein Handy am Ohr.

Karl aber fragt sich laut: „Ob die wohl einen Segelschein haben, so jung wie die sind?"

„Einer wird schon einen Schein haben, im Crashkurs erworben, gerade so viel, dass man eine Yacht chartern kann", vermutet Renate. „Der Rest qualifiziert sich dadurch, das er weiß, wie man ‚Segelyacht' schreibt. Das wird bestimmt lustig."

Mit Vollgas fährt das Schiff weiter in die Bucht hinein, laute Musik kommt aus dem Cockpit, großzügig wird die Bucht beschallt.

Hinni wundert sich: „So ein Krach auf dem Schiff, wie soll man da ein vernünftiges Manöver fahren. Und mit wem haben die denn jetzt so wichtig zu telefonieren?"

Renate lacht: „Na, mit dem Rudergänger natürlich, die verstehen den doch sonst nicht bei der Musik."

„Oh Gott, gleich sitzen die auf", fürchtet Karl und im gleichen Moment ertönt ein Signal von dem anderen Schiff: Piep, piep, piep – Tiefenalarm! Der Steuermann dreht plötzlich wie wild am Ruder und das Schiff schwingt herum, direkt auf die *Makan Angin* zu. Nach kurzer Zeit, besinnt sich der Junge am Ruderrad aber auf sein eigentliches Ziel und hält wieder auf den Strand zu.

„Gott sei Dank", entfährt es Renate, „Ich dachte schon, die wollen sich neben uns legen. Hab keine Lust auf eine Disco direkt in der Nähe."

Inzwischen ist das Schiff wohl nahe genug an den Strand herangekommen, jedenfalls fällt plötzlich der Anker. Der

Motor heult auf, schwarze Rauchwolken steigen am Heck auf, das Schiff wird gestoppt. Die Ankerkette rasselt eine kurze Weile, dann Ruhe.

Hinni hat mitgezählt: „Da sind höchsten sechs Meter Kette draußen, bei, sagen wir mal, drei Meter Wassertiefe. Das soll langen?" Er schaut fragend auf Renate.

„Nein, natürlich nicht, aber denen langt es wohl."

Tatsächlich, auf dem anderen Schiff wird der Motor abgestellt, kein Blick mehr auf den Anker, alle springen ins Wasser.

„Und jetzt?", fragt Hinni, er kann es nicht fassen.

„Nichts, Feierabend! Und wenn heute Nacht kein Wind aufkommt, liegen die morgen früh immer noch da und halten sich für tolle Seeleute", vermutet Renate zu Recht.

„Und warum mussten die so dicht am Strand ankern?" fragt Karl. „Die Bucht ist doch groß genug."

„Landnähe ist wichtig für viele Leute, Land gibt das Gefühl von Sicherheit. Schlimmstenfalls kann man schnell rüber schwimmen und weglaufen", vermutet Marion.

„Oder man ist schneller an der Eisbude oder bei der Strandparty, falls hier so etwas stattfindet", ergänzt Renate.

„Eigentlich gehören die alle verprügelt", ereifert sich Marion, „machen einen tollen Urlaub mit dem Geld von Papa und Mama, keine Ahnung von Seemannschaft, gefährden womöglich noch andere Leute und halten sich für die tollsten Kerle. Jedenfalls die Jungs! Und die Mädels lassen sich beeindrucken. Ist den Eltern denn nicht klar, das Segeln auch gefährlich sein kann, wenn man keine Ahnung hat?"

„Vielleicht sind die auch nur froh, die Kinder eine Weile aus den Augen zu haben", vermutet Renate. „Wirklich ertrinken werden die hier nicht, und alles andere lässt sich ersetzen!"

Jan stellt nach kurzer Zeit fest, das der Strand doch viel weiter entfernt ist als er geschätzt hatte oder dass er seine Ausdauer doch weit überschätzt hat. Außerdem findet er es nicht gerade vorteilhaft, schwimmend am Strand anzukommen, als wenn man ihn über Bord geworfen und ausgesetzt hätte. Also beschließt er zurück zu schwimmen und sich das Dinghy auszuleihen. Und ein Handtuch könnte er auch gleich mitnehmen und seine knappe Badehose anziehen.

„Hey Jan, du bist aber schnell", begrüßt ihn Marion am Schiff, „hast du uns was Schönes mitgebracht?"

„Noch nicht, aber da gibt es vermutlich Muscheln ohne Ende, die kann ich so gar nicht tragen. Am besten, ich nehme mal das Schlauchboot. Ist das okay?", fragt er Renate.

„Doch, doch mach' nur, kannst ja auch gleich den Außenborder etwas spazieren fahren, der braucht mal wieder Bewegung." Mit der Hilfe von Karl und Hinni ist das Schlauchboot bald im Wasser und der Außenbordmotor wird montiert. Jan reißt am Starter und nach dem zweiten Versuch springt der Motor an.

„Nimm noch die Riemen mit", ruft Renate ihm noch zu, „Sicherheitshalber."

„Szenenwechsel", ruft Karl aufgeregt, „Da drüben kommt schon eine neue Yacht! Das wird aber voll hier!"

Eine kleinere Yacht kommt in die Bucht, deutsche Flagge, zwei ältere Männer befinden sich darauf. Einer steht am Ruder, der andere hängt gerade Fender an die Reling.

„Oh, das sind ja ganz vorsichtige", stellt Renate fest, „Wetten, dass die ihre Ankerkette durch die ganze Bucht legen?"

Das Schiff sucht sich einen günstigen Ankerplatz, in der

Mitte der Bucht. Es wird abgestoppt und dann rasselt die Ankerkette, rasselt und rasselt und rasselt.

„Stopp!" will Hinni am liebsten hinüber schreien, als nach seiner Schätzung mindestens fünfzig Meter Kette am Boden liegen. Aber die Kette rasselt weiter. „Bong!!" Sie scheint jetzt endgültig zu Ende zu sein, siebzig Meter schätzt Hinni.

Und dann passiert nichts mehr. Die beiden Männer stehen auf dem Vorschiff und beobachten die Ankerkette.

„Da liegt doch die ganze Kette auf dem Anker", vermutet Karl. „Oder auch der Anker auf der Kette, das weiß man nicht!"

Hinni würde am liebsten hinüberschwimmen, um sich das Ganze unter Wasser anzusehen. Das Ankern fasziniert ihn plötzlich, das scheint eine unterhaltsame Sache zu sein.

Plötzlich kommt Bewegung drüben ins das Schiff, ein ganz sanfter Windhauch bewegt es ein paar Meter zu Seite und dann – ratter, ratter, ratter geht die Ankerkette hoch.

„Schaut mal, deren Anker hält nicht", lästert Marion.

„Das befürchten die offensichtlich, wahrscheinlich hat denen mal jemand erzählt, dass Ankern so etwas ist, als wenn man das Schiff annagelt und es sich dann keinen Zentimeter mehr bewegen darf. Und sicher haben die auch gelernt, dass man einen neuen Ankerversuch machen muss, wenn die Peilung nicht steht!"

Ratter, ratter, ratter, die Kette drüben wird ganz heraufgeholt, der Anker kommt zum Vorschein. Ein neugieriger Blick von den beiden Männern auf dem Vorschiff, ja er scheint noch dran zu sein. Dann bewegt sich einer von den beiden gemächlich zum Cockpit, der Motor wird lauter: das Schiff nimmt langsam Fahrt auf – und stoppt nach zwanzig Metern wieder ab. Die Ankerkette rasselt heraus, natürlich wieder bis zum

Anschlag.

„Ein neuer Versuch", lästert Marion, „Hinni, schraube denen das Schiff doch mal fest."

Ein neuer Windhauch bewegt das Schiff und prompt geht die Ankerkette wieder hoch.

Alle vier lachen laut auf: „Das sind vielleicht Pedanten", lacht Marion, „aber Null Ahnung. Sind bestimmt zwei Lehrer im Vorruhestand."

Lehrer mag sie nicht! Laut ruft sie deshalb hinüber: „Da drüben, auf der anderen Seite, vor den Felsen, da hält der Anker besser, probiert dort mal!"

Sie hatte eine rüde Antwort erwartet, aber zum Erstaunen aller winkt einer der beiden freundlich zurück: „Danke für den Tipp. Wir hätten doch besser einen Bügelanker gekauft, der CQR-Anker hält hier wohl nicht!"

„Was ist ein CQR-Anker?" Hinni will das wissen. Karl kann ihn belehren, er hat für seinen Hochseeschein doch alle Ankerformen auswendig lernen müssen: „Was CQR genau heißt, weiß ich nicht, auf jeden Fall ist das ein Pflugscharanker. Unser Schiff hier zum Beispiel hat so einen. Ist was ganz Solides: Ein geschmiedeter Anker, alte englische Handwerkstradition, kann man fast überall gebrauchen und der hält im Sand hervorragend, sogar bei Krautbewuchs hat man noch eine gewisse Chance!"

„Und was haben die denn da für ein Problem?" fragt Hinni.

„Die haben kein Problem, die vermuten nur eines, weil sie keine Ahnung haben und überängstlich sind. Das genaue Gegenteil von unseren Kids dort drüben", antwortet Renate.

„Aber die sind wir erst mal los. Gut, dass du die so elegant verscheucht hast, Marion. Wenn tatsächlich etwas Wind aufgekommen wäre, hätten die erst mal siebzig Meter Ankerkette durch die Bucht geschleift und uns womöglich auch."

Jan dreht unterdessen einige Runden mit dem Schlauchboot und braust dann Richtung Strand, auf seine Grazien zu. Er findet es ungemein imposant, wie er das Dinghy so ‚steigen' lassen kann. Er stellt sich vor, wie er mit voller Fahrt heranprescht, genau vor dem Sand abstoppt und mit einem eleganten Satz an Land springt.

Leider wird da nichts draus, sieben, acht Meter vor dem Strand hängt der Motor plötzlich vor einer Felskante, die Fahrt wird abrupt beendet und Jan sieht sich gezwungen auszusteigen und das Dinghy den Strand hinaufzuziehen. Zum Glück ist der Propeller drangeblieben.

Langsam schleicht er sich in die Richtung der begehrten Mädchen und will sich in der Nähe niederlassen. Aber was ist die richtige Entfernung, überlegt er? Zu nahe ist nicht gut, das verschreckt die Mädchen nur, aber Blick- und Hörkontakt muss natürlich gewährleistet sein. Drei oder vier Meter, so entscheidet er für sich, sind sicherlich richtig und er legt sich genau dort bäuchlings auf sein Handtuch, den Kopf auf die Arme gestützt und schielt dann vorsichtig zu den nackten Mädchen hinüber. Tolle Figuren stellt er fest, nahtlos braungebrannte Körper mit allem dran, was seiner Meinung nach zu einer begehrenswerten Frau gehört.

Er möchte hinübergehen, jetzt sofort, diese Körper anfassen und streicheln und dann stellt er sich vor, dass sich die Mädchen ihm willig hingeben, sie warten doch nur auf ihn. Die haben doch bestimmt gesehen, das er von der tollen Segelyacht da drüben kommt und bestimmt halten die ihn für den Besitzer, einen Millionär, der sie in jeder Beziehung glücklich machen wird ...

Jan ist froh, dass er auf dem Bauch liegt, dass wäre peinlich geworden. Es muss ja nicht gleich jeder sehen, wie er die Mädchen begehrt. Aber wie soll er sich an die Mädchen heranmachen? Soll er ein Eis spendieren? Einen Gelato-Stand gäbe es dort drüben bei dem Ausflugsschiff. Aber was kostet hier wohl ein Eis? Und außerdem hat er gar kein Geld mit, fällt ihm dann ein.

Was für Mädchen das wohl sein mögen? Feurige Italienerinnen natürlich, das ist für ihn klar, aber was machen die so? Büromädchen, die einen Tag Urlaub genießen? Soll er vielleicht mal fragen, ob sie den Rücken eingecremt haben wollen? Aber wie fängt man das an, auf Italienisch? Überhaupt, wie soll er sie ansprechen? Belle Signorina, ich bin der tolle Typ aus Ostfriesland? Er muss denen doch klarmachen, dass er ein weitgereister Seemann ist und sie gerne auf seine Yacht mitnehmen und mit ihnen um die Welt segeln will. Seine Yacht? Na ja, fast! Immerhin hat er ja schon ein Sparbuch dafür.

Plötzlich dröhnt ein Horn durch die Bucht, ein Signal des Ausflugsbootes. Entsetzt sieht Jan, wie die Mädchen aufspringen und sich den Bikini überstreifen. *Seine Mädchen*, von denen er träumt, seit er das Titelblatt des Yachtmagazins zum ersten Mal gesehen hat. Jan richtet sich auf, die wollen doch jetzt wohl nicht so einfach abhauen, die wissen wohl nicht, was sie alles versäumen. Dann schauen sie zu ihm hinüber.

„Nuu, guck den Gerl da an! So notgeil wie der uns onglotzt, der will was von uns", erklingt es in schönstem Sächsisch.

„Ne dolle Badehose hadder an. Ob die noch von sein Oba is? Die sieht nach Rädrolook aus."

Die andere antwortet: „Nee, dat ist bestimmt noch n' Orijinal, Marke ‚Eierwärmer'."

Marion beobachtet mit dem Fernglas, wie ein frustrierter Jan das Schlauchboot wieder ins Wasser schiebt und den Motor startet. Kurz nimmt das Dinghy Fahrt auf und bleibt dann stehen – kein Sprit mehr! Das geschieht ihm Recht, denkt sie, hat er doch vergessen, mal in den Tank zu schauen, bevor der hier abdüst, so eilig wie er es hatte.

Eine Weile später kommt Jan mit dem Boot herangerudert. „Jan, wo sind meine Muscheln", wird er von Marion begrüßt, „oder hast du mich an dem Strand ganz vergessen."

Jan schaut ganz zerknirscht, erst die Niederlage bei den Mädchen und jetzt wird er auch noch von Marion attackiert.

„Übrigens Jan, dein Handy hat ein paar mal geklingelt, hast wohl deinen wöchentlichen Rapport zu Hause vergessen? Das klang dringend!"

Jan schießt es siedend heiß durch den Kopf – klar hat er Birgit versprochen sich zu melden und da war doch noch was mit dem neuen Schwangerschaftstest, den sie in dieser Woche machen lassen wollte. Oh Gott, wenn der nun positiv war, sorgt er sich. Am besten ignorieren, beschließt er.

Renate aber hält ihm penetrant sein Handy vor die Nase. „Hervorragende Verbindung", sagt sie, „ich habe auch gerade mit meinen Töchtern telefoniert."

Jan bleibt nichts anderes übrig, als sein Telefon anzunehmen. Ja, Birgit hat angerufen, sieht er auf dem Display. Er wählt die eingespeicherte Nummer – es meldet sich aber nur eine Italienische Stimme.

Ein Hoffnungsschimmer überkommt ihn, den ihm Renate aber gleich wieder nimmt: „Hast du daran gedacht, dass du aus dem Ausland die 0049 vorweg wählen musst", fragt sie.

Männer, denkt sie, so unbeholfen und so leicht zu durchschauen.

Nun bleibt Jan aber keine Ausrede mehr, er wählt erneut und ist wohl auch erfolgreich, da er sich sofort auf das Vorschiff verzieht.

„Schade, schade", hören seine Freunde im Cockpit, „Nimm' es nicht so schwer", dann sagt er eine Weile nichts und zum Schluss vernehmen sie: „Ich dich auch. Bis nächste Woche." Etwas Schlimmes scheint passiert zu sein.

Jan aber kommt ganz aufgeregt ins Cockpit zurück. „Ich gebe einen aus! Leihst du mir eine Flasche Prosecco, Renate", fragt er, „Ich kaufe bei nächster Gelegenheit eine Neue." Natürlich wollen alle wissen, was denn los sei.

Jan strahlt: „Der Schwangerschaftstest war negativ!"

Gläser werden heraufgeholt und Prosecco aus der Kühlbox wird eingeschenkt. Sie stoßen kurz mit Jan an und legen sich wieder zurück, um weiter zu dösen und ihre Träume zu pflegen.

Hinni ist mit seinen Gedanken sowieso ganz woanders:

Aus Jans Mitteilung hat er nur entnommen, dass er im nächsten Jahr bei der Regatta mit ihm rechnen kann und Jan nicht zum Windeln wickeln abkommandiert wird. Außerdem gehen ihm aber auch immer noch die verschiedenen Ankermanöver, die er am Nachmittag beobachtet hat, im Kopf herum.

Er fragt laut: „Wieso haben die Leute so ein Problem mit dem Ankern? Ich habe ja auch nicht viel Erfahrung damit", gibt er zu, „aber so kompliziert kann das doch nicht sein?"

Renate möchte Hinni gerne in einer guten Laune haben, aber sie meint es auch ehrlich: „Für dich nicht, Hinni. Du kannst die Lage überblicken, denkst logisch und entscheidest entsprechend. Das können nicht alle Männer, selbst wenn sie wollten."

„Ach, das betrifft wohl nur Männer? Frauen können das besser?" Jan protestiert.

„Klar können Frauen das besser, wir sind es doch viel mehr gewohnt, schnelle und lebenswichtige Entscheidungen zu treffen", antwortet ihm Marion.

„Wieso?" fragt Hinni, das kann er sich eigentlich nicht vorstellen. Schnelle Entscheidungen – bei Frauen. Die einzige Ausnahme, die er kennt, ist Renate. Marion eigentlich auch, wenn man es genau nimmt. Und früher natürlich seine Mutter, die konnte ihm ganz fix eine Ohrfeige geben, wenn er nicht gespurt hat.

„Wieso? Willst du das wirklich wissen?" Marion ereifert sich fast und sie erklärt: „Stell' dir vor, du bist eine Frau und bekommst abends um halb acht einen Anruf und wirst zu einer Party eingeladen. Was machst du als Mann?", fragt Marion.

„Wieso, ich gehe hin, wenn es was Ordentliches zu trinken gibt." Für Hinni ist das klar und einfach zu beantworten.

„Siehst du, und so läuft das bei einer Frau eben nicht. Bei uns geht das so: Erst einmal musst du feststellen, wer denn noch alles so kommt, damit du weißt, welchen Ausgang der Abend nehmen könnte. Dann überlegst du, was du Anziehen sollst. Das fängt beim BH an. Wenn, sagen wir mal Herrmann, auch kommt, musst du den neuen, schwarzen mit der Spitze nehmen. Sonst reicht ein normaler, weil du den schwarzen für eine andere Gelegenheit in Reserve halten musst. Dann überlegst du, ob du den Slip oder den Tanga dazu anziehen sollst. Als Frau muss man ja immer wissen, was man nötigenfalls auszuziehen hat."

Sie fährt fort: „Wenn du so weit bist, machst du dir Gedanken über deine Frisur. Aber meistens hast du ja nur eine und keinen Termin beim Friseur oder keine Zeit dazu. Reicht die Zeit fürs Waschen und Fönen, oder machst du schnell eine raffinierte Hochsteckfrisur? Die mit viel oder mit wenig Haarnadeln? Wegen des Pieksens und Rausfallen bei manchen Gelegenheiten natürlich. Also musst du improvisieren. Siehste, das habe ich vergessen, Improvisieren können wir Frauen natürlich auch viel besser."

„Weiter! Es kommt die Frage der Kleidung: Bluse oder Kleid? Entscheidest du dich für ein Kleid, womöglich gar für ein Abendkleid, kann es natürlich sein, dass du deinen BH wieder ausziehen musst, weil das Kleid natürlich rückenfrei ist. Dann kannst du nur hoffen, dass die Statik noch stimmt und das Kleid dir nicht wie ein Fetzen vor der Brust hängt."

Marion schaut Karl an: „Das wäre doch mal was für dich: Die Berechnung der Statik eines trägerlosen Abendkleides."

Karl freut sich: „Dann muss ich aber erst viele Untersuchungen über die Flexibilität und die Elastizität deiner Brüste machen."

„Mach nur Karl, Hauptsache das Kleid bleibt oben. Aber wir sind damit noch nicht angezogen. Sagen wir mal, ich habe mich für eine hinten geschlossene Bluse entschieden, weil Karl mit seiner Berechnung nicht zu Gange kommt. Stellt sich noch die Frage: Ist sie gewaschen oder muss sie noch gebügelt werden? Die nächste Entscheidung ist dann: Minirock oder Hose. Und bei der Hose musst man wieder überlegen: Stoffhose oder Jeans.

Marion ist noch nicht zu Ende: „Und dann kommen überhaupt die allerwichtigsten Entscheidungen: Welchen Lippenstift, welchen Nagellack, welches Parfüm und welche

Brille. Wenn du nicht gleich Kontaktlinsen nimmst, weil, sagen wir Robert, keine Frauen mit Brille mag. Oder nur auf Frauen mit grünen Augen steht."

Und dann trumpft Marion auf: „Und das alles musst du in wenigen Sekunden entscheiden, da jede Minute kostbar ist. Die Party beginnt um neun, die dir verbleibende Zeit benötigst du zur Umsetzung. Da ist keine Zeit für Fehlentscheidungen."

Renate lacht: „Genau so ist es! Was habt ihr Männer es doch gut."

Hinni aber hat das Ganze nicht so recht verstanden und der Aufwand imponiert ihm auch nicht: „Wofür der ganze Zirkus. Wir Männer sehen euch Frauen doch am liebsten – nackt!"

Später bieten Marion und Karl an, sich um das Abendessen zu kümmern und verziehen sich in die Pantry. „Bleibt aber brav, ihr da unten", kann Jan sich nicht verkneifen zu rufen, „die Elastizitäts- und Flexibilitätsuntersuchungen könnt ihr ein andermal machen. Wir haben Hunger!"

Die Kühlbox wird aufgerissen, Lebensmittelschapps werden geöffnet und frisches Gemüse, für das in der Kühlbox kein Platz ist, aus einer Kiste in der Bilge geangelt, dort wo es am kühlsten ist.

„Was ist Karl, du bist ja schon wieder so anschmiegsam?" Marion stellt fest, dass Karl offensichtlich Körperkontakt sucht. „Ist es nur mein Bikini der dich so anmacht oder gehen die Hormone mit dir durch?"

Karl sagt leise, fast flüsternd: „Kannst du dir das nicht vorstellen? Ständig springst du hier nackt herum und schwingst lockere Reden. Natürlich regt mich das auf – und an!"

„Och Karl, du Armer, aber ich bin doch nun mal im Urlaub,

da darf ich doch mal etwas ausgelassen sein. Tolles Schiff, tolles Wetter, Spannung und Abenteuer, Sonne. Ich fühle mich eben gut."

„Ja, aber ich bin doch auch im Urlaub", findet Karl, „soll ich mich nicht auch gut fühlen?" Er macht ein trauriges, frustriertes Gesicht.

Marion nimmt ihn in den Arm: „Och Karlchen, so schlimm ist es mit dir. Das habe ich doch gar nicht gewusst, du bist immer so anständig. Manchmal musst du einfach zupacken und fordern."

„Ja aber ...", will Karl sagen, aber Marion schlingt plötzlich ihre Arme ganz fest um Karl, so dass er eine Gänsehaut bekommt: „Mein lieber Karl, im Urlaub sollst auch du nicht traurig sein. Ich weiß doch, was die Sonne mit deinen Hormonen macht. Ist doch in Ordnung. Ich kann dir nur nicht versprechen, was nach dem Urlaub wird. Spiele einfach ein wenig mit mir, aber verliebe dich bloß nicht in mich."

Für Karl wird plötzlich die Welt ganz leicht, alles ist gut! Er drückt Marion auch ganz fest, ihre Lippen finden plötzlich zueinander und er flüstert nur noch: „Jetzt oder später?"

Aber Marion hat schon wieder das Ruder in der Hand: „Später natürlich. Du kannst dich doch nicht vor dem Kochen drücken. Und am Schluss stören die uns noch, weil sie vor Hunger das Randalieren anfangen."

Keiner nimmt so richtig wahr, dass das Abendessen auch diesmal kein kulinarischer Höhepunkt ist. Es weht eine ganz schwache Brise vom Strand, die Sonne senkt sich zum Horizont, es herrscht eine ruhige gelöste Stimmung und jeder ist in seine eigenen, speziellen Gedanken versunken.

Jan schielt zum Strand hinüber. An dem Gelato-Stand

herrscht inzwischen reges Treiben, Musik ertönt und es scheint, als ob dort die Eisbude zu einer Strandkneipe mutiert. Einige Mädchen drängen sich an der Bar ...

Kaum ist die Mahlzeit beendet, verkündet Jan, dass er noch einmal zum Strand hinüberfahren möchte. „Gut, mach das, aber fülle erst mal den Tank auf", lacht Renate und grinst ihn wissend an. Jan ist hin- und hergerissen von seinen Gefühlen und voller Erwartung ...

Und sogar Hinni spürt die besondere Stimmung und bekundet ein plötzliches Interesse an dem bevorstehenden Sonnenuntergang. Er nimmt sich zwei große Handtücher und verschwindet damit auf dem Vorschiff. Nach einiger Zeit merkt er, dass sich jemand neben ihn legt, er legt den Arm um Renate und gemeinsam schauen sie, wie die Sonne über der niedrigen Landzunge in der Straße von Bonifacio versinkt, sie spüren die sanften Bewegungen des Schiffes und lauschen dem Plätschern des Wassers, wenn es in die Felsen am Ufer hineinläuft und dem Gluckern und Gurgeln, wenn es wieder herausläuft ...

Am nächsten Morgen steht die Sonne schon hoch am Himmel, als sie sich im Cockpit hungrig um das Frühstück scharen. Keiner hatte Lust früh aufzustehen, wo auch immer sie die Nacht verbracht haben und es hat auch keiner gehört, wann Jan zurück auf das Schiff gekommen ist.

Auch Jan schweigt sich über seine Erlebnisse am Strand aus: „Eine tolle Beach-Party ... Der Kavalier genießt und schweigt", mehr möchte er nicht erzählen. Wozu auch.

Renate schlägt vor: „Machen wir eine Fahrt mit dem Dinghy zwischen den Insel durch? Das Wetter ist ruhig, dem Schiff wird schon nichts passieren."

Alle sind begeistert, und so sitzen sie bald im Schlauchboot und erkunden das Maddalena Archipel, sie umrunden die Inseln Santa Maria, Razzoli und Buddeli. Es geht an schroffen, scharfen Klippen vorbei, die immer wieder von Sandstränden und kleinen oder großen Buchten unterbrochen werden.

„Wie in der Karibik", schwärmt Karl, „dort war ich zwar noch nicht, würde aber gerne einmal dorthin segeln."

Zwischendurch springen sie in Wasser, schnorcheln interessante Felsen und Klippen ab, in denen sich bunte Fischschwärme verstecken.

Sie erzählen tolle Geschichten über frühere wahre oder erfundene Erlebnisse, erzählen von ihren Träumen und Vorstellungen und finden das Leben einfach gut.

Später liegen sie dann wieder auf dem Schiff, dösen in der Sonne, halten einen ausgiebigen Mittagsschlaf in den Kojen während Jan wieder den Strand erkundet.

Nach dem Abendessen fragt Renate dann: „Was machen wir morgen? Wollen wir noch einen Tag hier bleiben, oder suchen wir uns eine andere Bucht?" Eine schwere Entscheidung, hat doch die Bucht jedem besondere Erlebnisse beschert, aber schließlich überwiegt die Neugier.

„Ich schlage vor, wir verholen uns in die Cala Stagno Torto, an der Nordwesthuk der Insel Maddalena", schlägt Karl vor, nachdem er ausgiebig die Seekarte studiert hat. „So lange der Wind nicht dreht, werden wir auch dort ziemlich ruhig liegen."

Es ist nur eine kurze Strecke von der Cala Santa Maria zur Insel Maddalena, aber Hinni besteht trotz des nur leichten Windes darauf, die Segel zu setzen. Er möchte doch genau studieren, wie sich die *Makan Angin* bei leichtem Wind verhält, aber das erzählt er natürlich nicht.

„Ach, diese Ruhe, ist das herrlich", verkündet er, als endlich der Motor abgestellt wurde. Langsam, ganz langsam gleitet das Schiff dahin, immer wieder fällt die Genua ein und der Großbaum schlackert mit der Schot.

Hinni ist zufrieden, er würde sich auf seinem Schiff jetzt auf die Leeseite setzen, damit sich das Schiff etwas neigt, die Segel ein Profil bekommen und der Wind leichter einfallen kann. Mindestens zwei, drei Knoten Fahrt könnte er jetzt machen, schätzt er und seine Laune wird immer besser. Bei aller Sympathie und Gefühlen für Renate, die Regatta will er natürlich gewinnen.

Schließlich sind aber alle das Herumtreiben leid und Renate spricht ein Machtwort: „Ich kann das Geklapper von dem Großbaum nicht mehr hören und besser werden die Segel der bei dem Hin- und Hergeschlage auch nicht. Also: Motor an, Segel einrollen, in die Bucht fahren und ankern!"

Später am Nachmittag, sie liegen alle entweder im Cockpit oder auf dem Vordeck und lassen sich von der Sonne bräunen, werden sie plötzlich durch ein lautes Motorengeräusch aus ihrem Halbschlaf geweckt. Ein orangefarbenes, großes Schlauchboot nähert sich mit voller Fahrt und hält genau auf das Schiff zu.

„Idioten", schreit Marion, aber natürlich hört das keiner bei dem Lärm. Zwei junge Leute sitzen in dem Schlauchboot, ein Mann und eine Frau. Sie kommen sehr nahe an *Makan Angin* heran, machen neben dem Heck eine Wende und stoppen das Boot, so dass sie genau neben dem Cockpit an der Bordwand liegen. Idiotisch, aber gekonnt, muss Marion zugeben. „Hey, was wollt ihr?"

Deutsch verstehen die beiden offensichtlich nicht, aber sie reichen einen Zettel herauf. Eine Quittung über fünfzehn Euro! Alle sind sprachlos, das ist ja ein genialer Trick.

„You must pay!", wird ihnen aus dem Schlauchboot zugerufen. Natürlich wollen alle wissen, warum und wofür und das Mädchen reicht unter wortreichen Erklärungen – leider in einem unverständlichen Italienisch – einen weiteren Zettel herauf.

Marion nimmt diesen an und versucht zu lesen, während die beiden aus dem Schlauchboot immer weiter auf sie einreden.

Renate will wissen was los ist, aber Marion schüttelt den Kopf. Sie weiß es auch nicht.

„Aspettare – wartet!", sagt Marion dann zu den beiden, holt ihr Wörterbuch herauf und versucht den Zettel zu übersetzen.

„Also", sagt sie, "Soweit ich das verstehe, ist das gesamte Maddalena Archipel ein Naturschutzgebiet. Ankern ist in dieser Bucht zwar nicht verboten, aber von den Naturschützern – und dazu scheinen diese beiden zu gehören – nicht erwünscht. Um den Schaden, den wir der Umwelt zugefügt haben, wieder gutzumachen, sollen wir jetzt fünfzehn Euro bezahlen."

Alle lachen und Marion versucht den beiden im Schlauchboot zu erklären, dass es zwar bedauerlich ist, wenn durch das Ankern die Umwelt gefährdet wird, aber mit Geld sei das nicht zu beheben. Und das Motorbootmanöver von soeben sei ja auch nicht gerade mit dem Umweltschutz zu vereinbaren.

Entweder haben die beiden nicht verstanden, oder wollen nicht. „You must pay!" Dann wird ein weiterer Zettel heraufgereicht, diesmal mit dem Aufdruck einer Umweltbehörde, soviel ist zu erkennen. Marion studiert auch diesen ausgiebig und verkündet dann: „Die dürfen hier tatsächlich von Ankerliegern Geld kassieren, mit staatlichem Segen! Aber das ist doch Schwachsinn. Da verjuckeln die für zwanzig Euro Sprit mit ihrem hundertfünfzig PS Außenborder, um fünfzehn Euro zu kassieren. Und ist der Wisch hier überhaupt echt? Ich würde das nicht bezahlen!"

Alle sind aufgebracht, aber Renate versucht zu beruhigen: „Das sehe ich ja auch so, aber was wollen wir machen? Wenn wir nicht zahlen, kommt dann nachher die Guardia Civil und wir können uns dann mit denen herumschlagen? Da bekommen wir nie Recht! Jan, hol die Bordkasse und zahl', was die verlangen. Aber die Quittung heben wir auf, ich werde das später mal prüfen lassen."

Aufgeregt wird dann noch über den Sinn des Umweltschutzes und dessen Auswüchse diskutiert, bis Renate schließlich vorschlägt: „Was haltet ihr davon, wenn ich heute für das Abendessen sorge. Worauf habt ihr Lust?"

Nach den kulinarisch eher enttäuschenden Kochversuchen auf See und auch der beiden letzten Abende, fällt natürlich allen dazu was ein:

Jan fängt an: „Kalbsrücken mit Morcheln."

„Nein Quatsch, Morcheln haben wir hier doch nicht. Ich wäre für Entenstopfleber mit eiskalten Calvadosgeleewürfelchen", schlägt Marion vor.

„Weiße Radicchio mit Trüffeln", sagt Karl, seine Ambitionen als Gourmet beweisend. Das hat er mal irgendwo gelesen. „Oder ein Wagyu Steak vom Kobe Rind, medium rare, falls das mit den Trüffeln auch nicht klappt", fällt ihm dann noch ein.

„Meerjungfrauenbrustspitze an Algenmousse, garniert mit in Octopustinte gefärbtem schwarzem Reis", verlangt Jan.

„Halt dich lieber an die Brüste deiner Strandladies", weist Marion ihn zurecht. „Und Octopustinte haben wir hier bestimmt auch nicht an Bord. Wenn schon etwas aus dem Meer, dann frische Austern mit Zitronensaft. Wieso angelt eigentlich keiner von euch?"

„Eine Angel habe ich sogar", antwortet Renate, „Und ich habe es auch versucht. Aber anstatt zu angeln, würde ich lieber Fische fangen."

„Dann selber gemachte Ravioli gefüllt mit frischem Ricotta und Spinat in Butter mit Trüffeln", fällt Karl noch ein.

„Und als Dessert eine Creme Brûlée", ruft Marion.

„Nein, lieber eine Zitronengranita", schlägt Jan vor. Die hat er als Kind mal in Sizilien gegessen, als er vor vielen Jahren mit seinen Eltern im Urlaub dort war.

Renate lacht: „Gut, ich mache euch von allem ein bisschen. Aber Hinni hat noch gar nichts gesagt. Was hättest du denn gerne?"

„Och, mach man einen ordentlichen Braten mit Kartoffeln, brauner Sonntagssoße und Rotkohl!"

„Und welche Kartoffeln wünscht der Herr dazu?", will Renate dann doch noch wissen.

„Holländische Bintje natürlich, leicht mehlig gekocht. Was denn sonst?"

Renate grinst: „Sehr wohl der Herr! Gut? Waren das alle eure Bestellungen?"

Sie verschwindet in der Pantry und kommt nach erstaunlich schneller Zeit mit vielen Schüsselchen und Tellern wieder hoch.

„Meine Dame, meine Herren, ihr Diner ist bereit! Heute gibt es zwar nur Antipasti, aber davon reichlich: Marinierte

Anchovis aus Mallorca und Artischockenpastete vom Markt. Eingelegte Paprika, Auberginen und Zucchini in Öl und Knoblauch von mir. Octopus Salat, zwar aus dem Glas, aber dennoch köstlich. Parma Schinken und Mortadella, schwarze und grüne Oliven und als Abschluss eine Käseplatte mit Taleggio, Gorgonzola und ganz altem, reifen, würzigen Parmesan."

Sie schiebt Teller um Teller und viele Schälchen auf den Tisch, die mit freudigen Ausrufen empfangen werden. Dann erscheint Renate noch einmal im Niedergang: „Dazu gibt es selbstgeröstetes Weißbrot, frisch aus der Pfanne. Und zur Krönung des Ganzen eine wunderbar kühle Flasche ‚Pinot Grigio'. Lasst es euch schmecken."

Es war ein köstliches Mahl, sogar Hinni leckt sich zum Schluss die Finger ab und sagt beglückt: „Fast so gut wie Rotkohl bei meiner Mama!"

6. Kapitel
Costa Smeralda

Eine Motoryacht und nackte Millionärsärsche – Viel PS und kein Benzin – Marions magische Zahlen – Fischernetz im Propeller – Delfine und eine nackte Frau – Mann-Über-Bord Manöver

„Hat jemand ein spezielles Interesse in Porto Cervo einzulaufen?"

Irgendwie hat es am Vormittag nicht so richtig geklappt mit dem frühen Aufstehen: Entweder war es das umfangreiche Essen am Abend zuvor oder die laue, windstille Nacht, in der keiner so richtig schlafen mochte und die Renate und Hinni, zum Leidwesen von Karl, größtenteils auf dem Vorschiff verbracht haben und er es deshalb samt Marion mit der Bank im Cockpit vorlieb nehmen musste, um den nächtlichen Sternenhimmel zu genießen – jedenfalls war am Morgen keiner so richtig bereit, die Koje zu verlassen. Sogar Jan brauchte vor dem Frühstück ein ausgiebiges Schwimmbad, um einen klaren Kopf zu bekommen, aber das lag eher an dem Rotwein, den Renate ihm nach dem Essen noch großzügig eingeschenkt hat und der ihn relativ früh in die Koje befördert hat.

Jetzt, am frühen Nachmittag bläst ein achterlicher Wind und *Makan Angin* steuert auf die Sardenische Küste, auf die Costa Smeralda zu und Renate möchte den weiteren Tagesverlauf abstimmen. Eigentlich hat sie nach den ruhigen Tagen in der Bucht mal wieder Lust zu segeln und der Wind kommt im Moment ja auch gerade richtig, andererseits möchte sie sich natürlich auch nicht über die Wünsche ihrer Crew hinwegsetzen. Jedenfalls nicht so direkt, auf die harte Tour.

„Porto Cervo? Was gibt es denn dort zu sehen", fragt Jan nach einer Weile zurück. Alle anderen dösen irgendwo herum, sind mit sich selbst beschäftigt und haben entweder die Frage nicht gehört oder keine Lust zu antworten.

„Porto Cervo ist eine große, mondäne Marina, ziemlich teuer und alles was reich und schön ist und ein Schiff hat, muss sich dort natürlich einmal zeigen. Willst du dahin?"

Jan kämpft mit sich: Sicher möchte er die Reichen und Schönen einmal aus der Nähe erleben und vielleicht für einen Abend sogar dazugehören, anderseits wäre das sicherlich eine weitere Attacke auf seine Finanzen. Die Preise an der Strandbar in der Cala Santa Maria haben schon ein großes Loch in seine Urlaubskasse gerissen, denn je spendabler er wurde, desto freizügiger wurden die Mädels dort und das musste natürlich ausgenutzt werden. Aber im Moment ist sein Bedarf eigentlich gedeckt ...

„Nein, von mir aus können wir weitersegeln", entscheidet er für sich. Aber so ganz allein möchte auch er die Entscheidung doch nicht treffen.

„Was meint ihr denn?", versucht er den Rest der Crew aufzurütteln. Keiner mag antworten, alle schütteln nur kurz den Kopf.

„Gut", stellt Renate fest, „dann eben nicht. Wasser brauchen wir ohnehin noch nicht zu bunkern, wir waren sehr sparsam bisher und Lebensmittel sind auch noch da. Dann segeln wir jetzt so lange, wie der Wind durchhält. Zum Abend suchen wir uns dann eine Bucht."

Alle nicken müde. Nur Karl besinnt sich auf seine Aufgabe als Navigator, er nimmt behutsam seinen Arm von Marions

Schulter und bewegt sich in den Niedergang. „Ich werde mal in der Karte nachsehen, was es an Buchten und Ankermöglichkeiten hier so gibt."

Marion, die sich an Karl gelehnt hatte und nun, ihrer weichen Unterlage beraubt, aus ihrem Halbschlaf gerissen wurde, ruft ihm nach: „Bringt dann mal gleich den Reiseführer mit, ich muss doch wissen, wo sich die Millionäre hier so herumtreiben."

Karl reicht ihr das Buch herauf und Marion blättert eine Weile darin herum und legt es dann enttäuscht zur Seite: „Also hier steht nicht viel über die Costa Smeralda. Nur, dass entlang der Küste Anfang der sechziger Jahre von einer Gruppe Millionäre ein exklusives Feriengebiet erschlossen wurde, nur für die Reichen, ohne Massentourismus. Es reicht von Caprera im Norden bis nach Olbia im Süden. – Wie weit ist Olbia noch entfernt Karl?"

„Von hier aus vielleicht dreißig Meilen", ruft Karl ihr zu, „aber ich glaube nicht, dass du dort hin willst. Das ist laut Hafenhandbuch nur ein riesiger Fährhafen."

„Na gut, ich dachte ja nur. Dann such' uns mal eine Bucht. Aber mach mal fix und dann komm wieder her. Ich brauche dich zum Anlehnen, die Bank ist so hart."

Jan steht am Ruder und eigentlich bräuchte er ja nur den Autopiloten zu kontrollieren. Er aber steht stolz am Rad und genießt das Gefühl ein Schiff zu steuern. Eine richtige Segelyacht, eine, die er sich wahrscheinlich nie wird leisten können. Nur schade, dass er hier keinen damit beeindrucken kann. Irgendwie scheint es normal, so eine Yacht zu haben, selbst die Mädels an der Strandbar waren viel mehr an den angesagten Drinks interessiert, die er viel zu großzügig spendiert hat, als an dem Schiff, mit dem er gekommen ist und das dort unweit in der Bucht für alle sichtbar ankerte. Ein kurzer Blick nur, ein Nicken, eben nur eine Segelyacht. Verwöhnte Ziegen! Wie würde er mit solch einem Schiff in Ostfriesland dastehen ...?

Es gibt im Moment auf dem Schiff absolut nichts zu tun. Der Wind weht stetig, sie segeln raumschots nur mit der Genua und es liegen noch einige Meilen vor ihnen. Hinni hat sich mit einer seiner neuen kurzen Hosen bekleidet und mit einem Handtuch als Unterlage aufs Vorschiff in den Schatten des Vorsegels verzogen und Renate kommt ihm nach einer Weile nach und legt sich neben ihn.

„Ist das nicht herrlich, Hinni? Ich könnte ewig so weitersegeln."

„Und warum machst du das nicht einfach?", fragt Hinni.

Renate muss lange nachdenken. Hinni wäre schon ein Mann, mit dem sie leben könnte, etwas auf Distanz natürlich, in ihre Welt in Franken passt er natürlich nicht hinein. Was ihre Freundinnen wohl sagen würden ...

Aber sie spürt seine innere Stärke, seine Fähigkeit auch in brenzligen Situationen ruhig zu bleiben und den Überblick zu behalten, seinen festen Willen und seine seemännische Erfahrung. Und ihr ist klar, dass sie noch viele Törns mit ihm segeln möchte und es muss auch nicht beim Segeln bleiben ...

„Wenn das so einfach wäre, Hinni. Im Moment fühle ich mich sehr wohl und die beiden letzten Nächte haben mir gut getan, ehrlich. Du bist so ein starker und trotzdem zärtlicher Mann." Nach einer kurzen Pause fährt sie fort: „Ich weiß noch nicht, wie ich mein zukünftiges Leben gestalten werde, aber ich hoffe, wir werden noch oft miteinander eine Koje teilen!"

Solch ein unverhofftes Lob und eine unverblümte Einladung in ihr Bett hat Hinni nicht erwartet und er wird tatsächlich rot. Sicher, es gab viele Frauen in seinem Leben und meistens war es ja auch schön, aber so offen und direkt hat ihm das noch keine Frau gesagt. Etwas verlegen antwortet er: „Warum sollten wir nicht?"

„Na ja, du weißt, ich bin verheiratet. Mein Mann hat mich ja schon seit Jahren nicht mehr angefasst und ich habe es sehr vermisst. Aber wenn dieser Törn vorbei ist, Hinni, dann muss ich wieder zurück. Muss mich um meine Töchter kümmern, im Geschäft sind wichtige Entscheidungen zu treffen, die ich meinem Mann nicht überlassen will und ich bin noch nicht so weit, mich von ihm zu trennen. Unsere Ehe ist keine Liebesbeziehung im herkömmlichen Sinne, sondern eher wie eine geschäftliche Partnerschaft zu verstehen. Da sind noch viele Verbindungen, die ich im Moment nicht so einfach aufgeben kann. Meine Gefühle zu dir sind durchaus positiv und wir wollen mal sehen, was sich daraus noch entwickelt. Ich hoffe, du verstehst das und akzeptierst das ..."

Hinni wird sehr nachdenklich, er möchte jetzt vieles sagen: Zum Beispiel, dass er noch nie eine Frau wie Renate kennen gelernt hat. Ihm imponiert ihr Lebensstil, wenn es ihm auch nicht behagt, dass sie ihren Luxus unverhohlen und öffentlich zur Schau stellt, ihre Offenheit, ihre Fähigkeit ein Schiff zu führen, mit Menschen umzugehen, ihren Willen durchzusetzen und respektiert zu werden. Er möchte ihr auch sagen, dass er sie als Frau, aber auch als gleichberechtigter Skipper akzeptiert und er wünscht sich, dass er auch frei und offen über seine Gefühle reden könnte. Aber so bringt er nur heraus: „Aber die Regatta im nächsten Jahr, die segeln wir! Das ist doch abgemacht, oder?"

„Natürlich, Hinni, das ist abgemacht. Ich hoffe nur, dass du auch ein guter Verlierer bist!"

Das kann Hinni natürlich nicht auf sich sitzen lassen: „Da müsstest du ja erst mal gewinnen! Freue dich nur nicht zu früh. Dein Schiff ist zwar größer, aber ich segele doch schon etwas länger im Salzwasser als du. Bring ruhig schon mal eine Kiste von deinem Dingsbums Champagner mit, du wirst sie gebrauchen."

Einige Stunden später, gerade als die Nachmittagsbrise auffrischt und *Makan Angin* noch einmal richtig Fahrt aufnimmt, meldet sich Renate von dem Navigationstisch, an dem sie die letzte Viertelstunde ausgiebig die Seekarte und die Handbücher studiert hat: „Zwei Meilen voraus in der Nähe von Porto Rotondo ist eine größere Bucht. Sandgrund auf vier bis zehn Metern Tiefe und es sollte genügend Platz da sein. Es gibt dort einen Strand mit einem Fünf Sterne Hotel, ein nobles Restaurant und sicher auch einen Supermarkt zum Einkaufen. Ich schlage vor, dort ankern wir diese Nacht."

Karl ergänzt: „Nach Arbatax, das ist der nächste Hafen, sind es noch über achtzig Meilen und wenn der Wind am Abend einschläft, dümpeln wir die ganze Nacht nur herum. Ich bin auch für die Bucht!"

Eine Meile später kommandiert Renate: „Motor an, Genua einholen und Anker klarmachen! Hinni, fährst du das Ankermanöver?"

Sie selber nimmt das Fernglas und beobachtet die Einfahrt zur Bucht: „Du kannst direkt hineinfahren, ich kann keine Steine oder Riffe erkennen. Aber pass auf, da vorne liegt eine riesige Motoryacht direkt in der Einfahrt!"

„Riesige Motoryacht' ist ein Reizwort für Marion und sie erwacht aus ihrem Halbschlaf: „Fahr näher ran Hinni, ich möchte doch mal den blanken Hintern von so einem Millionär sehen."

„Ja, und ich den von seiner Mieze", ergänzt Jan schnell. So ein nacktes Millionärsweibchen mal ganz aus der Nähe zu sehen ...

Hinni will seinen Freunden gerne den Gefallen tun und hält stur auf die ankernde Motoryacht zu. Ein riesiges Schiff, bestimmt 60 Meter lang, ein schneeweißer, glänzender Rumpf, sechs Decks erheben sich über der Wasserlinie, die alle, soweit erkennbar, mit Teakholz belegt sind und oben auf der Kommandobrücke drehen sich zwei Radarantennen. Eine saubere, teure Schiffsbauerarbeit findet Hinni und das möchte er sich auch gerne aus der Nähe ansehen. Also hält er weiter stur auf die Yacht zu.

„Hey, winken die uns?", fragt Marion, die sich inzwischen auf den Bugkorb gesetzt hat und sie winkt den Männern, die dort plötzlich an der Reling aufgetaucht sind, fröhlich zurück.

„Die meinen wirklich uns", findet Karl, „aber ich glaube nicht, dass die nur von dem Inhalt deines Bikinis entzückt sind. Die wollen, dass wir abdrehen!"

„Die Meere sind frei", findet Hinni, „jetzt will ich gerade sehen, was da los ist." Er hält stur weiter auf die Motoryacht zu, gerade so, dass er die voraus liegende Ankerkette nicht streift.

Immer mehr Männer in weißen Uniformen erscheinen nun an der Reling, einer hat ein Megafon in der Hand und ruft ihnen zu: „Please keep distance!" Die Entfernung zu der Yacht beträgt nun etwa eine Bootslänge und Hinni findet, das ist weit genug entfernt. Keine Welle, kein Wind, was soll passieren?

„Hinni, die haben Waffen", ruft Renate erschreckt, „das sind Bodygards oder Soldaten. Sei mal vorsichtig, ich möchte nicht aus Versehen erschossen werden." Tatsächlich, die Männer an der Reling haben nun plötzlich Waffen in Hand und versuchen nicht einmal diese zu verstecken.

„Maschinenpistolen", stellt Karl fest, „aber wir haben doch das Recht hier zu manövrieren. Laut Seestraßenordnung verhalten wir uns doch korrekt. Die haben kein Signal gesetzt, dass wir uns fernhalten sollen, weil die zum Beispiel gefährliche Güter an Bord haben. Wir sind zwar ziemlich dicht dran, aber das ist doch kein Grund, uns Waffen zu zeigen."

„Please keep distance", schallt es nun wieder aus dem Megaphon, „bitte gehen sie sofort auf Distanz oder wir sind gezwungen militärische Aktionen ergreifen. Gehen sie sofort auf Distanz!"

Die Waffen werden nun schussbereit gehalten und Hinni kämpft mit sich. Soll er stur bleiben oder doch besser abdrehen? Er schaut kurz zu Renate hinüber. Ihr gehört das Schiff, ist sie bereit, es sich kaputt schießen zu lassen?

Renate versteht seine Frage und nickt: „Fahr weiter. Karl hat Recht. Solange wir die Seestraßenordnung einhalten, lasse ich mich nicht so einfach verjagen. Von Niemandem! Wer sind wir denn?"

Auf der Motoryacht wird es jetzt hektisch, es wird in Funkgeräte gesprochen und plötzlich kommt hinter dem Heck der Motoryacht ein großes Schlauchboot hervorgeschossen und hält direkt auf die *Makan Angin* zu. Drei Männer, ebenfalls in weißen Uniformen befinden darin, einer steuert, die beiden anderen stehen mit schussbereiten Pistolen am Bug. Sie gestikulieren und schreien: „Keep distance, immediately!"

Und als das nichts hilft und Hinni stur seinen Kurs parallel zur Motoryacht fährt, kommt das Schlauchboot direkt heran und drückt den Bug von *Makan Angin* brutal herum. Hinni protestiert mit hochgehobener Faust, aber gegen die 250 PS des Motorbootes kommt er nicht an.

„Lass gut sein, Hinni", beruhigt ihn Renate, „wir wollen hier keinen Zwischenfall provozieren. Wer weiß, wer dort an Bord ist und militärischen Schutz genießt? Suchen wir uns einen Ankerplatz in der Bucht."

Jan hat sich während der Aktion bemerkenswert ruhig verhalten und mit blassem Gesicht das Geschehen verfolgt, aber nun, da keine Gefahr mehr zu bestehen scheint, wagt er sich wieder hervor: „Seht mal, die englische Flagge. Bestimmt der Geheimdienst, verdeckte Aktion ..."

„Ja, und da ist auch James Bond an Bord und der MI5 und die Queen hat ein Geheimtreffen mit Angela Merkel und morgen können wir lesen, dass sie Ostfriesland an England verkauft hat", unterbricht ihn Marion und zeigt dann zum Heck der Motoryacht: „Schaut mal..."

Dort steigt ein nackter Mann über eine Badeleiter ins Wasser und bald darauf folgt ein ebenso nacktes Mädchen. Jan bekommt Stielaugen und verlangt nach dem Fernglas. Was er sieht ist jung, schlank, blond und hat respektable Brüste, das hat er sich doch gleich gedacht.

„Schaut mal, ist doch bloß so ein arroganter Millionärsarsch, der seine Ruhe haben will. Der wollte nackig schwimmen und ich sollte ihm nicht zusehen, weil er so einen kleinen Schniegel hat", ärgert Marion sich.

Der Mann und das Mädchen entfernen sich schwimmend vom Schiff, werden aber von drei Schlauchbooten begleitet, die unentwegt ihre Kreise ziehen und die Schwimmer nicht aus den Augen lassen.

„Ist doch Scheiße", ärgert sich nun auch Jan, „da bist du Milliardär, hast eine tolle Yacht, ´ne tolle Mieze und dann kannst du mit der nicht einmal allein nackig schwimmen gehen. Macht doch keinen Spaß, wenn alle zusehen."

Hinni aber sieht das anders: „Die haben doch selber Schuld. Was lassen die ihr Geld auch so raushängen. Klar, das die Feinde haben."

Und Renate ergänzt: „Schaut, wir haben zwar nicht ständig eisgekühlten Champagner an Bord, auch keinen Kaviar und erst recht kein Blumenbukett für dreihundert Dollar an jeder Reling und am Heckkorb stehen und wir können uns auch nicht mal fix ein frisches Baguette von Gosselin aus dem Bistro Auvergnat im siebenten Arrondissement in Paris einfliegen lassen. Oder von Raoul Maeder am Boulevard Berthier, falls der im Moment mehr angesagt sein sollte. Aber wir haben den gleichen Wind und das gleiche Meer. Wir können selber segeln und brauchen keine Crew, die unser Intimleben erforscht und womöglich an die Presse verkauft. Wir haben zu essen und zu trinken, wir sind glücklich an Bord unseres Schiffes und abends beschert uns der Liebe Gott ein rosa Meer."

Der Anker fällt auf fünf Metern Tiefe in den Sand und bald plantschen alle im Wasser herum und genießen das kühle, frische und in dieser Bucht bemerkenswert saubere Meerwasser.

Am Ende der Bucht ist ein großer Hotelkomplex zu erkennen, ein Swimmingpool befindet sich davor und einige Terrassen mit Tischen und vielen bunten Sonnenschirmen. Renate möchte sich die Anlage näher ansehen.

„Marion, hast du Lust mit mir einen Kaffee auf einer der Terrassen dort zu trinken?", fragt sie.

„Gerne, aber dann machen wir uns schick und mischen die Männer dort ein bisschen auf", findet Marion. „Fährst du uns mit dem Schlauchboot hin, Karl?", bittet sie. „Wir können uns dort doch nicht ohne angemessene Crew präsentieren, wie sieht das aus?"

Karl hat dazu zwar überhaupt keine Lust, aber nachdem auch Renate ihn lieb anblinkert, willigt er ein: „Aber nur hinfahren und in einer Stunde wieder abholen. Keinen Schritt setze ich dort mit euch an Land. Soll ich zusehen, wie ihr dort herumflirtet?"

„Nein, Karl, das ist schon in Ordnung." Marion streichelt ihm über die Wange: „Ich komme ja wieder. Brauche nur etwas Auslauf."

Karl montiert den Außenborder und inzwischen sind auch die beiden Frauen fertig zum Landgang. Renate im weißen Leinenkleid. Und Marion mit einem superkurzen Rock, der ihre inzwischen braun gebrannten Beine so richtig zur Geltung bringt.

Jan pfeift ihnen nach, als sie durchs Cockpit zum Heck gehen: „Hallo schöne Frauen, hier gibt es auch tolle Männer."

„Sicher seid ihr tolle Männer, aber euch kennen wir schon", gibt Marion ihm Bescheid.

Das Schlauchboot setzt sich in Fahrt. Richtig gut sieht es aus: Zwei attraktive Frauen an Bord und Karl als Dinghy-Skipper hat sich seine weiße Schirmmütze, die er sicherheitshalber mal eingepackt hatte, aufgesetzt.

Sie fahren langsam zwischen den anderen hier ebenfalls

ankernden Segelyachten hindurch, als plötzlich ein feuerrotes, langes, schmales und offensichtlich sehr schnelles Motorboot in die Bucht hineindonnert.

„Booaaa", kann Karl sich nicht verkneifen, „Ein richtiges Geschoss, Wahnsinn. Ich dachte, so etwas gibt es nur in Monaco."

„Karl, die kommen auf uns zu", stellt Marion fest, „Halt mal an!"

Tatsächlich kommt das Motorboot näher, wird langsamer und zwei Männer winken Karl zu, er möge längsseits gehen.

„Soll ich?", fragt er die beiden Frauen.

„Na klar doch, das sind doch zwei tolle Typen", findet Marion.

Inzwischen beugt sich einer der beiden Männer zu ihnen herunter – mit einem Autoatlas in der Hand.

„Ist das hier Olbia", fragt er auf Italienisch.

Marion schaut Karl verwirrt an: „Das ist hier doch nicht Olbia, oder?"

„Nein, natürlich nicht", stellt Karl fest. Und dann: „Die sollen mir mal ihre Seekarte geben, dann zeige ich denen den Hafen."

Marion versucht zu übersetzen: „Carta mare?" Aber sie erntet nur ein Kopfschütteln und ihr wird wieder der Autoatlas gereicht.

Karl poltert los: „Idioten. Haben zwar ein GPS an Bord, aber keine Karte um die Koordinaten einzutragen. Und dort ist sogar ein Kartenplotter, aber da kann vermutlich keiner mit umgehen. Radar haben sie auch, aber das nützt natürlich keinem was. Und so was fährt auf dem Meer herum. Frag den mal, wie viel PS der Motor hat."

„Zwei Motoren, je 2200 PS", kommt nach einer Weile die Antwort.

„Und wie schnell sind die?"

Marion gibt die Frage weiter und teilt dann mit: „Das wissen die nicht so genau, aber sie sind vor zwei Stunden in Cagliari abgefahren."

„Cagliari an der Südküste von Sardinien, das sind ja hundertvierzig Meilen – verrückt!" Karl wundert sich.

Aber Marion redet immer noch mit den beiden Männer und übersetzt schließlich: „Und jetzt ist fast kein Sprit mehr da, fünfhundert Liter haben die verbraucht."

Renate schaltet sich ein: „Da sind die doch viel zu weit gefahren, Olbia liegt südlich von uns. Das finden die doch nie und nimmer. Jetzt fahren wir mit denen erst mal zum Hotelsteg. Wenn die hübschen Männer nur nicht alle so blöd wären."

Sie klettert an Bord des Motorbootes und Marion folgt ihr. Bereitwillig werden die beiden Frauen von den Männern empfangen.

Und dann bekommt Karl seine Anweisungen: „Wir lassen uns jetzt von denen erst mal zum Eis einladen. Dann können die telefonieren und einen Tankwagen ordern. Inzwischen fährst du zurück und holst eine Seekarte. Die können wir im Hotel kopieren und dann erkläre ich den Arschlöchern, wie man nach Olbia kommt."

Und zu Marion: „Die ‚Arschlöcher' brauchst du aber nicht zu übersetzen, ich hoffe natürlich auf ein richtig großes Eis!"

Renate ist richtig in Form. Das Motorboot wird an den Steg bugsiert, Renate macht die Leinen ordentlich fest, nachdem sie gesehen hat, dass einer der beiden Männer diese nur mal eben so um den Poller wickeln will. Sie stürmt ins Lokal, verlangt den Manager, zeigt auf das Motorboot draußen und bestellt: „Hundert Liter Benzin, 98 Oktan, in Kanistern – zu liefern innerhalb der nächsten Stunde." Der Manager nickt dienstfertig.

„Und dann einen ruhigen Tisch im Schatten, für vier Personen und das größte Eis mit allem Drum und Dran."

Und dann zeigt sie auf die beiden Motorbootfahrer: „Und diese Herren hier, die bezahlen das alles. Die haben nämlich heute ihren Glückstag mit uns!"

Als Karl nach einer Weile mit einer Kopie der Seekarte kommt, muss er feststellen, dass Marion sich mit einem der Männer schon recht gut angefreundet hat und Renate wirkt auch nicht gerade wie ein Mauerblümchen.

„Na, euch geht es ja gut und mich lasst ihr schuften", ärgert er sich.

„So geht's nun mal, Karl", philosophiert Renate, „Mal bist du oben, mal bist du unten. Aber zeig' denen, wo wir jetzt sind und wo Olbia liegt und zeichne gleich die Kurse und die Distanzen ein."

Nautiker sind die beiden gerade nicht, aber nach einer Weile scheinen sie kapiert zu haben, wo sie hinmüssen.

Der Manager meldet, dass hundert Liter Benzin, 98 Oktan, bereitstehen und Renate weist ihn an, gleich den Tank damit zu füllen.

Die beiden Männer stehen erleichtert auf. Italienische Machos, die immer eine Mama brauchen, wenn es mal schwierig wird. Aber immerhin wissen sie, was sich gehört. Die Eisrechnung wird bezahlt, Renate und Marion werden der Reihe nach in den Arm genommen und abgeküsst, Hände werden geschüttelt, der Tankwagenfahrer wird bezahlt und der Hoteldirektor bekommt ein großzügiges Trinkgeld.

„Mille grazie, Signorina Renate, mille grazie, Signorina Marion!" Dann werden noch die Visitenkarten mit den Telefonnummern überreicht, die Marion auch bereitwillig entgegennimmt.

„Man kann ja nie wissen. Zwei so hübsche Jungs. Doof und reich ist doch eine tolle Mischung!"

Später am Abend, als sie alle die Erlebnisse des Tages noch einmal durchgesprochen und verdaut haben, wartet noch eine Überraschung auf sie: Ein Motorboot mit dem Namen des Hotel kommt langsam längsseits. Ein Mann mit einem weißen Kittel und einer weißen Mütze steht im Heck und bittet an Bord kommen zu dürfen. „Ich habe etwas abzugeben", teilt er in gutem Deutsch mit. „Die beiden Herren von dem Motorboot haben ein Abendessen für fünf Personen für sie bestellt! Darf ich hier auf dem Cockpittisch servieren?"

Und dann zu Hinni, den er offensichtlich für den Boss hält: „Möchten sie den Wein probieren, mein Herr? Ein 1989er Barolo."

Hinni ist erschrocken. Wein zu kosten ist ja nicht gerade sein Metier und in Ostfriesland verlangt das auch keiner von ihm. Aber tapfer nimmt er das Glas entgegen, riecht und nippt daran, so wie er es im Fernsehen manchmal sieht und verkündet: „Trinkbar!"

„Ist das dort drüben schon das Capo Bellavista?", fragt Renate in die Runde.

Eigentlich eine unnötige Frage: Sie weiß, dass es das bekannte Capo Bellavista ist, leicht erkennbar an dem markanten Leuchtturm obendrauf und jeder andere an Bord weiß das auch. Es ist ein großer, unübersehbarer Felsklotz, der dort in das Meer ragt. Rechts davon befinden sich ein Fährhafen und die Marina von Arbatax, in die sie gleich einlaufen wollen.

So gesehen war diese Frage eigentlich eher ein Weckruf! An Bord ist die große Schlafsucht ausgebrochen. Renate hatte ihre Crew nach dem vorzüglichen Abendessen sehr früh am Morgen geweckt, eigentlich kurz nach Mitternacht, fand besonders Marion, aber objektiv gesehen war es kurz vor Sonnenaufgang. Nach einem schnellen Frühstück waren Schiff und Crew dann bereit das nächste Tagesziel, das etwa achtzig Seemeilen entfernte Arbatax, anzusteuern.

Bei einem mehr oder weniger stetigen Wind, der in seinem Bemühen das Schiff vorwärts zu bewegen gelegentlich durch den Motor unterstützt werden musste, glitt *Makan Angin* dann an der von Bergen und teilweise schroffen Klippen gesäumten Sardinischen Küste dahin. Eine atemberaubende Küste, aber nach einigen Stunden Hinschauen und Fotografieren war dann doch der große Reiz vorbei und jeder suchte sich ein mehr oder weniger bequemes Plätzchen für ein kleines Schläfchen zwischendurch, unterbrochen nur von der Pflicht, abwechselnd am Ruder zu stehen und gelegentlich etwas zu essen und zu trinken.

„Schon ist gut", meldet sich Jan. „Wir sind jetzt schon dreizehn Stunden auf den Beinen. Ich hoffe nur, wir schaffen es noch vor dem Sonnenuntergang in die Marina."

„Ach, wenn schon", antwortet Renate, „es dauert höchstens noch eine Stunde. Die Einfahrt ist befeuert – laut Handbuch jedenfalls und zur Not lassen wir uns von einem Marinero hereinholen und einen Liegeplatz zuweisen."

Die Marina ist bald im Dämmerlicht zu erkennen, an den

beiden Molenköpfen erscheinen das rote und das grüne Blink-licht.

Bald sind sie nur noch eine halbe Seemeile von der Einfahrt entfernt und Renate wendet sich an Karl, der sich am Karten-tisch beschäftigt: „Meldest du uns über UKW bei der Marina an! Der Arbeitskanal von denen müsste im Handbuch stehen."

Bald darauf erscheint ein Schlauchboot von der Marina, der Marinero fragt nach der Schiffgröße und bald ist ein Liegeplatz gefunden und *Makan Angin* liegt sicher am Steg.

„Die Anmeldung könnt ihr morgen machen, die Rezeption hat schon geschlossen", informiert der Marinero in holperigem Englisch. „Strom und Wasser könnt ihr aber schon benutzen und das Restaurant hat auch noch geöffnet. Die Duschen sind neben der Rezeption dort am Ende des Steges. Guten Abend", und mit einem Blick auf Marion: „Sleep well!"

Marion ist begeistert: „Das ist aber mal ein ganz Netter. Wie toll der uns hereinbugsiert hat, ich konnte die Mooringleine gar nicht so schnell greifen, wie der die für mich aus dem Was-ser geangelt hat. Und dann noch so einen netten Gute-Nacht-Gruß!"

Renate ist mehr für den praktischen Teil: „Wollen wir noch kochen oder essen gehen? Ich bin für Essen gehen, jetzt sofort. Ich dusche nur noch und dann treffen wir uns im Restaurant"

Etwas später, die Antipasta wurden gerade auf den Tisch gestellt, meldet sich Marion: „Bevor wir gleich alle einschla-fen – ich hoffe nur, ich erlebe den Hauptgang noch – sollten wir vielleicht das weitere Programm besprechen. Ich habe im Reiseführer gelesen, dass eine Schmalspurbahn von hier aus in das Innere von Sardinien fährt. Es soll eine atemberaubende Fahrt sein, durch tiefe Täler, hart am Abgrund von Schluchten vorbei und durch bezaubernde, grüne Wälder. Ich hätte Lust, dort mitzufahren!"

Renate winkt den Kellner und sagt zu Marion: „Dann frag den doch gleich, wann der Zug fährt und wie lange die Fahrt dauert."

Der Kellner weiß das zwar auch nicht, aber er holt sein Telefon heraus und telefoniert. In schneller Folge rattern Worte in das Telefon und jedes Wort wird von umfangreichen, raumgreifenden Gesten, Hand- und Fingerbewegungen begleitet und betont.

Hinni fragt: „Haben die hier Bildtelefon, oder wie soll der am anderen Ende der Leitung erkennen, was der spricht?"

Marion lacht: „Das gehört einfach dazu. Man kommuniziert aus Freude, nicht unbedingt um etwas mitzuteilen. Aber sieh', der ist schon fertig!"

Nach einigem Hin und Her hat Marion dann verstanden und sie übersetzt: „Also, morgen früh um zehn Uhr – so ungefähr jedenfalls – fährt ein Zug. Es ist wirklich eine Schmalspurbahn, die nur aus einem Motorwagen besteht. Nach einer Stunde gibt es eine größere Haltestelle an einem Fluss, dort könnten wir aussteigen, etwas wandern und zwei Stunden später mit dem Gegenzug zurückfahren. Es gibt einen speziellen Bahnhof und der liegt gleich hinter der Marina."

„Gut", sagt Renate, „Wer morgen mit will, soll rechtzeitig aufstehen. Ich werde um dreiviertel Zehn abmarschbereit sein. Wer keine Lust hat, kümmert sich um das Schiff: Einkaufen, Wasser bunkern, sauber machen. Jan, du gehst auf jeden Fall vorher in die Rezeption und bezahlst die Liegegebühr und du, Marion, flirtest jetzt mal dem Kellner an und sagst ihm, dass er so langsam die prima piatto servieren kann. Ich habe Hunger und bin müde!"

Am nächsten Morgen beim Frühstück fragt Karl: „Sag mal Renate, hast du eigentlich einen Plan, wie wir es noch rechtzeitig bis Ende September nach Korfu schaffen?"

Marion ergänzt: „Ich könnte ja ewig weitersegeln, aber mein Chef zerreißt mich in der Luft, wenn ich nicht pünktlich zurück bin. Ich habe die vier Wochen Urlaub ja sowieso nur mit List und Tücke bekommen!"

Renate grinst: „Bei mir ist das zwar etwas anders, da zittern die zu Hause eher, wenn ich zurückkomme, aber ihr habt recht. Natürlich habe ich einen Plan, sonst könnte ich ja nicht improvisieren! Aber was habt ihr denn für Vorschläge, wo sollten wir unbedingt hin?"

„Nach Favignana, zu den Thunfischfängern", meldet sich Hinni. „Das habe ich mal im Fernsehen gesehen. Da gibt es noch echte Kerle."

„Auf jeden Fall nach Vulcano und Stromboli", meldet Marion ihre Wünsche an, „ich möchte im Schwefelschlamm baden. Dann stinke ich jedenfalls ordentlich und Karl kann dann seine Zuneigung zu mir unter Beweis stellen."

Jan hat ganz andere Wünsche: „Wir sollten auf jeden Fall noch nach Palermo. Ich hätte gerne ein Treffen mit Don Corleone."

„Wieso das denn", fragt ihn Marion entsetzt, „Du meinst doch nicht Den Paten, den Mafiaboss. Bist du lebensmüde? Der lebt übrigens gar nicht mehr und Steuern kannst du bei dem auch nicht eintreiben!"

„Och", meldet sich Hinni, „mit dem würde ich auch gerne mal schnacken. Da kann man bestimmt was lernen, so für's

Leben meine ich."

„Und du Karl, du bist so ruhig, hast du keinen Herzenswunsch?" erkundigt sich Marion fürsorglich.

„Doch habe ich schon, aber ihr werdet bestimmt lachen", windet sich Karl.

„Nun, mach schon", fordert ihn Renate auf, „wenn es lustig ist, lachen wir natürlich gerne. Aber ausgelacht wird keiner, nur weil er etwas Bestimmtes sehen möchte. Los Karl, spuck es raus."

„Nun ja, ich müsste früher immer in den Kindergottesdienst und da gab es eine Geschichte, wie Paulus auf Malta mit einem Schiff gestrandet ist. Ich habe nie kapiert, wie das passieren konnte, und deshalb würde ich diese Stelle gerne einmal sehen. Ist das albern?"

„Nein, albern sicher nicht. Ich wusste aber gar nicht, dass du so fromm bist. Wer ist übrigens Paulus?", möchte Marion wissen.

„Nee, ich bin sicher nicht fromm, aber das nautische Problem, das die damals hatten, interessiert mich. Die fuhren nämlich an der Ostküste der Insel und sind bei Nordweststurm gestrandet. Paulus war übrigens einer der Apostel. Aber du hast in Religion wohl nie aufgepasst."

„Gut!" Renate übernimmt wieder die Initiative. „Karl, dann arbeite mal einen Plan aus. Ich denke, wir schaffen das alles! Aber jetzt müssen wir los, wer fährt denn mit der Eisenbahn?"

„Ich", sagt Marion. „Ich auch", schließt Karl sich an. „Und du, Jan?"

Jan stößt Hinni an: „Fährst du denn auch mit? Oder soll ich dir hier Gesellschaft leisten?"

„Natürlich fahre ich auch mit!" Hinni tut ganz entrüstet.

„Das ist bestimmt so eine Bahn wie früher *Jan Klein* zwischen Emden und Greetsiel. Eine Stunde hat die gebraucht für zwanzig Kilometer, aber Blumen pflücken unterwegs war verboten."

Renate steht auf: „Also, auf geht's! Geschirr abräumen, abwaschen und du, Jan, gehst zur Rezeption, bezahlst und erkundigst dich nach dem Weg zu dem Bahnhof. Am besten, Marion geht mit!"

Etwas später sitzen sie in dem kleinen Zug und lassen sich durch eine der schönsten Landschaften Sardiniens fahren.

Hinni ist begeistert: „Wirklich genau wie *Jan Klein*! Der war auch laut, wackelte auf den krummen Schienen und man konnte nebenher laufen."

Sie genießen die Landschaft, es geht durch grüne Wälder, Täler werden auf abenteuerlichen Brücken überquert, es geht hart an tiefen Schluchten vorbei und dann hält der Zug.

„Scendere", ruft der Schaffner, aber es ist weit und breit kein Bahnhof oder zumindest ein Bahnsteig zu sehen. „Scendere, scendere!"

„Wir sollen hier aussteigen, aber wie denn?", fragt sich Marion.

Der Schaffner winkt und drängt sie zur Tür. Dort sind ein Haufen alte Paletten aufgestapelt, etwa einen Meter hoch, genau bis zur Höhe der Tür und ein paar Stufen zum Herunterkommen gibt es auch. Galant hält der Schaffner Marion den Arm: „Grazie, Signorina."

„Ah, ein Sardenischer Bahnsteig", stellt Marion fest und erkundigt sich bei dem Schaffner noch einmal nach der genauen Rückfahrzeit. Dann zuckelt die Bahn mit lautem Getute weiter.

„Nach DIN ist der Bahnsteig aber gerade nicht und auch nicht Behindertengerecht", stellt Karl fest.

„Nee, das wohl nicht", meint Hinni, „aber es funktioniert doch und kostet nichts."

Der ‚Bahnsteig' befindet sich hundert Meter vor einer Brücke entfernt, die ein weites Flusstal überspannt. Ein schmaler Weg führt von dort zum Fluss mit einem kleinen Badestrand und einer Osteria hinunter.

Renate läuft schon zum Fluss herunter: „Kommt, es gibt hier bestimmt einen leichten, lokalen Weißwein. Ich lade euch ein!"

Auf der Rückfahrt nimmt Hinni Jan beiseite. Zwar versteht man bei dem Geklapper und Motorgedröhne fast sein eigenes Wort nicht, aber das ist Hinni auch nur recht.

„Sag mal Jan, du kennst dich doch mit den Wettsegelbestimmungen aus?"

„Ja schon, was willst du denn wissen?"

„Na ja, ich überlege ja nur wegen der Regatta mit Renate im nächsten Jahr ..."

„Ach, ihr wollt die Regatta immer noch segeln?" Jan ist erstaunt: „Ich dachte, bei eurem Geturtele auf dem Vorschiff habt ihr inzwischen ganz andere Pläne geschmiedet!"

„Quatsch, das eine hat mit dem anderen doch nicht zu tun. Und schließlich muss ich sie doch genau kennen lernen. Wer weiß, was Renate noch alles für Tricks drauf hat. Nenn' das mal einfach Feindaufklärung!"

„Und jetzt willst du die Regeln kennen lernen, damit du weißt, wie du sie brechen kannst!", stellt Jan fest.

„Nee, brechen vielleicht nicht. So was mach ich doch nicht. Aber trickreich anwenden, dass ist doch wohl erlaubt?"

Hinni fährt fort: „Du hast doch so ein Buch mit den Wett-segelbestimmungen. Du weißt schon: Überlappung, Mast querab, Luvrecht und was du mir sonst alles erzählst, wenn wir Regatta segeln. Du musst mir das im Winter genau ausein-andersetzen und beibringen."

Jan lacht: „Hinni, Hinni! Karl hat mir schon erzählt, das du ihn als deinen Revier- und Wetterberater angeheuert hast und jetzt braucht du mich noch als Taktiker und ich soll dir dann zurufen, wann du die Protestflagge hissen musst."

„Na ja, rufen vielleicht nicht. Aber du könntest mir doch über Funk ein paar Tipps geben. Es gibt doch so kleine Geräte mit Ohrstöpseln und Mikrofon im Kragen."

„Das ist aber gerade nicht die feine Art, Hinni. Hast du das denn nötig? Vielleicht versuchst du es doch erst einmal mit dem Lernen!"

„Jo, lernen will ich ja wohl, aber so eine Sicherheit wäre doch nicht verkehrt. Verlieren darf ich auf keinen Fall. Was sollen die dann im Verein denken und wenn das dann in der Ostfriesenzeitung steht. Und jeder weiß, dass du mein Freund bist. Das fällt dann auch auf dich zurück, das ist dir doch klar."

„Lass mal Hinni, wir helfen dir schon. Aber pass nur auf, das Renate dich nicht mehr ausspioniert als du sie. Ich glaube, die will auch gewinnen! Über was redet ihr eigentlich die ganze Zeit?"

Hinni schaut erschrocken: „Na ja, übers Segeln eben. Wie schön das ist! Was genau für ein Schiff ich habe, wie viel Segelfläche das Schiff hat und wie viel Ballast im Schwert ist und ob wir oft bei Sturm segeln ..."

Jetzt lacht Jan laut heraus: „Hinni, du scheinst ja richtig ver-liebt zu sein und merkst überhaupt nicht, das du einer Mata

Hari in die Fänge geraten bist."

„Mata was?" fragt Hinni verduzt.

„Mata Hari war eine legendäre Spionin, die ihre Gegner mit ins Bett genommen und dabei so allerlei erfahren hat. Das ist doch der älteste Trick der Welt."

Hinni aber gibt sich unerschüttert: „Das mag wohl sein, dann sind wir eben quitt. Aber selbst wenn sie mich nur benutzt, Spaß macht es auf jeden Fall! Und schließlich tue ich es ja auch für Volk und Vaterland!"

Zurück in der Marina in Arbatax will Renate sich noch unbedingt ein paar andere Schiffe ansehen: „Das scheint hier so ein rechter Hafen für Fahrtensegler zu sein. Ich glaube, einige Schiffe überwintern hier sogar."

Und dann zeigt sie auf eine kleine Ketsch, davor auf dem Steg eine ältere Frau, die in einer großen Schüssel herumstampft: „Was macht die denn da? Macht die Wein oder Sauerkraut?"

Hinni hat sofort die Holländische Flagge und den Heimathafen Groningen erkannt. Endlich mal wieder jemand, mit dem er reden kann. Der Holländische Dialekt in Groningen ist fast identisch mit der Ostfriesischen Sprache. „Gooden Dag", spricht er die Frau an, die emsig ihre Wäsche stampft.

„Ohh, gooden Dag. Seid ihr von der *Makan Angin* da drüben? Schönes Schiff! Sprichst du Holländisch?"

„Ich bin aus Ostfriesland. Hatte mal eine Meisje aus Groningen", gibt Hinni gerne Auskunft. „Segelst du allein?"

„Seit zwei Jahren segele ich allein, meine Freundin ist gestorben, mit fünfundsiebzig schon. Aber für dieses Jahr ist nun Schluss. Ich will das Schiff hier für den Winter an Land stellen."

Hinni schaut sich die Frau näher an. Braungebrannt ist sie, schlank, feste, dynamische Bewegungen – eine Frührentnerin?

Die Frau schaut ihrerseits auch Hinni an: „Gefalle ich dir nicht? Du willst wohl wissen, wie alt ich bin?"

„Ehrlich gesagt, ja."

„Dann mach dir mal keine Hoffnungen auf mich, junger Mann, ich bin achtundsiebzig!"

Hinni ist erstaunt: „Das glaube ich nicht! Und du segelst alleine?"

„Doch, kannst du mir glauben! Siehst du doch!"

„Und wo segelst du?", will Hinni dann wissen.

„Überall im Mittelmeer. Letztes Jahr war ich in der Türkei, davor in Tunesien und nächstes Jahr möchte ich in die Kornaten."

Hinni informiert die anderen kurz über das Gespräch. Marion ist interessiert: „Wow, achtundsiebzig und noch so aktiv. Frag sie mal, wie man das macht, Hinni."

Aber die Frau antwortet auf Deutsch: „Das ist ganz einfach, mien Wicht, Segeln, viel körperliche Arbeit – hier, ich wasche meine Wäsche selber – und keine Männer!"

Renate ist schon weitergegangen und lacht: „Na ja, jedenfalls hat sie saubere Füße. Gut, das es Wäschereien gibt!"

Gerade legt ein Motorboot an, zwanzig Meter lang schätzt Hinni. Im Hafen ist kein Platz dafür, es ankert deshalb an der Außenseite des Steges mit dem Buganker, gerade werden die Heckleinen werden ausgebracht. Kaum sind diese belegt, klappt eine Gangway herab und vier Crewmitglieder, alle gekleidet mit weißen Shirts und blauen, kurzen Hosen, haben plötzlich Eimer mit Wasser, Fensterleder und Wischer in der

Hand. Fix werden alle Fenster geputzt, die Gangway und das Achterdeck werden gereinigt und dann öffnet sich die hintere Kabinentür.

Heraus kommt eine ältere Dame – es könnte eine Schwester der Holländerin sein, nur viel eleganter gekleidet – gestützt von einem Mädchen, ebenfalls mit weißem Shirt und einer blauen Pants gekleidet, die Bordhostess offensichtlich. Das Mädchen geleitet die Dame über die Gangway auf den Steg, dort wird gerade ein Rollstuhl bereitgestellt und die Dame befiehlt: „Zum Restaurant bitte, ich möchte einen Granita mit einer Brioche und einen Espresso."

Marion sieht sich die Dame an, überlegt eine Weile und verkündet dann: „Also, dann ziehe ich im Alter doch lieber eine Motoryacht mit vier schmucken Jünglingen vor!"

Karl gibt zu bedenken: „Und wo kommt die Kohle dafür her?"

Kein Problem für Marion: „Ich muss vorher nur noch einen älteren Millionär heiraten und beerben. Ich bin ja schon auf der Suche! Ihr kennt doch die magischen Zahlen einer Frau?"

„Nein, erzähle", fordert Renate sie auf.

„Achtzig, Achtzig, Achtzig, Null", klärt Marion sie auf.

„Das musst du erklären", fordert Renate sie interessiert auf.

„Ist doch klar: Er muss achtzig Jahre alt sein, noch achtzig Wochen leben, achtzig Millionen auf dem Konto haben und null andere Erben!"

Großzügig fügt sie dann noch hinzu: „Wobei es mir egal ist, ob es sich um achtzig Millionen Dollar, Euro oder Schweizer Franken handelt!"

Renate aber wird nachdenklich: Ist das richtig so? Ist das auch ihre Meinung? Klar, sie hat Geld genug, sie könnte sich vielleicht keine so große Motoryacht leisten, aber es reicht. Was wäre denn besser, mit achtundsiebzig selber die Wäsche waschen zu müssen oder lieber im Rollstuhl sitzen und umsorgt zu werden? Was hat diese Frau denn noch wirklich vom Leben? Nur das, was man mit Geld bezahlen kann und das ist herzlich wenig!

Schließlich aber drängt sie zur Eile: „Wir sollten jetzt sehen, das wir ablegen. Nachttörn! Morgen Vormittag möchte ich gerne in Cagliari sein. Der Wind kommt zwar aus der richtigen Richtung, aber leider nicht genug davon. Einkaufen können wir in Cagliari ohnehin besser!"

„Pack' mers!" Die Mooringleine klatscht ins Wasser, die beiden wie immer auf Slip belegten Achterleinen werden aufs Deck gezogen und das Schiff schiebt sich langsam aus der Box und aus dem Hafen heraus.

Das Capo Bellavista ist bald gerundet und der achterliche Wind wird durch die Düsenwirkung verstärkt. Drei, vier Windstärken erreicht er, in den Böen manchmal auch fünf Beaufort. Schnell wird die Genua gesetzt.

„Motor aus", kommandiert Renate, trotz des Protestes der anderen, weil das Schiff nur etwa vier Knoten schnell fährt, nur manchmal etwas beschleunigt durch die kurzen Böen. „Da drüben bei den hohen Felswänden verstärkt sich die Düsenwirkung, wartet es nur ab."

Und zum Rudergänger: „Jan, fahre ruhig etwas dichter heran, Untiefen sind hier keine, jedenfalls nicht laut Seekarte."

„Und wenn doch?" Jan ist vorsichtig.

„Dann weichst du natürlich aus. Halte nur immer das Lot hübsch im Auge. Gehe nie weiter heran als bis zur Fünfzig-Meter-Linie."

Alle sind von den hohen Felswänden beeindruckt, an deren Fuß sie entlang fahren. Und Renate behält Recht, schon sehr bald fegen Fallböen von den Felsen herunter.

„Hey, fünfundzwanzig Knoten Wind bei null Welle", ruft Jan begeistert, „das ist ja herrliches Segeln, wow."

Zwei, drei Stunden hält der Wind an und alle wollen sie einmal am Ruder stehen, den Druck fühlen, wenn der Wind einfällt und das Schiff nach vorne treibt, dann lässt die Böe langsam nach, das Schiff richtet sich wieder auf und dann kommt schon bald die nächste Böe herangerauscht ...

Dann aber, kurz vor Sonnenuntergang lässt der Wind nach.

„Motor an", schlägt Renate vor, „Wir können die Genua ja noch stehen lassen, etwas zieht sie ja noch. Und ihr könnt überlegen, wer die erste Wache fährt und wer uns was zu essen macht."

Als Karl und Marion in die Pantry wollen, hält Renate sie zurück: „Seid ihr schon wieder dran? Dann bleibt mal lieber hier, sonst gibt es schon wieder Spaghetti mit Tomatensauce. Heute übernehme ich mal die Kocherei, dafür dürft ihr dann Abwaschen."

Karl ist etwas beleidigt, das seine Kochkünste so herabgewertet werden, aber Marion freut sich. „Super, ich habe ja gleich gesagt, dass ich nicht zum Kochen mitkomme."

Nach gut einer halben Stunde taucht Renate im Niedergang auf: „Hier sind Teller, Besteck, Weingläser und Wassergläser. Bitte deckt schon mal den Tisch, ich bin gleich fertig."

Und dann erscheint sie mit einem großen Topf dampfender Suppe.

„Ich habe mal alle Gemüsereste verwertet und uns eine ‚Italienische Minestrone a lá *Makan Angin*' gekocht. Guten Appetit."

Alle sind begeistert, nur Hinni schaut etwas betreten drein: „Und ich dachte schon, heute gäbe es mal einen ordentlichen Gemüseeintopf. Aber mach dir nichts draus Renate, diese Minedings Suppe ist auch ganz gut."

Inzwischen ist es schon lange dunkel. Marion und Karl haben abgewaschen, eine Weile später ihre Wache übernommen und warten nun auf Ihre Ablösung, da fängt das Schiff plötzlich an heftig zu vibrieren. Der Mast zittert, als wolle er gleich zusammenbrechen und das Schiff holpert wie ein Auto, das zu schnell über eine schlecht verlegte Betonplattenstraße fährt.

„Karl, schalt den Vibrator aus", schreit Marion, „Das ist ja nicht zum Aushalten!"

Aber Karl hat schon geistesgegenwärtig den Motor in den Leerlauf gekuppelt und im gleichen Moment erscheinen drei Köpfe im Niedergang.

„Hey, was treibt ihr da?", fragt Jan ganz neidisch. Er hat nur was von einem Vibrator gehört.

Aber Hinni hat offenbar Erfahrung: „Ich schätze mal, du hast dir ein Netz in den Propeller gefahren. Wohl ein Fischerfähnchen übersehen, was?"

„Wie soll ich bei der Dunkelheit wohl ein schwarzes Fischerfähnchen auf dem schwarzen Wasser vor den schwarzen Felsen ausmachen", verteidigt sich Karl.

Renate schaltet sich ein: „Nicht streiten. So was kann passieren. Was machen wir jetzt?"

„Lass mich mal ran", bietet Hinni an, „Wäre nicht das erste Netz, das ich im Propeller habe."

Karl und Hinni wechseln die Plätze und Hinni kuppelt ganz

sacht den Rückwärtsgang ein. Wieder vibriert das Schiff, aber etwas weniger. Dann kuppelt Hinni wieder aus und legt den Vorwärtsgang ein. Es vibriert mit unveränderter Stärke. Hinni kuppelt sofort aus und geht wieder in den Rückwärtsgang. Es vibriert wieder. Jetzt gibt Hinni etwas mehr Gas, die Vibration wird für einen Moment stärker und nimmt dann langsam ein wenig ab. Zu wenig.

„Ich dachte, das Netz würde sich mit rückwärts laufendem Propeller wieder herauswickeln, aber das scheint nicht ganz zu klappen. Einer muss ins Wasser und das Netz herausschneiden", stellt Hinni fest.

„Karl, warst du bei der Marine nicht Kampfschwimmer?" Renate sucht einen Freiwilligen.

„Nein, war ich nicht. Aber ich will es wohl mit Luftanhalten und dem Schnorchel versuchen."

Karl zieht seine Badehose an und ein altes T-Shirt, um sich an dem Schiffsrumpf nicht seinen Rücken zu zerkratzen, schlüpft mit den Füßen in die Schwimmflossen und streift sich die Schnorchelbrille über den Kopf.

„Fertig zum Einsatz. Haben wir eine Unterwasserlampe?"

„Nein, leider nicht, aber vielleicht hilft der Suchscheinwerfer. Und hier ist ein Tauchermesser", bietet ihm Renate an.

Karl springt von der Heckplattform ins Wasser und taucht gleich danach wieder auf. „He", schreit er, „Ihr wollt mich wohl loswerden. Nehmt doch mal die Genua runter, ihr segelt mir ja davon. Und macht auch mal den Motor aus, nicht das da aus Versehen jemand einkuppelt und Hackfleisch aus mir macht."

„Genua bergen", ruft Renate und dann zu Marion: „Hol mal schnell seinen Lifebelt, wir picken ihn sicherheitshalber noch ein.

Beim zweiten Versuch klappt es dann, Karl verschwindet im Wasser und alle zählen die Sekunden: „Einundsechzig, zweiundsechzig ..., Himmel kann der so lange unter Wasser bleiben?"

Marion starrt auf die Backbordseite, dort wo Karl im dunklen Wasser verschwunden ist. "... Neunundneunzig, hundert. Das kann ja nicht wahr sein. Karl ist doch kein Perlentaucher. Zieht ihn raus, sofort!"

Auch Renate kommt das mulmig vor und sie zieht an der Sicherungsleine. Ohne Erfolg. Nur das Karl plötzlich von der Steuerbordseite brüllt: „Zieht mich doch nicht unter Wasser, ich muss bloß mal Luft holen, ich habe ja keine Kiemen."

Alle schauen auf die andere Seite, wo Karl sich gemütlich an der Heckplattform festhält und tief durchatmet. Dann taucht er wieder ab und erscheint nach einer kurzen Weile wieder an der Heckplattform.

„Ohne richtige Lampe wird das nichts. Ich kann zwar so etwas wie ein Netz fühlen, aber nichts sehen. Wir müssen warten, bis es hell wird."

„Gut, komm an Bord und danke erst mal für deinen Einsatz", sagt Renate. „Wir setzen die Genua wieder, damit wir manövrierfähig bleiben und suchen eine Stelle zum Ankern."

Sie verschwindet im Niedergang und kommt bald darauf wieder: „Etwa vier Meilen von hier gibt es einen Hafen, Porto Corallo, vielleicht können wir den anlaufen. Dort ist zwar nichts los, aber wir finden eventuell ein ruhiges Plätzchen.

Nötigenfalls bekommen wir da bestimmt auch einen Taucher."

„Und wie kommen wir ohne Motor in den Hafen hinein?",
will Hinni wissen. „Wir sind doch keine Jolle. Ich denke wir
müssen draußen ankern."

Renate studiert die Seekarte. „Es sind ein paar Sandstrände
eingezeichnet, direkt vor dem Hafen, da mag es gehen. Also
auf, Genua raus und dann betet mal, das der Wind einigermaßen durchhält."

Die nächsten Meilen ziehen sich zähflüssig und schleppend
dahin. Weniger als zwei Knoten Fahrt macht das Schiff. Keiner
mag in die Koje, alle sitzen im Cockpit und überlegen, wie das
Schiff wieder flott zu machen ist. Keinem fällt etwas anderes
ein, als es zunächst selber mit einem Messer zu versuchen und
dann, wenn das nicht klappt, professionelle Taucherhilfe anzu-
fordern.

Am Horizont erscheint die erste Morgendämmerung und in
der Ferne sind die Lichter von Porto Corallo erkennbar. Karl
studiert noch einmal die Karte, schreibt sich die genauen GPS
Koordinaten des geplanten Ankerplatzes auf und dirigiert Renate, die inzwischen am Ruder steht.

„Noch eine Kabellänge, genau voraus. In vier Minuten sind
wir da." Renate wartet etwas ab, eine Minute, noch eine und
dann: „Anker bereitmachen!"

Noch eine Minute vergeht, dann zeigt das Lot eine Tiefe von
zwanzig Metern. Renate zählt laut mit: „Achtzehn, sechzehn,
vierzehn ... bei acht lasst ihr den Anker herunter ... zwölf, zehn,
acht! Anker runter, aber fix!"

Sie versucht einen Aufschießer zu fahren, aber bei der geringen Fahrt ist die Ruderwirkung gering. Die Ankerkette rasselt,
bald sind dreißig Meter draußen. „Ankerwinde stopp", ruft
Renate, „Wir warten mal ab was sich tut."

Ganz langsam schwojt das Schiff um die Ankerkette herum, sie wird langsam straff und dann bewegt sich nichts mehr.

„Uff, das war knapp. Im Dunkeln ohne Motor habe ich das auch noch nicht gemacht. Klasse Seemannschaft von uns allen", lobt sie sich und ihre Crew. Jetzt frühstücken wir erst mal und dann ist es hoffentlich hell und wir können uns den Schaden ansehen."

Bald duftet das Schiff nach Kaffee und Spiegeleiern, aber so richtig mit Appetit essen mag keiner. Wäre schade, wenn der Propeller beschädigt wäre und die Fahrt hier ein viel zu frühes Ende hätte. Wo bekommt man so schnell einen passenden Ersatzpropeller her? Ist vielleicht sonst noch etwas defekt? Was wird dann mit dem Schiff? Abschleppen?

Inzwischen ist die Sonne über dem Horizont, aber heute mag sich keiner an das rosarote Meer für Mädchen erinnern. Karl macht sich bereit, wieder ins Wasser zu gehen und Hinni bietet ihm an, ihm zu helfen.

Beide verschwinden im Wasser tauchen jeweils nach kurzer Zeit nach Luft jappend wieder auf. Alle Fragen werden nur mit einem Kopfschütteln beantwortet. Dann erscheint Hinni mit einem Knäuel Netze an der Plattform und holt tief Luft: „Hier Renate, schenke ich dir als Souvenir. Aber es kommt noch mehr davon.

Stück für Stück schneiden Hinni und Karl ein gewaltiges Netz aus dem Propeller. Und als ihre Gesten bei jedem Auftauchen immer sorgenvoller werden und sie abwechselnd jetzt noch nach einer Brechstange, einem Bolzenschneider, einer Axt, einer Motorsäge und schließlich nach einem Baukran und einem Bulldozer verlangen, weiß Renate – sie haben es geschafft.

Auch die letzten Fäden werden noch herausgewickelt und dann, nach einer langen halben Stunde verkünden sie endlich nach Luft keuchend: „Fertig! Der Propeller scheint unbeschädigt zu sein, aber wir sollten vorsichtig sein, für den Fall, dass da etwas verbogen ist."

Beide kommen an Bord, duschen sich kurz ab und dann startet Renate sofort den Motor. Langsam kuppelt sie den Rückwärtsgang ein. Ein leichtes Rucken und dann bewegt sich das Schiff langsam rückwärts. Sie kuppelt aus und legt den Vorwärtsgang ein. Wieder ruckt es leicht, als das Getriebe greift und das Schiff macht langsam Fahrt voraus.

„Mehr Gas will ich jetzt vor Anker nicht geben. Anker auf und dann testen wir das mit höheren Drehzahlen."

Der Anker geht hoch und Renate schiebt den Gashebel nach vorn. Der Motor läuft rund, das Getriebe schnurrt und *Makan Angin* nimmt Fahrt auf.

Renate steigert die Drehzahl und steuert gleichzeitig auf das offene Wasser hinaus.

„1800, 2000, 2500 ..." und nach einer Weile: „3000 Umdrehungen! Vollgas und keine Vibration. Super. Karl und Hinni, ihr seid Helden", und sie nimmt erst Hinni und dann Karl in den Arm und gibt jedem einen Kuss.

Hinni ist ganz verlegen, so in der Öffentlichkeit ...

Nur Jan ist neidisch: „Hey, was ist mit mir, ich habe schließlich den Anker exakt im richtigen Moment fallen lassen, sonst säßen wir auf Grund, dass euch das nur klar ist!"

Renate ist großzügig: „Klar Jan, du bist auch ein Held. Wir alle sind Helden. Komm her, lass dich auch drücken und küssen.

Nach einigen Stunden kommt endlich der wuchtige Leuchtturm von Capo Carbonara ganz im Süden von Sardinien in Sicht. Ein langes, felsiges Vorgebirge, das mit einer flachen, sandigen Landenge mit Sardinien verbunden ist. Davor liegen noch zwei kleinere Inseln, Isola Serpentara und Isola dei Cavoli.

„Schau mal auf die Karte, Karl, kann man zwischen den Inseln und dem Kap durchsegeln?", fragt Hinni, der wieder am Ruder steht.

„Besser nicht, das sieht unrein aus, vor allen Dingen ist da noch ein Klippengürtel. Fahr lieber drum herum und bleibe auf der 100 Meter Tiefenlinie", rät Karl, nachdem er neben der Seekarte auch noch das Handbuch zu Rate gezogen hat.

Marion liegt mal wieder ‚en nature' auf dem Vorschiff und versucht trotz der Genua etwas Sonne zu bekommen. Aufmerksam beobachtet sie das Kap, die Inseln und wie sie langsam in den weiten Golf von Cagliari einbiegen.

„Noch etwa fünfundzwanzig Meilen bis nach Cagliari", verkündet Karl. „Wir könnten aber auch gleich hier vorne in den Jachthafen Villasimius, der wäre nur noch ein paar Meilen entfernt."

Renate ist dagegen: „Nein, lass uns lieber direkt nach Cagliari in die Marina Piccola hereinfahren. Wer weiß, ob Villasimius ordentlich bewirtschaftet ist. Nachher gibt es dort kein Wasser, keinen Strom und kein Internet. Ich bräuchte auch dringend einen Wireless-Lan-Anschluss, damit ich meine Mails mal wieder auf meinen Laptop herunterladen kann. Und außerdem wollen wir doch ein bisschen shoppen, oder was, Marion?", ruft sie dann noch zum Vorschiff.

Marion aber hört gar nicht hin. Sie springt aufgeregt auf und zeigt zur Steuerbordseite des Schiffes. „Dort, dort, schaut, Delfine, jede Menge. Eine ganze Schule!"

Der Ruf „Wasser im Schiff, wir sinken!" hätte nicht wirkungsvoller sein können, alle springen sie auf und schauen in die Richtung, in die Marion zeigt. Tatsächlich, eine ganze Schar Delfine schwimmt heran. Schnell werden Fotoapparate hervorgeholt und dann macht es in schneller Folge klick, klick, surrr und klack. Zum Glück haben alle digitale Kameras, sonst wäre das ein gutes Geschäft für die Herren Kodak, Agfa oder Fuji geworden. Sie rennen nach vorne an den Bugkorb, sogar Hinni, der nur noch schnell die Taste für den Autopiloten gedrückt hat, verlässt das Ruder. Einen Delfin in freier Natur, das sehen die meisten von ihnen zum ersten Mal im Leben.

Marion hat offenbar ganz vergessen, dass sie immer noch nackt ist. Sie winkt und ruft: „Delfine, hierher" und pfeift wiederholt einen hohen Ton.

Die Delfine kommen immer näher heran, bald sind sie unter dem Bug, kratzen ihren Rücken am Kiel und tauchen aus dem Wasser auf, um mit einem Schnaufen Luft zu holen. Ein Delfin springt hoch in die Luft und versucht einen Salto. Platsch! fällt er ins Wasser zurück und dann macht es noch einmal „Platsch" – Marion ist über den Bugkorb gehechtet und mitten in das Delfinrudel gesprungen. Wieder klicken und surren die Kamera und Jan weiß gar nicht, was er zuerst fotografieren soll: die Delfine, die nun aufgeregt um ihre neue Gefährtin herumschwimmen oder den nackten Hintern von Marion, der gerade aus dem Wasser auftaucht, als diese nach den Delfinen greifen will.

Plötzlich aber schwimmt Marion nicht mehr am Bug, sondern treibt achteraus, zum Heck und bald ist sie etliche Meter hinter dem Heck verschwunden. *Makan Angin* macht unter

Segeln auch bei dem schwachen Wind immer noch gute Fahrt, um die zwei Knoten herum etwa. Jedenfalls ist das Schiff viel schneller, als ein sehr geübter Schwimmer vorankommt, während die Delfine mühelos und ohne sichtbare Anstrengung neben dem Schiff herschwimmen.

„Mann über Bord!" Renate hat als erste die Situation erkannt. „Jan, du hältst Ausguck, lass' Marion auf keinen Fall aus den Augen", weist sie an.

„Ich werde doch keine nackte Frau aus dem Auge verlieren", versucht Jan zu scherzen, aber Renate winkt ab: „Blödmann, keine Witze jetzt!"

„Hinni, Motor an, schalte den Autopiloten aus und fahre zurück, in die Richtung, die Jan dir zeigt! Drück die ‚Mann-Über-Bord-Taste', MOB steht da drauf. Karl, schmeiß die Markierungsboje über Bord und dann werfe alle Schoten los und versuch die Genua einzuholen, egal wie es flattert und schlägt. Schnell, schnell, macht fix!"

Jetzt erst haben alle den Ernst der Lage erkannt. Mann über Bord! Auch wenn es sich bei dem ‚Mann über Bord' unübersehbar um eine nackte Frau handelt. Kein Übungsmanöver mit einem alten Fender, wie in der Segelschule, sondern es ist der Ernstfall.

Zum Glück ist nur wenig Wind und kaum Welle in der Bucht und Jan kann Marion, die schnell achteraus verschwindet, tatsächlich im Auge behalten. Schnell ist sie hundert, zweihundert Meter vom Schiff entfernt. Hinni dreht das Schiff herum und fährt auf Marion zu während Karl sich bemüht, trotz aller Aufregung die Genua einzuholen, obwohl ihm alle im Wege stehen und auf den Leinen herumtrampeln.

Marion hat die Markierungsboje greifen können und hält

sich daran fest. Das Schiff fährt weiter auf sie zu und bald befindet sie sich noch etwa eine Bootslänge vor dem Bug.

„Motor auskuppeln und langsam auf Marion zutreiben", befiehlt Renate nun. Sie will vermeiden, dass Marion vom Sog erfasst und in den Propeller gezogen wird.

Karl, der inzwischen die Genua gebändigt hat, springt zur Heckplattform und lässt die Badeleiter herunter. „Kannst du noch schwimmen?", ruft er Marion zu, „oder soll ich dir helfen?"

Marion hebt einen Arm, okay soll das wohl heißen.

„Dann schwimm zur Badeleiter", weist Renate sie an und Hinni versucht gleichzeitig mit dem bisschen Fahrt, die das Schiff noch hat, zu drehen, so dass das Heck in die Richtung zeigt, wo Marion treibt und nun samt Boje auf das Schiff zu schwimmt. Bald erreicht sie die Badeleiter, reicht erst Karl die Boje zu und lässt sich dann schwer atmend in das Cockpit fallen.

Jetzt wo die Gefahr vorüber ist, kann Renate ihren Emotionen freien Lauf lassen: „Himmel-Herrgott-Donnerwetter, du blöde Kuh", schimpft sie und dann bricht es aus ihr heraus: „Kruzi-Türken-Sakrament, bleede Sulln, hast du nicht für fünf Pfennig Verstand im Kopf? Wenn schon ein paar Delfine dir den Verstand rauben, wie sieht denn das sonst in deinem Hirn aus? Wie kann man nur so blöd sein."

Renate ist so ärgerlich, sie kriegt kaum Luft, so regt sie sich auf. Tief muss sie schnaufen, um erst mal wieder zu sich zu finden.

Marion schluchzt, sie richtet sich auf und fällt Renate in den Arm. „Danke! Ich weiß, das war blöd. Tut mit leid, ich habe nicht nachgedacht. Die Delfine ..." Tränen ersticken ihre

Stimme und ihr Körper zittert.

Langsam und ganz vorsichtig befreit Renate sich von Marion, als ob es ihr peinlich wäre, eine nackte Frau im Arm zu haben. Sie nickt Karl zu, der versteht und nimmt Marion nun in den Arm. Ganz fest drückt er sie an sich, seine ganze Angst, die er ausgestanden hat, legt er in diesen Druck.

Langsam streichelt Karl ihren noch immer zitternden Rücken und flüstert ihr ins Ohr: „Jetzt ist ja alles gut, beruhige dich. Ich freue mich, dass ich dich wieder habe. Ich hatte so eine Angst um dich ...."

Marion greift Karl nun auch fester und seufzt tief auf: „Pppuuuhhh, das war Scheiße, ich mach das auch nicht wieder, versprochen."

Jetzt erwachen auch die anderen aus ihrer Erstarrung. Jan findet als erster Worte: „Och, das kannst du ruhig wieder machen, nur bitte nicht, wenn wir fahren. Ich habe bestimmt tolle Bilder gemacht: Nackte Frau mit Delfinen. Vielleicht will der Playboy die ja."

Alle lachen, es ist ein befreiendes Lachen. Sie sind eine Crew, jeder hat seine Eigenarten und Macken, aber sie respektieren sich, sie wissen um die Fähigkeiten des Anderen und sie haben schockartig gelernt, wie schlimm es wäre, wenn diese Crew nicht mehr vollständig wäre.

Hinni aber bewegt noch etwas anderes. Etwas, was er nicht als selbstverständlich empfindet und was seiner Meinung nach gesagt werden muss: „Danke Renate, auch von uns allen. Du hast sofort und super reagiert, als wir noch gar nicht wussten, was los war. Bist ein toller Skipper!"

Renate ist gerührt, das war für Hinnis Verhältnisse ja fast eine kleine Rede.

„Und ihr seid eine super Crew, habt auch alle toll und richtig gehandelt. Hauptsache wir haben Marion wieder an Bord. Und jetzt, Karl, bringst du Marion in ihre Koje und du sorgst dafür, dass sie etwas auf ihren nackten Hintern bekommt. Ihr beiden habt jetzt erst mal Frei-wache. Aber vorher schreibst du noch ins Logbuch: Mann über Bord Manöver erfolgreich geübt! Das muss fürs Logbuch reichen."

Und zum Rest der Crew: „Auf geht's, Segel raus, Kurs Marina Piccolo!"

Was genau Marion und Karl mit ihrer Freiwache angefangen haben, darüber wurde geschwiegen, es haben auch alle einen diskreten Abstand von ihrer Koje gehalten und Renate war sogar so taktvoll, besonders laut und besonders viel über Manöver im Allgemeinen zu erzählen. Und über die Tatsache, das diese in der Realität immer anders verlaufen, als die Lehrbücher sich das so vorstellen.

„Hätten wir erst eine sogenannte Q-Wende laut Segellehrplan fahren sollen? Das hätte ja ewig gedauert und wir hätten Marion überhaupt nicht wiedergefunden."

Hinni stimmt ihr zu: „Zum Glück bist du auch keine, die das Lehrbuch immer unter dem Arm hat. Man kann entweder segeln oder nicht. Der Rest ist sowieso Glücksache!"

Und dann erzählt Hinni noch, dass seine früheren Kumpels auf den Fischkuttern überhaupt nicht schwimmen konnten. Wo und wann hätten die auch schwimmen lernen sollen? „Und jedenfalls kam nie einer in Versuchung über Bord zu springen, außer besoffen oder aus Liebeskummer natürlich."

Eine gute Weile später, kurz vor dem Einlaufen in der Marina Piccolo erscheinen dann auch Marion und Karl im Niedergang. Marion etwas niedergeschlagen und Karl mit leuchtenden Augen. Hinni rückt zur Seite und beide setzen sich auf die Cockpitbank.

Marion setzt zu einer Rede an: „Hmm, also, tut mir leid, ich wollte euch natürlich keinen Stress machen ..."

Renate winkt kurz ab: „Brauchst dich nicht noch mal zu entschuldigen. Ist akzeptiert und du kannst dafür nachher in einer Bar in Cagliari einen ausgeben. Aber erzähl mir in Gottes Namen was dich bewogen hat, mit nackertem Hintern mitten zwischen die Delfine zu springen. Sollte das ein besonderer Kick werden?"

„Nein, nicht so wie ihr jetzt vielleicht denkt. Aber ich habe früher einmal als Praktikantin in einem Delphinarium in Florida gearbeitet und da war es selbstverständlich, das wir mit den Delfinen geschwommen und auf ihnen geritten sind. Das hatte ich plötzlich im Kopf und ich habe auch total vergessen, dass ich nichts an hatte."

„Hoffentlich haben die Delfinmännchen jetzt keinen Schock fürs Leben bekommen, als du da nackig rein gerauscht bist", kann sich Jan nicht verkneifen zu lästern.

„Och Jan, du solltest dich mal nicht beklagen." Marion grinst: „So einen Anblick bekommst du auch nicht alle Tage. Aber zu deinen Fotos, bevor du die verkaufst, will ich aber gefragt werden. Das ist doch klar, oder? Unter zehn Mille und fiffty-fiffty für uns beide läuft da nichts!"

Renate atmet auf. Es scheint wieder alles in Ordnung zu sein. „Bevor ihre jetzt eure Fotos vermarktet, holt mal lieber die Segel rein und macht den Motor an. Dort sind nämlich schon die beiden Molen, Molo Levante und die Molo di Ponente zu sehen."

Und dann, auch sie ist wieder die alte: „Hopp, hopp, alle

Mann an Deck, Fender an die Reling und Landleinen klarmachen. Wir fahren erst einmal an die Tankstelle dort drüben.
Alle Fender an die Steuerbordseite, wir legen längsseits an."

7. Kapitel

Favignana

Der Skipper geht von Bord – Überfahrt nach Favignana – eine falsch montierte Buglampe – Jan ist Seekrank – Marions akrobatische Leistungen an einem bewegten Ort – Nasses Anlegemanöver – Mattanzza, ein feuchter Abend und eine Weinprobe

Spät am Nachmittag steht die gesamte Crew zum Ausgehen bereit auf dem Steg. Sie schauen sich in der Marina um und fachsimpeln über die hier liegenden Segelyachten. Die gesamte Crew – bis auf Renate.

Das Anlegemanöver hat wie immer prima geklappt. Der Marinero hat ihnen einen guten Platz zugewiesen, Hinni hat als nun schon geübter Rudergänger das Schiff sauber mit dem Heck voran an den Steg gefahren, Karl und Marion warfen dem Marinero die Heckleinen zu, die der auch prompt durch die Ringe gezogen und ihnen zurückgegeben hat. Jan hat sich sofort die Mooringleine mit dem Bootshaken gegriffen und an der Klampe am Bug befestigt. Fertig!

Wasser- und Stromanschluss wurden ebenfalls schnell gelegt, nachdem die passenden Adapter gefunden wurden, zum Glück gibt es an Bord einen reichlichen Vorrat davon. Jede Marina scheint ja ihr eigenes System zu haben und wohl dem, der darauf vorbereitet ist.

Nur mit dem WLAN-Anschluss in der Marina gab es Probleme. Ob nicht vorhanden oder im Moment nicht funktionsfähig, ließ sich nicht so genau feststellen. Jedenfalls fand Renates Notebook ‚kein Netz in Reichweite' und die eigentlich ganz nette Dame in der Rezeption zuckte mit den Schultern. Renate ist jedenfalls samt ihrem Notebook stocksauer in das nächste Internetcafe gerannt.

In der Zwischenzeit haben Hinni und Jan die Wassertanks aufgefüllt und das Deck gewaschen, Karl hat das Logbuch auf Vordermann gebracht und Marion meinte, dass das Bad mal dringend einer Reinigung bedurfte.

Ein Supermarkt fand sich auch in der Nähe und Karl und Marion haben einen ganzen Wagen voll frisches Gemüse, Obst und Getränke angeschleppt.

Soeben will eine andere Segelyacht ein paar Plätze entfernt am gleichen Steg anlegen. Ganz klar ein Charterschiff, vielleicht 46 Fuß lang. Am Heck die italienische Nationalflagge und an der Backbordsaling weht eine kleinere Deutsche Flagge. Ein italienisches Schiff mit einer deutschen Crew. Marion stellt sich neugierig bereit, um sich das Geschehen kritisch ansehen und kommentieren zu können: „Kommt Jungs, hier gibt es wieder Action!", teilt sie den anderen mit.

Etwa acht Leute kann sie auf der Yacht zählen, fünf Männer und drei sehr junge Frauen. Alle tragen sie Schwimmwesten, Feststoffwesten, eine reine Vorsichtsmaßnahme wahrscheinlich, denn dass es draußen stürmt und die See rau ist, kann man nun nicht gerade sagen. Die Mädchen rekeln sich völlig unbeteiligt auf dem Decksaufbau, offenbar um sich ‚anlegen' zu lassen und damit sich alle anderen, besonders die Männerwelt der Marina, ihrer Schönheit erfreuen können. Drei Männer sind im Cockpit, einer davon steht am Ruderrad, ohne Schwimmweste, wie Marion bemerkt und die beiden restlichen Männer sind vorne am Bugkorb. Einer der beiden hat einen Bootshaken in der Hand, senkrecht wie einen Speer hält er den, offensichtlich bereit, sich jederzeit damit zu verteidigen. Die Männer, die gerade offensichtlich keine Aufgabe zugewiesen bekamen, hantieren wichtig mit Foto- und Videokameras.

„Schau mal", sagt Marion, „so ein Bootshaken ist doch ein Relikt aus der Steinzeit. Alle Männer, die eigentlich nicht segeln können, brauchen den unbedingt schon mindestens eine halbe Stunde vor dem Anlegen. Wie ein Portepeeoffizier seine Waffe als Statussymbol trägt: ‚Schaut mal, ich bin wichtig, ich bin der Bootshakenträger', will der doch damit ausdrücken."

Die Yacht dreht und als der Rudergänger gerade mit dem Heck in die freie Lücke am Steg hineinfahren will, stellt sich der Marinero bereit, um beim Anlegen behilflich zu sein. Er schreit zur Yacht hinüber und zeigt auf die leere Bordwand. Es klingt dringend und aufgeregt, offensichtlich ist er nicht damit einverstanden, dass auf der Yacht überhaupt noch keine Fender ausgebracht sind. Der Rudergänger hebt einen Arm, offenbar hat er verstanden.

„You forgot the fenders!", ruft er seiner Crew zu und kuppelt resigniert den Vorwärtsgang ein. Er dreht am Rad und es werden ein paar Runden im Hafenbecken gedreht, bis endlich die Backskiste mit einem lauten Hauruck hoch gerissen wird, ein Haufen Fender herausgewühlt werden und diese schließlich an der Reling hängen.

„Krach", die Backskisten werden wieder zu geworfen. So ein lautes „Krabumm" klingt so schön endgültig und kernig, finden die offenbar.

„Hausfrauenknoten, wenn die man dranbleiben", kommentiert Hinni.

„Ja, und Feinmotoriker sind das auch nicht gerade", stellt

Marion fest. „Wenn die mit ihren Mädels genauso brutal umgehen wie mit der Backskiste ...? Stell dir vor, du liegst unter so einem Kerl!"

Nun endlich kann der Rudergänger das Schiff rückwärts an den Steg fahren. Das funktioniert auch ganz gut aber plötzlich fängt Marion laut an zu lachen.

„Also, ich finde das immer so toll, wenn der Rudergänger und die beiden Leute, die da im Cockpit stehen und wahrscheinlich für die Leine eingeteilt sind, Handschuhe brauchen. So tolle, richtig schicke und teure Segelhandschuhe. So etwas habe ich früher auf Jollen angehabt, wenn die Fock bei starkem Wind aus der Hand gefahren wurde. Aber der Mann mit dem Bootshaken, der soll doch sicher gleich die nasse, möglicherweise mit Muscheln besetzte Mooringleine aufnehmen, der bekommt keine Handschuhe. Dafür sind die zu schade. Könnten ja dreckig werden. Eitles Volk."

„Da hätte ich mir doch längst ein paar ordentliche Schweißerhandschuhe bereit gelegt", findet Hinni.

Das Schiff liegt nun mit dem Heck fast am Steg, der Marinero hält dem Mann mit dem Bootshaken die Mooringleine zum Annehmen bereit – nur der reagiert nicht. Er zuckt mit den Schultern und schaut den Rudergänger fragend an.

Der schreit ihn an: „Take it!" und nun kommt Bewegung in den Mann. Er wirft den Bootshaken auf das Deck, springt nach hinten, nimmt die Leine und belegt sie an der Heckklampe. Der Marinero am Steg schreit und gestikuliert: „Nach vorne, nach vorne!", soll das wohl heißen.

Der Mann scheint tatsächlich zu verstehen. Er nimmt die Leine wieder ab und versucht damit nach vorne zu rennen, bleibt allerdings an den Wanten hängen. Er schaut fragend nach hinten – Leine zu kurz? Einer der anderen Männer springt hinzu, reißt dem ersten die Leine aus der Hand, bringt sie nach vorne – diesmal sogar außen an der Reling und an den Wanten vorbei und belegt sie auf dem Vorschiff, nach dem er tatsächlich auch noch die Leine nach vorne dichtgeholt hat.

„Und was ist mit den Achterleinen? Wären die nicht auch mal fällig", fragt Hinni sich, „Das kann doch gleichzeitig gehen, Leute haben die doch genug!."

Durch den Zug der Mooringleine bewegt sich das Schiff natürlich wieder vom Steg weg. Hinten am Heck hat sich nun zwar fast die gesamte Crew versammelt, außer den drei Grazien natürlich, die immer noch auf dem Aufbau sitzen und gelassen das Geschehen verfolgen, aber keiner tut etwas.

Der Marinero gestikuliert und schnattert auf Italienisch mit dem Rudergänger – der offensichtlich auch der Skipper ist. Schließlich scheint der zu begreifen und brüllt seine Leute an: "Ropes!"

Die Backskisten werden wieder mit großem Hauruck geöffnet und hektisch wird nach Leinen gesucht. Keine da! Nur einer erinnert sich: Die hängen mehr oder weniger gut aufgeschossen am Heckkorb, wahrscheinlich war kein Platz mehr in der Backskiste. Gemächlich nimmt er erst die eine Leine ab und legt sie aufs Deck. Dann folgt die andere Leine. Dann wartet er, bis der Rudergänger das Schiff mit dem Motor zurück an den Steg zieht und wirft nacheinander beide Leinen, aufgeschossen wie sie sind, dem Marinero auf den Steg. Der protestiert mit einem Wortschwall und genau der gleiche Wortschwall kommt vom Rudergänger zurück.

„Zum Glück hat der überhaupt den Steg getroffen", mokiert sich Jan, „wäre doch lustig gewesen, wenn er die daneben ins

Wasser geworfen hätte – wo die Leine doch gar nicht am Schiff belegt war."

„Wahrscheinlich sind die auch gegen Leinenverlust versichert", vermutet Karl, „die interessiert doch überhaupt nichts auf dem Schiff. Ich frage mich, weshalb die überhaupt segeln."

„In den Prospekten heißt das: ‚Der besondere Urlaubskick – einmal richtig ‚absegeln'. Was das auch immer heißen mag. Aber erwartet wird eine Kreuzfahrt!", stellt Marion fest.

Schließlich aber ist der Marinero der Klügere – er gibt nach. Er wickelt beide Leinen ab, macht sie jeweils mit einem Palstek an den Festmacherringen auf dem Steg links und rechts von der Yacht fest und wirft die freien Enden auf das Schiff zurück. Dies löst wiederum eine heftige Diskussion auf dem Schiff aus, offensichtlich weiß keiner genau, was damit nun geschehen soll. Schließlich bleibt dem Rudergänger nichts anderes übrig, er lässt das Rad los, an dem er bisher zu kleben schien, zieht seine teuren Handschuhe aus und belegt eigenhändig die beiden Leinen an den Achterklampen.

Karl fasst in Worte, was sie alle empfinden: „Die machen ja verkehrt, was man nur verkehrt machen kann: Keine Einteilung der Crew, keine Verständigung, offenbar spricht der Skipper nicht Deutsch und die Crew, deutsche Urlauber vermute ich, die einen Tagestörn gebucht haben, kein Italienisch und mit dem Englisch scheint es bei allen nicht so weit her zu sein.

Und wenn der Skipper schon Tagestörns anbietet, sollte der doch zumindest souverän mit dem Schiff umgehen können. Aber wahrscheinlich ist das auch nur so ein Freizeitskipper, der sich ein Taschengeld verdient.

Hinni ist fast nicht mehr festzuhalten, „Solche Lackaffen", schimpft er. Aber bevor er auf das Schiff springen und dort kräftig Dampf machen kann, holt der Skipper erst einmal eine Pütz aus der Backskiste und spült das Cockpit mit einigen Eimern Wasser.

„Oh, oh", lacht Marion, „Da hat es aber einige schwer erwischt. Das ist auch eine Kunst, bei fast null Welle seekrank zu werden."

Und dann ruft sie zum Schiff herüber: „Macht euch nichts draus, ihr habt immer noch eine Chance richtige Männer zu werden. Hoffentlich habt auch alles gut gefilmt und geknipst, ist doch ein Ereignis, von dem man zehren kann!"

Mit schnellen Schritten kommt Renate den Steg heruntergerauscht, sie winkt schon von weitem und schwenkt ihr Köfferchen mit dem Notebook.

„Sorry, hat etwas länger gedauert, dafür habe ich aber auch alles erledigt", entschuldigt sie sich. „Ich mache mich nur etwas frisch, dann können wir sofort los."

„Was ist alles erledigt?", will Hinni gerade fragen, aber Renate ist schon im Niedergang verschwunden.

Tatsächlich dauert es auch nur fünf Minuten, bis Renate wieder auf dem Steg steht, wie immer elegant gekleidet, Jeans von Diesel und ein attraktives Top, dezent geschminkt und mit einem Duft von Fendi umgeben.

Auf der Yacht, die soeben angelegt hat, steht die Mannschaft auch inzwischen zum Landgang bereit. Keine Leine ist aufgeschossen, nur die Gangway am Heck, um den Steg bequem erreichen zu können, ist heruntergeklappt.

„Ich habe den letzten Teil des Anlegemanövers auch beobachten können", sagt Renate. „Selten habe ich einen so frustrierten Skipper und eine dermaßen unmotivierte Crew, man sollte besser sagen – Passagiere – gesehen. Aber eigentlich kein

Wunder, wenn Leute, die eigentlich überhaupt keine Beziehung zum Segeln haben, an Bord gelockt werden, um das Schiff auszulasten. Die verstehen unter Segeln doch nur einen Luxussport und entsprechend verhalten die sich."

Hinni begreift nicht, was Segeln mit Luxus zu tun haben soll: „Aber Segeln ist doch kein Luxus, segeln macht doch einfach nur Spaß und einen Haufen Arbeit natürlich."

„Ja dir, Hinni, wie uns allen hier. Aber ich habe gelegentlich auch Bekannte mitgenommen zum Segeln, weil ich nicht alleine sein wollte. Ich habe denen genau erklärt was sie erwartet: Ein relativ kleines Schiff, enge Kojen, wenig Privatsphäre. Trotzdem kamen die an Bord und erwarteten so etwas wie die *Pride of Hawaii* oder die *AIDA*. Es wurde hemmungslos an Bord geduscht, als ob das gesamte Wasserreservoir der Stadt München zur Verfügung stünde, jeder hat sich aus dem Kühlschrank nach Belieben bedient, angefangene Getränkeflaschen wurden einfach stehen gelassen, damit sich der nächste dann über ein pisswarme Cola freuen darf. Einmal hatte ich ein paar Tafeln Schokolade gekauft, als Notvorrat, worauf hin dann einer der Gäste seine Vorliebe dafür entdeckt hat und alle Tafeln ratz fatz aufgefressen hat, kein Gedanke, ob da jemand anders wohl auch Appetit drauf gehabt hätte."

„Mal für alle zu kochen, fiel überhaupt keinem ein", fährt sie fort. „Die Blöde war ich dann. Aber nur zwei Abende lang, den Rest der Zeit habe ich sie, wann immer es ging, ins Restaurant geschickt und selber bezahlen lassen. Und ein gemeinsames Frühstück gab es schon gar nicht: Jeder schlief so lange er wollte und verwüstete anschließend den Kühlschrank. Und natürlich hat sich auch keiner wirklich für das Segel interessiert. Nicht das da mal einer etwas gefragt oder gerne zugelangt hätte."

Renate hat sich richtig in Rage geredet, beruhigt sich aber bald. „Jetzt versteht ihr, warum ich anfangs so einen Fragebogen von euch verlangt habe. Ich wollte euch und eure Beziehung zum Segeln genau kennen lernen. Und heute muss ich euch ein Kompliment machen: Meine Erwartungen sind mehr als positiv erfüllt worden. Ihr seid eine klasse Crew, seid rücksichtsvoll und bringt euch in das Team ein. Ich würde euch sogar alleine mit dem Schiff segeln lassen!"

Und bevor nun die große Verlegenheit ausbricht und jemand fragen kann, wie das mit dem ,allein segeln' gemeint sei, fährt Renate fort: „Das tollste bei dem Törn war, das meine Gäste einmal abends auf Hoher See, irgendwo zwischen Ibiza und Mallorca bei sechshundertachtzig Metern Wassertiefe verlangt haben, ich möge doch nun bitte schön ankern, man habe keine Lust, in der Dunkelheit zu segeln. Jetzt sei der richtige Moment für eine Bordparty unter dem Sternenhimmel.

Soviel zu dem Thema Passagiere an Bord. Und wenn die sogar noch zahlen müssen, und zwar nicht zu knapp, sind die Erwartungen natürlich noch viel höher."

Inzwischen haben sie den Hafenausgang erreicht und Renate dirigiert sie in Richtung Innenstadt.

„Suchen wir zunächst mal eine nette Bar um einen Aperitif zu trinken", schlägt Marion vor. „Wir müssen ja noch meine erfolgreiche Rettung feiern. Ich gebe einen aus, vorausgesetzt der Bankautomat dort drüben spuckt genügend Geld aus." Natürlich wird der Vorschlag mit großem Wohlwollen aufgenommen.

„Sehr gut, danke für die Einladung", antwortet Renate für alle, „Dann können wir auch gleich eine wichtige Sache besprechen."

„Wieso, haben wir etwas falsch gemacht?", will Karl wissen. Ob Renate die Sache mit Marion doch nicht einfach so auf sich beruhen lassen will?

„Nein, nein, Karl, das hat mit euch gar nichts zu tun. Ihr seid nur davon betroffen!"

Jetzt ist das Rätselraten natürlich noch größer und alle sind froh, als endlich eine kleine ruhige Bar in einer Seitenstraße oder besser einem Gässchen, gefunden wurde.

„Also, passt auf", fängt Renate an, „Ihr habt ja sicher gemerkt, dass ich in den letzten Tagen viel telefoniert habe. Folgendes Problem: Ich habe nebst meinen vermieteten Hallen noch ein kleines Gebäude, mit dem ich bisher nichts anfangen konnte. Nun hat sich endlich ein Käufer dafür gefunden und wir haben auch schon einen Vertragsentwurf, mit dem ich einverstanden bin. Der wurde mir gerade per Internet übermittelt. Der Hacken ist nur, der Kaufvertrag muss in den nächsten Tagen unterschrieben werden, weil die Käufer sofort mit Umbaumaßnahmen beginnen wollen. Und ich möchte mir das Geschäft nicht durch die Lappen gehen lassen. Auf diese Chance habe ich lange gewartet. Mit anderen Worten: Ich muss morgen nach Deutschland zurück!"

Ein Bombeneinschlag hätte keine größere Wirkung erzielen können. Nach einem kurzen Moment des Schweigens und des Verstehens rufen alle durcheinander: „Was soll mit dem Schiff werden? Das kannst du doch nicht hier einfach liegen lassen!"

„Und was wird mit uns, ich habe doch noch Urlaub und einen Rückflug ab Korfu?"

„Scheiße, wir brauchen dich doch an Bord!"

„Du hast doch gar keinen Flug nach Deutschland!"

„Kannst du das nicht über einen Notar hier in Cagliari regeln?"

Nur Hinni hält sich zurück. Er spürt, dass Renate den Blickkontakt mit ihm sucht und er erwidert ihn. Ohne Worte versteht Hinni, wie die Bemerkung am Steg mit dem ‚alleine segeln' zu verstehen ist. Lange sehen beide sich an, ein stummes Zwiegespräch. Endlich, als alle anderen den ersten Dampf abgelassen haben und keiner mehr etwas zu sagen weiß, fragt er Renate: „So ein Termin beim Notar kann doch nicht lange dauern. Wann kommst du zurück?"

„Der Termin beim Notar dauert etwa eine Stunde, wenn alles klar geht. Aber wenn ich schon mal zu Hause bin, wären da noch ein paar andere Dinge zu regeln: Die Mädels haben mal wieder Liebeskummer und ich muss mir die Verursacher vornehmen und nötigenfalls in die Wüste schicken. Mein Mann hat sicherlich ein bisschen Bewegung nötig, ich werde ihn mal von seinem geliebten Sofa hochscheuchen und wieder ein bisschen in Schwung bringen. Ja, und mit der Pille der beiden Mädels, das klappt auch nicht so recht. Ich wird' mich mal aus reinem Eigennutz darum kümmern. Schließlich will ich nicht Oma werden und deren Schreihälse im Kinderwagen durch die Stadt schieben, während die Mütter ihre Hausaufgaben für die Schule machen. Ein Besuch bei den Lehrern der Töchter wäre auch fällig, mein Mann hinterfragt ja nichts ordentlich und außerdem will ich meinen Makler fragen, ob ich mein Scheiß-Haus, in das ich jeden Monat viel Geld stecken muss, nur damit mein Mann eine angemessene Bleibe hat, nicht besser verkaufe. Ein ordentliches Programm, oder?"

Renate schnappt nach Luft, ihre kleine Rede hat sie selber aufgeregt.

„Also", fängt Hinni wieder an, „Ich sag mal, du brauchst vier Tage in Deutschland. Notartermin ist klar, den Rotzlöffeln von Töchtern samt Schwiegersöhnen in spe brauchst du nur mal ordentlich die Meinung zu sagen, die Pille kann wohl kein Problem sein – nötigenfalls sollen sich die Mädels einen Apfel zwischen die Knie klemmen! Heute ist Freitag, am Dienstag kannst du zurück sein!"

Marion ist an der Verhütungsmethode mit den Äpfeln interessiert: „Wie soll das funktionieren, Hinni? Mit einem Apfel?"

Hinni ist amüsiert: „Das ist ja nun Nebensache, aber wenn es dich interessiert: Wenn du immer einen Apfel zwischen deine Knie klemmst, wirst du garantiert nicht schwanger. Versprochen!"

Renate lacht: „Ich sage es den Kids, aber da verlasse ich mich mal lieber nicht drauf. Aber im Ernst, vier Tage werde ich gebrauchen. Was würdet ihr so lange tun, hier bleiben? Ein Auto mieten und Sardinien unsicher machen?"

Alle sehen sich an. Sicher gäbe es in Cagliari und Sardinien noch einiges zu sehen. Aber sie wollen ja weiter und es gibt ja auch einen Zeitplan.

Karl stellt fest: „Das heißt natürlich, dass wir anschließend fast auf direktem Weg nach Korfu müssen!"

„Ja, das stimmt wohl", antwortet Renate.

Betroffen schweigen sie erst einmal, bis Hinni wieder das Wort ergreift: „Also Renate, das würden wir natürlich machen. Aber wenn du einverstanden bist, könnten wir ja auch schon weitersegeln und du kommst in Sizilien wieder an Bord." Soweit hat Hinni die Seekarten inzwischen im Kopf.

Renate schaut erst Hinni und dann alle anderen der Reihe nach an: „Wäre Hinnis Vorschlag okay für euch?" Alle nicken.

„Gut, dann wäre ich auch einverstanden! Karl, du bekommst offiziell das Kommando als Skipper, weil du den höchsten Segelschein hast. Du bist verantwortlich, dass das Schiff in vier Tagen heil und sicher in Palermo liegt. Hinni, du behältst die Gruppe im Griff und Karl spricht alle nautischen Entscheidungen mit dir ab. Seid ihr beide einverstanden?"

Karl und Hinni nicken.

Hinni aber wendet sich noch speziell an Marion und Jan: „Und was sagt ihr beiden? Auch einverstanden? Wenn es einen anderen Vorschlag gibt, sollten wir das jetzt besprechen. Sonst ist das so abgemacht und es bleibt dabei!"

Auch von den beiden gibt es keinen Einwand, sie sind ja froh, dass es weiter geht. Renate stellt fest: „Also sind alle einverstanden! Dann sollten wir jetzt ein Restaurant suchen und beim Essen besprechen wir dann alles weitere. Marion, ruf mal den Kellner und bezahle die Rechnung!"

Große Ansprüche an das Abendessen werden im Moment von keinem gestellt und so wird das nächstbeste Restaurant mit einer brauchbaren Küche aufgesucht. Jeder bestellt nach seinem Gusto und dann holt Renate ein Papier aus der Tasche.

„Karl, da du nun offizieller Skipper und Kapitän von *Makan Angin* bist, habe ich hier schon eine Vollmacht für dich vorbereitet. Sie reicht ihm das Dokument. Karl runzelt die Stirn „Power of Attorney", liest er vor. „Ist ja auf Englisch!"

„Ja, natürlich, das soll ja auch international gelten!"

Karl überfliegt den Text, einige Passagen liest er laut vor, wobei er gleichzeitig übersetzt: „Renate Reichle überträgt mir das Recht, während ihrer Abwesenheit, Tod oder Krankheit das Schiff, hmm Name, Registernummer, Baunummer ecetera, zu führen."

Verwirrt schaut er auf. „Du willst doch nicht krank werden oder sterben, oder?"

„Nein, natürlich nicht. Aber es kann doch immer mal was passieren. Dann wäre das Schiff jedenfalls in guten Händen", antwortet Renate.

„Na gut", fährt Karl fort: „Ich darf also das Schiff segeln, überführen, lagern, eine andere Person als Kapitän benennen sowie alle rechtlich erforderlichen Maßnahmen, die das Schiff betreffen, veranlassen."

„So ist es", sagt Renate, „Der Text müsste in Ordnung sein. Ich habe das vorhin mit meinem Notar besprochen und er hat mir den Text gemailt. Zum Glück gab es auch einen Drucker im Internetcafè. Ich muss jetzt nur noch unterschreiben."

Sie holt einen Füller aus ihrer Handtasche, unterschreibt das Dokument, faltet es einmal sorgfältig und übergibt es dann Karl: „Zu treuen Händen, mon Comandante. Diesmal brauchst du dich gar nicht selbst zu ernennen. Aber ihr alle zusammen schafft das schon."

„Das ist also klar", stellt Renate dann fest, „Ich fahre also morgen früh mit dem Taxi zum Aeroporto di Cagliari Elmas, das sind nur ein paar Kilometer von hier, fliege via Rom nach München und komme dort am frühen Nachmittag an. Eine Buchungsnummer habe ich schon. Ich hoffe, mich holt dort jemand ab, aber das regele ich von unterwegs aus. Den Rückflug nach Catania auf Sizilien habe ich für Dienstag gebucht, dort komme ich am Nachmittag an. Bis Palermo sind es allerdings fast zweihundert Kilometer. Ich hoffe, es gibt eine Bahnverbindung, sonst nehme ich einen Mietwagen oder ein Taxi. Ihr müsst mir dann von Palermo aus eine SMS mit eurem genauen Liegeplatz senden."

Renate nennt ihre Mobilnummer und alle speichern die Nummer in ihr Smartphone ein. Sogar Hinni holt sein altes Handy heraus und lässt sich die Nummer genau diktieren.

„Vergesst nur nicht die Vorwahl für Deutschland, sonst könnt ihr euch die Finger wund wählen", erinnert Renate. „Und ich möchte jetzt auch eure Nummern haben, falls sich bei mir was ändert und damit ich euch erreichen kann."

Sie tippt nacheinander alle Nummern ein und als das geschafft ist, hat Jan noch eine Frage: „Sag mal, wieso hast du eigentlich schon alle Flüge gebucht? Du konntest das doch gar nicht wissen, ob wir alleine weiter segeln."

Renate lächelt: „Nein, wissen konnte ich das natürlich nicht, aber planen und beeinflussen schon. Du weißt doch: Mache immer einen guten Plan, damit du flexibel bist und improvisieren kannst!"

Jan schüttelt verständnislos den Kopf. Das ist für ihn etwas zu verwirrend und geheimnisvoll. Hinni aber lächelt Renate zu: Gut das Jan das nicht versteht und die anderen hoffentlich auch nicht. Was wäre das Leben, wenn man nicht ein bisschen manipulieren könnte.

Renate aber ist noch nicht fertig: „Wenn wir jetzt schon dabei sind und unsere Steaks immer noch auf sich warten lassen, können wir ja auch gleich die weitere Fahrroute besprechen. Hast du inzwischen einen Plan ausgearbeitet, Karl?"

Karl nickt. Er hätte den Plan heute Abend ohnehin besprechen wollen, auch ohne diese dramatische Veränderung. Aber so kann er sich auch gleich als Skipper und Törnführer profilieren. Er holt einen Zettel aus seiner Hemdtasche.

„Also, das nächste Ziel wäre Favignana, eine Insel vor der Nordwestspitze Siziliens. Etwa hundertsiebzig Meilen von hier, wir sind also eine Nacht auf See. Von dort nach Marsala, hatte ich gedacht, weil Renate dort bestimmt Wein bunkern möchte. Aber das wird ja nun wohl nichts."

Renate winkt ab: „Klar, ich hätte dort schon mal gerne eine ausgiebige Weinprobe gemacht. Aber so schlimm ist das nicht. Aber ihr könnt euch ja mal als Weinprüfer betätigen. Ich trinke den dann schon. Schließlich weiß ich ja, dass mein geliebter Frankenwein ohnehin nicht getoppt werden kann."

Karl fährt fort: „Das können wir dann entscheiden, es sind ja nur ein paar Meilen von Favignana nach Marsala. Auf jeden Fall geht es dann weiter um das Capo San Vito herum, dort gibt es einen kleinen Hafen oder auch eine Bucht für die Nacht und von dort dann nach Palermo. Knapp fünfzig Meilen sind das laut Karte."

Er schaut Jan an: „In Palermo sollten wir zwei Nächte bleiben, weil Jan ja unbedingt noch seinen Mafiafreunden in Corleone einen Besuch abstatten will. Marion, du könntest bitte schon im Reiseführer nachsehen, welche Möglichkeiten es gibt, dort hin zu kommen. Dort kommt Renate wieder an Bord und das nächste Ziel wäre dann Vulcano, damit Marion endlich ihr Stinkebad nehmen kann."

Marion protestiert: „Kein Stinkebad, nur Schwefelschlamm. Mach' ich nur für dich Karl, damit ich schön bleibe. Ihr könnt in der Zwischenzeit ja den Vulkan hochklettern, der ist nämlich noch aktiv."

„Gut", fährt Karl fort, „weiter dann durch die Liparischen Inseln, vielleicht nach Salino und dann zum Stromboli. Das sollten wir so einrichten, dass wir in der Nacht dort ankommen, damit wir hoffentlich einen Ausbruch sehen. Einen Hafen gibt es dort aber nicht und die Ankermöglichleiten sind mehr als mäßig, jedenfalls laut Handbuch. Dann segeln wir durch die Straße von Messina nach Catania, weiter nach Syracuse und dann nach Malta, das wird wieder eine nächtliche Aktion. Und von Malta aus dann direkt nach Korfu."

Alle klopfen auf den Tisch, um ihren Beifall zu bekunden.

„Ein guter Plan", findet Marion und auch Renate ist einverstanden.

„Aber nun sollten wirklich mal die Steaks anrücken, ich muss morgen früh raus, um neun Uhr kommt übrigens das Taxi, und ein paar Dinge möchte ich euch auf dem Schiff auch noch erklären. Marion, du musst mal wieder den Kellner becircen, ich fürchte, der hat nicht verstanden, dass ich mein Steak medium rare haben möchte, dass kann doch wohl keine halbe Stunde dauern, bis es fertig ist."

Am nächsten Morgen weist Renate Karl und Hinni noch kurz ein: „Dies sind die Ersatzschlüssel für den Anlasser und die Niedergangsluke. Und in dieser Mappe hier sind das Flaggenzertifikat, der Kaufvertrag mit dem Mehrwertsteuernachweis, falls die Guardia Finanza danach fragen sollte, und dieser blaue Schein hier ist der Versicherungsnachweis. Ich glaube, das ist alles was ihr an Unterlagen braucht."

Dann gibt sie Karl noch einen Stapel Seekarten: „Ihr wollt bestimmt nicht nur mit dem Kartenplotter fahren. Jedenfalls ist das nicht ratsam. Hier sind solide Seekarten aus Papier: Küste Sizilien, eine Detailkarte von Favignana, die Liparischen Inseln, Malta und das Nördliche Ionische Meer."

Dann werden alle umarmt, Hinni als Kavalier schnappt noch ihre Reisetasche sowie das Köfferchen mit dem Notebook und bringt sie zum Taxi, das bereits vor dem Steg wartet.

„Mach's gut, Hinni, pass gut auf das Schiff und auf die Anderen auf. Ich werde an dich denken." Dann nimmt sie ihn noch einmal in den Arm, gibt ihm einen Kuss und bevor Hinni auch noch etwas zum Abschied sagen kann, ist sie auch schon im Taxi. „Aeroporto di Cagliari", hört Hinni gerade noch und dann verschwindet das Taxi auch schon im morgendlichen Verkehrsgewühl.

Als Hinni zum Schiff zurückkommt ist Karl bereits dabei, den nächsten Törnabschnitt mit der Crew zu besprechen: „Nach Favignana sind es etwa 160 bis 170 Meilen auf direktem Weg. Wenn wir jetzt ablegen und, sagen wir mal, eine Durchschnittsgeschwindigkeit von fünf Knoten halten können, wären wir morgen spätestens um 17 Uhr in Favignana. Ich denke, das ist okay, oder?"

Marion gibt zu bedenken: „Ich denke, wir sind schneller als fünf Knoten, bisher haben wir doch immer sechs oder sieben Knoten schaffen können!"

„Ja schon", verteidigt Karl seine Berechnung, „so lange der Wind passt oder wir mit Motor fahren. Die Wettervorhersage ist aber nicht so gut, fünf bis sechs Beaufort aus Süd. Das heißt, wir müssen unter Umständen sogar gegen an kreuzen. In dem Falle wäre dann sogar eine zweite Nacht auf See fällig. Im Dunkeln möchte ich nicht in dem kleinen, versandeten Hafen auf Favignana einlaufen. Wir müssen es nehmen, wie es kommt. Also auf!"

Das gespülte Frühstücksgeschirr wird ordentlich eingeräumt und jeder verstaut noch seine persönlichen Klamotten, damit sie bei Seegang nicht herumfliegen können und womöglich jemand darüber stolpert. Wasserfeste und warme Kleidung wird bereit gelegt und dann teilt Karl seine Mannschaft ein: „Hinni du gehst ans Ruder, Marion und ich machen die Heckleinen lose und Jan vorne die Mooringleine. Wenn die gefallen ist, schaust du ob wir mit den anderen Booten klarkommen, eventuell musst du fix abfendern."

Er schaut sich prüfend um, ob alle verstanden haben. „Klar zum Ablegen!"

Kurz darauf meldet Jan: „Klar bei Mooringleine!" und Marion meldet sich auch fertig: „Klar bei Heckleine!"

„Mooringleine los!" kommandiert Karl und dann nach einem kurzen Blick auf den Windrichtungsanzeiger: „Steuerbordleine los!" Das ist er selber und er holt die auf Slip belegte Leine an Deck. Hinni hat inzwischen den Vorwärtsgang eingekuppelt und Karl nickt Marion zu: „Backbordleine los!"

Langsam gleitet die *Makan Angin* aus der Lücke heraus und Hinni schwenkt in Richtung Hafenausfahrt ein, immer auf die von den anderen Schiffen ausgelegten Mooringleinen achtend.

„Sauber", kommentiert Karl mit einem Augenzwinkern, „und diesmal sogar ohne ‚Pack' mers' und ‚Schnürl einholen'. Ist schon interessant, wie die Süddeutschen so ohne korrekte Befehlssprache zurechtkommen."

Marion, die ehemalige Chiemsee-Seglerin, glaubt die Franken und Bayern verteidigen zu müssen: „Aber segeln tun sie nicht schlecht, die Bayern. Glaubt bloß nicht, dass der Chiemsee ein einfaches Revier ist. Da kann es von jetzt auf gleich auch unheimlich fetzen. Und außerdem wird da noch gesegelt und nicht immer gleich der Motor angeworfen, nur weil einem der Wind nicht passt. Der Motor ist dort schlichtweg verboten, aus Umweltschutzgründen. Außer Nachts und bei Gefahr, dass heißt, wenn du bei Sturmwarnung noch schnell in den Hafen musst, natürlich."

Auch Hinni nimmt Renate in den Schutz: „Den Chiemsee kenne ich natürlich nicht. Aber viele Leute verwechseln Seemannsprache mit Seemannschaft. Es nützt dir nichts, wenn du eine Halse komplett durchkommandieren kannst, es aber eigentlich besser gewesen wäre, eine Wende zu fahren."

Und auch Jan kann zu dem Thema etwas beitragen: „Und dann gibt es Leute, die auch im Büro ständig mit seemännischen Ausdrücken um sich werfen müssen, da reden die vom Achtersteven, einem ordentlichen Löffelbug oder von der Gillung und tatsächlich meinen sie den Hintern und den Busen von der neuen Sekretärin."

„Da stehst du zum Glück ja drüber, was Jan?", meint Marion grinsend und Jan wird tatsächlich etwas rot. Aber Marion fährt fort: „Es ist doch eigentlich egal, wie man Dinge benennt, Hauptsache es ist verständlich und man versteht damit umzugehen. Und dass Renate mit dem Schiff umgehen kann, ist doch wohl unbestritten, oder?"

Da können ihr alle nur recht geben, aber Karl glaubt doch die im Hochseeschifferlehrgang mühsam erlernten Ausdrücke verteidigen zu müssen: „Aber es ist doch wichtig, dass alle auf Anhieb verstehen, was gemeint ist, bei Gefahr kann ich doch nicht erst lange erklären oder ein Wörterbuch aufschlagen!"

Dies Thema ist sogar für Hinni wichtig. Er wendet ein: „Ein guter Skipper braucht eigentlich überhaupt keine Worte wenn er seine Leute im Griff hat und alle Manöver *vorher* besprochen wurden, so dass es jeder kapiert. Dann reichen im Prinzip Handzeichen.

Marion gibt ihm recht: „Und was soll zum Beispiel der Quatsch mit dem Tampen, der das Ende vom Ende ist? Das habe ich so im SKS gelernt, ehrlich. Das verwirrt doch nur. Ein

Tau heißt eigentlich Ende und der Tampen ist das Ende davon. Reine Wichtigtuerei, wenn ihr mich fragt. Da verstehe ich schon besser, wenn jemand ‚das Ende vom Schnürl' sagt. Aber damit wäre ich ja glatt durchgefallen, jedenfalls in Norddeutschland, wo die echten und kernigen Segler zu finden sind!"

Dann fällt Marion noch etwas ein: „Aber neulich habe ich einen wichtigen Spruch, gelesen. Er lautet: Ein überragender Segler nutzt sein überragendes Wissen und seine überragenden Kenntnisse, um nie in die Situation zu kommen, in der er seine überragenden Fähigkeiten benötigen würde."

Karl beendet das Thema: „Egal wie man das halten mag, ich glaube, Hinni, du musst dich jetzt etwas mehr nach links halten! Gehe mal auf 115 Grad!"

„Aye, aye, Skipper, Backbordruder auf 115 Grad", meldet Hinni sehr korrekt und nach einer Weile: „115 Grad liegen an! Aber wat is nu, willst du nicht mal die Segel setzen lassen, Karl?"

Ein frischer Wind aus Süd bis Südwest liegt an, Hinni geht in den Wind und bald ist das Großsegel draußen und gleich darauf auch die Genua, als das Schiff wieder auf Kurs ist.

„Segel trimmen für Halbwindkurs", versucht Karl noch zu kommandieren, aber Jan ist längst an der Winsch, Hinni hat die Großschot schon entsprechend gefiert und den Traveller eingestellt, während Marion den Baumniederholer fixiert. Tatsächlich, es scheint auch ohne viel Worte zu gehen.

Bis zum frühen Nachmittag weht eine stetige Brise, das Schiff macht gute Fahrt und Marion freut sich, dass ihre Geschwindigkeitsprognose zutrifft. Dann aber schralt der Wind, er kommt immer weiter vorlicher und er wird schwächer. Die

Welle dagegen bleibt erhalten und wird noch von einem kräftigen Schwall, der allmählich aus Süden einsetzt, unterstützt. Karl lässt den Motor anwerfen und die Genua einrollen. Das Großsegel bleibt vorläufig stehen, es soll mit dem restlichen Wind das Schiff stabilisieren und vielleicht auch noch etwas für zusätzlichen Vortrieb sorgen.

Dann schläft der Wind völlig ein und sie schaukeln unter Motor dahin. Immerhin bringt die Maschine eine gute Marschfahrt von etwa sechs bis sieben Knoten und alle freuen sich, Sizilien mit Beginn des nächsten Tages zu erreichen oder zumindest schon mal in Sichtweite zu haben.

Gegen Abend kommt dann etwas Wind aus Südsüdost auf und die Genua wird ausgerollt. Der Kurs kann gerade so gehalten werden. Bei der Welle und der damit verbundenen Schaukelei hat niemand Lust, ein Abendessen zu kochen und so werden einige Teller, Messer, Brote, Wurst, Schinken und Käse ins Cockpit befördert. Marion hat es geschafft, einen heißen Tee zu machen und sie versuchen die Butter auf das Brot zu bekommen, anschließend den Aufschnitt oder den Käse darauf zu legen und dann noch irgendwie den Becher mit dem Tee zu balancieren, ohne dass der Inhalt sich über die Jeans ergießt.

„Drei Arme müsste man haben", stöhnt Jan voller Schmerz, als sich eine Ladung Tee über seinen Schoß ergießt und sein bestes Teil mehr als ihm lieb ist erwärmt. „Wenn das man keine Verbrennung gibt, sorgt er sich", auf Mitleid hoffend.

Aber Marion ist weit davon entfernt: „Besser eine Brandblase als gar nichts in der Hose", tröstet sie ihn, „bis du wieder bei Birgit bist, ist die verheilt. Da entgeht ihr nichts!"

Bei dem Namen Birgit zuckt Jan zusammen. Hat er doch

schon wieder den wöchentlichen Anruf bei seiner Ehefrau vergessen! Aber hier auf See gibt es ja sowieso keinen Empfang, hofft er zu seiner Entschuldigung.

Pech für Jan: Karls Handy piept und summt einmal kurz, eine SMS. Er schaut nach: „Renate ist gut angekommen, soll ich euch sagen. Ich schreibe mal kurz zurück und richte Grüße von uns allen aus, okay?"

Jans Gewissen regt sich, er muss sich wohl doch mal zu Hause melden – kein Empfang direkt an der Küste, das glaubt ja keiner. Aber vor allen anderen hier im Cockpit? Wer weiß, was es wieder Peinliches zu erzählen gibt. Oder soll er wieder den treuen Ehemann heucheln, während alle zuhören ... Er verschwindet in der Toilette, ein diskretes Örtchen, so hofft er.

Der Schwall nimmt immer mehr zu und bald kracht das Schiff in jedes sechste oder siebente Wellental, das immer etwas tiefer ist als die vorhergehenden und lässt den Mast und das gesamte Rigg zittern. Ziemlich schnell nimmt auch der Wind zu und Hinni guckt bedenklich auf die tiefhängenden Wolken, die an den Unterrändern ausgefranst sind.

„Das gibt noch ein bisschen mehr Wind", vermutet er. „Macht euch mal auf eine nächtliche Sturmfahrt gefasst."

„Da kannst du Recht haben Hinni", meint Karl. „Also, ab sofort sind an Deck Schwimmwesten und Lifebelts Pflicht und ihr zieht euch auch wasserdichte Regenjacken an, damit ihr nicht auskühlt."

„Jacken sollten reichen", fügt er nach kurzer Überlegung hinzu, „denn wirklich kalt ist es ja nicht, immerhin sind es jetzt noch 28 Grad und gerade erst geht die Sonne unter. In den Hosen würden wir doch zu sehr schwitzen."

„Und du Hinni", sagt er dann, „du übernimmst für einen

Moment das Cockpit, ich checke mal, ob auf dem Vordeck alles klar ist."

Karl pickt seinen Lifebelt in das Drahtseil ein, das sich an beiden Seiten des Schiffes über gesamte Deck erstreckt und hangelt sich an dem Handlauf und den Wanten nach vorne. Er prüft, ob auf dem Deck alles ordentlich verstaut und festgezurrt ist: Den Spibaum am Mast, den Bootshaken, der an den Handlauf auf der Kajüte gebändselt ist, er verriegelt die Klappe von dem Ankerkasten und kontrolliert alle Luken. Dabei spritzt die Gischt über ihn, erste Wellen laufen über das Deck und zeitweilig stehen seine Füße im Wasser. Besser hätte er doch eine wasserdichte Hose angezogen. Aber das Wasser ist warm und die Jeans und seine Schuhe kann er gleich wechseln.

Es scheint alles sturmsicher zu sein, er geht vorsichtig zurück und teilt dann die Wachen ein:

„Hinni mit Jan und ich mit Marion, ist das okay?" Karl sieht sich um: „Wo ist Jan überhaupt?"

„Hier", meldet sich eine schwache Stimme aus dem Niedergang und gleich darauf stürzt Jan ins Cockpit, leichenblass und kraftlos.

„Ist dir auf der Toilette der Klabautermann begegnet", fragt Marion höhnisch, „oder war die Wurst nicht gut?"

Karl aber fühlt sich als Skipper verantwortlich, ein seekrankes Crewmitglied kann er jetzt nicht gebrauchen, auch wenn es Jans eigene Dummheit war, sich so lange unter Deck aufzuhalten.

„Jan, gehe ans Ruder und pass' bloß auf, dass du genau Kurs hältst. Da hast du was zu tun, vergiss am besten, das du Seekrank bist. Schau auf den Horizont!"

Karl dimmt die Lampen von den Anzeigen am Steuerpult so weit möglich, damit Jan nicht geblendet wirst und besser sehen kann, was auf dem Wasser passiert.

„So", sagt er dann, „ich gehe mal runter und ziehe mir frische Hosen und Socken an. Marion und ich räumen dann die Pantry auf und machen auch noch eine Kanne Kaffee für die Nacht."

Bald wird es ringsum dunkel, der Mond ist nur zu sehen, wenn die Wolken eine kleine Lücke lassen. Die Wellen werden mehr erahnt als gesehen, außer wenn die weiße Gischt im Mondlicht aufblitzt.

„Ihr habt ja alles im Griff", meint Karl schließlich zu Hinni und Jan. „Ich wünsche euch eine gute Wache."

Er und Marion verziehen sich in die Kojen, um noch etwas Schlaf zu bekommen, bevor sie ihre Wache übernehmen müssen.

Aber richtig schlafen kann keiner der beiden und so lauschen sie auf die Geräusche des Schiffes, verursacht durch den Wind und die Wellen. Die Schotten und die Decksverbindungen knarren und knarzen, die Wellen schlagen an den Rumpf und gelegentlich gurgelt eine welle über das Deck.

Bald kommt ein weiteres Geräusch dazu: Die Genua knallt im Wind, erst alle paar Minuten und dann in immer kürzeren Abständen. Der Wind schralt, vermutet Karl und Hinni wird die Genua nicht dicht genug nehmen können. Er überlegt sich die richtige Taktik: abfallen und dann später aufkreuzen? Sicher seglerisch richtig, aber kommt er dann in der Nacht nicht zu dicht unter die Küste Siziliens? Was ist mit den Thunfischnetzen, die dort laut Handbuch meilenweit ins Meer hineinreichen? Die sind sogar teilweise in der Seekarte eingezeichnet, aber kann man sich auf dort angegebenen Positionen verlassen?

Oder sollte er besser eine Wende fahren lassen und auf einen Südwestkurs gehen, 220 Grad vielleicht? Aber dann muss er ja ständig die Dampferlinie kreuzen, die von Sardinien nach Sizilien westlich von Favignana verläuft und sich später nach Malta fortsetzt. Bei Nacht und viel Wind und Welle?

Er grübelt und erwägt alle Möglichkeiten. Die Geräusche verraten ihm, dass der Wind noch zunimmt. Es hört sich nach einer steifen Brise an, Windstärke 6 oder 7, vermutet er. Stimmt, Hinni lässt nun offenbar reffen, jedenfalls knarren die Winschkurbeln und für einen kurzen Moment knallt die Großschot. Sie haben nun weniger Lage, er wird in der Koje nicht so stark gegen Marion gedrückt. Langsam dösen beide ein.

Eine Weile geht das gut, dann wird Karl plötzlich durch den anspringenden Motor geweckt und er hört, dass die Segel komplett eingeholt werden. Er springt aus der Koje und den Niedergang hinauf: „Was ist los Hinni?", fragt er.

„Och, nix weiter, der Wind nimmt ein bisschen zu und hat nochmals mächtig geschralt. Inzwischen zeigt der Windmesser 38 Knoten und mehr, Windstärke acht, also Sturm. Tendenz zunehmend! Ich kann den Kurs nicht mehr halten. Und aufkreuzen kannst du vergessen, bei der Welle."

Karl schaut nach vorne, durch das Fenster in der Sprayhood. Tatsächlich, inzwischen türmen sich die Wellen zu Bergen von zwei, fast drei Metern Höhe auf. Schaumkronen haben sich gebildet und werden vom Wind verweht. Weiße Gischt spritzt über das Deck, wenn der Bug in das grüne Wasser eintaucht und die Wellen laufen bereits regelmäßig über das Schiff, richten aber keinen Schaden an. Zumindest ist die Crew hinter der großen Sprayhood einigermaßen vor dem Wind und überkommendem Wasser geschützt.

„Mit Motor gegen an?", fragt Karl misstrauisch, der Segler in ihm sträubt sich dagegen. Aber er ist froh, dass ihm die Entscheidung abgenommen wurde, Hinni hat viel praktische Sturmerfahrung auf Fischkuttern in der Nordsee gesammelt und weiß was er tut. „Wie viel Fahrt machst du denn?"

„Mit zweidrittel Gas fahre ich noch fast fünf Knoten, wir haben also noch Reserve. Aber da kommt ganz sicher noch mehr Wind!"

Und dann erkundigt Karl sich nach Jan, der sich auf der Cockpitbank in Lee zusammengerollt hat. Ihn scheint das Ganze offensichtlich nichts anzugehen.

„Alles in Ordnung, Jan?"

Jan winkt ab: „Alles klar", aber so richtig überzeugend kommt das nicht heraus.

Karl bleibt im Cockpit und nach einer Weile kommt auch Marion hinzu. „Wachwechsel", verkündet sie, „Haut euch ruhig in die Koje!"

Sie geht ans Ruderrad und übernimmt von Hinni. „Zwischen 105 und 125 Grad liegen an", meldet der. „Genauer geht es bei dem Wind nicht und mit dem Autopiloten brauchst du es erst gar nicht versuchen. Der kommt da nicht gegen an und lässt das Schiff laufend querschlagen. Versuche die Wellen auszusteuern, so gut es geht."

Hinni verschwindet im Niedergang, kaum dass er noch ein „Gute Wache" murmeln kann, aber Jan bleibt unbeweglich im Cockpit liegen.

„Was ist mit dir Jan, willst du nicht in die Koje oder dich

300

zumindest im Salon auf die Bank legen", schlägt Marion vor.

„Nee", Jan schüttelt den Kopf. „Lass mich mal hier oben, ich glaub' ich muss kotzen."

„Dann bleib besser an Deck, frische Luft hilft am besten. Aber pick' deinen Lifebelt ein, okay?"

Zur Sicherheit kontrolliert Karl, ob Jans Gurt auch wirklich festgemacht ist und tatsächlich hält. Alles okay.

Marion und Karl wechseln sich halbstündlich am Ruder ab, das Aussteuern der Wellen in der Dunkelheit, nur bei dem Licht der Sterne und des abnehmenden Mondes, der gelegentlich durch die Wolken als schmale Sichel zu sehen ist, verlangt äußerste Konzentration und Kraft, auch wenn die Ruderanlage eine Übersetzung hat und nicht direkt wirkt. Der Wind nimmt stetig zu, die Windanzeige pendelt um die 45 Knoten herum und zeigt in den Böen auch schon mal über 50 Knoten an. Ein ausgewachsener Sturm.

In jeder Welle krängt das Schiff zur einen oder anderen Seite, dann hebt sich der Bug und kracht gleich darauf in das nächste Tal. Gemütlich ist das nicht, stellt Karl fest und überlegt, ob er nicht doch etwas Segel setzen soll, damit das Schiff durch den Winddruck stabilisiert wird. Aber dann müsste er abfallen und auf die Fischernetze, die bei dem Seegang trotz Befeuerung sicherlich nicht zu erkennen sind, hat er auch keine Lust. Also durch!

Jan hängt wie ein nasser Sack über dem Cockpitsüll, klammert sich an der im Moment nicht benötigten Schotwinsch fest und jedes Mal, wenn er sich übergeben muss, verkrampft sich sein Körper und zuckt zusammen. Seekrankheit im höchsten Grad, stellt Karl fest und macht sich gleichzeitig Vorwürfe, dass er seiner Crew kein *Scopoderm* oder etwas Ähnliches verordnet hat. Jetzt ist es natürlich zu spät dafür. Aber allen anderen geht es ja gut – bis jetzt – tröstet er sich und Jan wird es überleben.

In der Ferne leuchten Blitze auf und bald übertönt Donner das Getöse der Wellen. Seegewitter! Es zieht näher, bald leuchten die Blitze grell gegen den dunklen Hintergrund. Die Zeit zwischen Blitz und Donner beträgt nur noch wenige Sekunden, die Blitze werden immer heller und das Krachen des Donners immer lauter.

Karl geht im Geist alle Maßnahmen durch, die bei Gewitter zu ergreifen sind: Motor? Läuft sowieso! Blitzableiter? Ist laut Renate fest installiert und über dem Kiel geerdet! Personenschutz? Solange alle im Cockpit oder unter Deck bleiben, wirken das Achterstag und die Wanten wie ein Faradayscher Käfig und schützen sie. Elektronische Geräte? Sollten ausgeschaltet werden oder besser noch komplett abgeklemmt werden. Das ist aber reine Theorie, findet Karl, wie soll er ohne Instrumente in der Dunkelheit navigieren. Also anlassen, sichere Navigation geht vor Blitzschutz! Radar?

„Ich mache das Radargerät an", teilt er Marion mit, „achte gut auf andere Schiffe, wir kommen jetzt in die Nähe der Schifffahrtsstraße und wer weiß, ob die alle exakt fahren. Und Hände weg vom Achterstag, das ist unser Blitzableiter."

„Ich komme schon klar, Karl", meldet Marion, „pass du mal auf die Dampfer auf."

Inzwischen prasselt Regen aufs Deck, die Sicht ist fast null, nur Karl kann den Überblick mit dem Radargerät behalten, wenn auch der Regen das Radarbild trübt. Er verfolgt den Kurs der anderen Schiffe, die an Ihnen vorbeiziehen und überprüft alle paar Minuten die Position.

Plötzlich gellt ein Schrei aus dem Cockpit: „Karl, ich kann den Kurs nicht mehr halten, das Schiff läuft mir total aus dem Ruder!"

Mit einem Satz ist Karl oben: „Vollgas, bis zum Anschlag!" Der Motor heult auf und langsam kann Marion das Schiff heftig schaukelnd wieder auf den alten Kurs bringen. „Was war los?", will Karl wissen.

„Weiß ich nicht, plötzlich ließ sich das Schiff nicht mehr richtig steuern und irgendetwas schlägt da vorne. Ich kann nur nichts sehen, bei der Dunkelheit und dem Regen."

Karl holt den Handscheinwerfer aus der Kiste unter dem Navigationstisch und leuchtet auf das Vorschiff.

„Ha, das Vorsegel ist ein Stück herausgerollt und steht voll im Wind. Kein Wunder, dass du da nicht gegen an kommst. Aber wieso passiert das?"

Er will die Winsch mit der Reffleine kontrollieren, aber Jan liegt darüber. Mit dem rechten Arm hat er die Schotwinsch umklammert, mit dem linken Arm hält er die Winsch mit der Reffleine, den Kopf hat er zwischen beide Winschen gelegt, um einen sicheren Halt zu finden. Ab und zu wird sein Kopf von einer Welle, die über das Deck gurgelt, kräftig gespült, den Rest besorgt der Regen.

„Jan, lass mich da mal ran", fordert Karl rabiat, jetzt besteht Gefahr für das im Wind knallende Vorsegel und er muss handeln. „Du hast die Reffleine gelöst, ich muss die wieder einholen."

Jan lässt seinen Arm apathisch von der Winsch nehmen und Karl dreht ein paar Mal mit der Winschkurbel, dann ist die Genua wieder vollständig eingerollt. Etwas vorsichtiger als kurz zuvor legt er Jans Arm wieder in die ursprüngliche Position.

„Halt dich mal weiter gut fest, Jan, wir machen das schon", beruhigt er ihn. Fürsorglich legt Karl ihm noch die aufgewickelte Schotleine und die Reffleine unter den Kopf, damit er etwas weicher liegt und keine ernsthaften Verletzungen davonträgt, wenn dass Schiff immer wieder in eine Welle knallt.

Inzwischen ist Hinni, von dem Lärm aufgeschreckt, auch wieder nach oben gekommen. „Gut, dass du da bist Hinni, halte bitte mit Marion Ausschau nach anderen Schiffen, ich kümmere mich wieder um das Radargerät."

„Mach' ich, aber ich dachte, du schlägst mit dem Radar die anderen Schiffe in die Flucht", grinst Hinni, aber Karl antwortet ganz ernsthaft: „Fernhalten kann ich die nicht, ausweichen müsst ihr da oben, aber sehen und gesehen werden ..."

Nach einer Weile zieht das Gewitter vorüber und auch der Regen wird weniger. Die Positionslampen der vorbeiziehenden Schiffe lassen sich nun gut ausmachen: Erst sieht man das grüne oder das rote Seitenlicht und die weiße Topplampe, dann verschwindet entweder das rote oder das grüne Licht, je nach dem, an welcher Seite das Schiff vorbeifährt und das zweite Topplicht wird sichtbar. Schließlich ist dann nur noch das weiße Hecklicht zu sehen und Marion und Hinni können sich wieder auf ein neues entgegenkommendes Schiff konzentrieren. Wie auf einer Schnur aufgereiht, ziehen die Dampfer vorbei.

Karl ist nun auch wieder im Cockpit. Durch den Niedergang wirft er zwar ab und zu einen Blick auf den Radarschirm, aber an Deck sieht er alles live. So ein Radarbild kann ja auch falsch interpretiert werden, das soll schon öfter mal vorgekommen sein. Radarunterstützte Kollision nennt man das dann. Lieber traut er seinen Augen, so lange die Sicht klar ist.

Viele Gelegenheiten zu Nachtfahrten auf stark befahrenen Schifffahrtslinien haben sie alle noch nicht gehabt. Im Ostfriesischen Wattenmeer mit den vielen Prielen und Sandbänken, die sich zudem noch laufend verändern, bleibt man nachts besser im Hafen. Eine gute Gelegenheit, das theoretische Wissen zu testen, findet Karl und so werden der Kurs jeden Schiffes und die Bedeutung der Lichter trotz des Geheule des Windes und dem Tosen der Wellen ständig diskutiert.

Plötzlich meint Marion, mit einem entgegenkommenden Schiff auf Kollisionskurs zu sein. Hart dreht sie das Ruder nach Backbord.

„Hey, was machst du?" ruft Karl entsetzt.

„Steuerbordruder, sofort! Willst du den rammen?"

„Natürlich nicht, darum weiche ich ja nach Backbord aus. ‚Grün an grün und rot an rot, geht alles klar, hat keine Not'!", zitiert sie und macht keine Anstalten, Karls Anweisung zu befolgen.

Karl wird wütend: „Steuerbordruder!", schreit er Marion an. „Unser rotes Backbordlicht muss doch an der Seite passieren, die bei dem Entgegenkommer rotes Licht zeigt. Marion fix, leg das Ruder um!"

Von dem entgegenkommenden Schiff werden plötzlich Lichtsignale geben, fünf grelle Blitze.

„Was heißt das, Karl?" Marion ist nun auch verunsichert.

„Das du ausweichen sollst, verdammt noch mal!" Karls Stimme wird schrill, er ist fast in Panik.

„Gut, du bist der Skipper, auf deine Verantwortung, Scheiße!." Marion legt das Ruder nach Steuerbord, noch einmal begleitet von wütenden Blitzen, die in Fünfergruppen von dem anderen Schiff gegeben werden. Nur 100 oder 200 Meter entfernt rauscht der Bug des anderen Schiffes vorbei.

„Puuhh, das war knapp", lässt sich nun auch Hinni vernehmen, „aber das kann passieren, wenn man mit gelernten Sprüchen segelt. Obwohl der Spruch ja nicht verkehrt ist, nur hast du Backbord und Steuerbord und rot und grün verwechselt."

„Habe ich nicht, Steuerbord rechts und rotes Licht, Backbord links und grünes Licht!"

Karl lacht schallend los, es klingt höhnisch, aber eigentlich ist er nur erleichtert, dass es zu keiner Kollision gekommen ist: „Marion, gib deinen Schein zurück. Steuerbord ist grün und Backbord ist rot, es ist genau umgekehrt."

„Quatsch Karl! Und so was will Hochseeschiffer sein! Schau doch nach vorne, sieh' dir unsere Buglampe an!"

In der Gischt leuchten immer wieder die Lichter der Buglampe auf und – in der Tat, links grün und rechts rot.

„Scheiße, das verstehe ich ja nun gar nicht. Das ist eindeutig falsch!"

„Oder du liegst verkehrt Karl, kannst dich ja auch mal vertun", versucht Marion einzulenken. „Sag du doch auch mal was, Hinni!"

„Das ist doch ganz einfach! So haben wir das auf dem Fischkutter gelernt: Dein Skipper stellt sich vor dich hin und gibt dir eine Ohrfeige. Was passiert?" fragt Hinni.

„Na ja, das tut weh und er bekommt eine zurück", schlägt Karl vor.

„Eben nicht", sagt Hinni, „Der ist doch dein Skipper. Wenn du zurückschlägst, schmeißt er dich über Bord. Aber überlege, was ist passiert? Vorausgesetzt der Skipper ist Rechtshänder!"

Marion versucht sich das vorzustellen: „Klar, er hat meine linke Wange getroffen und die wird rot!"

„Genau!", stellt Hinni fest, „und nun sage mal nicht Wange sondern Backe – die würde der Skipper bei dir übrigens noch viel lieber treffen – was hast du dann: ‚Links Backbord, rot!' So einfach war das bei uns!"

„Ja gut, ich gebe mich geschlagen. Entschuldige Karl, dass ich dir erst nicht glauben wollte, ich bin wohl ein bisschen müde. Aber wer geht schon davon aus, dass unsere Buglampe verkehrte Lichter zeigt!"

Hinni hat aber noch einen Ratschlag: „Es gibt da noch so einen Spruch zu den Wegerechtsregeln: ‚Kommt grün, weiß, rot voraus in Sicht, leg Steuerbordruder, zeig rotes Licht!"

Karl ist auch versöhnlich: „Deine Entschuldigung ist angenommen. Wir untersuchen das, so bald es hell wird. Aber im Moment haben wir Wichtigeres zu tun."

Er linst wieder durch den Niedergang. „Nur sechs Meilen vor uns haben wir schon wieder den nächsten Dampfer, der ist in 12 Minuten neben uns. Und zwei Überholer sind hinter uns. Es bleibt also spannend!"

Wind und Welle legen eher noch zu und Marion möchte sich ablösen lassen: „Übernimmst du mal, Hinni?", bittet sie. „Ich bin fix und fertig und außerdem muss ich mal auf die Toilette."

„Mach' bloß fix", ruft Karl ihr nach, „Nicht dass wir gleich noch einen zweiten Seekranken haben."

„Ihr wollt mich wohl über die Reling pieseln sehen", lacht Marion und versucht in der Dunkelheit ihren Lifebelt los zu schäkeln. „Aber da wird nichts draus. Halte du mal fein den Kurs, Hinni und nimm' nicht jedes Schlagloch mit ..."

Nach einer ganzen Weile kommt ein Schrei aus dem Bad.

Karl stürzt zum Niedergang: „Was ist, bist du in die Schüssel gefallen? Dann pumpe besser nicht ab!"

„Abpumpen, wenn das nur ginge", bekommt er zur Antwort. „Hinni soll mal ein bisschen zivilisierter fahren, das ist ja nicht zum Aushalten. Ich brauch' mal Schlagseite nach Steuerbord, sonst kann die Klopumpe kein Wasser saugen!"

Karl lacht. „Der geht es wirklich gut! Du sollst für Steuerbordschlagseite sorgen, damit sie besser abpumpen kann", gibt er Marions Wunsch an Hinni weiter.

„Jetzt fahren wir schon Kurse nach Toilettenlage", lacht Hinni nun auch, „aber soll sie haben! Ruder Steuerbord", kommandiert er sich selber.

Der Wind drückt nun seitlich in das Rigg und durch die unerwartete Schräglage rutscht Jan wie ein nasser Sack ins Cockpit zurück. Er ist doch tatsächlich mit dem Kopf auf den Schotenbündeln kurz eingeschlafen und hat die beiden Winschen, die er vor kurzem noch so fest umklammert hatte, losgelassen. Er protestiert kurz, aber dann legt Karl ihn längs auf die Cockpitbank, Seitenlage, Kopf nach unten, damit er nicht erstickt, wenn er wieder einen Würgeanfall hat.

Von unten kommt dann das Signal: „Torpedos sind abgeschossen! Ihr könnt wieder auf Kurs gehen."

Zehn Minuten später taucht Marion etwas blass und abgekämpft im Niedergang auf. „Puuhh", stöhnt sie, „Mir ist ganz schlecht. Nie wieder auf die Toilette bei Seegang. Man sollte Pampers für Seeleute erfinden. Ihr Männer habt es gut. Ihr sollt zwar nicht im Stehen pinkeln, aber ihr könnt es jedenfalls und tut es auch!"

Keiner der Männer gibt dazu einen Kommentar ab und Marion fährt fort: „Natürlich pinkelt ihr im Stehen. Ich habe doch neulich selber das Bad geputzt. Habt ihr eine Ahnung, was so ein Klogang für eine Frau für'n Stress bedeutet?"

„Wieso Stress?", wundert sich Hinni, „Hose runter, hinsetzen, Hose hoch, fertig!"

Marion hebt den Zeigefinger. „Hinni, du hast noch nie bei Seegang deine Hose runtergelassen. Das geht nämlich ganz anders, als du dir das vorstellst: Erst mal musst du ja überhaupt bei der Schaukelei die Klotür treffen, dich mit einer Hand festhalten, mit anderen die Tür öffnen und versuchen, dir nicht die Finger einzuquetschen. Vorher habe ich mir noch eine frische Jeans aus meiner Kabine geholt, weil ich die bei der Gelegenheit gleich wechseln will. Die alte ist ja vom Seewasser klitschnass. Dann stehst du vor dem Klo. Damit du nicht am ganzen Körper blaue Stellen bekommst – das würde ja nur auf Karl und seine nächtlichen Aktivitäten zurückfallen – musst du dich mit zwei Händen festhalten und gleichzeitig erst deine Schwimmweste und die Regenjacke ausziehen und dann deine nassen Hosen herunter bekommen. Dann setzt du dich auf eine Kloschüssel, die sich wie wild hin- und her bewegt, aber nie senkrecht unter dir steht. Ist es dir gelungen, dich da mittig drauf zu setzen, kannst du nur ganz schnell dein Geschäft erledigen und hoffen, dass dir dein eigenes Verdauungsprodukt nicht gegen den Hintern klatscht.

Ist das vollbracht, solltest du auf keinen Fall übermütig werden, denn nun musst du dich noch auf die Knie setzen, dich mit einer Hand an der Kloschüssel festhalten und mit der anderen die Seeventile öffnen. Dann versuchst du zu pumpen, was aber nicht geht, wenn Hinni ständig auf dem falschen Bug fährt und der Wassereinlass somit über der Wasseroberfläche liegt. Nun setzt du dich ganz auf den Boden und versuchst, die nasse Jeans ganz auszuziehen und deine Beine in die frische Jeans einzufädeln. Mit der Hose auf Halbmast richtest du dich nun wieder auf und versuchst sie hochzuziehen, wobei Knochenbrüche zu vermeiden sind, wenn du gegen das Waschbecken geschleudert wirst. Fast undenkbar, das Thermounterhemd zwar über den Slip, aber in die Jeans hinein zu bekommen. Und dann musst du die Jacke suchen, die natürlich genau in die andere Ecke gerutscht ist und wenn du die auch glücklich wieder angezogen und dich auch nicht in der Schwimmweste verheddert hast, kommt noch einmal die Turnübung mit der Tür, bevor du glücklich und erleichtert wieder an Deck erscheinst. Ich hasse Männer, die im Stehen pinkeln können!"

Mit der Morgendämmerung wird allen etwas wohler. Wind und Welle haben sich zwar kaum verändert, der Windmesser zeigt immer noch über 40 Knoten an, aber der Rudergänger sieht wieder etwas und kann entsprechend die Wellen aussteuern.

Auch die vielen Dampfer, welche die ganze Nacht an ihnen vorbeizogen, haben sich in Luft aufgelöst. Entweder die fahren im nur im Pulk, denkt Karl sich, was aber unwahrscheinlich ist, oder wir haben die Schifffahrtsroute wieder verlassen.

Karl und Hinni haben inzwischen auch die Jeans gewechselt, allerdings nicht im engen Bad wie Marion, sondern im Cockpit, an der frischen Luft. Aber auch so bekommen sie eine Vorstellung von Marions Abenteuer im Bad. Sogar Jan sitzt wieder senkrecht, zwar immer noch blass und mit einigen blauen Stellen am Kopf – die Position zwischen den beiden Winschen war wohl doch nicht so ganz ideal – aber immerhin, er lebt noch und verlangt sogar nach einem warmen Tee.

Zwar haben auch alle anderen Hunger und Durst, aber keiner traut sich bei dem Geschaukel und dem Gestampfe in die Pantry zu gehen und ein Frühstück zu zaubern. So bleibt es bei Tee, Müsliriegeln und Schokolade, nur Jan wird auf Zwieback-Diät gesetzt, was er auch ohne zu murren willig annimmt.

Gegen Mittag erscheint dann im Dunst Sizilien, davor lassen sich die beiden Inseln Marettimo und Favignana ausmachen. Langsam legt sich der Wind und raumt sogar, fünfzehn bis zwanzig Knoten sind es nun nur noch und ganz allmählich verringert sich auch die Welle. Zumindest wird sie weicher und ist viel besser zu ertragen als die harte Windwelle in der Nacht.

Karl lässt wieder die Segel setzen, dadurch bekommen sie zwar Lage, aber die wilde Schaukelei hört auf und das Leben im Cockpit wird erträglich und fast gemütlich.

„Jetzt sind es nur noch zwanzig Meilen bis Favignana", meldet Karl aus dem Niedergang. „Haltet gut nach Thunfischnetzen Ausschau. Vor Trapani soll ein riesiges Netz liegen, am Ende befindet sich ein gelbes Boot mit einem Leuchtfeuer."

Aber nicht nur mögliche Thunfischnetze machen ihnen zu schaffen, es befinden sich nun auch viele Fischerbojen und Fähnchen im Wasser, das nun deutlich flacher wird. Bald haben sie die 100-Meter-Tiefenlinie erreicht und können Favignana deutlich ausmachen.

Der Wind schralt plötzlich, dann weht er unstetig und scheint aus allen Richtungen zu kommen. Sie fallen ab, luven wieder an und versuchen dem Wind zu folgen. Der aber dreht nach einigen Minuten endgültig auf West und nimmt zugleich weiter ab.

„Schoten auf für Halbwindkurs", kommandiert Karl und kurz darauf lässt er die Segel ausreffen. Zehn bis fünfzehn Knoten zeigt der Windmesser nun nur noch und auch die Welle hat deutlich nachgelassen. Segeln vom Feinsten ist das! So etwas kann man am besten nach einer Sturmfahrt würdigen.

„Jan, du übernimmst jetzt das Ruder. Sitzen kannst du ja und die Hände bewegen auch. Steuere einfach auf die Insel zu. Wir anderen versuchen uns etwas hinzulegen, damit wir gleich für das Anlegen wieder frisch sind", ordnet Karl an und alle sind einverstanden.

Nach drei weiteren Stunden ist Favignana nur noch ein oder zwei Meilen entfernt, der kleine Hafen mit den Thunfischfangbooten ist deutlich zu sehen. Die Tätigkeit am Ruder und der Landgeruch mit der Hoffnung auf baldigen festen Boden unter den Füssen haben Jan wieder lebendig werden lassen. Er scheint alles heil überstanden zu haben, bis auf die blauen Stellen am Kopf und er ist immer noch nass von oben bis unten.

„Kannst du mich mal am Ruder ablösen, Marion?", bittet er und zieht seine Klamotten im Cockpit aus. Er verschwindet wortlos unter Deck und kommt mit einem Handtuch, frischen Jeans und einem trockenem Hemd wieder an Deck, um sich anzuziehen.

„Jan, ich bin entzückt! Mir zu Ehren ein Männerstrip? Das hätte aber nicht sein müssen", lästert sie. „Nur weil Karl dir für die Nacht einen Krankenschein ausgestellt hat und du keine Wache schieben musstest?"

Aber dann will Karl es auch wissen: „Was war denn los mit dir? Du kannst doch sonst auch ein bisschen Welle ab!"

Jan druckst etwas herum, das Ganze ist ihm peinlich: „Muss

wohl die Wurst gewesen sein, ich weiß auch nicht."

Zu erzählen, dass er die stickige Toilette als Telefonzelle benutzt hat, ist ihm dann doch zu peinlich. Und das seine Birgit ihm wegen entgangener Ehefreuden zugesetzt hat und mehr Aufmerksamkeit von ihm fordert, geht erst recht keinen etwas an. Ein enger Raum unter Deck ohne frische Luft, die heftige Schaukelei und der psychische Stress sind eine perfekte Mischung, um Seekrank zu werden.

Direkt vor der Küste hat der Wind wieder etwas zugenommen, die Thermik macht sich bemerkbar. Er weht mit kräftigen vier bis fünf Beaufort aus West, aber die Welle hat spürbar abgenommen, sie ist nun direkt erträglich. Karl kommt mit dem Hafenhandbuch ins Cockpit. „Das scheint dort ziemlich eng und vor allen Dingen flach zu sein. Ich möchte dich am Ruder haben, Hinni. Das Fahrwasser läuft genau am Hafen vorbei, also fährst du erst genau darauf zu aber dann musst du scharf nach Backbord in den Hafen hinein und dann gleich wieder nach Steuerbord, um an die Pier zu kommen. Ich weiß aber nicht, wie tief es dort ist, das Hafenhandbuch macht da keine klare Angabe. Aber wir können hoffentlich längsseits anlegen, von Mooringleinen steht hier nämlich auch nichts."

Hinni biegt wie verlangt in den Hafen ein, ganz langsam fährt er, um sich umzuschauen. Zwei Stege gibt es, den äußeren, an dem er anlegen soll und weiter innen, parallel dazu, einen weiteren. Dort liegt allerdings schon eine riesige Segelyacht, mit der englischen Flagge und dem Logo einer Segelschule. Etwa acht oder zehn Männer sind an Bord, offensichtlich die Segelschüler. Hinni winkt denen und macht mit Gesten klar, dass sie an dem anderen Steg längsseits anlegen wollen. Und da auch hier im Hafen immer noch ein frischer Wind weht, natürlich genau von der Seite mit der sie Anlegen wollen, schickt der Skipper gleich zwei von seinen Schülern an Land, um beim Festmachen zu helfen. Hinni winkt dankbar zurück.

Die Anlegeleinen liegen bereit, Marion steht am Bug und während Hinni langsam schräg an den Steg fährt, wirft sie den Festmacher einem der beiden zu und – der greift vorbei. Das Ende der Leine knallt auf den Steg und rutscht langsam ins Wasser zurück. Der Mann will sie noch schnappen, er wirft sich flach auf den Steg und fuchtelt mit dem Arm im Wasser, um das Ende noch zu fangen. Es will ihm nicht gelingen, er rutscht ein Stückchen weiter, der ganze Oberkörper hängt mittlerweile über dem Wasser. Seine Finger sind nur wenige Zentimeter von der Leine entfernt, fast, aber nur fast kann er sie greifen – da macht es ein lautes Platsch. Der hilfsbereite Junge hat das Übergewicht bekommen und ist im Wasser gelandet. Prustend taucht er wieder auf, die Leine hält er stolz in der Hand und verkündet ernsthaft: „It's too shallow here! – Es ist zu flach hier!"

Als ob er nur ins Wasser gesprungen wäre, um die Wassertiefe zu testen. Die Fischer im Hafen, die neugierig zugeschaut haben, lachen schadenfroh!

Hinni aber reagiert blitzschnell: Wenn der noch mit seinem Kopf aus dem Wasser gucken kann, dann ist es wirklich zu flach. Im gleichen Moment meldet sich auch das Echolot mit dem schrillen Tiefenalarm. Er legt den Rückwärtsgang ein und gibt Vollgas. Der Kiel knirscht im Sand, es folgt ein kurzer Moment des Bangens und dann bewegt sich das Schiff langsam zurück.

„Und wohin jetzt?", fragt er Karl.

Marion hat inzwischen ihre Landleine wieder eingeholt und tröstet den hilfsbereiten Segelschüler. „I owe you a German beer! – Ich schulde dir ein deutsches Bier!", verspricht sie und hofft, dass von Jans Vorräten, die er in Mallorca reichlich eingekauft hat, noch einiges an Bord ist. Der junge Mann ist begeistert: „Thanks", ruft er und sein Skipper winkt ihnen vom anderen Schiff und deutet, dass sie dort längsseits anlegen sollen: „Please, come alongside!"

Hinni kapiert sofort: „Leinen und Fender bereit an Backbord!" Er wartet noch einen kurzen Moment, bis Jan und Marion mit den Fendern und Leinen klar sind und dann fährt er das Schiff sauber an die Bordwand des anderen Schiffes heran. Die Leinen werden festgemacht und alle klatschen begeistert, als Marion sofort darauf mit einem Arm voll Bierdosen an Deck erscheint und diese freigiebig auf beiden Schiffen verteilt.

Auf dem Steg gibt es einen Wasseranschluss und Hinni winkt Jan heran. „Lass uns nur schnell das Deck abspritzen, damit das Salz herunterkommt und dann schaue ich nach der Buglampe. Das kann ja wohl nicht sein, dass die verkehrte Lichter zeigt."

Marion und Karl verziehen sich samt den Biervorräten auf das Nachbarschiff und Jan reinigt das Deck, während Hinni sich schon mal Werkzeug bereitlegt.

Bald glänzt das Deck wieder im schönen satten Teakholzfarbton und Hinni macht sich an der Buglampe zu schaffen. Plötzlich lacht er laut auf, das alle auf dem Nachbarschiff zusammenschrecken: „Verdammt was sind das für Idioten. Schaut euch das an!"

Er geht mit der demontierten Lampe auf das Nachbarschiff herüber. „Hier ist doch ein Pfeil und da steht Top, oder?"

„Yes!" Das verstehen sogar die Engländer. „Ist doch wohl klar was das bedeuten soll! Aber was machen die Idioten in der Werft? Schrauben die Lampe mit dem Pfeil nach unten an. Klar, dass dann die Lichter verkehrt herum sind. Kein Wunder, aber Yachten werden ja nur noch von Landratten zusammengeschraubt. Wetten, das die noch nie auf einem Schiff waren?"

Die Lampe ist schnell wieder angeschlossen und angeschraubt, Hinni macht einen kurzen Test und dann geht er auch auf das Nachbarschiff hinüber, wo Karl und Marion gerade das nächtliche Abenteuer mit der Buglampe schildern. Der Ausbilder benutzt die Gelegenheit, noch einen Kursus über Lichterführung und deren Bedeutung einzuschieben ...

Hinni hört eine Weile zu. Er findet die Jungs von dem Ausbildungsschiff ja ganz nett, zumindest hat er das Gefühl, dass die ehrlich bemüht sind, Seemannschaft zu lernen. Zu seinem Leidwesen wickelt sich die ganze Unterhaltung aber auf Englisch ab, und davon versteht er leider nur die Wörter, die auf Ostfriesisch sehr ähnlich klingen. ‚Water' und ‚ship', ‚green' und ‚red', ‚beer' natürlich auch, einiges errät er durch Blicke und Gesten, aber das reicht nicht. Bald steht er auf und schlendert auf die andere Seite des Steges.

Dort haben Fischer ihre Netze ausgebreitet, gigantische Berge von riesigen Netzen, findet Hinni. Interessiert guckt er zu, wie die Fischer ihre Netze nachsehen, flicken und dann wieder zu neuen Bergen auftürmen. Am liebsten möchte Hinni mithelfen, so wie er es früher bei seinem Onkel gelernt hat. Netzflicken ist eine beruhigende Beschäftigung, findet er, besonders nach einer aufregenden Nachtfahrt. Ein riesiger Kerl kommt auf ihn zu: Über zwei Meter hoch, klare blaue Augen, weißes Haar, Hände wie ein Bratpfanne und er ist mit Jeans und einem bunten Hemd gekleidet, wie alle Fischer hier.

„Verstehst du was von Netzen", fragt ihn der Fischer in etwas holprigem, aber gut verständlichem Deutsch. „Bist du von der deutschen Yacht dort drüben?"

„Ja", antwortet Hinni kurz. Er ist von der Yacht dort drüben und er versteht was von Netzen. Und dann zeigt er auf die Netze: „Was für Netze sind das, was fangt ihr damit?"

„Thunfischnetze, wir haben die besten Thunfische hier!", bekommt er zur Antwort.

„Und wo sind eure Schiffe? Ihr macht doch wohl nicht mit den kleinen Booten hier Jagd auf Thunfische?", fragt Hinni interessiert. „Normalerweise sind das doch riesige Schiffe, mit Verarbeitung und Kühlräumen an Bord."

„Doch, dies sind unsere Boote. Und du hast recht, wie machen noch wirklich Jagd auf Thunfische, Mann gegen Fisch, ein ehrlicher Kampf."

Und als er Hinnis professionelles Interesse spürt, erklärt er die Besonderheiten des Thunfischfangs auf Favignana: Jedes Jahr zu Beginn der Thunfischsaison im April werden große Netzfallen einige Meilen vor der Küste aufgestellt. Vierecke, jede Seite mehrere hundert Meter lang, bei denen eine Seite offen bleibt. Jede Ecke des Vierecks wird von einem größeren Boot gebildet, an den Längsseiten befinden sich weitere, kleine Boote. Wenn nun ein Thunfischschwarm in die Netzfalle herein schwimmt, wird schnell auch die vierte Seite mit einem Netz geschlossen. Die Fische befinden sich in der Falle und werden von den Fischern in den Booten Stück für Stück getötet und in die Boote gezogen. Eine sehr harte, anstrengende körperliche Arbeit.

„Ein kurzer, schneller Tod", erklärt der Fischer, „die Fische haben relativ wenig Stress und das ist einer der Gründe für die besondere Qualität."

„Aber da habt ihr doch gegen die Fabrikschiffe kaum eine Chance", will Hinni nun wissen.

„Stimmt, so gesehen nicht. Wir fangen viel weniger und für den normalen Preis könnten wir nicht arbeiten. Aber unsere Fische gelten als etwas besonderes, wir verkaufen den gesamten Fang nach Japan und dort wird Sushi daraus gemacht. Wir bekommen einen sehr guten Preis!" Er lächelt geheimnisvoll.

„Ja aber ...", will Hinni noch fragen, aber der Fischer kommt ihm zuvor. „Was wir denn essen, willst du wissen? Wir importieren den Thunfisch aus Japan, der ist viel billiger. Für unseren privaten Bedarf behalten wir natürlich eine kleine Menge zurück. Ich esse doch keinen tiefgefrorenen Fisch und schon gar nicht den billigen aus Japan."

Inzwischen kommen auch Karl und Marion mit Jan im Schlepptau heran. Marion schreit überrascht auf, als sie den Fischer sieht, mit dem Hinni sich so angeregt unterhält.

„Das ist doch ...!" Sie schlägt den Reiseführer auf: „Hier, das ist doch der Reis, der Chef der berühmten Thunfischjäger von Favignana!"

Stolz hält sie das Buch hoch, eine Seite zeigt tatsächlich das Porträt des Fischers und auf der anderen Seite ist er noch mal mit seinen Männer abgebildet, wie sie die Fische mit schmerzverzerrten Gesichtern aus dem Netz an Bord ziehen. Sie tritt an den Reis heran und muss den Kopf sehr anheben, um ihm ins Gesicht zu sehen. "Das sind sie doch?"

„Ja, das bin ich und das hier sind meine Leute!" Er zeigt auf einen anderen Fischer. „Dort das ist mein Stellvertreter", dann tippt er mit seinem mächtigen Zeigefinger auf das Bild. „Hier, das ist er, aber da war der noch jung und schön."

Und dann werden eine Reihe weiterer Fischer auf dem Bild identifiziert. Der Reis nennt alle seine Leute mit Namen, die aber keiner so schnell behält.

„Die Bilder sind noch von den Fernsehaufnahmen vor einigen Jahren. Da war hier mächtig was los", erklärt der Reis dann selbstbewusst. „Ich wäre fast berühmt geworden. Und eine Saison hatten wir kaum Fang, weil uns die Reporter mit ihren Booten dauernd im Weg waren. Aber das ist nun vorbei."

Marion will nun noch wissen, wieso der Reis ein fast perfektes Deutsch spricht. „Ich war einmal Gastarbeiter in Deutschland", erklärt er. „Damals gab es noch Heringslogger. Und dann hatte ich die Idee, den Thunfisch wieder auf traditionelle Weise zu fangen, in einer Mattanza, so nennen wir das hier. Ja, und so kam ich zurück, habe meine Idee vom Kampf Mann gegen Fisch verbreitet, die Presse und das Fernsehen waren plötzlich interessiert, ja und dann waren die Japaner hier."

„Nur der Bürgermeister war sauer auf mich", fährt er dann fort, „weil nämlich die Thunfischfabrik hier keine Arbeit mehr hatte. Der gesamte Fang wird ja nach Japan verkauft. Aber der ist nun auch schon wieder zufrieden, aus der alten Fabrik wird nämlich ein Hotel. Mein Schwager hat das Gebäude gekauft."

Der Reis ist richtig ins Reden gekommen. Sicher ist er eine Berühmtheit und viele Touristen erkennen ihn nach den Bildern. Aber die wollen sich gerne mit ihm fotografieren lassen und das war es dann. Aber hier spürt er echtes Interesse an seiner Arbeit, besonders seitens Hinni, der immer noch fachmännisch die Netze begutachtet. Wer weiß, was sich daraus ergeben kann. Und so macht er einen Vorschlag: „Wollt ihr noch mehr wissen? Wo esst ihr zu Abend? Mein Bruder hat ein Restaurant hier, die Straße dort herauf bis zu dem großen Platz und dann gleich links um die Ecke." Und dann fügt er noch grinsend hinzu: „Mein Bild hängt neben dem Eingang, ihr könnt das nicht verfehlen. Ich komme nachher auch dorthin, wenn ich hier fertig bin." Und dann zeigt er auf die Yacht mit der englischen Flagge: „Sind das eure Freunde? Bringt die ruhig mit, in dem Restaurant ist viel Platz!"

Marion will dann noch wissen: „Gibt es hier auch ein Internetcafè? Ich müsste mal wieder meine Mails checken."

„Klar", sagt der Reis, „in der gleichen Straße, nur ein paar Häuser weiter. Grüßt meine kleine Schwester von mir!"

Marion schleppt die drei Männer durch das Örtchen Favignana, immer den Reiseführer zur Hand. Viel ist nicht zu sehen: ein großer, sauber gepflasterter Dorfplatz, der von einer Kirche beherrscht wird. Viele Tavernen befinden sich ringsherum, ein paar Läden, und schließlich auch das Internetcafè. Sie verabschiedet sich von den Anderen: „Geht ihr mal einen Espresso trinken, ich muss mal schauen, was sich zu Hause so getan hat. Eine Stunde? Wir treffen uns in dem Restaurant."

Eine Stunde später betritt Marion das Restaurant mit dem passenden Namen „Mattanza". Ein großes Bild von dem Reis, befindet sich neben dem Eingang und Marions Eindruck, dass der Mann nicht gerade an Minderwertigkeitskomplexen leidet, bestätigt sich. Wozu auch, das ist doch bestimmt der Platzhirsch hier. Ein stattlicher Mann, ein richtiger Kerl. Wenn der eine Frau erst mal so richtig im Griff hat ..., stellt sie sich vor.

Im Lokal an den Wänden befinden sich weitere Bilder mit Szenen von dem Thunfischfang. Offenbar sind das alles Kopien von den Fernseh- und Presseaufnahmen. Immer auch ist der Reis darauf zu sehen. Sieben oder acht einfache Holztische befinden sich darin und einfache Holzstühlen mit einem Sisalgeflecht. Einen Tisch haben Hinni, Karl und Jan bereits besetzt, weitere Tische werden gerade von der englischen Crew zurechtgerückt.

„Let's get together", schlägt Marion vor und so werden vier Tische zu einer langen Reihe zusammengestellt. Bald erscheint auch der Reis, der hier wohl einen Nebenjob als Kellner und Koch hat. Oder ist die Mattanza nur der Nebenjob, fragt sich Marion.

Die Bestellung wird aufgenommen. „Frischen Thunfisch gibt es natürlich nicht", verkündet der Reis, „Da hättet ihr im April kommen müssen. Ihr könnt nur welchen aus der Tiefkühltruhe haben. Aber dafür haben wir jetzt ganz frischen Schwertfisch, heute Vormittag gefangen. Mein anderer Schwager ist Schwertfischfischer, er hat eine kleine Flotte und ich werde natürlich bevorzugt beliefert."

Schwertfisch kennen die Ostfriesen nicht und auch in England ist der eher selten – außer im Tiefkühlfach natürlich. Aber so richtig frischen Schwertfisch? Begeistert wird geordert. „Und als Antipasta kann ich heute Spaghetti à la Cozze empfehlen, mit Tomatensauce."

„Spaghetti à la Cozze" klingt für Hinni denn doch etwas seltsam, aber als er erfährt, dass es sich um Muscheln handelt, tröstet ihn das sogar über die Spaghetti hinweg. Er vermisst seine Kartoffeln.

Große Krüge mit dem Hauswein, einem weißen Catarratto

werden auf den Tisch gestellt, dazu werden eine Menge Gläser, kleine Wassergläser eigentlich, gestellt. Und als dann noch als Aperitif ein Grappa auf Kosten des Hauses: „Für meine neuen Freunde aus Deutschland und England", angeboten wird, wird der natürlich auch willig angenommen. Schnell kommen alle ins Gespräch. Seeleute haben immer etwas zu erzählen und Erfahrungen und Informationen auszutauschen. Angeregt durch Grappa und Wein werden dann Geschichten erzählt. Und wenn die wahren Geschichten erschöpft sind, dann werden eben neue Geschichten erfunden – Seemannsgarn eben, das hat nichts mit Aufschneiderei oder gar Lügerei zu tun.

Das Essen – die Muschelsauce ist wirklich gut und der Schwertfisch ein Gedicht – bringt ein wohliges Gefühl in den Magen, man fühlt sich satt und sicher, bereit zu neuen Abenteuern. Und die werden erst mal am festen Tisch erlebt.

So muss dann auch die Geschichte mit der Buglampe in allen Variationen erzählt werden, man lacht sich kaputt über die Deppen in der Werft, die Gefahr, in der man geschwebt hat wird immer größer, die Wellen immer höher und beim Digestif – natürlich wieder ein Grappa – hat der Sturm mittlerweile Orkanstärke erreicht und der entgegenkommende Frachter wurde schon knapp mit dem Bugkorb gestreift.

Und natürlich wird auch noch einmal gewürdigt, wie heldenhaft der Segelschüler ins Wasser gesprungen ist um die Wassertiefe zu testen. Ein Toast wird zu seinen Ehren ausgebracht: Auf Deutsch, auf Englisch und sogar Hinni ehrt ihn mit einem: „Bist'n feinen Keerl."

Und Jans Seekrankheit wird zu einer lebensgefährlichen Fleischvergiftung, die üblicherweise tödlich verläuft, ihn aber nicht davon abgehalten hat, die ganze Nacht trotzdem im

Cockpit zu verbringen, um seine Kameraden in der höchsten Gefahr nicht alleine zu lassen.

Dann setzt sich der Mattanza-Chef, der Reis, zu ihnen. Auch er weiß seine Taten und Erlebnisse ins rechte Licht zu setzen und nachdem er noch eine weitere Runde Grappa – Hausmarke von seinem Bruder – spendiert hat, glaubt man auch ihm bedingungslos, wie er ganz alleine walfischgroße Thunfische aus den Netzen in das Boot zerrt.

Seine Freunde, die Fischer, kommen nach und nach in das Lokal, weitere Tische und Stühle werden herangerückt. Es scheint hier deren Stammtisch zu sein. Es verspricht ein fröhlicher Abend zu werden. Trotz oder vielleicht auch gerade wegen des Sprachgemisches aus Italienisch, Deutsch und Englisch nimmt die Weinseligkeit zu. Die Karaffen und Gläser werden immer wieder gefüllt. Herzliche Freundschaften und Verbrüderungen, zumindest für einen Abend, werden geschlossen. Und als dann der Reis eine Mandoline hinter dem Tresen hervorholt, beginnen die Italiener mit lauten und melodischen Stimmen ihr „Oh, sole mio ..." anzustimmen, gefolgt von einer Art „Thunfischshanty."

Andächtig lauschen die andern, die Engländer wollen natürlich nicht zurückstehen und stimmen im Anschluss ihr „Old McDonalds has a farm ..." an. Das kann der Reis zwar nicht auf der Mandoline begleiten, aber es klingt trotzdem schön. Da muss Hinni an zu Hause denken und er versucht es mit einem einsamen „Waar de Nordseewellen trekken an den Strand ..." Marion, Karl und Jan unterstützen ihn aber bald und mutig geworden stimmt Hinni auch noch das Ostfriesenlied an:

Wir sind Ostfriesenkinder und haben frohen Mut
Wir wohnen an den Deichen, wo Ebbe ist und Flut ...

Jan und Karl fallen wieder ein, das Lied war Pflichtübung in der Schule, Marion summt mit und so hält bald auch ein Hauch von Ostfriesischer Sangeskultur Einzug in eine Thunfischkneipe auf Favignana.

Weitere laute, fröhliche Chöre schmettern ihre Lieder durch das Lokal, man kann sich auf keine gemeinsame Sprache einigen und so gibt jede Gruppe zum Besten, was sie so kann. Und wer gerade eine künstlerische Pause einlegen muss, singt mal hier, mal dort mit, wie es die Stimmlage gerade zulässt. Seeleute unter sich! Die Welt könnte so friedlich sein, wenn es nur Seeleute gäbe.

Als der Abend oder besser die Nacht sich dem Ende zu neigt und die trinkbaren Mengen an Wein und Grappa langsam ihren Sättigungspunkt erreichen, stößt Marion Karl müde in die Seite: „Wollten wir nicht morgen noch nach Marsala? Dann sollten wir hier Schluss machen. Ein bisschen Schlaf vor dem Auslaufen könnte ich schon gebrauchen!"

Der Reis hat das aufgeschnappt und fragt: „Wo wollt ihr morgen hin, nach Marsala? Was wollt ihr da denn?"

Marion antwortet ihm: „Wir haben versprochen uns da ein bisschen nach Wein umzusehen. Kleine Weinprobe und dann ein paar Kisten bunkern, für Notfälle!"

Der Reis schüttelt den Kopf: „Deshalb müsst ihr doch nicht nach Marsala. Wein haben wir hier auch, guten Wein, Rotwein, Weißwein, Dessertwein. Mein Bruder ist Weinbauer, da könnt ihr morgen auch eine Probe machen. Und ihr bekommt einen Sonderpreis, da sorge ich für."

„Du, das wäre doch nicht schlecht", freut sich Marion nicht in aller Herrgottsfrühe wieder ablegen zu müssen, „ich würde das annehmen."

„Wenn du meinst!" Karls Widerstandskraft ist deutlich geschwächt. „Mach gleich einen Termin, Acht Uhr, aber der soll uns abholen."

Der Reis hat das natürlich mitbekommen und er offeriert eifrig: „Gut ich hole euch ab. Acht Uhr. Erst gibt es ein Frühstück hier bei meinem Bruder und dann fahren wir zu meinem anderen Bruder und probieren den Wein. Abgemacht?" Er hält seine offene Hand hin.

„Abgemacht!", schlägt Marion ein, „aber sag mal, wie viele Brüder hast du eigentlich."

„Ach ich weiß nicht genau, mein Vater war ein starker Mann, so wie ich. Ich glaube, alle hier sind meine Brüder."

Am nächsten Morgen hält der Reis sein Versprechen. Pünktlich um acht Uhr oder doch jedenfalls kurz danach steht er mit einem alten Fiat vor dem Steg.

„Entschuldigung für das alte Auto", sagt er. „Aber das Auto von meinem älteren Bruder ist kaputt, ein schöner, großer Mercedes."

Das Frühstück wird serviert: Kaffee, frisches Brot, ein belegtes Panini und ein Glas Wasser mit Aspirin – typisch Italienisch. Eine halbe Stunde fahren sie dann, vorbei an schönen Buchten, leider zu tief oder zu felsig zum Ankern, durch große Wiesen mit vielen bunten Pflanzen hindurch und als sie etwas höher hinaufkommen, sind da auch die Weinstöcke.

„Mein Bruder", stellt der Reis vor. Der ist offenbar schon informiert worden, eine Reihe Flaschen und Gläser stehen bereit und natürlich etwas Brot, Käse und Oliven. Hinni und Jan halten sich an das Brot und den Käse – das Frühstück war nach ihrem Dafürhalten doch etwas dürftig und vom Wein verstehen sie ohnehin nichts.

Marion aber fachsimpelt bald mit dem Winzer und auch Karl nippt hier und da an einem Glas und nickt bedeutungsvoll. Der Wein aus Favignana ist tatsächlich trinkbar und einen schweren Dessertwein gibt es auch.

Karl drängt zur Eile, schließlich müssen sie heute noch auslaufen und Palermo ein wenig näher kommen. Sonst steht Renate dort noch alleine am Hafen. Marion entscheidet sich schließlich für einen Karton von dem Dessertwein und einige weitere Kartons Rotwein möchte sie auch mitnehmen.

„Jan, wie viel Geld haben wir denn noch in der Bordkasse", fragt sie. Jan schüttelt betrübt den Kopf. Die Feier gestern Abend hat ein großes Loch gerissen. Schwertfisch ist teuer, die Weinkrüge hat keiner nachgezählt und alle Runden Grappa waren wohl auch nicht spendiert.

„Kein Problem", bietet der Winzer an, „ich nehme auch Kreditkarten. Und alles wird zum Schiff gefahren, natürlich!"

„Gut, dann sechs Flaschen von dem Dessertwein und, sagen wir vier Dutzend Flaschen von diesem Rotwein."

Der Winzer nickt, sechs Flaschen werden in einen Karton gepackt und dann verschwindet er wortlos. Der Reis trägt schon den Karton in das Auto und die anderen machen sich über die Reste von dem Brot, den Käse und die Oliven her.

Schließlich kommt der Reis zurück, gefolgt von seinem Bruder, dem Winzer: „So, es ist alles schon fertig, alles ist im Auto verstaut, einschließlich vierzig Liter von dem Rotwein.

Vierzig Liter, überlegt Marion, das sind aber mehr als achtundvierzig Flaschen. Aber da keiner etwas sagt, wird das schon stimmen.

Sie zückt ihre Kreditkarte. „Das Geld bekomme ich aber von

euch wieder, dass das klar ist!"

Schnell sind sie wieder am Steg, der Umweg an den Buchten entfällt diesmal und der Reis trägt hilfsbereit den Wein zu dem Schiff. Einen Karton mit sechs Flaschen und einige Plastiktüten mit – „Moment mal, das sind ja Plastikflaschen!", moniert Marion.

„Ja, natürlich Plastikflaschen, die sind doch viel leichter und billiger", verteidigt sich der Reis. „Sieh hier, zwanzig Flaschen, je zwei Liter. Da war vorher nur reines Trinkwasser drin!"

Marion will protestieren, aber Hinni kommt ihr zuvor: „Egal, wir müssen los. Das Zeug kommt jetzt auf das Schiff. Ist doch egal, Hauptsache es duunt!"

8. Kapitel
Nach Palermo

Capo San Vito – Eine teure Marina – Die Hauptstadt der Mafia – Granita – Der Friedhof von Corleone – Ein Umweg mit öffentlichen Mitteln – Jan lernt die Methoden der Mafia – Hemden und Hüte

„Das nächste Ziel ist Capo San Vito", verkündet Karl, nachdem sie die Leinen losgeworfen, bei völliger Windstille abgelegt haben und ohne nochmals aufzusitzen durch das flache Fahrwasser aus dem Hafen herausgefahren sind.

„Dort gibt es angeblich eine Bucht zum Ankern und laut Handbuch auch einen kleinen Hafen für Segelyachten. Am besten wir fahren erst mal hin und dann entscheiden wir, was wir machen."

Alle sind einverstanden. Vor Ort stellen sich Häfen und Buchten doch immer anders dar, als in den Handbüchern beschrieben. Anschauen und entscheiden, etwas anders geht meistens nicht. Karl hat aber noch sehr gut Renates Spruch im Ohr, das man immer einen guten Plan machen soll, damit man später besser improvisieren kann. Also schaut er sich erst einmal in der Karte und dem Handbuch beide Möglichkeiten an. Der Hafen reizt ihn schon, eine ruhige, lange Nacht könnten sie alle vertragen und den Kühlschrank mit Landstrom einmal richtig durchlaufen zu lassen, wäre auch nicht schlecht. Auch die Handys könnten mal wieder eine Energiezufuhr gebrauchen, denn keiner hat zu Hause daran gedacht, ein 12 Volt Ladegerät mitzunehmen, das an das Bordnetz angeschlossen werden könnte.

Bald kommt der Leuchtturm auf der kleinen Insel Levanzo in Sicht. „Noch zwanzig Meilen", kann Karl verkünden, „wenn nur etwas Wind käme. Ich kann den Motor nicht mehr hören."

Nach einer kleinen Weile wird sein Wunsch erfüllt, spürbar kommt Wind auf. Ungefähr von Westen, aber noch unschlüssig, mit welcher Stärke er heute blasen soll. Bald jedoch hat er sich auf eine Geschwindigkeit von fünfzehn bis zwanzig Knoten eingependelt und Karl lässt die Genua setzen, beste Backstagbrise, freut er sich. Eigentlich könnte er ja auch den Blister setzen, aber wenn dann vielleicht gegen Mittag doch noch etwas mehr Wind kommt, könnte es schwierig werden, den wieder zu bergen. Und so richtig Übung mit dem Setzen und Bergen des Blisters haben sie ja noch nicht. Da soll Renate lieber dabei sein, überlegt er, so ein Blister ist teuer.

„Motor aus und dann kannst du schon genau auf das Kap dort hinten zuhalten", sagt er zu Jan, der heute am Ruder steht.

Alle anderen hängen mehr oder weniger müde auf den Cockpitbänken herum und eigentlich interessiert es keinen so richtig, wo sie heute noch hinfahren, Hauptsache es gibt dort einen ruhigen Abend und eine ungestörte Nacht.

Marion ärgert sich noch immer über den Wein in den Plastikflaschen, den sie sich hat andrehen lassen, aber Karl beruhigt sie. „Das ist in Ländern, in den viel Wein getrunken wird, absolut nicht unüblich. Der Winzer hat sogar recht: Es ist billiger und die Flaschen sind leichter. Und es ist ein echtes Recycling für die leeren Wasserflaschen, wir können davon später wieder Häuser für Einsiedlerkrebse bauen."

„Ja, aber der Geschmack ...", Marion ist noch nicht überzeugt.

Jan aber kommt Karl zu Hilfe: „Ich glaube, den muss man

nur schnell trinken, der darf nicht lange lagern. Vierzig Liter sind ja auch schnell weg, nachdem sogar Hinni neuerdings Wein trinkt. Das wäre natürlich nichts für meinen Weinkeller. Da wollte ich die Plastikflaschen natürlich nicht haben."

Als ob Jan einen Weinkeller hätte, zweifelt Marion lautlos.

Hinni aber hat wieder eine praktische Lösung: „Am besten wir testen den Wein gleich heute Abend. Entweder wir präsentieren ihn danach Renate als Superschnäppchen, oder wir machen Pudding davon."

Er erinnert sich, dass seine Mutter früher öfter eine Rotweincreme gemacht hat, aber als Kind durfte er davon bestenfalls mal einen kleinen Löffel naschen, aber das hat damals sehr gut geschmeckt!

„Eine gute Idee", findet Marion, „Oder wir überraschen Renate mit einer selbstgemachten Zabbaione. Hinni, du wirst ja noch ein richtiger Feinschmecker!"

„Oder wir machen eine Granita davon", schlägt Jan vor, sich an sein Lieblingseis erinnernd. „Warum soll das nicht auch mit Rotwein gehen? Stellt euch vor: Rotwein und Orangen!"

„Eine Granita wohl kaum, außerdem weiß ich gar nicht wie das geht", überlegt Marion, „Aber ein Rotweinsorbet, das bekommen wir notfalls auch an Bord hin. Und dann könnten wir ja auch einmal ein ordentliches coq au vin machen."

„Oder einen Burgunderbraten", fällt Jan noch ein, „so ein richtiger Reh- oder Hirschbraten wäre ja auch mal was Feines und in die Spaghettisauce kann man den Rotwein ja auch noch kippen."

Nach vielen Überlegungen, was man mit vierzig Litern eventuell nicht trinkbarem Rotwein anfangen kann, kommt Capo San Vito immer näher.

Bald wird der Motor angelassen und die Genua eingeholt. Karl erinnert den Rudergänger daran, dass es um das Kap herum recht flach ist.

„Halte ausreichend Abstand, Marion", mahnt Karl. „Erst wenn du das Kap gut hinter dir hast, kannst du Steuerbordruder geben. Ich denke, wir versuchen es erst im Hafen."

Eine kleine Mole schützt den Hafen, die Einfahrt ist eng und flach und im Hafen sieht es auch nicht anders aus. Eine andere Segelyacht im Transit liegt dort, zwei kleinere Motorboote, die offenbar Einheimischen gehören und einige Fischerboote.

Die Stege sind verkommen, Strom- und Wasseranschlüsse nicht zu erkennen und der Hafenmeister, oder was man dafür halten soll, zeigt sich erst, als Marion längst längsseits an dem leeren Steg angelegt hat. Mit unsicheren Schritten kommt er den Steg entlang, er ist entweder besoffen oder bekifft.

„Achtzig Euro", fordert er mit lallender Stimme. Lauter Protest erhebt sich, aber der Hafenmeister bleibt hart.

„Achtzig Euro oder rau-rau-rau-raus!" Er zeigt mit schlackernden Armen vage in die Richtung der Hafenausfahrt.

Marion berät sich kurz mit den Anderen: „Das ist eindeutig Wucher. Achtzig Euro für diesen verlassenen Hafen. Der weiß ja gar nicht was der sagt, so bekifft wie der ist."

„Oder der will nur seine Privatkasse aufbessern", vermutet Jan.

„Okay, das wäre ja ein Ansatzpunkt", findet Marion und sie bietet dem Hafenmeister zwanzig Euro an: „Ohne Quittung."

Der Hafenmeister bleibt leicht schwankend stehen. Entweder er versteht nicht oder er will nicht. Marion hält ihm deshalb einen Zwanzigeuroschein hin, den sie sich von Jan hat geben lassen.

„Hier, für dich. Für eine Nacht, ohne Quittung!"

Leider hat der Hafenmeister auch kein Interesse an Bargeld, oder er erkennt den Geldschein nicht. „Achtzig Euro", fordert er wieder und als Marion mit dem Kopf schüttelt, zeigt er auf die Hafeneinfahrt: „Rau-rau-rau-raus!"

„Fahr wieder rau-raus, Marion", entscheidet Karl grinsend, „Ich glaube, hier haben wir nichts verloren. Wer weiß, was der in der Nacht mit uns anstellt. Wir ankern in der Bucht. Dort ist zumindest das Wasser sauber."

„Aye, aye, du bist der Käptn!"

Von lautem Geschimpfe und Flüchen des Hafenmeisters begleitet, werden schnell die Leinen losgemacht und sie fahren aus dem Hafen heraus.

Die Bucht unterhalb des Städtchens San Vito ist recht geräumig, hat einen guten Sandgrund, ist gegen den Westwind geschützt und so liegt das Schiff auf sechs Meter Wassertiefe bald sicher vor Anker.

Es wird in dem klaren, trotz der Jahreszeit immer noch warmen Wasser geschwommen, Marion und Karl beginnen das Abendessen zu kochen und als die Sonne sich langsam dem Horizont zuneigt, schlägt Jan vor, mit der Weinprobe zu beginnen.

„Einen sundowner", schlägt er vor. Das hat er mal irgendwo gelesen, aber es kommt in diesem Falle sogar gut an.

Eine der Plastikflaschen wird in eine Karaffe umgefüllt, die Marion in einem der Schapps gefunden, und ins Cockpit befördert, vier Gläser kommen dazu und Jan schenkt ein. Dann kommt der spannende Moment und sie prosten sich zu: „Zum Wohl!"

Gespannt beobachten sie gegenseitig ihre Gesichter. Hinnis

Gesicht bleibt neutral: „Ich sag ja, Hauptsache duunt!" Aber seine Meinung ist sicher nicht fundiert, als Connaisseur hätte er keine Chance.

Karl und Jan, auch keine besonderen Weinkenner, immerhin aber versuchen sie an dem Wein zu riechen, sie schlürfen und schlecken und bringen ein fachkundiges „ ...hmm, hmm ..." heraus.

„Hey, der ist doch richtig gut", jubelt Marion erleichtert, nachdem sie einen Schluck getrunken hat. Riechen, schlürfen und schlecken braucht sie nicht. Ein Wein muss einfach schmecken, findet sie: „Ein typischer Wein für das Mittelmeer. Leicht, fruchtig, süffig, so muss der Wein sein, den man hier trinkt. Fein! Den werde ich mir nachher vornehmen. Aber er dürfte etwas kühler sein. Stell' mal gleich ein paar Flaschen in den Kühlschrank, Karl."

Die Laune wird mit zunehmendem Abend immer besser. Sogar Hinni bleibt auch nach dem Abendessen beim Wein. Kein Wunder, sind doch die Biervorräte mit den Engländern endgültig draufgegangen. Bald ist die erste Zweiliterflasche geleert und Karl will Nachschub holen. Der Wind hat sich fast gelegt, der Himmel ist sternenklar, der Mond ist schon wieder ein Stückchen größer geworden. Karl könnte jetzt die ganze Nacht hier sitzen und einfach nur träumen.

„Nee, lass mal Karl", meldet sich Marion gähnend. „Ich habe genug und bin hundemüde. Lass uns in die Koje gehen und sei noch ein wenig lieb zu mir!"

Karl wundert sich, wie schnell Träume wahr werden können, er steht wortlos auf, nimmt Marion in den Arm und wünscht Hinni und Jan gute Nacht. Auch Hinni steht auf, schlendert noch kurz auf das Vorschiff um den Anker zu kontrollieren – kein Mensch weiß, was es dort in Wirklichkeit zu sehen und zu kontrollieren gibt, aber jeder Skipper tut es – und dann verabschiedet er sich auch und kriecht in seine Koje. Nun bleibt Jan nichts anderes übrig, als auch in die Koje zu gehen, als letzter macht er noch das Topplicht an, das hatten sie mal so vereinbart und dann liegt *Makan Angin* einsam und allein in der Bucht, nur vom Mondlicht beschienen.

Der Wind ist total eingeschlafen, es herrscht absolute Windstille und die Wellen vom Tag oder auch aus entfernteren Gebieten, wo noch Wind weht, können sich ungehindert ausbreiten. Sie laufen die Sizilianische Nordküste entlang, schauen einmal in jede Bucht herein und entdecken natürlich auch die *Makan Angin*. Hier in diese Bucht müssen wir hinein, scheinen sie den anderen Wellen zuzurufen und gehorsam kommen alle Wellen des Mittelmeeres ausgerechnet in die Bucht bei Capo San Vito.

Erst sind sie ganz schwach, das Schiff spürt sie kaum und bleibt ruhig liegen. Dann werden sie höher und *Makan Angin* wiegt sich sanft in ihrem Rhythmus, sie werden höher und höher und bald schaukelt *Makan Angin* wie wild, den Mast wie eine Peitsche hin- und herschwingend. Große Kreise zieht das Topplicht unter dem Himmel.

Erst klirren nur die Gläser in den Schapps, die aneinander gestoßen werden. Jan, der sich dadurch gestört fühlt, versucht Abhilfe zu schaffen, in dem er einige Geschirrhandtücher in die Freiräume stopft.

Bald scheppert auch das Geschirr in den Regalen und eine nicht gesicherte Schublade fliegt krachend auf: Rumms, und wieder zurück: Rumms. Jetzt ist es Karl, der sich auf die Suche nach den Lärmverursachern macht. Als er gerade wieder in die Koje zur friedlich schnarchenden Marion will, gibt es neue Geräusche: Der Großbaum knarzt in den Schoten, auch er schaukelt hin und her, immer mit einem Ruck in die Schot knallend. Dann entwickeln alle Türen, deren Schloss nicht absolut dicht schließt, ein Eigenleben: Klick – klack, klick – klack stoßen sie im Rhythmus der Bewegungen an den Anschlag. Dann klirrt es in den Badezimmerschränken: Alle die Flaschen mit den Körperpflegemitteln sind umgefallen und alles was rund ist, rollt nun ungehindert umher: Lippenstifte, Deos, Haarsprays und Rasierschaum, alles liegt durcheinander. Karl wandert durch das Schiff, schließt die Schubladen richtig, sichert den Großbaum, klemmt Keile in die Türen und stopft weitere Geschirrtücher in die Schapps. Es hilft etwas, aber nicht viel, ständig gibt es neue Lärmquellen.

Schließlich gibt er auf, er legt sich wieder in die Koje, versucht eine Lage zu finden, in der er einigermaßen stabil liegt und legt sich das Kopfkissen über die Ohren, um einigermaßen vor dem Geknarre der Schotten und der Deckverbindungen, die inzwischen auch ihr Eigenleben entwickeln, geschützt zu sein.

Er ist nicht der einzige, der nicht schlafen kann, außer Marion vielleicht, die weiter ungehindert vor sich hinschnarcht und -schaukelt. Er hört, wie auch Hinni sich auf die Suche nach neuen Geräuschquellen macht, aber viel mehr Erfolg als Karl hat auch er nicht.

Jan wälzt sich ebenfalls unruhig hin und her und Karl erwartet sehnlichst den Sonnenaufgang, um endlich aus dieser Bucht herausfahren zu können. Irgendwann aber schläft er doch ein und als wenn der Wind dies spürt, erhebt er sich aus seinem nächtlichen Schlaf, ein leises Lüftchen weht und dreht das Schiff in die Richtung der Wellen. Diese treffen nun auf den Bug, können das Schiff nur noch sanft anheben und dann wieder fallen lassen und diese Bewegung ist viel besser zu ertragen. Die Geräusche im Schiff lassen nach, die Schotten und Deckverbindungen reiben nicht mehr am Rumpf und Karl kann vorsichtig eine andere Schlafposition einnehmen. Ruhe kehrt im Schiff ein, nur unterbrochen von tiefen Grunzern und Schnarchgeräuschen.

Die Sonne steht schon über den Bergen, welche die Bucht östlich und südlich umrahmen, als Karl endlich erwacht. Offenbar als erster, denn im Schiff rührt sich noch nichts. Leise steht er auf, schnappt sich sein Handtuch und springt über die Heckplattform ins Wasser. Er schwimmt erst ein paar Runden um das Schiff und dann nimmt er Kurs auf die offene See, dem Horizont entgegen. Der Wind hält sich immer noch zurück, nur eine leichte Morgenbrise kräuselt das Wasser, das immer noch von leichtem Schwell bewegt wird. Er legt sich auf den Rücken, lässt sich von den Wellen wiegen und treiben.

Es geht ihm gut, findet er und es war eine gute Idee, diesen Törn im Mittelmeer zu machen. Sie sind eine gute, kameradschaftliche Crew, Renate ist eine hervorragende Skipperin, die mit dem Schiff und der Crew umgehen kann. Das sie ihnen das Schiff einfach so überlässt, ist auch etwas Besonderes, findet er. Er weiß das zu würdigen und will ihr Vertrauen keinesfalls enttäuschen. Sein Verhältnis zu Marion hat sich auch in seinem Sinne positiv entwickelt. Was ein bisschen Sonne, blauer Himmel, Entspannung und das befreit sein von alltäglichen Zwängen doch ausmachen. Hoffentlich kann er, wieder zu Hause, an dieses Verhältnis anknüpfen. Oder ist Marion im Moment nur so anschmiegsam, weil es ihr an Abwechslung fehlt? Er weiß es nicht, verspricht sich aber, das Beste daraus zu machen.

Langsam schwimmt er zum Schiff zurück. Inzwischen sind auch alle anderen wach geworden und tummeln sich im Wasser. Er schwimmt auf Marion zu, gibt ihr einen Morgenkuss, den sie sogar erwidert und verkündet dann: „Ich mach mal Frühstück. Ihr habt noch genau zehn Minuten. Dann will ich euch im Cockpit sehen!"

Beim Frühstück wird dann die unruhige Nacht ausgiebig diskutiert. Hinni tut ganz unschuldig und meint in Richtung Karl und Marion: „Och so, das war Schwall? Ich dachte schon, ihr beiden seid das gewesen. Hab' mich schon gewundert, das Karl so ein Temperament hat."

Marion streckt ihm die Zunge raus, lästert aber trotzdem: „Ach, wenn das Karl gewesen wäre, das hätte ich bald abstellen können. Aber ich kam mir vor wie meine Puppe, die ich als Kind hatte. Die habe ich immer in der Wiege geschaukelt, bis sie im hohen Bogen herausflogen ist. Nun ist die im Puppenhimmel und hat mich wahrscheinlich heute Nacht dafür bestraft. So schlimm war es aber nicht, finde ich. Für einen solchen Fall sollte man immer Ohropax dabei haben. Und rausgeflogen bin ich ja auch nicht."

„Na ja, geschnarcht hast du ganz ordentlich", findet Hinni. „Das hätte ich von einer zarten Frau eigentlich gar nicht erwartet."

„Zarte Frau, Hinni? Aber ich doch nicht. Willst du etwa Haue?", versucht Marion sich aufzuregen, aber Karl winkt ab.

„Haut euch ein andermal, wir sollten jetzt fix Anker auf gehen. Nach Palermo ist es noch weit, dreißig Meilen mindestens, Wind ist nicht in Sicht und wir sollten dort möglichst früh ankommen. Mit brauchbaren Marinas ist der Hafen nämlich nicht gerade gesegnet. Also auf!"

Nach einigen Stunden Motorfahrt, unterbrochen von einigen hoffnungsvollen Manövern, um die Segel zu setzen aber auch bald wieder einzurollen, weil der Wind einfach kein Durchhaltevermögen zeigen will, umrunden sie das Kap Gallo und fahren in die weite Bucht vor Palermo. Allmählich kommt die riesige Hafenmauer in Sicht. Marion hat das Fernglas und versucht sich einen Überblick zu verschaffen.

„Karl, hier vorne scheint eine Marina zu sein, sollten wir da nicht hin?"

Karl schaut noch einmal in seinem Handbuch nach. „Komisch, die wird hier überhaupt nicht erwähnt. Scheint neu zu sein. Fahr hin Hinni, wir schauen nach."

Gehorsam schwenkt Hinni das Schiff nach Steuerbord und bald können sie die Marina deutlich erkennen. Zwei solide, aus Steinen aufgeschüttete Molen, in der Mitte die Einfahrt und ein Schild zur Begrüßung: „Willkommen in Villa Igiea", steht dort in mehreren Sprachen.

„Soll ich reinfahren?", fragt Hinni. „Klar doch, das sieht dort cool aus." Marion hat schon eine Reihe von großen Motoryachten ausgemacht und die Marina scheint sauber und gepflegt auszusehen.

Ein Marinero taucht bald auf einem Steg auf und winkt ihnen, dort anzulegen. Einladend hält er eine Mooringleine in der Hand, Hinni fährt das Schiff rückwärts an den Steg heran und Jan nimmt die Leine und belegt sie am Bug.

„Booaa, Super, Luxus pur", freut sich Marion, so sollte eine Marina aussehen. Alle Stege sind mit roten Teppichen belegt, vor jedem Anlegeplatz steht ein Blumenkübel, die Strom-,

Wasser-, Telefon- und Fernsehanschlüsse diskret verdeckend.

„Dort drüben ist die Rezeption", teilt der Marinero dann noch mit und drückt Marion ein Blatt Papier mit dem Schiffsnamen und der Liegeplatznummer in die Hand.

Sie ruft Jan: „Komm' und bringe die Bordkasse mit, wir melden uns an!"

Die roten Teppiche auf den Stegen münden auf einen großen, mit Marmorplatten belegten Platz, gesäumt von Masten mit den Flaggen aller europäischen Nationen und bald stehen sie vor der Glasfassade des mondänen Empfangsgebäudes mit dem Ambiente eines Luxushotels. Angenehme Kühle umfängt sie, als sie eintreten. Der Boden ist mit einem Teppich belegt, es gibt eine kleine Lounge mit etlichen Sesseln und einen großen Tresen mit eine hübsche, attraktiven jungen Frau dahinter. „Bon giorno", werden sie höflich begrüßt.

Marion legt die Schiffpapiere vor und schnell werden die Daten in den Computer eingetippt. „Wie lange möchten sie bleiben?", fragt die Empfangsdame in reinem Deutsch. So viel Höflichkeit muss belohnt werden, findet Marion und so antwortet sie artig: „Due notte."

„Gut", sagt die Frau und gibt auch dies in den Computer ein, sie druckt die Rechnung aus und legt sie vor: „Das sind dann 155 Euro."

Erschreckt schauen Marion und Jan sich an.

Die Frau fährt fort: „Das sind die Liegegebühren. Dazu kommen dann noch die Gebühren für die Benutzung der Waschräume, Wasser- und Stromgeld und natürlich die Mehrwertsteuer. Alles zusammen nur 235 Euro, für zwei Nächte. Zahlen sie mit Kreditkarte?"

Marion will es nicht glauben: „Haben sie sich bestimmt

nicht verrechnet? Wir wollen doch kein Hotelzimmer, wir haben unser eigenes Schiff mitgebracht."

Die junge Frau wehrt entrüstet ab: „Unser Computer hat natürlich richtig gerechnet. Und ich habe natürlich auch schon den Nachsaisonrabatt berücksichtigt. Das ist der Preis!"

Der letzte Satz kommt sehr bestimmt und beiden ist klar, da gibt es keinen Widerspruch. Sie sehen sich an und schütteln beide mit dem Kopf, ausnehmen lassen sie sich nicht und solch einen Nepp wollen sie nicht auch noch fördern.

Abrupt drehen sich beide um und lassen die junge Frau mit der Rechnung einfach stehen. „Arrivederci", bekommt Marion gerade noch heraus, dann fällt die Glastür hinter ihnen zu.

„Unverschämtheit, das sind ja Mafiapreise", entrüstet sich Jan, als sie wieder am Steg sind. „Bloß weg hier!"

Bald sind sie wieder aus der Marina heraus, diesmal ohne freundlichen Marinero und sie fahren die lange Hafenmole entlang, bis sie endlich die Einfahrt in den Industriehafen, den Porto Commerciale finden. Verrostete Dampfer liegen an der Pier, einige Entladekräne strecken sich in den Himmel, genau voraus liegen Fähren und Kreuzfahrtschiffe. Links sind ein paar Segelyachten zu sehen, aber keine Marina. Hinni steuert die Tankstelle an, die so aussieht, als würden dort auch kleinere Schiffe betankt. „Wir können hier ja einmal fragen."

Marion springt an Land, gestikuliert eine Weile mit dem Tankwart und kommt dann zurück: „Eine Marina gibt es hier nicht, aber weiter stadteinwärts sind private Stege. Dort kann man eventuell liegen, wenn ein Platz frei ist. Wir müssen es einfach versuchen."

Hinni legt ab und fährt in die bezeichnete Richtung. Immer trüber, dreckiger und stinkender wird das Wasser, kein Vergleich mit der Marina Villa Igiea. Die Stege sind bald zu sehen, scheinen aber alle voll zu sein. Schließlich findet sich aber doch noch eine freie Lücke und ohne weiter zu fragen, fährt Hinni dort hinein. Bug zum Steg, er weiß nicht, was sich dort am Steg unter Wasser an alten Leinen und Steinen befindet. Und eine Leine im Propeller in diesem dreckigen Wasser wünscht er sich nicht gerade.

Die Landleinen sind schnell gelegt, aber es findet sich keine Mooringleine. Kein Wunder, das der Platz hier frei ist. Notdürftig wird eine Leine zum Nebenschiff gelegt und dann schaltet Hinni den Motor ab. „Gerade einladend ist das hier ja nicht. Aber hier bleib ich jetzt."

Marion und Jan haben auch keine Lust, wieder zurück zu der Marina zu fahren, sie wägen die Kosten gegen einen sicheren Liegeplatz ab.

Schließlich entscheidet Karl: „Marion, wir beide gehen mal an Land, irgend jemand muss es hier doch geben. Ihr beiden passt hier auf!"

Am Ende des Steges befindet sich ein Tor, das aber abgeschlossen ist. Zum Glück ist aber jemand auf einem der Schiffe in der Nähe des Tores und der macht ihnen klar, dass es einen elektrischen Türöffner gibt, um das Tor von innen zu öffnen. „Von außen geht das aber nur mit einem Schlüssel", fügt er hinzu und dann zeigt er vage in Richtung eines Bürocontainers, der etwa hundert Meter entfernt steht.

Die beiden treten ein. Der Container ist gekühlt, die Klimaanlage rattert, ein Schreibtisch mit einer älteren Frau dahinter befindet sich darin und viele Kartons mit allerlei Schiffszubehör stehen an den Wänden.

Die beiden tragen ihr Anliegen vor, ein dickes Buch wird

zu Rate gezogen und schließlich die erlösende Antwort: Ja, sie können bleiben! Und dann folgt noch ein Schwall von Worten vor dem auch Marion kapitulieren muss. „Wenn das italienisch sein soll ...“

Die italienische Mama kapiert, dass sie nicht verstanden wird und ruft nach draußen. Ein junges Mädchen kommt herein, achtzehn, zwanzig Jahre alt, offensichtlich die Tochter.

Nachdem die Mutter nochmals den Schwall von Worten losgelassen hat, übersetzt die Tochter auf artiges Schuldeutsch: „Also, sie können dort am Steg bleiben, wo sie jetzt liegen. Die Nacht kostet vierzig Euro, in ...“, sie zögert und sucht das richtige Wort, .“.. jedenfalls ohne Rechnung. Ist das okay? Meine Mutter entschuldigt sich, dass dort im Moment keine Mooringleine vorhanden ist, der Vorgänger hat sie mit seinem Propeller beschädigt. Aber mein Vater hat bald Feierabend, er ist auch Taucher und wird dann eine neue Leine legen. Strom und Wasseranschlüsse sind am Steg, die können sie benutzen.“

Erfreut legt Marion achtzig Euro auf den Tisch. „Gibt es hier auch eine Wäscherei“, fragt sie die Tochter dann noch.

„Kein Problem, kann ich besorgen“, antwortet diese geschäftstüchtig, „bringen sie die Wäsche heute Abend hier vorbei und morgen Abend ist sie dann fertig. Gewaschen und gebügelt!“

Dann kramt die Mutter noch in ihrer Schreibtischschublade herum und gibt der Tochter einen Schlüssel. Diese reicht den an Karl weiter: „Hier ist der Schlüssel für den Steg, bitte immer abschließen. Es wird so viel gestohlen in Palermo.“ Und dann mit einer alles umfassenden Geste: „Alles Mafia!“

Wieder an Bord, werden die beiden wie Helden gefeiert. „Dann hoffen wir mal, dass der Taucher mit der Mooringleine

auch kommt", brummelt Hinni allerdings, aber Jan zeigt großes Interesse an der Tochter, von der Marion, beeindruckt von
deren Deutschkenntnissen, erzählt hat.

„Das ist ganz einfach, Jan", sagt Marion zu ihm, „Du sam-
melst jetzt unsere Schmutzwäsche ein und bringst sie hin.
Kannst ihr ja gleich beim Waschen helfen. Aber vergiss nicht
nach dem Preis zu fragen", fügt sie dann noch zweideutig
hinzu.

Nachdem das Landstromkabel angeschlossen ist, Karl sein
Handy wieder laden und einschalten kann, kommt auch sofort
eine SMS von Renate:

Tut mir leid, kann erst morgen,
Mittwoch, kommen. Ankunft
Catania 16:30. Nehme Mietwagen.
Bitte um genaue Beschreibung
des Liegeplatzes. Gruß R.

„Dann haben wir ja Zeit für einen ordentlichen Landgang",
findet Marion.

Karl aber zögert, ohne ordentliche Mooringleine möchte
er das Schiff nicht unbeaufsichtigt liegen lassen. Tatsächlich
kommt der Taucher aber auch sehr schnell, er hat sogar zwei
Leinen dabei und mit Hinnis Hilfe wird die neue Mooring
dann auch sofort verlegt. Die dicke Leine befestigte der Taucher an der Mooringkette, die parallel zum Steg im Hafenbecken verankert ist und Hinni kann das andere Ende dichtholen
und am Schiff belegen. Dann knotet er die dünne Leine an das
noch freie Ende der dicken Leine, führt sie zum Steg und macht
sie dort auch fest, so dass die Mooringleine nicht komplett im

Wasser versinken und jederzeit aufgenommen werden kann.

Ein kurzes Gespräch mit dem Taucher, die allerletzte Dose Bier aus der Bilge zum Dank für die flotte Arbeit wird übergeben, dann sind sie bereit für den Landgang. Alle brennen natürlich darauf, diese Stadt, um die sich so viele Gerüchte ranken, kennen zu lernen.

Gar nicht so einfach, denn um von dem Hafen in die Stadt zu kommen, muss erst einmal eine achtspurige Straße überquert werden, ohne Chance, dass jemand anhält, während sie am Straßenrand warten. Aber Karl hat die Technik in verschiedenen asiatischen Ländern üben können: „Einfach mutig und entschlossen auf die Straße springen", instruierte er die anderen, „Dann halten die schon. Die fahren eigentlich nicht schlechter oder unaufmerksamer als wir, nur lebhafter, mit Spannung und Abenteuer."

Sie probieren es und tatsächlich: Bremsen quietschen, es wird gehupt was das Zeug hält, Fäuste werden aus geöffneten Seitenfenstern gezeigt und laute Flüche hallen über die Straße. Aber sie kommen heil und unversehrt auf die andere Seite.

„Super", lacht Marion, „ich mag Palermo jetzt schon."

Dann kommen sie in die Innenstadt: riesige Märkte, die jetzt am frühen Abend aber schon halb abgeräumt sind, eingerahmt von verfallenen, einsturzgefährdeten Häusern, die aussehen, als wäre gestern hier noch Krieg gewesen, aber sie scheinen bewohnt zu sein. Eine komplette Wand fehlt in einem Haus, man kann direkt ins Wohnzimmer sehen. Müll und Kuriositäten an allen Straßenecken. Dazwischen wieder große prunkvolle Paläste und Kirchen, in denen zu jeder Tages- und Nachtzeit eine Hochzeit stattzufinden scheint.

Und überall quirlt das Leben, Menschenmengen wälzen

sich über die schmalen, oft kaum vorhandenen Bürgersteige, die von Schnapsläden, Baugerüsten, Gemüseständen, Süßwarenverkäufern, Zigarettenläden und Fleischereien gesäumt werden. Es wird gehandelt und gefeilscht, geschimpft und gelockt, gelacht und geweint.

Auf dem Vucciria-Markt gibt es viele feine und leckere Sachen in verwirrender Auswahl zu kaufen, Fisch in großen Mengen, der auch gleich an Ort und Stelle am Straßenrand ausgenommen wird, frisches Obst und Gemüse in allen Variationen und teils freundliche, aber auch aufdringliche Händler, die mit Marion flirten und sie zum Kauf bewegen wollen.

Auf den Straßen lärmen die Autos, immer in Gefahr, gleich einen der waghalsigen Vespafahrer, fast Kinder noch, auf dem Kühler zu haben.

Palermo ist eine Überraschung, ein Kontrast zu dem ruhigen Leben auf See, wenn es nicht gerade stürmt. Das Leben pur, finden alle, als sie später am Abend irgendwo in der Altstadt in einer Seitenstraße eine relativ ruhige Osteria gefunden haben. Dort sitzen sie nun, schlürfen einen Espresso zur Wiederbelebung und pflegen und bemitleiden ihre kaputten Füße.

„Maroder Charme", charakterisiert Marion die Stadt.

Schon zum zweiten Mal innerhalb einer Minute fährt ein Krankenwagen mit Blaulicht und lautem Horn vorbei. Es scheint etwas passiert zu sein. Jan ist ganz aufgeregt: „Ob da wieder eine Schießerei der Mafia im Gange ist?"

Marion beruhigt ihn: „Du kommst morgen schon nach Corleone. Aber bestelle uns doch mal eine Granita, von der du schon die ganze Zeit schwärmst."

„Dann auf, in die nächste Gelateria", bestimmt Jan. „Am besten zu Piero ins Cofea, wenn es das noch gibt", versucht er sich zu erinnern. Marion zückt ihren Stadtplan, das Cofea finden sie dort nicht, aber ein Taxifahrer wird angehalten und der kann aushelfen.

Eine Menschentraube steht bereits vor dem Tresen und Hinni will am liebsten schon wieder umdrehen: „So ein Geschiss wegen ein bisschen Eis." Ein Abendessen, und zwar bald, wäre ihm viel lieber.

Jan aber beruhigt ihn: „Das musst du essen, Hinni, das ist kein einfaches Eis wie aus der Eisdiele. Sizilianer essen es zum Frühstück, Mittag, abends und natürlich auch noch zwischendurch. Das war damals der beste Urlaub, den ich mit meinen Eltern jemals gemacht habe."

Langsam werden sie von der Menschentraube aufgesogen und in die Nähe des Tresens gedrückt. Mindestens zwanzig Bottiche aus funkelndem Edelstahl befinden sich dort in einer Eiscremekühlvitrine, alle mit einer cremeartigen Masse in verschiedenen Farben gefüllt. Gelb für Zitrone, Rot für Erdbeere, Braun für Kaffee ...

„Zitronengranita, die ist einzigartig hier", schlägt Jan vor, „das liegt an den Zitronen, die hier wachsen." Er bestellt für alle. „Vier mal Zitrone ...", das geht mit vier hochgehaltenen Fingern und die Richtung, in die er deutet, "... und vier Brioches."

Auch das ist einfach, liegen diese Hefeteigbällchen doch gleich auf dem Tresen in einem großen Korb bereit.

Liebevoll schabt der Eismann mit einem flachen, dreieckigen Spachtel die Creme von dem Eisblock, der nur leicht angetaut zu sein scheint und füllt sie in die kurzstieligen Glaskelche. Ob es sich noch um Piedro handelt oder schon um dessen Sohn, kann Jan nicht mit Bestimmtheit feststellen. Seine unbeholfene

Frage: „Piedro?", wird mit einem Achselzucken abgetan.

Sie bahnen sich mit ihren Gläsern und der Brioche in der Hand den Weg frei zu einem der Tische, die draußen vor dem Lokal stehen. Ganz feierlich stellt Jan das Glas vor sich ab, tunkt die Brioche in die schmelzenden Eiskristalle und beißt genüsslich davon ab. „Ist das nicht herrlich", ermuntert er die anderen zum Nachmachen. "Genau wie früher." Und er tunkt gleich wieder ein und lässt das Eis mit der Brioche auf der Zunge zergehen.

„Was ist denn das besondere an Granita", will Marion wissen. „Das ist ja keine normale Eiscreme, dass hast du schon gesagt und es schmeckt wirklich fantastisch."

„Kann ich dir sagen", antwortet Jan, „ich durfte früher mal zusehen: Zunächst einmal braucht man Sizilianische Zitronen, die haben einen sehr intensiven Geschmack. Diese werden ausgepresst und mit Zuckerwasser gemischt. Es kommt darauf an, dass der Zuckergehalt nicht zu hoch ist, weil es dann nicht richtig friert, außerdem soll der Fruchtgeschmack gut zu erkennen sein. Darum geht das auch am besten mit Zitrone oder Kaffee. Alles andere ist für Touristen!"

Jan hält sich inzwischen wohl für einen eingeborenen Palermer, fragt sich Marion, will aber seine Erklärung nicht unterbrechen. Die Granita ist ja wirklich etwas Besonderes und sie möchte mehr darüber wissen.

„Diese Masse wird dann in einen der Edelstahlbehälter gekippt, die ihr in der Vitrine gesehen habt und langsam gefroren. Zuerst wird noch gelegentlich umgerührt, dann friert das Ganze über Nacht weiter. Am nächsten Morgen wird der Behälter kurz angetaut und dann kann man das Eis abschaben. Fertig."

Sogar Hinni freundet sich mit der Granita an: „Das ist wirklich lecker, Jan. Und wenn die Becher ein bisschen größer wären, brauchen wir gar kein Abendessen mehr. Hol noch mal eine Runde, aber mit zwei Brötchen für mich."

„Brötchen?", fragt Jan zurück. „Ach, du meinst die Brioches, kannst du haben."

Aber Hinni will das nicht auf sich sitzen lassen: „Wieso sind das keine Brötchen? Die schmecken genau wie Korinthenbrötchen vom Bäcker Poppinga aus Greetsiel, nur das keine Korinthen drin sind und sie anders aussehen. Hol mal gleich drei davon."

Am nächsten Morgen regnet es, genau das richtige Wetter für einen Ausflug nach Corleone, findet Jan. Marion hat bereits ihren Reiseführer durchstöbert und festgestellt, dass täglich mehrere Busse dort hin fahren.

„Auf zum Busbahnhof", treibt Karl die Truppe an, „und vergesst die Regenjacken nicht."

Nach einigem Herumfragen findet Marion auch den Schalter, an dem Tickets nach Corleone verkauft werden. „Vier mal hin und zurück", verlangt sie.

Ein fragender Blick des Schalterbeamten, ein leichtes Schulterzucken, dann rückt er die Karten heraus, kassiert das Geld und zeigt in die Richtung, wo eventuell der Bus zu finden sein könnte. Dort steht bereits eine riesige Menschenmenge, aber niemand von denen will nach Corleone, wie Marion nach einigen Fragen feststellt. Es wird in verschiedene Richtungen gezeigt, aus denen der Bus möglicherweise kommen könnte, aber keiner weiß es genau!

Marion läuft aufgeregt zum Schalter zurück und fragt dort noch einmal nach und der Beamte, nun auch etwas verunsichert, zeigt wieder in eine Richtung, diesmal allerdings genau entgegengesetzt.

„Scheiße", flucht Marion, „der muss doch irgendwo zu finden sein, laut Fahrplan fährt der doch jetzt ab." Aufgeregt laufen sie alle auf und ab, schauen auf alle Busse, die dort herumstehen, gerade ankommen oder abfahren und fragen jeden, der ihnen gerade in die Quere kommt: „Corleone?", aber alle winken ab oder zucken mit den Schultern: Bemitleidenswerte, aufgeregte Ausländer, die den Bus nach Corleone nicht finden können.

Ein neuer Bus kommt aus einer Seitenstraße heraus und plötzlich kommt Bewegung in die Menschen. Ein junger Mann winkt Marion aufgeregt zu und zeigt auf einen Bus.

Tatsächlich, „Corleone" steht da in schönen großen Buchstaben auf der Frontscheibe und eine Gasse wird für Marion und ihre Freunde gebildet, damit sie ja rechtzeitig einsteigen können.

Der Bus schnauft die Berge hinauf, sie genießen die Aussicht, alles ist grün und blüht in den verschiedensten Farben. Der Regen hat inzwischen nachgelassen und die Sonne kommt hervor. Feuchtigkeit steigt von den Wiesen auf und auch im Bus bildet sich bald eine feuchte Wärme. Die Kehren werden immer enger und die Berge immer steiler, der Fahrer schaltet vor und zurück, das Getriebe knirscht und der Motor röchelt, als wenn er bald den Geist aufgeben will.

„Normal ist das nicht", stellt Hinni sachkundig fest, „der pfeift ja aus dem letzten Loch! Keine Kompression, schätze ich!"

Schließlich biegt der Fahrer von der Straße ab und fährt durch ein Tor auf ein verwüstetes Grundstück und schließlich in eine dunkle Halle. Endstation!

„Oh Gott, jetzt werden wir ausgeraubt", entfährt es Marion. Jan hält seine Bordkasse fest wie einen Kronschatz, bereit sie mit seinem Leben zu verteidigen und auch Karl und Hinni schauen sich vielsagend an. Eine Falle?

Schließlich ein Wortschwall von dem Fahrer, von dem Marion nur soviel versteht, dass der Bus kaputt sei, man nun zu Fuß in die nächste Ortschaft laufen müsse und dort käme dann irgendwann ein anderes Fahrzeug, um sie nach Corleone zu bringen. Geduldig steigen die anderen Gäste aus und setzen sich in Marsch, Marion mit ihrer Truppe hinterher. In dem Ort gibt es eine Osteria und die meisten der anderen Fahrgäste bestellen sich erst einmal einen Espresso, Handys werden gezückt und nach einer Weile erscheinen Pkws, um die gestrandeten Passagiere aufnehmen. Bekannte, Verwandte oder Freunde offenbar, die einspringen müssen.

Marion fragt den Wirt nach dem versprochenen neuen Bus, der aber bedeutet ihr, einfach ruhig sitzen zu bleiben: „Aspettare!", und sie hätten auch noch genügend Zeit für einen Kaffee.

Schließlich aber kommt der neue Bus sogar und bringt sie die letzten paar Kilometer nach Corleone. Gespannt steigen sie aus, wie verhält man sich in der angeblichen Hauptstadt der Mafia? Pfeifen einem gleich Kugeln um die Ohren, wie Jan vermutet, oder sind das hier ganz normale Menschen?

Gegenüber ist eine Bank, ein schwarzer Wagen steht davor und das Tor wird von sechs schwarzgekleideten Männer gesäumt, alle eine Maschinenpistole schussbereit in der Hand. Jan wird ganz aufgeregt: „Da, dort, gleich geht es los!", und er bringt schon mal seine Kamera in Anschlag. Er sieht schon die Schlagzeile in der Ostfriesenzeitung: *Jan Janssen fotografiert unerschrocken einen Mafiaanschlag in Corleone*, und er stellt sich vor, wie durch seine Bilder der Mafiaboss endlich entlarvt wird und er auch in Palermo groß gefeiert wird.

Karl aber bringt ihn in die Wirklichkeit zurück: „Jan, das ist bloß ein normaler Geldtransport. Kannst du bei der Sparkasse auch jeden Tag sehen."

Sie laufen durch die Stadt, nichts Besonderes ist zu sehen: schmale Straßen, durch die sich Autos zwängen und noch schmälere Gässchen und Treppen, von denen sich auch die allgegenwärtigen Vespafahrer nicht abhalten lassen, durchziehen die kleine, etwas verlassen wirkende Stadt. Ein paar Kirchen gibt es und der große Platz, an dem der Bus gehalten hat, ist offensichtlich das Zentrum des Ortes. Keine reiche Stadt, jedenfalls nach den eher baufälligen Häusern und vielen Ruinen zu urteilen, welche die Straßen säumen. Sie sind enttäuscht!

Marion liest noch mal in ihrem Reiseführer, aber der kann auch auf keine Attraktionen hinweisen, außer, dass der Friedhof sehenswert sei. Bis der nächste Bus zurück nach Palermo fährt ist noch viel Zeit, also können sie auch noch den Friedhof besichtigen, entscheidet Marion. Ein schmaler Weg führt dorthin und dann treten sie durch das offene Tor.

„Wow", macht Marion und auch die anderen geben erstaunte Rufe von sich. Wo sie normale Gräber und vielleicht den einen oder anderen repräsentativen Grabstein erwartet hatten, stehen jeweils kleine Kapellen! Familiengruften, vier Meter breit, bis zu sechs Metern lang und mit einem in den Himmel ragenden Türmchen stehen dicht an dicht. Die Fassaden sind meist aus Marmor, kunstvoll und mit vielen Verzierungen gearbeitet, Blumenschmuck hängt an den Wänden und auf den Plätzen davor stehen Kübel mit kleinen Bäumchen. Der jeweilige Familienname ist über dem Eingang in den Marmor gemeißelt.

„Hier also befinden sich die Mafiafürsten", stellt Marion fest, „nur leider tot! Wahrscheinlich alles Abkömmlinge von *Don Corleone,* die sich im Heimatdorf des Urgroßvaters begraben lassen. Aber das hat schon was!"

Und dann zu Jan: „Das kannst du dir merken Jan: Je brutaler du hingemordet wirst, desto größer wird dein Grabstein! Ist doch ein Trost, oder?"

Das Grab vom *Don Corleone* findet Jan allerdings nicht, aber der hat ja auch nicht so geheißen, sondern nur bei der Einwanderung in Amerika aus Versehen seinen Heimatort angegeben, als er nach seinem Familiennamen gefragt wurde.

Wieder zurück im Städtchen suchen sie noch eine Gelateria auf, denn Marion möchte doch einen Deal in Corleone machen: „Vier Gelati, vier Hörnchen und vier Espresso!"

Bald sind sie von Italienern umringt, nachdem sie sich durch die Bestellung als Deutsche zu Erkennen gegeben haben. Alle, die schon mal in Deutschland waren, versuchen ihre Deutsch-kenntnisse anzubringen und zu üben; Fragen nach dem Woher und Wohin werden gestellt und es wird über das Wetter und Land und Leute und natürlich die Politik geschwatzt.

Schließlich kommt der Bus und die Vier werden bis zum Einstieg geleitet, die Italiener machen noch ein Schwätzchen mit dem Fahrer und dann geht es zurück nach Palermo. Die beiden anderen Passagiere im Bus versuchen auch mit ihnen ins Gespräch zu kommen, der Fahrer schaltet sich ein und bald gibt es einen Disput zwischen Fahrer und Passagieren über die Sehenswürdigkeiten dieser Gegend und was den deutschen Gästen alles gezeigt werden müsste. Den Landsitz eines früheren Regierungsfürsten soll es hier geben und als klar wird, dass den noch keiner gesehen hat, auch die beiden Einheimischen nicht, fährt der Fahrer kurz entschlossen einen Umweg um ihnen die Schönheiten seiner Heimat nahe zu bringen.

Jan kann es nicht fassen: „Der kann doch nicht einfach Umwege fahren, gibt es da keinen Fahrplan? Wer zahlt die zusätzlichen Benzinkosten und außerdem ist die Extrafahrt bestimmt nicht versichert. Das sind doch alles öffentliche Mittel!"

„Aber es war doch nett von dem Fahrer, der ist einfach stolz auf seine Heimat. Da denkt man nicht an Fahrpläne, Benzingeld und öffentliche Mittel. Und eine Versicherung gibt es sicher schon gar nicht. Sag einfach nett ‚Danke' zu dem! Dann ist er glücklich, freut sich über die netten Deutschen und wir hatten einen schönen Tag."

Bald sind sie wieder auf dem Schiff und Jan macht sich freiwillig auf den Weg, die Wäsche von seiner neuen Freundin abzuholen. Nach einer halben Stunde macht Hinni sich Sorgen: „Wo Jan bloß bleibt, das bisschen Wäsche abholen kann doch nicht so lange dauern."

„Hast du eine Ahnung", sagt Marion, „du hast das Mädchen ja nicht gesehen. Ich kann verstehen, wenn Jan dort etwas herumtrödelt. Aber hoffentlich kommen da keine Vaterschaftsklagen!"

Nach einer weiteren halben Stunde ist Jan immer noch wieder aufgetaucht und nun sorgt sich auch Karl: „Am besten, du siehst mal nach dem Rechten, Marion. Jan soll sofort zurückkommen. Gleich wird Renate hier sein und dann will ich nicht die Hälfte der Mannschaft auf der Vermisstenliste haben."

Marion macht sich auf den Weg. Von weitem schon hört

sie ein großes Geschrei aus dem Bürocontainer, die Mama, die Tochter und Jan scheinen sich doch nicht so zu verstehen. Sie macht die Tür auf. Mutter und Tochter stehen hinter dem Schreibtisch, Jan davor und sie ziehen an einem großen Pack Wäsche, jeder in seine Richtung.

„Was ist los Jan", fragt Marion erschrocken, „hast du Ärger?"

„Kann man wohl sagen, die hier wollen ...", versucht Jan zu antworten, aber Mutter und Tochter fallen ihm unisono ins Wort. Wieder ein Riesengeschrei, Marion versteht kein Wort.

„Ruhe, verdammt noch mal!", brüllt sie und erschrocken halten alle ihren Mund. Dann leiser: „Was ist los Jan, wo warst du so lange?"

„Alles Betrug und Mafia ...", will Jan wieder anfangen, aber bei dem Wort Mafia fängt die Mutter wieder an zu schimpfen. Marion hebt beschwichtigend den Arm. „Erzähl weiter, Jan!"

„Also, erst hat sich Maria ja zu einem Espresso einladen lassen. Dort drüben auf der anderen Straßenseite waren wir. Dann musste sie aber plötzlich zurück, die Wäsche von der Wäscherei abholen. Ich bin natürlich mitgegangen, das ist hier gleich um die Ecke. Und als wir dann wieder im Büro waren, sollte ich plötzlich achtzig Euro für die Wäsche bezahlen. Ausgemacht waren acht! Das ist doch Betrug!"

Marion nickt Maria zu, so heißt offenbar die Tochter, die das Gespräch natürlich mitgehört hat und Maria legt auch sofort los: „Das stimmt, aber wir haben acht Euro pro Kilo ausgemacht. Und dies sind zehn Kilo. Und Jan macht erst schöne Augen und nun will er nicht bezahlen."

Marion lacht: „Oh Jan, da hast du dich aber ganz schön einseifen lassen!

„Einseifen?", fragt die Tochter aber Marion geht nicht darauf ein. Sie versucht eine Lösung zu finden: „Acht Euro pro Kilo habt ihr ausgemacht?"

„Ja!"

„Und wie viel Kilo sollen das hier sein? Das sind niemals zehn Kilo, höchsten fünf!", stellt Marion fest.

„Nein, zehn Kilo, hat die Frau in der Wäscherei gesagt", verteidigt sich Maria.

Marion wiegt das Paket abschätzend in der Hand. „Nein, nie sind das zehn Kilo, hol eine Waage!"

„Wir haben keine Waage", antwortet Maria wieder, „aber sagen wir acht Kilo?"

„Du alte Gaunerin!" Marion lacht und klopft Maria auf die Schulter. „Da kann der Typ hier vom Finanzamt noch was von dir lernen."

„Oh, Jan ist vom Finanzamt? Da sind doch nur böse Menschen, oder? Und ich dachte, Jan ist ein lieber Mann."

„Ist Jan auch, er glaubt immer an Recht und Gesetz. Okay, ich zahle achtundvierzig Euro für sechs Kilo. Finito!"

Die Mutter wird konsultiert, beide palavern eine Weile, dann sagt Maria: „Okay, meine Mutter ist einverstanden. Fünfzig Euro, bitte!"

„Ihr Gauner", sagt Marion, rückt aber doch lächelnd einen Fünfziger aus Jans Bordkasse heraus, die er während des Palavers tapfer festgehalten hat. Maria aber freut sich: „Danke, alles in Ordnung. Komm mal wieder Jan, das nächste Mal gehen wir ein Gelato essen, okay?"

Jan will wütend die Tür hinter sich zuknallen, aber Marion hält ihn zurück: „Langsam Jan, ich denke du solltest daraus was lernen. So funktioniert nämlich die Mafia. Maschinenpistolen sind längst out!"

Gerade kommen sie am Tor zum Steg, als am Straßenrand ein kleiner Fiat hält. „Hallo Marion, hallo Jan", werden sie von Renate angesprochen „Da bin ich! Alles klar mit euch?"

„Hallo Renate! Hey, super das du wieder da bist", freut sich Marion. Hinni hat Renate auch schon vom Schiff gesehen und kommt angerannt, um sie zu begrüßen. Renate nimmt ihn in den Arm: „Schön, wieder da zu sein", flüstert Renate ihm ins Ohr, aber lass mich erst mal die anderen begrüßen. Auch Karl ist nun herangekommen und alle werden freudig begrüßt.

„Ist mit dem Schiff alles klar?", fragt Renate als erstes und als dies von allen bestätigt wird, gibt Renate Jan und Karl ihre Taschen in die Hand.

„Ich gebe am besten erst mal das Auto zurück und dann haben wir Zeit zu reden." Marion drückt sie eine Flasche Champagner in die Hand: „Veuve Clicquot, damit Hinni sich schon mal daran gewöhnt, stell' den schon mal bitte kühl."

Bald ist Renate wieder auf dem Schiff, sie berichtet kurz über Deutschland, das Wetter dort, sie hat einige Zeitungen mitgebracht und Jan und Hinni machen sich sofort über die Bundesligatabellen her. Dann wird auf ihre glückliche Rückkehr angestoßen: „Ich habe euch auch etwas mitgebracht, hier schaut mal."

Aus einer Tasche holt sie ein dickes Paket mit Kleidungsstücken hervor. „Ich dachte, es wäre doch schön, wenn wir einheitliche Kleidung hätten."

Sie packt für jeden drei Hemden aus: richtige, kurzärmelige Hemden, keine einfachen T-Shirts oder Poloshits, alle aus leichtem Leinen und mit dem Namenszug *Makan Angin* auf der Brusttasche dezent eingestickt. Etwas zerknittert sehen sie ja aus, findet Hinni, aber Renate klärt ihn auf, dass das eben bei

Leinen immer so ist.

„Egal ob du sie bügelst oder nicht, die sehen immer so aus. Darum sind die ja auch so praktisch für das Schiff: Durchwaschen, auf dem Bügel trockenen, anziehen."

Jeder bekommt zwei weiße und ein blaues Hemd. „Die weißen für den Landgang und die blauen an Bord, habe ich gedacht. Und die sind Unisex geschnitten, wir können also alle die gleichen Hemden tragen. Sind die nicht chic?", freut sie sich.

„Super", Marion ist begeistert. „Aber wo hast du die so schnell herbekommen, die sind doch extra gefertigt, oder?"

„Zumindest habe ich das Logo aufsticken lassen", antwortet Renate, „ich habe die Hemden schon bestellt, als ich ahnte, dass ich nach Deutschland zurück muss. Und es hat gerade so geklappt, ich habe da einen Spezi. Aber das tollste kommt noch."

Und dann packt sie noch fünf Hüte aus. Richtige Hüte, aus leichter Baumwolle, mit einer abgesteppten breiten Krempe als Sonnenschutz und Druckknöpfen, um die Krempe an der Seite hochzuklappen. Ein Zugband befindet sich darunter, um den Hut wie einen Stetson unter dem Kinn festzubinden. Und natürlich mit dem *Makan Angin* – Logo auf der Seite. Ein Cowboyhut für Segler.

„Ich dachte, die einfachen Baseballcaps sehen entweder lächerlich oder prolomäßig aus und entweder schützen sie nur die Stirn oder nur den Nacken vor der Sonne. Aber hier haben wir einen richtig eleganten Seglerhut. Und von Herren und Damen zu tragen. Was meint ihr?"

Sie sind begeistert. „Damit kann ich ja auch glatt ein Reitturnier besuchen", findet Marion, „Turf and Surf, praktisch!"

Hinni aber dreht den Hut noch hin und her, ihm ist das alles noch nicht so ganz klar. Hüte sind entweder für Herren oder für Damen!

„Aber was sollen die Leute denken, wenn ich plötzlich mit einem Frauenhut herumlaufe? Nicht das ich plötzlich von Männer angemacht werde", gibt er zu bedenken. Dass Frauen und Männer die gleichen Hemden tragen, das hat er schon oft gesehen, aber die Hüte?

Renate aber beruhigt ihn: „Hinni, dich hält bestimmt keiner für eine Frau! Und das ist doch ganz klar von der Form her ein Männerhut, der uns Frauen allerdings auch sehr gut steht, schau' dir Marion an. Und überhaupt, warum sollen Männer und Frauen nicht die gleichen Hüte tragen, die liegen doch manchmal sogar im gleichen Bett, oder?"

Hinni ist beruhigt und nach einigem Probieren und Tauschen hat jeder seine richtige Größe gefunden und alle sind begeistert. Karl und Jan üben schon mal artige Verbeugungen und nehmen dabei den Hut ab, so wie es die Väter gemacht haben.

„Super, schwärmen sie. Und vor allen Dingen, die hat kein anderer."

„Stimmt", fügt Renate noch hinzu, „die hat wirklich kein anderer. Bis jetzt jedenfalls. Ein Freund von mir ist Hutmacher, wir haben dieses Modell zusammen entworfen und er hat die extra für uns hergestellt. Prototypen sozusagen, reine Handarbeit. Die könnten aber sogar trendy werden, hofft er!"

Und dann klatscht sie in die Hände: „Und jetzt zeigt mir etwas von Palermo, ich war nämlich auch noch nie hier!"

„Dann zeigen wir dir am Besten zuerst das Cofea und essen eine Granita", schlägt Hinni vor und alle sind sehr einverstanden.

9. Kapitel

Die Liparischen Inseln

Ankerprobleme und Glühwein – Viel Qualm und Gestank – Jan kratzt an dem Tor zur Hölle – Enttäuschung vor Stromboli – Skylla und die wilde Charybdis

Bis Isola Vulcano, der südlichsten der Liparischen Inseln, sind es knapp achtzig Meilen und deshalb hat Renate schon recht früh alle aus den Kojen geholt. Es weht kein Wind in dieser frühen Morgenstunde, die See ist ruhig und deshalb wird unterwegs gefrühstückt.

„Damit wir schon mal ein paar Meilen machen und nicht erst im Dunkeln dort ankommen", schlägt sie vor.

Trotzdem steht die Sonne abends schon ziemlich tief am Horizont, als sie Vulcano erreichen. Der Motor läuft seit Palermo ununterbrochen, Wind gab es kaum und wenn, dann kam er von vorne. Alle sind ziemlich gelangweilt und genervt von dem endlosen Gedröhne des Motors.

Karl hat das Handbuch auf der Fahrt bereits ausgiebig studiert und Marion fragt ihn deshalb: „Welche Bucht schlägst du vor Karl, die östliche oder die westliche?"

„Beide sind gleich schlecht oder gut. Die eine hat einen Pier, da könnte man notfalls mit dem Buganker anlegen, es ist der offizielle Hafen der Insel und deshalb ist viel Betrieb dort. Die westliche Bucht hat einen ausgedehnten Badestrand, der den Platz zum Ankern begrenzt, aber dort sind wir besser bei dem Ostwind und dem Schwell geschützt.

„Okay, dann also direkt in die Westbucht!"

Von weitem ist eine weiße Mauer zu erkennen, die den Zugang zur Bucht zu versperren scheint, aber als sie näherkommen, erkennen sie einzelne Segelyachten, dicht an dicht. Über zwanzig Yachten ankern hier in dieser Bucht, die vielleicht für drei oder vier Schiffe sicheren Platz bietet.

Renate hat das Ruder übernommen, sie schlängelt sich zwischen den Schiffen hindurch, in der Hoffnung, weiter innen noch einen Ankerplatz zu bekommen. Als sie an der Badeabsperrung angekommen ist, zeigt der Tiefenmesser zwar sechs Meter an, aber es ist unmöglich, sich noch zwischen die schon hier liegenden Schiffe zu quetschen. Langsam fährt sie zurück, zwanzig, dreißig Meter zeigt der Tiefenmesser nun, fast unmöglich hier zu ankern. Fast, aber nicht ganz. Renate will hier in dieser Bucht bleiben, um eine andere Bucht zum Ankern zu suchen und zu finden, ist es zu spät.

„Anker klar zum Fallen, achtzig Meter Kette, lass alles raus, was da ist!", kommandiert sie plötzlich, eine gute Bootslänge Abstand zwischen zwei Yachten, da will sie hin.

„Die anderen machen es genau so", findet sie, „Manchmal muss man brutal sein. Lass fallen Anker!"

Keines der Nachbarboote, ein Italiener und ein Franzose, protestiert, als sich die *Makan Angin* dazwischen schiebt. Wenn es eng wird, muss man zusammenrücken und was alle tun, kann ja nicht falsch sein. Alle haben schon die Fender herausgehängt und Hinni ist auch schon dabei, die Bordwände damit zu schmücken, während Renate noch einmal Rückwärtsgas gibt, um den Anker ordentlich einzugraben. „So, der hält!", findet sie.

Hinni aber ist skeptisch, er schaut auf den Himmel, an dem Wolken aufziehen und sich zu hohen Bergen türmen: „Wind darf aber trotzdem nicht aufkommen, dann gibt es Stress. Wir sollten besser eine Ankerwache einteilen."

Nach dem Abendessen sitzen sie im Cockpit und Renate lässt sich ausgiebig von den Erlebnissen der letzten Tage berichten. Besonders die Sache mit der falsch montierten Buglampe ärgert sie und sie versteht überhaupt nicht, warum sie das selber noch nicht bemerkt hat. Sie versucht eine Erklärung: „So oft bin ich nachts ja auch nicht gesegelt und wenn, dann meistens mit Gästen, denen das überhaupt nicht auffallen würde. Und außerdem scheint die ja voraus, ist vom Cockpit aus also normalerweise überhaupt nicht zu sehen."

Karl unterstützt sie: „Wir haben das Licht ja auch nur im Widerschein der Gischt gesehen und das auch nur, weil wir kein Vorsegel gesetzt hatten."

Renate will die Sache aber nicht auf sich beruhen lassen: „Der Werft und dem Händler auf Mallorca schreibe ich aber einen netten Brief, da könnt ihr euch drauf verlassen. So ein paar Mängel wie undichte Stellen oder knarrende Schotten sind ja eine Sache, aber die Seitenlichter sind doch eine Frage der Sicherheit. Das ist ja, als wenn beim Auto der Blinker nach rechts blinkt, wenn du ihn nach links gesetzt hast."

Ein plötzlicher Windstoß unterbricht Renates Redefluss, alarmiert schauen alle auf.

„Bloß jetzt keinen Wind", sagt Marion, „gerade wo es gemütlich wird und ich in die Koje will."

Leider hält sich der Wind nicht daran, ein zweiter Windstoß, diesmal nur aus anderer Richtung, bringt die Schiffe in Bewegung. Dann eine dritte und eine vierte kurze Bö.

„Das ist hoffentlich nur der Nachtwind", vermutet Renate, „Landwind der von den aufgeheizten Bergen kommt, die nach

Sonnenuntergang abkühlen. Die Luft bewegt sich dann Richtung Meer, weil sich Wasser wesentlich langsamer abkühlt als der Fels und noch relativ warm ist. Schau mal auf die Wassertemperatur", bittet sie Karl.

„Siebenundzwanzig Grad", stellt Karl fest, „Genau wie heute Nachmittag!"

Hinni aber schaut wieder einmal zum Himmel. Kaum ein Stern ist zu sehen und eine Wolke vor dem Mond zeigt deutliche Fransen an den Rändern. „Da ist Wind drin", weiß er, „Ihr könnt ja in die Koje wenn ihr wollt, aber ich bleib hier noch eine Weile sitzen."

Die Böen werden immer länger und immer heftiger, bald sind Windgeschwindigkeiten von fünfundzwanzig Knoten erreicht.

„Windstärke sechs", kommentiert Karl, „hoffentlich macht der Anker das mit."

„Unser Anker schon, aber ob alle Anker richtig fest sitzen, bezweifele ich. Ihr habt ja gesehen, dass manche ihren Anker einfach nur mit minimaler Kette ins Wasser fallen lassen – und fertig", erinnert Renate.

Inzwischen ist man auch auf einigen anderen Schiffen auf den Wind aufmerksam geworden. Überall entsteht Unruhe, Ankerketten werden mit Taschenlampen angestrahlt, als ob da etwas zu sehen wäre, alles was an Fendern da ist, wird herausgehängt und als die Böen noch zunehmen, gehen sogar die ersten Schiffe Anker auf und verlassen die Bucht in Richtung See.

Renate überlegt: „So richtig sicher ist das hier nicht, da haben die schon Recht! Aber wollen wir die ganze Nacht draußen herumkreisen? Da baut sich ja auch schnell eine Welle auf. Oder wo können wir hier hin?"

„Die Bucht auf der anderen Seite ist genauso unsicher", findet Karl. „Der Wind scheint ja von Ost kommen zu wollen. Da haben wir dann nicht nur den Wind voll in die Bucht hinein, sondern auch noch den Schwell. Ich bin dafür abzuwarten, wenn es hart auf hart kommt, können wir immer noch rausfahren."

Dem Franzosen auf der Steuerbordseite wird die Angelegenheit auch zu ungemütlich, besonders als die beiden Schiffe immer wieder aufeinander zu schwojen und nur noch wenige Handbreit Platz zwischen den Bordwänden bleibt, holt auch er den Anker ein und fährt seewärts.

„Gut, den sind wir los!" Marion ist erleichtert. „Aber was will denn der Italiener dort auf der anderen Seite? Der hat einen Festmacher in der Hand, aber ich kann nicht verstehen, was der ruft."

Als die beiden Schiffe wieder aufeinander zuschwojen und einander näherkommen, wird die Absicht des Italieners klar.

„Der möchte bei uns längsseits festmachen. Er hat Angst, sein Anker hält nicht, er hat nur fünfzig Meter Kette draußen", über setzt Marion das Geschreie und die Gesten des Nachbarn."

„Was? Fünfzig Meter Kette nur", eifert sich Karl, wir liegen hier auf dreißig Meter Wassertiefe. Da liegt der Anker ja mal gerade auf dem Boden. Der soll mehr Kette geben."

Marion übersetzt dies und dann kommt mit viel Geschrei und Gefuchtel auch die Antwort: „Der hat nicht mehr Kette, ist alles draußen, sagt der."

Alle schauen auf Renate, es ist ihr Schiff, sie muss entscheiden, ob sie das Risiko eingehen will. „Kommt überhaupt nicht in Frage, dass der bei uns längsseits geht. Schaut mal die Masten, wie die bei dem Wind hin- und herpeitschen. Was meint ihr, was los ist, wenn die sich ineinander verhaken? Sag dem, unsere Antwort ist: *Nein*."

Marion wehrt mit beiden Händen ab, als der Nachbar wieder versucht die Leinen herüberzubringen und versucht auch zu erklären, warum dies nicht sinnvoll ist.

Als Antwort kommt ein Wortschwall unterstützt von viel Gefuchtel mit den Armen, sogar die Faust wird erhoben. „Oh, der ist aber richtig sauer", stellt Marion fest.

„Eigene Schuld" findet Hinni, „Wenn der schlau wäre, würde er seine Ankerkette fix mit dem Festmacher verlängern, dann würde es auch bei ihm reichen. Aber schaut, das Problem hat sich erledigt!"

Langsam treibt der Italiener achteraus, erst nur Meter für Meter, dann immer schneller, als das Wasser tiefer wird und der Anker den Boden nicht mehr berührt. Inzwischen ist dort auch die restliche Mannschaft im Cockpit, ein weiterer Mann, zwei junge Frauen.

„Allmächd!" entfährt es Renate, „Der soll mal aufpassen, dass er nicht auf die Felsen dort drüben gedrückt wird. Hoffentlich sieht der die", sorgt sie sich.

„Und seine Positionslampen dürfte der auch mal anmachen", findet Karl, „der hat doch nichts davon, wenn der nur mit seinen Leuten herumpalavert. Und wieso macht der den Motor nicht an."

„Ich glaube, der hat ein Problem", findet Hinni. „Jan, komm mit!"

Er stößt Jan in Richtung Schlauchboot, der Außenbordmotor ist zum Glück schon montiert, beide springen hinein. Jan macht die Leine los und Hinni zieht an dem Starterseil. Sie brausen los, dem Italiener hinterher.

Wolkenfetzen jagen über den Himmel, den Mond immer wieder für einige Augenblicke freigebend, so dass sie das andere Schiff erkennen können. Nur noch wenige Hundert Meter ist es von den Felsen entfernt, die drohend, voller scharfer Zacken und Klippen an der Einfahrt der Bucht aus dem Wasser aufragen.

Der Motor rast, der Wind hilft und die Wellen schieben das Schlauchboot, bald sind sie neben dem anderen Schiff. Hinni geht längsseits und drückt dann mit dem Bug des Schlauchbootes voll gegen die Bordwand der Yacht, er will versuchen, das Schiff auf einen anderen Kurs zu bringen oder zumindest an dem Felsen vorbei zu drücken.

„Mach deinen Motor an", schreit er hinüber, aber der Italiener versteht ihn nicht. Er scheint völlig paralysiert mit seinen Leuten zu diskutieren und bemerkt überhaupt nicht die Gefahr.

„Motor, Motor, Maschine, Engine", schreit Hinni immer wieder und macht die Bewegung des Motoranlassens. Schließlich wird es ihm zu bunt. Ein Motorschaden kann nicht vorliegen, überlegt er, dann würde ja zumindest jemand beim Anlasser herumbasteln und probieren. Er drückt Jan die Pinne des Außenborders in die Hand: „Hier übernehme du, drück' das Schiff weiter mit Vollgas ab, ich steige über!"

Wie ein Berserker reißt Hinni sich an der Relingstütze hoch auf das Schiff, er springt an Deck und hangelt sich zum Cockpit. „Motor, Motor", schreit er immer wieder und zeigt auf den Felsen vorne. Plötzlich erwacht der Skipper aus seiner Erstarrung, erschrocken als hätte er eine Ohrfeige bekommen, weil da plötzlich ein fremder Mann in seinem Cockpit steht. Er nimmt den Felsen wahr und brüllt nun seinerseits „Motore, rapido!"

Endlich brüllt der Motor auf, es wird Vollgas gegeben, das Schiff bewegt sich voraus – und dann gibt es einen Ruck, das Schiff stoppt abrupt, alle taumeln durcheinander, der Bug nickt ins Wasser und das Heck schwenkt plötzlich herum.

Diesmal hat der Italiener aber schnell kapiert: „Ancora!", und er bringt Bewegung in seine Mannschaft. Der Anker ist noch unten, fünfzig Meter tief und hat sich offenbar hinter einem Stein verhakt.

„Anker auf", brüllt Hinni und diesmal wird er auf Anhieb verstanden. Einer hastet zum Bug, die Ankerwinsch beginnt zu rattern und am Motor wird der Rückwärtsgang eingekuppelt.

Leider hat Jan im Schlauchboot nicht mitbekommen, dass das Schiff plötzlich stoppt und das Heck sich auf ihn zu bewegt. Er versucht weiter mit voller Kraft gegen den Bug zu drücken – aber plötzlich ist da kein Widerstand mehr, das Schlauchboot schießt mit einem Satz voraus. Jan bekommt das Übergewicht, kann gerade noch die Leine zur Notabschaltung erreichen und den Motor stoppen, dann fällt er außenbords ins Wasser und taucht unter.

„Jaaan", schreit Hinni, der mitbekommen hat, dass das Schlauchboot plötzlich vorausschießt und Jan nicht mehr darin sitzt. Er rennt zum Bug und springt mit einem Hechtsprung über die Reling. Erst taucht Jan aus dem Wasser auf, dann Hinni.

„Jan, du verdammter Idiot, du kannst doch nicht einfach ins Wasser fallen, Blödmann", ruft Hinni erleichtert. „Selber Idiot", prustet Jan, voller Dankbarkeit, dass Hinni sich um ihn sorgt, „Was machst du denn hier? Haben die dich von Bord geschmissen?"

Beide lachen und schwimmen auf das Schlauchboot zu, dass sich von dem Wind getrieben immer weiter entfernt, zum Glück gebremst durch den Schaft des Außenbordmotors, der sich noch im Wasser befindet. Jan ist der bessere Schwimmer, er krault auf das Schlauchboot zu, zieht sich mit lautem Fluchen an Bord, startet den Motor wieder, fährt zu Hinni und hilft ihm dann an Bord.

„Zurück zum Schiff", meint Hinni „Die Spaghettifresser sind aufgewacht. Die können sich jetzt selber helfen. So ein blödes Volk! Ich brauche erst mal trockene Klamotten."

Das italienische Schiff bewegt sich aus der Bucht heraus, sogar die Positionslampen brennen nun und Hinni und Jan rasen in ihrem Dinghy auf die *Makan Angin* zu. Sie fahren gegen den Wind, der durch die nasse Kleidung pfeift und immer wieder bekommen sie eine Salzwasserdusche, wenn das Schlauchboot gegen eine besonders hohe Welle kracht. Endlich erreichen sie das Heck.

„Tolle Action, Jan", lästert Marion. An Bord wurde das Manöver der beiden natürlich voller Spannung beobachtet und alle sind erleichtert, dass nichts Schlimmeres passiert ist.

Gerade als das die beiden über das Heck an Bord kommen wollen und Karl zu einer Lobrede ansetzen will, winkt Renate aufgeregt in die andere Richtung: „Ihr könnt gleich weitermachen, wo ihr schon mal Übung habt. Dort die Ketsch, ein Deutscher, driftet auf uns zu. Da scheint keiner an Bord zu sein. Wenn sein Anker über unsere Kette geht, dann haben wir auch ein Problem."

Hinni versteht. Er zittert zwar vor Kälte, aber es reicht, wenn zwei nass sind. „Komm, los Jan, das packen wir auch noch!"

Sie springen ins Schlauchboot zurück und geben Gas, auf die Yacht zu! Dort ist tatsächlich niemand an Deck oder im Cockpit zu sehen. Der Niedergang aber ist offen und ein Schlauchboot hängt auch am Heck, also scheint auch jemand an Bord zu sein. Ein ziemlich altes, ungepflegtes Schiff, soviel kann Hinni im Mondschein erkennen. Wasser- und Treibstoffkanister sowie diverse Behälter undefinierbarer Bestimmung und Inhalts in verschieden Dimensionen und alle mit ausgeblichenen Segeltuchhauben versehen, sind auf dem Deck festgelascht, einige Fetzen Persenning, die wohl einen Sonnenschutz darstellen sollen, knattern im Wind und die Reling ist behängt mit Leinen. Hinni trommelt an die Bordwand, immer wieder und als sich nichts rührt, nimmt er schließlich das Paddel und haut damit kräftig damit aufs Deck. Endlich erscheint schwankend ein Mann im Niedergang.

„Wwwaass soll das", lallt er, aus dem Schlaf gerissen in den ihn offenbar eine gehörige Menge Alkohol befördert hat.

„Pennst du?", brüllt Hinni ihn aus dem Schlauchboot an, „dein Anker slippt. Geh mal Anker auf und such dir einen neuen Platz."

So ganz betrunken ist der Mann wohl doch nicht oder er hat gute Reflexe. Ein Rundumblick und er scheint die Situation kapiert zu haben. Er hebt einen Arm, zum Zeichen das er verstanden hat.

„Na endlich, du besoffenes Arschloch", entfährt es Hinni und dann ruft er lauter: „Brauchst du Hilfe?"

Der Mann schüttelt den Kopf: „Nee, geht schon!" Und er schreit in Richtung Niedergang während er den Motor startet: „Geeerrrdaaa! Aufstehen, Hopp, an Deck!"

Dort taucht eine weitere Person auf, seine Frau oder Freundin offenbar, bekleidet mit einem alten T-Shirt, das flüchtig über die Unterwäsche geworfen wurde. Der Mann brüllt sie weiter an: „Ja, wo bleibst du denn? Bewege dich mal, blöde Kuh! Siehst du nicht, was hier los ist? Los, nach vorne, Anker auf und beeil dich."

Also, die Freundin ist das bestimmt nicht, stellt Jan fest. Und die Frau bestimmt auch nicht mehr lange – oder sie liebt es, wie eine Bordsklavin behandelt zu werden. Aber immerhin, der Motor startet, das Getriebe wird eingekuppelt, das Schiff bewegt sich, der Anker geht hoch und das Schiff macht Fahrt voraus, Richtung Strand.

„Noch weitere Probleme?", fragt Jan, als sie wieder am Heck ihres Schiffes sind.

„Nein, scheint jetzt alles klar zu sein", stellt Renate fest. Der Wind bläst zwar noch mit unverminderter Stärke, aber viele Schiffe sind aus der Bucht ausgelaufen und sie haben nun ausreichend Platz zum Schwojen. Das Schlimmste scheint vorbei zu sein.

„Nur noch acht Schiffe in der Bucht", stellt Renate fest, „was meint ihr, wollen wir uns einen besseren Ankerplatz aussuchen, weiter in Richtung Strand, dort wo da Wasser weniger tief ist."

„Keine schlechte Idee", findet auch Karl, „wir sollten das aber jetzt tun, bevor morgen die Bucht wieder voll wird."

Während Renate und Karl das Ankermanöver fahren, ziehen Hinni und Jan sich im Cockpit aus und duschen sich das Salzwasser an der Heckdusche vom Körper.

„Hey, ein Männerstrip, womit habe ich denn das verdient?" Marion kann sich die Bemerkung nicht verkneifen, reicht aber jedem fürsorglich ein Handtuch und dann tauchen die beiden in den Niedergang ab um sich neue Klamotten zu suchen.

„Jetzt könnte ich einen steifen Grog gebrauchen", stellt Hinni fest, als sie beide mit Jeans und Pullover im Cockpit erscheinen und der Anker wieder sicher im Sand liegt. Ziemlich nahe am Strand, auf acht Metern Tiefe diesmal. „Haben wir eigentlich Rum an Bord?"

„Nein, Rum leider nicht, aber ich mache euch beiden Helden einen ordentlichen Glühwein", bietet Renate an. „Hat sonst noch jemand Lust darauf?"

Natürlich haben alle Lust auf einen heißen Glühwein und bald präsentiert Renate fünf volle, heiße Becher: „Auf die Helden von Vulcano!"

„Der ist aber lecker", findet Marion, „wie machst du den?"

„Ganz einfach", antwortet Renate. „Ich nehme etwas Wasser, Zucker, Nelken und Zimt lasse das Ganze in einem großen Topf kurz kochen, gieße den Rotwein, diesmal aus Favignana übrigens, darauf und warte bis alles heiß ist. Dann gebe ich noch den Saft von frischen Orangen hinzu – Fertig! Leider fehlen jetzt nur noch die echten ‚Nürnberger Lebkuchen', dann könnten wir Weihnachten feiern."

Der Wind weht noch die ganze Nacht, aber in dem sicheren Gefühl, dass nun keine Gefahr mehr droht, genießen sie den Glühwein, eine weitere Portion wird angesetzt und dann haben sie endlich alle die richtige Bettschwere und kriechen in die Kojen.

Am nächsten Morgen hat sich der Wind gelegt und sie können bei Tageslicht ihre Ankerbucht richtig in Augenschein nehmen: Ein langer, weiter Strand erstreckt sich über die gesamte

Breite der Bucht, dahinter der Ort mit dem Hafen an der anderen Seite der Insel, die hier nur etwa eine halbe Meile breit ist. Südöstlich von dem Ort erhebt sich der Vulkan, stets von einer Rauchwolke umgeben und auf dem man jetzt schon Menschen umherkrabbeln sieht.

Das Wasser ist türkisfarben, allerdings schwimmen viele Quallen drin herum, so dass keiner Lust auf ein morgendliches Bad hat. Einige weitere Yachten haben die Bucht am frühen Morgen verlassen, nur noch vier Schiffe befinden sich jetzt darin: Der deutsche Yachteigner, den Hinni in der Nacht unsanft aus dem Schlaf wecken musste und zwei andere italienische Yachten, die aber jetzt mit gehörigem Abstand ankern.

„Schaut mal, wir bekommen Besuch" ruft Marion. Tatsächlich kommt ein Dinghy heran, drinnen sitzt der Deutsche und rudert langsam heran.

„Ahoi *Makan Angin* und Guten Morgen", werden sie begrüßt, als das Dinghy längsseits gegangen ist. Der Mann hat sich hingestellt, damit er über das Deck in das Cockpit sehen kann und er hält sich und sein Bötchen an der Reling fest.

„Ich heiße Werner", stellt er sich vor. Dann tritt eine kurze Pause ein, als Werner offensichtlich noch etwas sagen will, aber wohl nicht so schnell die richtigen Worte findet: „Also, ich wollte mich bedanken, dass ihr mich gestern Nacht geweckt habt. Tut mir leid, aber wir haben wirklich tief geschlafen, Gerda und ich. Ich und meine Alte haben die letzten Nächte durchgesegelt und sind gestern Nachmittag wie tot in die Koje gefallen."

„Schon gut", antwortet Hinni, der ja eigentlich angesprochen wurde, „ist ja noch mal alles gut gegangen."

Damit ist für ihn die Angelegenheit eigentlich beendet, Lust auf eine ausgedehnte Unterhaltung hat nicht. Segelkamerad hin oder her, Leute die ihre Frauen anschreien und ihre Schiffe verkommen lassen, sind ihm nicht sympathisch. Zumindest seine Frau *oder* sein Schiff sollte man schon lieben, aber *beide* so verkommen zu lassen ... Und von wegen „die letzten Nächte durchgesegelt", die haben allenfalls die Nächte durchgesoffen.

„Und woher kommt ihr?", fragt Hinni ihn noch höflichkeitshalber, bekommt aber nur die vage Antwort: „Ja, wir kommen aus dem Norden. Schlimme Gegend! Ist alles viel zu teuer dort."

Werner unterstreicht seine Worte mit einer weitausholenden Geste in Richtung nördlichem Horizont und hofft, seinen Worten damit Nachdruck und Glaubwürdigkeit zu verleihen.

Dann reicht er noch eine Tüte über die Reling, offensichtlich ist eine Flasche darin. „Ihr seid doch auch aus Deutschland, da mögt ihr ja sicher einen Apfelkorn. Ist meine letzte Flasche. Also, nochmals Danke, vielleicht sehen wir uns ja noch."

„Danke! Tschüss, man sieht sich", ruft ihm Marion hinterher, damit soll der Höflichkeit Genüge getan sein, findet sie. Und als Werner ein paar Ruderschläge gemacht und sich ein paar Meter entfernt hat, mokiert sie sich: „Apfelkorn! Da kann man ja gleich um Kopfschmerzen betteln. Als Teenager haben wir das Zeug gesoffen: War billig, schmeckte nicht so nach Schnaps und man bekam bald einen Rausch. Und alle trinken das Zeugs solange, bis sich irgendwann einmal so schlecht ist, dass dein Bedarf damit lebenslang gedeckt ist."

Hinni bestätigt sie: „Also Apfelkorn würde ich auch nicht gerade als mein Lieblingsgetränk bunkern. Nicht mal für Notfälle. Aber so wie der und Gerda heute Nacht aussahen, haben die beiden die vorletzte Flasche gestern Nachmittag leer gemacht. Komische Leute. Die wirken nicht, als ob sie gerne segeln. Was da allein an Krimskrams auf dem Deck herumsteht, wie auf dem Flohmarkt."

Renate hat Erfahrung mit solchen Menschen: „Ja, ein richtiges dreckiges, verwahrlostes *Geraffelschiff*! Ich habe schon viele ähnliche Yachten gesehen. Meistens sind es Eigner, die mal mit großer Begeisterung gesegelt sind, in Frührente gehen, Haus und Hof verkaufen, um sich ein eigenes Segelschiff zuzulegen, die Erfüllung des Lebenstraums sozusagen. Und jetzt sind die verdammt zum Segeln, weil sie kein anderes Zuhause mehr haben. Höchstens, dass sie vielleicht mal Weihnachten bei Freunden, sofern sie die noch haben oder bei Verwandten in Deutschland eingeladen werden. Eine schlechte, unrealistische Lebensplanung."

Hinni aber ist mit dem Thema durch, er will endlich wissen, wann es denn nun auf den „Berg", wie er sagt, geht.

„Tja Hinni, da wirst du dich wohl umgucken. Das ist was anderes, als auf einen Deich zu klettern und was Höheres hast du doch noch gar nicht gesehen. Und außerdem ist das kein ‚Berg', sondern ein tätiger Vulkan. Es kann sogar etwas heiß werden, da oben, steht im Reiseführer. Zieht euch bloß Schuhe mit dicken Sohlen an. Natürlich kann er theoretisch auch jederzeit ausbrechen. Du solltest mir noch rechtzeitig dein Auto vermachen!"

Sie fahren mit dem Dinghy an Land, je näher sie kommen, desto intensiver wird der Geruch nach Schwefel, der über dem Ort schwebt. Renate und die Männer haben solide Schuhe an, alle tragen sie die neuen Hüte und die Hemden in der Landgangsfarbe: weiß. Renate hat noch einen Rucksack mit Wasserflaschen vollgepackt, Marion hat ein großes Badehandtuch unter dem Arm.

Das Bad mit dem Schwefelschlamm ist bald gefunden, der Geruch ist unverkennbar, aber sie alle haben sich das schlimmer vorgestellt. Das Becken ist nur von einem niedrigen Zaun umgeben, sie können bequem hineinsehen. Überall blubbert es in dem Schlamm, von einigen Wasserpfützen ringsum steigt Qualm auf. Etliche Menschen suhlen sich bereits in dem Becken, sie scheinen sich aber wider Erwarten wohl zu fühlen.

Trotzdem fragt Karl Marion entsetzt: „Und in diese graue Brühe willst du rein? Vielleicht solltest du schon mal für die nächsten Nächte einen Schlafplatz auf dem Vordeck buchen, bist du den Gestank wieder ausgedünstet hast."

„Ach Karl, du Ärmster, da stehst du ja direkt vor einer Gewissensentscheidung: Willst du mich nun in deiner Koje oder nicht? Ich bin eben eine vielseitige Frau: Mal Schwefel, mal Eternity."

Marion bezahlt ihren Obolus an dem kleinen Kassenhäuschen am Eingang, zieht sich schnell aus und verschwindet in dem Schlamm. „Ich warte nachher in der Gelateria auf euch", ruft sie noch über den Zaun, dann taucht auch ihr Kopf unter.

Den Aufstieg hatte Hinni sich schwerer vorgestellt. Bergsteigen kennt er ja nicht aus eigener Erfahrung, aber er hat sich das immer als eine gefährliche Angelegenheit mit Seil und Pickel und freiem Schweben über gewaltigen Abgründen vorgestellt, so wie er das gelegentlich im Fernsehen gesehen hat. Aber hier geht es erst einen bequemen Weg hinauf, dann allerdings wird der Weg zum Pfad, er wird immer schmaler und windet sich schließlich steil den Berg hinauf.

Alle schwitzen und pusten und je höher sie hinauf kommen,

desto häufiger wird eine Rast gemacht und die Wasserflaschen werden geleert. Aber der Anblick entschädigt für die Mühe: Bald ist der Ort mit dem Hafen auf der Ostseite zu sehen und das Schlammbad, in dem sich Marion jetzt vergnügt. Etwas höher sehen sie dann auch ihre Bucht, in der *Makan Angin* ruhig vor Anker liegt. Kein Windhauch bewegt das Wasser in der Bucht. Hinni streift sich demonstrativ den Schweiß von der Stirn: „Wer hat gestern über den Wind gelästert? Hätten wir jetzt mal ein bisschen davon."

Nach einer Stunde haben sie den Aufstieg geschafft und stehen oben auf dem Kraterrand. Es ist ein ungewöhnlich klarer Tag und sie haben einen hervorragenden Ausblick über die gesamten Liparischen Inseln: Alicudi, Filicudi, Salina, Lipari, Panarea mit den vorgelagerten Eilanden und in der Ferne, Richtung Nordost, ist sogar die Insel Stromboli mit dem gleichnamigen Vulkan zu erkennen.

Und der Vulcano, auf dem sie sich jetzt befinden, macht seinem Namen wirklich alle Ehre: Er raucht mächtig, bläst heiße, gelbe Schwefeldämpfe durch die Ritzen im Gestein in die Luft und es stinkt!

Jan ist begeistert, das gibt Stoff zum Erzählen, Spannung und Abenteuer: „Wie der Eingang zur Hölle!" kommentiert er.

Unter Einsatz seines Lebens, so wird er jedenfalls später behaupten, wagt er sich an die qualmenden Erdlöcher, die Fumarolen, heran und bohrt mit einem Stein darin herum, als versuche er, direkt in die Hölle zu sehen. Heißer, stinkender Dampf schießt heraus.

„Hör auf, Jan", schreit Renate, „willst du uns alle in die Luft jagen?"

Aber Jan sammelt ganz cool einige von den Schwefeldämpfen gelb gefärbten Steine auf. Gerade anfassen kann er sie, so heiß sind sie und er wickelt sie in ein Papiertuch. Die werden einmal seinen Schreibtisch zieren, beschließt er und legt sich in Gedanken schon die Geschichte zurecht, unter welchen Gefahren er diese Steine gesammelt hat.

Schließlich umrunden sie den Krater, immer umgeben von den heißen Dämpfen, die aus allen Löchern dringen. Der Stein ist teilweise so heiß, dass sie die Hitze durch die Schuhsohlen spüren. Ein interessanter Ort, das finden alle, aber kein Ort zum Verweilen. Am Gipfelkreuz wird noch kurz die Aussicht genossen, dann geht es wieder herab.

In der Gelateria wartet Marion bereits und Karl nimmt sie erst einmal in den Arm, um demonstrativ an ihr zu riechen.

„Hmm, Aprikosenshampoo", findet er, „und ein neues Parfüm, stimmt's?"

Marion streckt den Arm aus und deutet auf die zahlreichen kleinen Shops und Läden, welche die Gasse säumen: „Stimmt! Die haben mich verführt. So viele nette Verkäufer. Und ein ganz Süßer will mich sogar heiraten, der braucht bloß noch ein paar Millionen! Ist das nicht herrlich hier?"

Zur großen Freude gibt es in der Gelateria auch Granita, mit Zitrone und ganz ohne Schwefel. So kann Jan das kalte Eis genießen, während er Marion ausgiebig von ihrem heißen Abenteuer berichtet. Zur Übung sozusagen, zumindest die Grobversion von dem, was er seinen Kollegen im Finanzamt erzählen wird.

Am nächsten Nachmittag erreichen sie die Insel Salina. Einen Fischerhafen soll es dort laut Handbuch geben, aber der hat sich inzwischen zu einer hübsch ausgebauten, modernen

Marina gemausert. Zwei Segelyachten liegen darin und ein Marinero, der eigentlich mehr wie ein Seeräuber aussieht, winkt sie genau in die Lücke zwischen den beiden Schiffen. Gerade so eben passen sie dort hinein.

„Warum sollen wir so eng liegen? Ist doch Platz genug", wundert sich Karl. Aber etwas später am Abend, als sie alle bereit zum Landgang am Pier stehen, ist der Grund klar: Der Hafen ist voll! Kein Schiff passt mehr hinein.

„Was wollen die wohl alle hier?" fragt er weiter, aber Marion kann ihnen aus dem Reiseführer berichten, dass die Insel das Zentrum der Schwertfischfischer ist und der Name Salina sich von der Salzgewinnung ableitet, das aus dem Meer gewonnen wird, um die hier wachsenden Kapern zu konservieren.

„Also auf, in das nächste ordentliche Fischrestaurant", beschließt Renate. „Ihr habt mir so viel von dem Schwertfisch auf Favignana vorgeschwärmt, den möchte ich jetzt auch mal im Original probieren!"

Ein *ordentliches* Restaurant im Sinne Renates, nämlich mit weißen Tischdecken, blitzenden Weingläsern, Servietten und Kellnern mit schwarzer Hose und weißem Hemd finden sie hier nicht. Wohl aber eine nette Kneipe, in der es nur ein Gericht gibt – Schwertfisch. Dazu einige welke Pommes Frites, ein paar Tomaten- und Gurkenscheiben und einen weißen Hauswein.

Die Kartoffelstäbchen und den Salat schiebt Renate gleich zur Seite, sie ist nur an dem Fisch interessiert. „Super", findet sie. „Ganz anders als zu Hause aus dem Tiefkühlfach."

Auch der Wein findet ihr Wohlgefallen und als sie auf dem Heimweg zum Schiff noch an einem geöffneten Fischladen vorbeikommen, werden gleich noch zwei Kilo von dem Schwertfisch gekauft. Der freundliche Fischhändler säubert gleich den Fisch, teilt ihn in pfannengerechte Portionen. Er bietet auch noch ein paar Flaschen Salinischen Weißwein an, „Perfetto für den Fisch", wie er sagt und so nehmen sie den auch noch mit.

„Super", schwärmt Renate, „dann umrunden wir Stromboli mit einem ordentlichen Fisch in der Pfanne und einem guten Wein dazu. Ich finde, das hat Stil. Karl, du musst nur noch für ruhige See sorgen."

„Klar, mach ich doch immer! Aber das Gute ist, wir können morgen früh ausschlafen. Bis Stromboli sind es nur knapp dreißig Meilen und es macht ja wenig Sinn, wenn wir dort schon am frühen Nachmittag ankommen. Sichere Ankerplätze gibt es dort ja sowieso nicht."

Schon von weitem ist der Stromboli mit seiner Fahne aus Schwefeldämpfen am Horizont zu erkennen und am späten Nachmittag sind sie weniger als eine halbe Meile heran gekommen.

„Was sind das für Geräusche", fragt Renate, „ist jemand über Bord gefallen?" Alle sind noch da, aber schon wieder ist ein lautes ‚Plopp' zu hören. Dann in schneller Folge: ‚plopp, plopp, plopp'.

„Gib' mal das Fernglas", bittet Renate und dann stellt sie fest: „Das sind Steine, die da ins Wasser klatschen. Hier schau", und sie reicht das Fernglas Karl weiter.

Große Steinbrocken werden aus dem Krater in den Himmel geschleudert, fallen auf den Berg zurück und rollen und holpern dann wie eine Geröllawine in das Meer hinunter.

Karl fährt das Schiff dichter an den Vulkan heran, damit sie alle das spektakuläre Schauspiel aus der Nähe genießen können. Es raucht und staubt und aus dem Meer spritzen jedes Mal hohe Fontänen, wenn die Steine auf das Wasser treffen.

Fasziniert fährt er immer weiter, bis ihn Marion aufschreckt: „Willst du nicht mal langsam Schutzhelme verteilen, Karl? Gleich fällt mir noch so ein Klunker auf den Kopf und meine Zeit zum Sterben ist noch nicht gekommen."

„Das reicht!", findet auch Renate und Karl erwacht aus seiner Faszination und fährt das Schiff wieder nach Backbord, dem Norden der Insel zu.

Bald sind sie außerhalb der Fallrinne der Steine, passieren einen kleinen Fischerhafen mit ein paar kleinen Booten darin und versuchen dann einen Ankerplatz zu finden. Das Ufer fällt sehr steil ab, nur eine Bootslänge vom Strand entfernt, beträgt die Wassertiefe noch zwanzig, dreißig Meter und der Untergrund besteht aus schwarzem Lavaschotter und großen Steinen. Keine idealen Ankerbedingungen.

Karl will wieder abdrehen aber Renate meint: „Für ein paar Stunden geht das vielleicht. Es ist kaum Wind und ihr könnt ja Ankerwache gehen. Ich möchte inzwischen den Schwertfisch in Pfanne hauen."

Während Renate in der Pantry werkelt, zeigt Marion den Anderen schon mal die spektakulären Bilder aus dem Reiseführer, in denen der Stromboli unter einem nächtlichen, roten und hellerleuchtetem Himmel gezeigt wird. Immer wieder werden Blicke auf den Krater geworfen und deutlich kann man Menschen erkennen, die dort herumklettern. Alle warten auf die Dunkelheit, um dieses Schauspiel live, in Natur, zu erleben.

„Schade, dass wir hier keinen Liegeplatz haben", findet Jan, „ich wäre dort auch gerne heraufgeklettert."

Seit Vulcano hält er sich für einen Vulkanexperten und er hätte gerne weitere Abenteuer bestanden, besonders nach dem er gelesen hat, dass der Stromboli nur in der sicheren Obhut eines Bergführers bestiegen werden darf, der wiederum dort nur Gäste heraufführt, wenn kein Ausbruch zu erwarten ist.

Dann wird im Cockpit der Tisch gedeckt und Renate serviert den Fisch: In Butter gebraten, nur mit Petersilie und Zitronensaft verfeinert, dazu gibt es Salzkartoffeln und den gekühlten Weißwein aus Salina.

„Hmm, super, das ist der beste Schwertfisch, den wir je hatten. Stimmt's Hinni?", lobt Karl das Essen. Nachdem Hinni Freundschaft mit dem Thunfischfischer auf Favignana geschlossen hat, gilt er als Autorität für Fisch.

„Stimmt wirklich", findet auch Hinni, „viel besser als im Restaurant. Auf offener See schmeckt Fisch einfach besser." Alle stimmen zu und Renates Kochkünste werden wieder einmal gelobt.

Sie erklärt: „Ich habe ja nichts gegen Olivenöl wie er in dem Restaurant verwendet würde, im Gegenteil, aber für Fisch sollte man eigentlich nur Butter nehmen. Und nicht zu viel herumwürzen, ein bisschen Salz und Pfeffer und zum Schluss etwas Petersilie und Zitronensaft drauf – fertig."

Inzwischen wird es dunkel, die Rauchschwaden, die vom Krater heraufsteigen sind im Mondlicht kaum noch zu sehen und sie warten mit bereitliegenden Kameras auf die rotglühende Lava, die laut Reiseführer dort oben herausschießen soll.

„Alles Beschiss!", findet Marion nach einer langen Weile, als der Himmel immer noch dunkel bleibt. „Das hast du schlecht organisiert, Karl. Ich bin echt enttäuscht!"

„Dann beschwere dich mal lieber bei dem Verlag des Reise-
führers. Die tun doch so, als würde jeden Abend ein Ausbruch
erfolgen. Ich sollte nur für eine ruhige See sorgen und – bitte
sehr – das habe ich getan."

Eine Weile warten sie noch, aber als kurz nach Mitternacht
dann der Wind dreht und der Schwell zunimmt, ist die Geduld
zu Ende.

„Lasst uns Anker auf gehen und die Straße von Messina
ansteuern", schlägt Renate vor. „Ich übernehme die erste
Wache und ihr könnt euch in die Kojen hauen. Ist ja nichts los,
ich komme schon alleine klar."

Hinni aber ist damit nicht einverstanden: „Ich bleibe auch
oben und passe auf dich auf. Ist doch ein bisschen langweilig
so alleine."

Nach einer Weile, als alle in ihren Kojen sind und außer dem
Brummen des Motors Ruhe im Schiff eingekehrt ist, schaltet
Renate den Autopiloten ein, setzt sich neben Hinni auf die
Cockpitbank und legt ihren Arm um ihn. Hinni rückt näher
und nimmt auch sie in seinen Arm und sitzen sie zunächst
schweigend, spüren die Wärme und Nähe des anderen und
genießen die Stimmung der ruhigen Nacht und der fast glatten
See.

Renate hat etwas auf dem Herzen. „Ich habe gehofft, dass
du auch oben bleibst", beginnt sie. „Ich habe dir noch gar nicht
alles von zu Hause erzählt."

„War denn noch was Besonderes?", will Hinni wissen.

„Kann man wohl sagen! Ich hatte so eine Wut auf meinen
Mann, weil der mich wieder mit seinem Herumsitzen und
Nichtstun geärgert hat, da habe ich ihm von uns erzählt und
ihm klargemacht, dass es auch Männer gibt, die sich für mich

interessieren. Ich wollte ihn aus der Reserve locken."

„Ja und, ist dir das gelungen?"

„Oh, ja! Er ist richtig ausgeflippt. Hat mich beschimpft, mich als untreue Ehefrau und sogar als Hure bezeichnet und mich so richtig nieder gemacht. Er ist seiner Meinung nach der treu-sorgende Mann, der sich ums Geschäft und die Kinder küm-mert, während ich mich im Mittelmeer vögeln lasse, so sieht er das. Aber nicht die Tatsache, dass ich ihn betrogen habe ärgert ihn, sondern wie er nun vor den Leuten dasteht. Am liebsten hätte er mich rausgeschmissen um sein Gesicht zu wahren, aber das konnte er ja nicht. Es ist ja mein Haus, in dem er lebt."

„Und nun will er ausziehen?", vermutet Hinni.

„Nein, das wäre ja mit Anstrengung und Aufwand verbun-den. Ist doch so in jeder Beziehung viel bequemer für ihn. Aber dich will er fertig machen, droht er an."

„Mich?" Hinni lacht.

„Seiner Meinung nach bist du an allem Schuld, du hast ihm die Frau weggenommen. Als wenn ich eine Ware und sein alleiniges Besitztum wäre."

„Aber das ist doch völliger Quatsch. Menschen können doch einander nicht gehören. Das wäre ja Sklaverei. Wo lebt der denn", ereifert sich Hinni.

„Er hat da sehr konservative Ansichten. Er sieht ja auch nicht ein, dass Frauen sexuelle Bedürfnisse haben. Und er sei-nerseits hat seine Pflichten mit der Zeugung der Kinder erfüllt. Danach wollte er nichts mehr von mir. Ich glaube, der weiß nicht einmal mehr, wie ich nackt aussehe."

„Oh, da verpasst der aber was." Hinni grinst.

„Schön, dass du das sagst, danke, ich fühle mich gerne als Frau und lasse mich auch gerne so behandeln. Aber mein

Mann will sich nun an dir rächen und dich zur Rede stellen. Wenn nicht Schlimmeres!"

„Aber der kennt mich doch gar nicht!"

„Nein, aber wird dich suchen. Er hat mit Hilfe eines Freundes – er selbst ist zu doof dazu – schon alle meine Mails gecheckt, die noch auf dem Computer zu Hause abgespeichert waren und so deinen Namen erfahren. Scheiße, dass ich eure Antworten auf meinen Fragebogen nicht sofort gelöscht habe. Und wo du wohnst, weiß er auch, jedenfalls ungefähr, in Ostfriesland jedenfalls. Pass bloß auf, wenn du übernächste Woche wieder zu Hause bist. Versprich mir das!"

Renate hat wirklich Sorge, dass ihr Noch-Mann Hinni etwas antun könnte, nicht persönlich, aber so etwas lässt sich ja schon für wenig Geld organisieren.

„Och, da mach dir mal keine Sorgen. Erstens gibt es bei uns viele Leute, die Hinrich Boomgarden heißen und zweitens kann ich schon aufpassen. Umbringen will er mich ja wohl nicht."

„Ich weiß nicht Hinni, wozu der in seiner Wut fähig ist."

„Okay, ich werde auf mich aufpassen und ein paar Freunde habe ich ja auch, wenn es brenzlig werden würde. Mach dir keine Sorgen um mich. Und wenn es bei dir zu Hause zu schlimm werden sollte, dann komme einfach zu mir, ich habe Platz genug zu Hause."

Hinni stutzt über seine eigenen Worte. Hat er das ernst gemeint mit der Einladung? Will er wirklich eine Frau im Hause haben? Kann das gut gehen? Mit einem festen Druck umarmt er Renate und wischt damit alle Fragen beiseite. Leise flüstert er Renate ins Ohr, als ob sonst jemand zuhören würde: „Ich passe auch auf dich auf, egal was passiert. Es wird alles gut. Du schaffst das und ich helfe dir!"

Renate fällt ihm um den Hals, sie klammert sich an ihn und küsst ihn, lange und innig und Hinni erwidert diesen Kuss.

„Oh Hinni, ich glaube, ich habe mich in dich verliebt, ist das schlimm für dich?"

Und Hinni glaubt seinen Ohren kaum zu trauen, als er sich sagen hört: „Nein, das ist sehr schön für mich. Ich liebe dich auch. Kannst dich auf mich verlassen."

Und so bleiben sie beide sitzen, eng umschlungen. Nur gelegentlich lösen sie sich etwas voneinander um einen Blick rundum auf die See zu werfen. In der Ferne sind einige Lichter zu sehen, Fischer offenbar, ansonsten sind sie allein auf dem Meer. Die Positionslampen leuchten beruhigend, das Hecklicht spiegelt sich im Fahrtwasser, das Dampferlicht strahlt auf halber Höhe des Mastes und am Bugkorb spiegeln sich die Seitenlichter der Buglampen, deutlich das rote auf der Backbordseite und das grüne auf der Steuerbordseite nur schwach erkennbar.

„Ohh Hinni, das Leben ist doch so schön! Warum müssen einige Arschlöcher einem das kaputtmachen. Aber ich komme da durch, versprochen!"

Vierzig Meilen weiter, die Sonne steht inzwischen schon hoch über dem Horizont, die See ist immer noch spiegelglatt – TGS schreibt Karl ins Logbuch und er denkt dabei an die inoffizielle Version – deutet Hinni auf das Wasser: „Was sind denn das für seltsame Schiffe dort?"

Die Schiffe, auf die er zeigt, sind vielleicht zehn Meter lang, haben einen genau so hohen Mast, auf dem ein Ausguck zu erkennen ist und einen gewaltigen Bugspriet, viel länger als das Schiff selber.

„Hey, das sind die Schwertfischer, hier", Marion zeigt auf ein Bild in ihrem Reiseführer. „Ganz typisch. Der Ausguck im Mast, um die Fische besonders bei der glatten See von oben möglichst früh zu erkennen, der kann von dort oben aus das Schiff an die Fischschwärme heransteuern und der Mann vorne auf dem Ausleger harpuniert den Schwertfisch, bevor das Schiff zu nahe herankommen muss."

Eine Weile beobachten sie die Schwertfischer, die langsam hin und her fahren. Hinni hat Respekt: „Ich weiß nicht, ob ich so geduldig warten könnte, bis da mal ein Fisch auftaucht und bei Seegang ist das bestimmt kein schöner Job dort oben auf dem Mast oder vorne auf dem Bugspriet."

„Ja Hinni, sei mal froh, das du mit uns segeln darfst", findet Marion. Hinni aber nickt ganz ernsthaft, er schaut Renate an und sagt schlicht: „Bin ich auch!"

Etwas später kommt die Straße von Messina in Sicht, deutlich sind die beiden hohen Strommasten, einer auf dem Festland, der andere auf Sizilien, schon von weitem erkennbar.

Marion zitiert aus ihrem Reiseführer:

„Seufzend ruderten wir hinein in die schreckliche Enge: denn hier drohete Skylla, und dort die wilde Charybdis, welche die salzige Flut des Meeres fürchterlich einschlang. Wenn sie die Flut ausbrach: wie ein Kessel auf flammendem Feuer brauste mit Ungestüm ihr siedender Strudel, und hoch auf spritzte der Schaum und bedeckte die beiden Gipfel der Felsen. Wenn sie die salzige Flut des Meeres wieder hineinschlang, senkte sich mitten der Schlund des reißenden Strudels, und ringsum donnerte furchtbar der Fels, und unten blickten des Grundes schwarze Kiesel hervor. Und bleiches Entsetzen ergriff uns."

Sie legt das Buch zur Seite: „So hat Homer das gesehen, als er Odysseus durch die Straße von Messina rudern ließ. Das kann natürlich auch irgendwo anders gewesen sein, das weiß ja keiner so genau, aber hier passt das ganz gut."

Karl hat die Seekarte auf dem Schoss: „Die Heimat von Skylla ist sicher der Ort Scilla, gleich hier auf dem Festland, vor der nördlichen Einfahrt. Und Charybdis muss dann wohl in dem Ort Messina zu finden sein, gleich gegenüber auf Sizilien."

Renate schaut sich die Seekarte an: „So gefährlich sieht das doch gar nicht aus. Ich habe schon engere Durchfahrten gesehen!"

Karl aber hat sich bereits das Handbuch vorgenommen und erklärt: „Es entstehen dort starke Strömungen, sowohl an der Oberfläche wie auch im tiefen Wasser, weil das Tyrrhenische Meer, in dem wir uns jetzt befinden, temperaturbedingt einen deutlich geringeren Salzgehalt hat, als das Ionische Meer südlich. Da werden gewaltige Wassermassen ausgetauscht, auch weil beide Meere sehr tief sind, über dreitausend Meter teilweise. Und das ganze Wasser wird durch die Straße von Messina gedrückt, die zwar nicht sehr tief, aber auf dem Grund durch verschiedene Erdbeben sehr zerklüftet ist. Dadurch entstehen die Wirbel und Strudel, vor denen Odysseus solchen Respekt hatte. Früher soll das alles aber noch viel schlimmer gewesen sein, weil eines der letzten Erdbeben den Meeresboden etwas geebnet hat."

Karl schaut sich um und stellt dann fest: „Aber die eigentliche Gefahr sind heute nicht mehr die Strömungen, schließlich haben wir einen soliden Motor, sondern die anderen Schiffe. Schaut mal, was sich da alles so bewegt!"

Je näher sie der Meerenge kommen, desto besser sind die Schiffe zu erkennen, die hier ihren Weg suchen. Mehrere kleine und größere Fähren überqueren die Straße gleichzeitig, rücksichtslos und ohne auf die Vorschriften der Verkehrsordnung achtend. Einige kommen von Sizilien, andere wollen dort hin. Einige große Containerschiffe und ein Tanker fahren nach Süden, zwei schneeweiße Kreuzfahrtschiffe kommen von dort. Und zwischendrin eine Menge kleinere Boote, Motoryachten, ein weiteres Segelschiff, das aber auch unter Motor fährt und gegen den Strom kaum vorwärts kommt und etliche Fischer mit ihren kleinen Booten.

Renate findet das spannend, sie übernimmt das Ruder und offenbar hat sie das richtige Fahrwasser erwischt, nicht zu weit von der Küste entfernt. Das Schiff wird immer schneller. Sechs Knoten Fahrt zeigt die Logge, aber das GPS-Gerät errechnet bald eine Fahrt über Grund von über zehn Knoten.

Renate ist begeistert: „Wow, so schnell war ich noch nie. Vier Knoten Strom!", und sie streichelt die Steuersäule des Schiffes. „Schneller, *Makan Angin*, schneller!"

Konzentriert steuert sie das Schiff, immer bereit, anderen Schiffen auszuweichen und auf Strudel achtend, die sich durch kurze, kabbelige Wellen und Schaumkronen an der Wasseroberfläche ankündigen. Sie werden durch die Straße geschoben, an dem Ort Messina vorbei und dann so allmählich wird die Durchfahrt breiter. Die Schiffe können etwas mehr Abstand halten und Renate entspannt sich.

„Das hat schon was, so eine Durchfahrt. Ist ja fast wie Autoskooter auf dem Wasser! – Hey, was ist das?", schreit sie plötzlich auf. Das Schiff beginnt sich ohne ersichtlichen Grund zu drehen, es gehorcht dem Ruder nicht mehr. Bald zeigt der Bug auf das nahe Ufer, dann in die Richtung, aus der sie gerade kommen. Vor Schreck nimmt Renate das Gas zurück und nun treibt das Schiff Heck voran wieder in die alte Richtung.

„Scheiße", entfährt es Renate völlig undamenhaft, „das war wohl so ein Wirbel. Hab' ich mich erschrocken!" Auch alle anderen sitzen erstarrt da, auch sie haben nicht sofort begriffen, was da plötzlich passiert ist. Aber nun, als Renate wieder Gas gibt und das Schiff in die richtige Richtung Fahrt aufnimmt, atmen sie befreit auf.

„Ja, Autoskooter und Karussell gleichzeitig und alles ohne Eintritt. Das war bestimmt die wilde Charybdis, die mit ihrem salzigen Arm nach uns gegriffen hat", freut sich auch Jan, stolz wieder ein gefährliches Abenteuer überstanden zu haben, von dem sich zu Hause gut erzählen lässt.

Karl aber bewegt etwas anderes: „Wenn wir hier so runter düsen und jetzt immer noch acht Knoten fahren, schaffen wir es heute sogar noch nach Catania. Sind noch fünfundvierzig Meilen! Bei, sagen wir mal, durchschnittlich sieben Knoten Fahrt sind es also noch sechseinhalb Stunden. Wir kämen noch bei Tageslicht an. Und falls der für heute versprochene Nordwestwind auch noch kommt, wäre das super."

Renate ist einverstanden und alle anderen sind es auch. Weitere Marinas, die sie anlaufen können, gibt es bis dort hin kaum und auf eine Nacht in einer offenen Bucht mit sicherlich wieder viel Schwall, haben sie keine Lust.

Und als ob Neptun Karls Wunsch gehört hat, schickt er gleich einen Windstoß durch die Straße von Messina, immer schön entlang der Küste, wo in der Ferne bereits der schneebedeckte Ätna zu ahnen ist.

Karl freut sich, die Genua zu setzen und die Motorleistung

reduzieren zu können und trotzdem immer noch über sieben Knoten Fahrt zu machen.

Hinni bedauert, dass sie auf dem Schiff Alkoholverbot während der Fahrt haben, er würde jetzt Neptun gerne einen Opferschluck bringen. Aber als ob Renate seine Gedanken gelesen hat, kommt sie mit einer Flasche Sekt und fünf Gläsern aus der Pantry. Jan öffnet die Flasche und will gerade einschenken, aber Hinni nimmt ihm die Flasche aus der Hand. Er schüttet einen Schluck oder auch ein bisschen mehr ins Wasser: „Bring uns weiter guten Wind, Neptun", bittet er und Renate ergänzt: „Auf unsere gelungene Durchfahrt durch die Straße von Messina und gute Ankunft in Catania."

10. Kapitel

Ostsizilien

Regentag und Wasser in der Bilge – Grundsee vor Siracusa und eine Beinahe-Kenterung – Rettung vor Malta – Ist Malta nun in der EU oder nicht?

Spät am Nachmittag erreichen sie die Hafenmole von Catania und fahren vorsichtig in den Hafen hinein. Ein riesiger Industrie- und Fährhafen, stellen sie fest.

„Und wo soll hier eine Marina sein?" Hinni, der am Ruder steht, fragt Karl, der bereits suchend mit dem Fernglas und dem Hafenhandbuch bewaffnet auf der Cockpitbank steht.

„Drei Marinas soll es sogar geben, steht hier. Aber ich sehe keine einzige davon", antwortet Karl.

„Seid ihr denn blind", meldet sich Marion, „gleich hier Steuerbords, das ist doch wohl eine Marina, oder?" Tatsächlich, sie fahren direkt an ein paar schiefen und verfallenen Stegen vorbei, an denen einige mehr oder weniger vergammelte Motoryachten liegen."

„Das kann nicht die Marina sein, in die wir wollen", stellt Renate fest, „fahr mal weiter. Die soll doch erst ganz am Ende im Hafenbecken sein, gegenüber von dem Fähranleger."

Hinni hält stur seinen Kurs, sie kommen wieder an einer Steganlage vorbei, nicht ganz so verkommen, wie die erste, aber auch ziemlich verlassen und dann können sie genau voraus einen Wald von Masten ausmachen.

„Genau, da ist es! Jetzt müssen wir nur noch einen Platz finden."

Hinni fährt die gesamte Anlage ab, an einem Bürocontainer vorbei und als das Wasser dann flacher wird, dreht er wieder ab.

„Proppevoll!", lautet seine schlichte Feststellung.

Karl studiert noch einmal das Hafenhandbuch, er sucht einen Hinweis auf eine Funkfrequenz. „Der Hafenmeister soll Erwin heißen, deutsch sprechen und sehr nett und hilfsbereit sein, steht hier. Aber eine Funke um sich anzumelden, gibt es wohl nicht."

Plötzlich steht ein Mann auf dem Steg und winkt ihnen zu. „Da ist Erwin schon", ruft Marion und sie winkt zurück. Hinni fährt näher heran und dann hören sie die Frage: „Wie viele Nächte?"

„Eine Nacht", ruft Marion hinüber.

Der Mann nickt und dann kommt die erlösende Antwort: „Eigentlich sind wir voll. Regatta! Aber für eine Nacht finde ich noch etwas für euch!"

„Super!", schreit Marion zurück und ins Cockpit sagt sie: „Der ist ja wirklich nett, mal sehen, was er für uns anstellt."

Der Hafenmeister winkt ihnen nun, weiter nach vorne zu fahren, Hinni will zwar protestieren, weil es ihm zu flach wird, aber Renate beruhigt ihn: „Ist ja nur Schlick und etwas Reserve hat das Lot schon noch."

An einem der Stege entsteht nun Hektik, Segelyachten werden zusammen gerückt, ein kleines Motorboot wird verlegt und dann winkt der Hafenmeister sie herein.

Ganz vorsichtig kurvt Hinni um den Steg herum, sie sollen an die Innenseite. Das Lot zeigt bereits Tiefenalarm, aber als Hinni um den vorderen Steg herum ist, wird das Wasser wieder tiefer: „Zweieinhalb Meter, drei Meter ...", liest Renate die

Anzeige ab.

Hinni fährt rückwärts in die Lücke und dann reicht der Hafenmeister die Mooringleine und nimmt die Landleinen an.

„Alles klar?", fragt er.

„Alles klar, Erwin, danke!" antwortet ihm Marion, stolz sich den Namen gemerkt zu haben.

Der Hafenmeister dreht sich zu ihr um: „Wieso Erwin? Alle sagen immer Erwin zu mir. Ich heiße aber doch Giovanni."

Marion schaut Karl an und der schaut wieder in sein Hafenhandbuch. Er hält dem Hafenmeister die aufgeschlagene Seite hin: „Hier, dort steht Erwin, der nette und hilfsbereite Hafenmeister."

Giovanni freut sich über die Adjektive nett und hilfsbereit: „Das ist ja gut gemeint. Da war mal einer, der wollte ein Buch schreiben und hat nach meinem Namen gefragt. Aber dann hat er den wohl vergessen und einfach ‚Erwin' geschrieben und seitdem schreiben alle von dem ab."

Alle lachen, auch Giovanni. Er hat diese Geschichte sicher schon öfter erlebt. Aber dann besinnt er sich auf seine Pflichten: „Bezahlen könnt ihr morgen früh dort in dem Container, das ist das Büro. Einen Schlüssel für die Dusche bekommt ihr dort gleich, wenn ihr wollt, Strom und Wasser sind am Steg. Habt ihr einen Adapter?"

Karl prüft den Wasser- und Stromanschluss: „Müsste passen. Scheinen ja alles Eurostecker zu sein."

Renate gibt Erwin dann die Hand: „Danke für den netten Empfang, das ist nicht überall so. Egal, ob du Erwin oder Giovanni heißt, wir werden dich weiterempfehlen. Ich bin übrigens Renate, die Skipperin." Und dann stellt sie noch die anderen Mitglieder ihrer Crew vor und alle schütteln sie Giovanni die Hand und bedanken sich für seine Freundlichkeit.

Normalerweise brauchen Mittelmeersegler keinen Wecker, es reicht, die Vorhänge nicht ganz zu schließen und mit ziemlicher Sicherheit scheint die Sonne irgendwann grell in die Koje, je nach Jahreszeit früher oder später am Morgen.

Karl liegt schon seit einiger Zeit wach im Bett und wartet auf den ersten Sonnenstrahl. Schließlich aber zwingt ihn das dringende Bedürfnis die Toilette aufzusuchen, aus der Koje. Noch müde und verschlafen schaut er dabei auf seine Uhr. Er schaut nochmals, klopft auf die Uhr, dann guckt er auf das Chronometer am Navigationstisch und erst dann glaubt und kapiert er es – verschlafen! Und zwar gründlich. „Aufstehen", schreit er, „los raus aus der Kiste."

Müde schaut Renate aus der Tür zum Vorschiff: „Was ist denn los, Karl? Was machst du denn so ein Gwerch? Das klingt ja, als ob wir absaufen!"

„Wir haben verschlafen. Es ist schon halb Zehn. Wir sollten längst abgelegt haben!"

Auch Marion taucht auf: „Wieso verpennt? Ist doch noch ganz dunkel." Sie geht zum Niedergang und schiebt die Luke auf. „Iiiihhh, das regnet draußen. Was ist das denn für ein Scheiß, Karl?"

Aber bevor Karl seine Unschuld beteuern kann, schreit Marion weiter: „Und wo sind wir hier überhaupt? Da hat uns jemand einen komplett neuen Straßenzug vor die Nase gestellt!"

Karl flitzt nach oben. Tatsächlich, das Deck und das Cockpit sind nass von einem leichten Nieselregen und auf der anderen Seite des schmalen Hafenbeckens liegen zwei riesige Fähren oder Kreuzfahrtschiffe an der Pier. Jede ist einige hundert Meter lang und –zig Stockwerke hoch mit unzähligen Reihen von Fenstern und einigen Balkonen. Es sieht tatsächlich aus, als ob dort über Nacht ein neues Wohnviertel entstanden sei.

„Es regnet und dort drüben liegen zwei Fähren oder so etwas", meldet er in den Salon, wo inzwischen auch Hinni und Jan aufgetaucht sind.

„Kein Wunder, dass wir verschlafen haben", stellt Renate fest. „Was nun? Hat es Sinn, noch heute nach Siracusa weiterzufahren?"

„Sind ungefähr dreißig Meilen", stellt Karl nach einem Blick auf die Karte fest. Wir kämen auf jeden Fall noch vor Sonnenuntergang an, wenn jetzt jemand fix Brot kauft und wir vielleicht unterwegs frühstücken!"

Alle schauen wenig begeistert. Frühstück bei Regen am Salontisch ist nicht witzig, besonders wenn draußen, wie zu erwarten, noch Schwall steht. Und überhaupt hat keiner Lust, bei Regen auf See zu sein. Das wäre ja wie an der Nordsee.

„Gut, dann mache ich einen Vorschlag: Wir bleiben heute hier und machen ein ausgedehntes Sightseeing. Morgen geht es dafür dann früh raus, notfalls mit Wecker", grinst sie. „Dann sind wir mittags in Siracusa und könnten abends spät nach Malta auslaufen. So haben wir fast keinen Zeitverlust!"

Es erfolgt keine Widerrede und so wird Karl gleich zur nächsten Panetteria geschickt, um frisches Brot zu kaufen, Jan und Hinni machen das Frühstück und Marion stöbert in ihrem Reiseführer.

„Es gibt eine Menge Kultur hier", informiert sie, als Karl wieder zurück ist. „Ein Haufen Denkmäler und alte Gebäude wären da zu besichtigen. Habt ihr Lust?" Alle schütteln ehrlicherweise den Kopf.

„Wie wäre es dann mit dem Markt, der soll interessant sein. Frisches Gemüse, Fisch, tolle Atmosphäre, klingt doch auch nicht schlecht!"

Außer Renate bekundet aber auch hierfür niemand so rechtes Interesse und Marion blättert weiter: „Aber hier, das wird euch interessieren: Eine Fahrt mit der Eisenbahn um den Ätna herum."

Der Ätna ist im Regendunst auch nicht andeutungsweise zu erkennen und auf eine Besteigung im Regen hat auch keiner Lust, auch nicht auf die vage Hoffnung hin, dass es dort oben heller werden könnte. Schließlich ist der Ätna mit 3350 Metern Höhe ja auch gerade kein kleiner Hügel, auf den man mal so eben hinaufrennt.

„Also gut, wir könnten bis Randazzo mit der Bahn fahren und dann mit dem Gegenzug zurück. Das sind etwa siebzig Kilometer und der Ort liegt auf achthundert Meter Höhe, steht hier."

„Gut, dann such mal im Stadtplan den Bahnhof. Steht dort auch wann die Züge fahren?", fragt Renate.

Etwas später beim Abwaschen drückt sich Karl an Marion heran. „Sag mal, hast du wirklich Lust, um den Berg herum zu fahren?"

Marion schaut verwirrt: „Ja sicher, warum nicht?"

„Na ja, ich meine, wir könnten ja auch an Bord bleiben. Vielleicht sollte einer auf das Schiff aufpassen."

„Wenn dir das lieber ist, Karlchen und du dich freiwillig meldest, dann mach das mal, ich würde jedenfalls gerne die Bahnfahrt machen", besteht Marion auf ihrem Ausflug.

„Aber wir könnten ja auch zusammen den Gemüsemarkt

besuchen!" Karl gibt nicht auf.

„Ach nee, da grabbeln mich die Kerle nur wieder alle an. Ich habe noch genug von Palermo."

„Oder wir besichtigen die Stadt, trinken einen Espresso oder essen eine Granita."

„Sag mal Karl, hast du Angst vor der Eisenbahn, oder worauf willst du hinaus?"

„Natürlich habe ich nichts gegen die Eisenbahn. Ich dachte ja nur, das du vielleicht auch mal etwas Ruhe brauchst", sagt Karl unschuldig.

„Also Karlchen, das ist ja lieb, wenn du dich um meine Ruhe sorgst, aber dann solltest du mir vielleicht nachts nicht so auf die Pelle rücken!"

„Mach ich doch gar nicht! Ich nehme dich nur ein wenig in den Arm, damit du zu schnarchen aufhörst. Aber wenn du keine Ruhe brauchst, könnten wir vielleicht ein wenig das Schiff aufklaren, Deck waschen und so. Nötig wäre es ja. Renate und die anderen werden uns dankbar sein."

„Das werden wir schon gemeinsam machen. Ist doch ein Klacks, eben das Deck abspülen. Deshalb braucht doch keiner hier zu bleiben."

Marion trocknet gerade letzten Teller ab und stellt dann den Stapel in den Schrank. Noch etwas müde und verspannt versucht sie sich zu recken und zu strecken.

Karl massiert ihren Rücken: „Ich könnte dich heute auch massieren, das wird dir bestimmt gut tun. Du bist ja ganz verspannt." Er rückt noch näher.

„Karl, sag doch einfach was du willst. Du willst mit mir in die Koje, stimmt's?"

Karl bleibt nun nichts mehr übrig als Farbe zu bekennen:

„Ja, warum sollte ich nicht. Du bist doch eine begehrenswerte Frau. Und wir hätten das Schiff mal ganz für uns alleine und keiner hört zu!"

„Aber Karl, dafür brauchen wir doch nicht den ganzen Tag. Überschätze deine Ausdauer bloß nicht. Und nachher sitzen wir dann nur herum und müssen Händchen halten. Nee, Karl, daraus wird nichts!"

Karl schaut betreten drein, er hatte sich das so schön vorgestellt. Marion versucht ihn zu trösten: „Guck nicht so traurig, Karl. Wenn du einfach mal 'ne Runde Sex willst, das ist ja okay. Aber dafür wälze ich mich doch nicht den ganzen Tag in der Koje herum."

Sie legt seine Hände auf ihre Brüste: „Streichle mich ein wenig, dann gehst dir wieder besser. Und dann komm, die anderen sind schon fertig!"

Wie Karl schon vermutete, ist die Fahrt im Regen um den Ätna herum kein touristisches Highlight. Der Bahnhof befindet sich ganz in der Nähe des Hafens, Marion kauft biglietti für alle und erfährt, dass es jede Stunde einen Zug nach Randazzo gibt, der letzte gerade vor einer halben Stunde abgefahren sei und deshalb nach Sizilianischen Vorstellungen der nächste jeden Moment kommen müsse.

Sie fahren durch eine reizvolle sizilianische Landschaft, nur sehen sie leider nichts davon. Der Zug, eine Schmalspurbahn, schnauft die Höhen hinauf, aber über die Regenwolken schafft er es nicht. Nicht ein einziges Mal haben sie den Ätna zu Gesicht bekommen. Als sie schließlich in Randazzo ankommen, einem Ort, zu dem auch dem Reiseführer nichts entlockt werden kann und Marion trotzdem optimistisch eine Stadtbesichtigung vorschlägt, winken alle ab. Nein, lieber sofort mit dem nächsten Zug zurück.

Es ist später Nachmittag, als sie wieder in Catania ankommen. Inzwischen hat der Regen nachgelassen, vereinzelt ist etwas vom Himmel zu sehen und in der Ferne ist nun zumindest der Ätna zu erahnen. Ein gewaltiger Kegel, der im Dunst über der Stadt zu schweben scheint.

Karl kommt nun auch noch zu seiner Stadtbesichtigung, die ihm am Vormittag noch so interessant erschien. Eine Granita als Aperitif gibt es auch und schließlich landen sie in einem der vielen Restaurants unweit des Hafens. Die Stimmung ist gedrückt, wegen des Regens und weil sich jeder von dem Ausflug mehr versprochen hatte.

Auch die am Morgen noch so wichtige Reinigung des Decks hat der Regen besorgt. Karl füllt deshalb nur noch die Wassertanks auf und bevor er, genau wie alle anderen, sehr früh in seiner Koje verschwinden will, prüft er noch einmal den Ölstand im Motor. Er öffnet die Klappe zum Motorraum, knipst dort das Licht an – und schreckt zurück, Wasser in der Bilge! Nicht nur ein paar Tropfen, die immer mal durch Kondensation entstehen können, schwabbeln dort wie üblich herum, handbreit hoch steht das Wasser. Es überspült die Motorfundamente und steht kurz unter den Bodenbrettern.

Karl springt zum Kartentisch und macht die Bilgepumpe an, dann steckt einen Finger ins Wasser und leckt daran – Süßwasser, Gott sei dank! Es kann sich also nur um einen undichten Wassertank handeln.

Renate kommt aus ihrer Kabine, aufgeschreckt vom Geräusch der Bilgepumpe. „Wir haben Wasser im Schiff", berichtet Karl, „Süßwasser! Wahrscheinlich leckt ein Tank."

„Oder eine der Wasserleitungen ist mal wieder undicht", vermutet Renate, „das hatte ich schon einmal. Stell mal die Frischwasserpumpe ab!"

Karl hat gar nicht bemerkt, dass die Wasserpumpe leise vor sich hin brummt. Eigentlich dürfte die sich nur einschalten, wenn Wasser entnommen wird und dadurch der Druck im Wassersystem abfällt.

Renate liegt auch schon auf den Knien und öffnet alle Bodenbretter. Sie sucht das Leck in der Leitung.

„Die haben von der Werft ein angeblich so praktisches Klick-System für die Wasserleitungen eingebaut. Kein Verschweißen, kein Verschrauben, die Enden und Bögen und Ventile werden nur mit einem Klick verbunden. Eigentlich praktisch, wenn die nur halten würden und es Ersatzteile gäbe. Besonders die Teile, die im Warmwassersystem eingebaut sind, gehen schnell kaputt. Nicht mal die Werft war imstande, mir zu sagen, welches System in diesem Schiff eingebaut wurde, offenbar haben die mit verschiedenen Teilen experimentiert. Prompt habe ich die falschen Teile bekommen.

„Und dann?", will Karl wissen.

„Und dann habe ich die undichten Teile herausgeschmissen und einen soliden Gartenschlauch mit Rohrschellen verlegt."

Karl konzentriert sich auf die roten, heißes Wasser führenden Leitungen, aber er muss warten, bis das Wasser aus der Bilge heraus ist und die Leitungen frei liegen.

„Mach mal die Wasserpumpe wieder an, dann sehen wir, wo das Wasser herausspritzt", bittet Renate.

„Au, Scheiße, hier ist ein Leck!" Karl tastet ein Bogenstück ab, fast hätte er sich die Hand an dem heißen Wasser verbrannt, das dort an der Unterseite herausschießt.

„Gut, dann stell die Pumpe wieder ab und lass mich mal. Ich hab schon Übung."

Renate zieht einen hufeisenförmigen Sicherungsstift aus dem Bogen und schon kann sie die Leitung herausziehen. Das gleiche passiert an dem anderen Ende und sie hat das Teil in der Hand. Ganz klar ist zu erkennen, dass innen ein Plastikteil gebrochen ist.

„Wahrscheinlich ist das Material nicht ausreichend hitzebeständig", vermutet Karl, „ist aber eine Sauerei, wenn die Werft das nicht richtig testet. Jetzt haben wir den Scheiß an der Backe."

Renate lacht: „Das kannst du laut sagen. Vor allen Dingen, weil die teuren Ersatzteile nicht einmal passen. Aber ich habe ja noch meinen Gartenschlauch."

Sie kramt einen dicken, mit Gewebe verstärken Schlauch aus der Werkzeugkiste, schneidet zwanzig Zentimeter davon ab, steckt dieses Stück über die Leitung, die genau da hineinpasst und schiebt noch eine Schlauchschelle aus Edelstahl darüber.

„So, wenn du die Schlauchschelle anziehst, ist das hundertprozentig dicht. Und mit dem anderen Ende machst du das Gleiche. So ein professioneller Neunzig-Grad-Bogen sieht zwar toll aus, besonders in der Bilge, wo eh keiner hinguckt, aber ein Schlauch tut es auch."

Karl verbindet die beiden anderen Enden miteinander, zieht die Schlauchschellen fest an und sagt: „Fertig, du kannst testen!"

Renate schaltet die Wasserpumpe wieder ein und beide prüfen sie die neue Verbindung: „Knochendicht!", stellt Karl fest und auch Renate ist zufrieden.

Karl aber meckert noch an der Werft herum: „Ich verstehe

nicht, warum die da so ein beklopptes System einbauen. Die könnten sich die ganzen Bögen sparen, wenn sie einfach flexible Schläuche einsetzen wurden."

„Ja, kann schon sein. Ich denke aber, Dauerhaftigkeit ist nur ein sekundäres Entscheidungskriterium für die Werft. Hauptsache, es ist schnell und billig und auch von Aushilfskräften zu montieren. Eine richtige solide Klempnerarbeit können die sich doch bei dem Kostendruck gar nicht leisten."

Inzwischen sind auch alle anderen wieder aus ihren Kojen herausgekommen und wollen wissen was los ist. Renate klärt sie kurz auf und vergisst auch nicht, noch einmal den Pfusch der Werft zu erwähnen. Währenddessen prüft Karl die Bilge noch einmal, ob auch alles Wasser heraus ist, den Rest wischt mit er mit einem Feudel auf und legt dann die Bodenbretter wieder hinein.

„Fertig!" Er lässt sich auf das Polster fallen. „Jetzt noch einen Absacker und dann in die Koje, okay? Frühstück morgen früh um Sieben!"

„Einverstanden", grinst Renate, „aber es wäre gut, wenn vorher noch jemand den Wassertank wieder auffüllt, der nun ja so gut wie leer ist."

Am nächsten Morgen ist der Regen verschwunden, der schneebedeckte Gipfel des Ätna strahlt in der Morgensonne und es gibt Wind.

„Super", freut sich Renate, „genau aus Nordost, drei bis vier laut Vorhersage. Backstagsbrise! Auf, Pack' mers!"

Als sie gerade in Hafenausfahrt heraus sind, schaut Hinni prüfend auf die Wellen draußen: „Nach drei bis vier Windstärken sieht das aber nicht aus! Ich schätze mal eher sechs bis sieben. Die Wellen haben ja schon Gischtkronen. Wir hätten besser das Schlauchboot an Deck holen sollen."

Renate aber bleibt gelassen: „Kann schon sein, dass da ein bisschen mehr Wind ist. Aber er kommt aus Nordost, wir fahren ja fast vor dem Wind. Wir schleppen das Schlauchboot, das ist ja die ganzen letzten Tage auch gut gegangen. Lasst mal die Genua raus!"

Die Wellen werden immer höher, als sie auf die offene See kommen, drei bis vier Meter sind sie hoch, aber die Genua zieht das Schiff voran. Trotz des Reffs machen sie sechs, sieben Knoten Fahrt, das Dinghy tänzelt hinter dem Schiff, wird mal von den Wellen geschoben, dann wieder vom Schiff gezogen.

„Genau so ist weiland Odysseus mit seinem ‚Schwarzen Schiff' hier auch vorbei gedüst", stellt Marion fest, „nur ist der schnurstracks nach Malta gesegelt, direkt in die Arme seiner Calypso, von der er sich dann sieben Jahren nicht trennen konnte. Wie kann es eine Frau nur sieben Jahre mit einem Kerl aushalten!"

„Und das hat der ohne GPS gefunden?" fragt Karl.

„Klar, wieso nicht?" Marion wundert sich über die Frage.

„Na, nur weil wir jetzt auch keins mehr haben. Das Teil spinnt. Wir bekommen nur immer die Meldung ‚NO FIX'."

„Hast du schon mal einen Neustart versucht? Vielleicht hat sich das Programm nur aufgehängt", hofft Renate.

„Klar, habe ich. Ich vermute, die Antenne ist das Problem. Vielleicht ist da ein Kabel defekt. Oder die Amis haben wieder mal etwas abgeschaltet, vielleicht haben wir Krieg und wir wissen das bloß noch nicht."

„Na, das hätte ich schon erfahren." Renate lacht. „Aber okay, im Moment können wir nichts machen. Bis Siracusa werden wir es schon so schaffen. Wir haben ja gute Sicht und es gibt genügend Landmarken. Machen wir eben terrestrische Navigation, wie in alten Zeiten. Dazu haben wir das doch gelernt. Und Odysseus hatte ja noch nicht mal eine Seekarte, oder?"

Bald ist Augusta erreicht und so schlimm, wie dieser Ort im Hafenführer beschrieben wird, genau so sieht er auch aus der Ferne aus. Ein riesiger Industriehafen, in dem Segelschiffe nichts verloren haben und eine gewaltige Außenpier, an dem einige Tanker festgemacht haben und ruhig liegen, unbeeindruckt von Wind und Welle.

Gegen Mittag können sie dann schon Siracusa erkennen. „In welchen Hafen wollen wir", fragt Karl und bevor Renate antworten kann sagt Marion: „Bloß in den nächst besten Hafen rein, ich habe die Schaukelei satt. Ich glaube, mir hat es schon die Eierstöcke rausgeschlagen. Da vorne, das sieht doch wie eine Marina aus, ich kann Segelschiffmasten sehen."

„Ja, das muss die Marina Piccolo sein. Eine Alternative wäre der Porto Grande in der großen Bucht auf der anderen Seite der großen Landzunge, auf der sich die Stadt Siracusa befindet. Aber hier im Handbuch steht nicht viel über Anlegemöglichkeiten für Yachten. Könnte ein reiner Hafen für Berufsschifffahrt sein."

Karl legt den Hafenführer zur Seite. „Also in die Marina Piccolo?", fragt er Renate.

"Klar, warum nicht? Ich gehe an das Ruder!"

Die Marina wird von zwei großen Wellenbrechern geschützt, in der Mitte ist die Einfahrt. Renate startet den Motor, lässt die Genua einrollen und steuert auf die Einfahrt zu. Der Wind kommt nun genau von achtern, das Heck wird von den immer noch mächtigen Wellen angehoben und dann surft das Schiff eine Weile auf der Welle bis diese schließlich unter dem Schiff durchgelaufen ist und die nächste Welle von hinten kommt.

„Wow, das ist ja richtig geil", freut sich Renate.

Hinni aber sorgt sich, er kennt die Grundseen in den Gatten zwischen den Ostfriesischen Inseln, wenn die Wellen aus dem relativ tiefen Wasser kommend plötzlich durch die flachen Gatten abgebremst werden und sich riesenhoch aufbäumen können.

„Sei bloß vorsichtig", ermahnt er Renate, „das Schiff darf auf keinen Fall querschlagen. Und versuche die Hafeneinfahrt zu treffen und nicht die Mole."

Renate lacht, sie glaubt an einen Scherz. Aber plötzlich wird das Schiff hinten von einer Riesenwelle gepackt, hoch gehoben und genau durch die Einfahrt in den Hafen geschoben – und dann ist plötzlich Stille. Kaum noch Wellen, so kommt es ihnen zumindest im ersten Moment vor, obwohl die Schiffe an den Stegen doch noch heftig schwanken. Der Wind hat schlagartig nachgelassen und sie treiben im Becken der Marina.

„Super, das hat ja toll geklappt. Wie in der Achterbahn." Renate ist begeistert aber Hinni bremst ihre Euphorie: „Da haben wir aber mächtig Glück gehabt."

Renate nimmt das Gas vom Motor zurück, Hinni und Karl bringen Fender aus und legen die Leinen bereit. Karl schaut sich um, die in dem Handbuch eingezeichneten Stege sind alle belegt.

„Dahinten am Ende ist noch eine Lücke frei", ruft Renate, „ich versuche es dort." Sie fährt außen am Steg entlang, aber je mehr sie sich dem Ende nähert, desto flacher wird es. Schließlich piept das Echolot, Tiefenalarm.

„Fahr zurück, da gibt es ohnehin keine Mooringleine", ruft Hinni von vorn, „kein Wunder, das der Platz noch frei ist."

Auf dem Steg haben sich inzwischen verschiedene Leute versammelt, einer scheint der Hafenmeister zu sein. „Wohin?", ruft Renate in seine Richtung. Er winkt ab, kein Platz, alles voll. Ratlos drehen sie in dem Hafenbecken eine Runde nach der anderen. Auch im Hafenbecken herrscht ordentlich Schwall, stellen sie fest, auch wenn sie es im ersten Moment anders empfunden haben.

Auf einer großen, deutschen Yacht, die ganz am Anfang des Stegs liegt, wird gewunken. Renate fährt näher heran, auf Rufweite. „Ihr könnt bei uns längsseits liegen, wenn ihr wollt. Der Hafenmeister sagt, er würde sogar eine neue Mooringleine dort hinten verlegen, aber er braucht die Genehmigung seines Chefs und der ist nicht da."

Renate schaut sich die Situation an. Das Schiff liegt fast direkt vor der Hafeneinfahrt, der Wind ist ja nicht so schlimm, aber es steht dort auch ein heftiger Schwall, der sogar die große, schwere Yacht heftig schaukeln lässt.

„Was meinst du, Hinni", fragt Renate.

„Ich weiß nicht, der Schwall kann ziemlich schnell Kleinholz aus beiden Schiffen machen. So gut können wir das gar nicht abfendern. Und wenn sich die Masten erst einmal verhaken, dann ist sowieso alles zu spät. Ich bin nicht dafür!"

Renate ruft zum Schiff herüber: „Danke für das Angebot, aber wir fahren lieber wieder heraus, auf die andere Seite."

Der Skipper drüben hebt die Hand: „Okay, viel Glück!"

„Willst du hier wirklich wieder heraus", fragt Hinni erstaunt.

„Ja, ich sehe nichts, wo wir hier festmachen können. Irgendwo müssen wir ja hin."

„Und du meinst, wir kommen heil wieder raus. Hast du die Grundsee vergessen?" Hinni ist skeptisch.

„Warum nicht", antwortet ihm Renate, „Wo man herein-
kommt, kommt man doch auch wieder heraus."

„Ich weiß nicht ...", will Hinni noch sagen, aber Renate gibt
schon Gas, Richtung Ausfahrt.

Die Wellen werden immer höher, nur leider schieben sie
nicht mehr das Heck voran, sondern sie kommen von vorn,
versuchen den Bug zur Seite zu drücken. Alle schauen gebannt
nach vorn, auf die nächste Welle, dann wird der Bug wieder
hochgehoben und klatscht nach einer Weile wieder in die See
zurück, so das Mast und Rumpf zittern. Sie kommen gut durch
die Ausfahrt, Renate steuert die Wellen fast perfekt an und das
Schiff kann einiges wegstecken.

Bald liegen die Wellenbrecher fünfzig, sechzig Meter hinter
ihnen und Renate will sich gerade entspannen und erleichtert
aufatmen.

„Warschau!", schreit Hinni plötzlich, „Haltet euch fest!"

Renate schaut wieder auf. Von vorn kommt plötzlich eine
riesige Welle angerauscht, grünes Wasser, stellt sie fest, eine
gewaltige Grundsee. Die Welle wird höher und höher ...

„Vollgas!", schreit Hinni aber reflexartig hat Renate auch
schon den Gashebel in der Hand und schiebt ihn rücksichtslos
voll nach vorne. Der Motor heult auf. Sie duckt sich und hält
sich am Ruderrad fest – da bricht die Welle auch schon über
das Schiff.

„Jetzt bloß nicht querschlagen", hofft Renate und versucht
das Ruder krampfhaft zu halten, ihr Körper macht sich selbstständig und sie rutscht mit dem Hintern auf den Cockpitboden. Gerade noch kann sie mit den Beinen an der Cockpitbank
in Lee Halt finden und sich abstützen. Dann neigt sich *Makan
Angin* auf die Seite, fast berühren die Salinge das Wasser und

etliche Tonnen grünes Wasser rauschen über das Schiff hinweg. „Das war's dann wohl" denkt Renate, als sie unter Wasser gedrückt wird und sich nur noch ans Steuerrad klammern kann. Sie hört nur noch den Motor dröhnen und aufheulen, weil der Widerstand des Propellers fehlt, der sich nun frei in der Luft befindet ...

Nach einer Weile taucht Renate wieder aus dem Wasser auf und atmet tief durch. Auch das Schiff richtet sich langsam wieder auf und sie zählt durch: Marion, Karl, Hinni und Jan, alle sind noch an Bord. Klatschnass, aber scheinbar unversehrt.

„Scheiße, war das ein Welle", schreit Renate erleichtert und rappelt sich auf. Jetzt, wo die schlimmste Gefahr vorbei ist, klopft ihr Herz wie rasend, aber sie zwingt sich zur Ordnung. Noch sind sie nicht im Porto Grande.

Jan sitzt wie versteinert auf dem Cockpitboden und klammert Beine und Hände um die Steuersäule, Karl und Hinni liegen vor dem Niedergang und haben je einen der Handgriffe dort in der Hand und Marion hat es der Länge nach auf die Bank geschlagen und sie umklammert die Schotwinsch. Das Cockpit steht kniehoch voll gurgelndem Wasser und als Hinni aufzustehen versucht, schwappt die ganze Ladung Wasser den Niedergang herunter.

„Glück gehabt", kommentiert Hinni, „ich meine, dass diese Zierreling hier gehalten hat. Das war verdammt knapp."

Renate schaut über das Deck. „Schadensmeldung?", fragt sie. Alle Festmacher, die auf dem Deck bereitgelegt waren, hängen im Wasser, die Fender sind noch dran aber hinten am Heck hängt ein leeres Seil.

„Das Schlauchboot ist weg", melden Karl und Jan gleichzeitig, aber Hinni machen im Moment die Festmacher zu schaffen. Wenn die in den Propeller kommen, das Schiff dadurch plötzlich keinen Antrieb mehr hat und manövrierunfähig wird, dann sind sie und das Schiff nicht mehr zu retten. Er überlegt: Die Leinen am Heck, die treiben achteraus und richten keinen Schaden an, aber die am Bug müssen sofort aus dem Wasser. Die Lifebelts zu holen dauert zu lange, entscheidet Hinni und wer weiß, wie es im Salon und den Kabinen aussieht. Es muss so gehen!

„Drossel den Motor ein wenig, aber so, dass du steuerfähig bleibst, ich versuche die Festmacher an Deck zu holen", bittet er Renate und kriecht aus dem Cockpit heraus. Das Schiff rollt und schlingert, hebt den Bug und knallt dann wieder ins Wasser, er muss jeden Halt nutzen, den er finden kann. Er rollt sich über das Cockpitsüll auf das Seitendeck, robbt nach vorne, eingeklemmt zwischen den Relingsstützen und dem Aufbau, seine Hände erreichen die Wanten, an denen er sich weiter nach vorne zieht, er schlingt seine Füße in den Relingsdraht, kriecht schließlich innen an den Wanten vorbei und hält sich dann wieder an den Relingspfosten fest. Immer wieder wird er von den Wellen überspült, aber er holt jedes Mal rechtzeitig Luft und kann sich festhalten.

Relingsstütze für Relingsstütze zieht er sich weiter zum Bug. Schließlich hat er es geschafft, er ist bei der vorderen Festmacherklampe angekommen, greift die Leine und versucht sie aus dem Wasser zu ziehen. Langsam, nur ganz langsam gelingt ihm das, die Leine hängt lang und schwer im Wasser, die Bewegung der Wellen und die Fahrt des Schiffes reißen sie ihm immer wieder aus der Hand. Gespannt horcht Hinni immer wieder nach hinten und so lange er den Motor noch hört und die Vibrationen spürt, ist alles in Ordnung. Schließlich ist die Festmacherleine an Deck und er versucht sie notdürftig um zwei Relingstützen herumzuwickeln, damit sie nicht wieder von dem Deck gewaschen werden. Dann kriecht er auf die andere Seite des Schiffes, nun kann er den Bugkorb als Halt benutzen. Auch hier zieht er die Leine aus dem Wasser, er hofft nur, dass er sie nicht geradewegs in den Propeller hineinzieht. Schließlich ist auch das geschafft, er winkt Renate und schreit: „Alles klar, kannst wieder Vollgas geben."

Gerade ist er wieder im Cockpit, da schreit Marion aufgeregt: „Unser Dinghy! Einfach geklaut." Renate mag sich nicht umdrehen, sie ist vollauf mit der See von vorne beschäftigt, aber Marion berichtet: „Das Dinghy ist gegen den Wellenbrecher getrieben und dort holen es gerade Männer aus dem Wasser."

Sie beobachtet eine Weile weiter und informiert dann: „Jetzt haben sie es an Land. Auf der anderen Seite von der Mole scheint eine Straße zu sein, jedenfalls sehe ich dort ein Autodach. Diese Schweine, jetzt laden die das Dinghy auf das Auto, die wollen damit abhauen."

„Kannst du das Nummernschild erkennen?", will Jan wissen.

„Blödmann, ich kann doch nicht durch die Mauer hindurchsehen. Und wenn, glaubst du die Polizei würde was unternehmen? Beweise mal, dass das unser Dinghy war. Ist doch jetzt Strandgut. Und zweitens stecken die doch alle unter einer Decke."

Marion sieht das Schlauchboot noch eine Weile scheinbar über den Wellenbrecher fahren, das Auto darunter bleibt unsichtbar, dann verschwindet es plötzlich in den Straßen der Stadt. „Scheiße, das war's dann wohl! War so ein schönes

Dinghy."

Renate glaubt inzwischen weit genug von dem Wellenbrecher entfernt zu sein, sie fährt jetzt parallel zum Ufer an der Stadt Siracusa vorbei bis zum Ende der Halbinsel und dann schwenkt sie in die große Bucht hinter der Stadt ein. Wieder werden sie von den Wellen hereingedrückt, aber die Einfahrt ist viel weiter, die Wellen verlaufen sich und es bilden sich auch keine Grundseen. Ein Frachter liegt in der Einfahrt vor Anker und in der Nähe liegt ein Schlepper, offenbar auf ein anderes Schiff wartend.

Bald sind sie ganz in der großen Bucht, über eine Seemeile ist sie lang und fast genau so tief schneidet sie ins Land hinein. Etwas Schwell läuft noch hinein, kann sich aber verlaufen, der Wind wird durch die Häuser auf der Landzunge gebremst – Frieden, hier ist es plötzlich wirklich ruhig. Hinni holt die Achterleinen ein, die immer noch durch das Wasser schleifen und dann schießt er auch die Leinen auf dem Vordeck ordentlich auf.

Betreten nimmt er den Rest der Leine ab, mit der sie das Schlauchboot geschleppt haben und legt sie ins Cockpit: „Das war doch eine solide Leine, das die einfach so reißen kann!"

Karl versucht zu erklären und vorzurechnen, wie viel Tonnen Wasser plötzlich an dem Dinghy zerren, wenn es von einem Brecher unter Wasser gedrückt wird, aber Hinni bleibt skeptisch: „So eine gewaltige Kraft? Ist doch man bloß ein kleines Schlauchboot!"

Aber dann kommt ihm plötzlich eine Idee: „Ehrlich gesagt, ich wundere mich, dass wir in der Welle nicht quergeschlagen sind. Das hat nichts mit dir zu tun, Renate, du hast hervorragend reagiert, hast aber auch Mordsglück gehabt. So ein Monster von Welle! Kann es sein, das uns das Schlauchboot stabilisiert hat? Ich meine, wenn da hinten plötzlich einige Tonnen ziehen, wie Karl sagt, dann hat es doch bestimmt das Schiff in der Richtung gehalten. So wie ein Seeanker oder wie die Trossen, die wir früher auf dem Kutter nachgeschleppt haben."

„Kann gut sein", meint Renate nachdenklich, „dann haben wir ja wirklich unverschämtes Glück gehabt. Denkt mal, uns würden sie jetzt von der Mole abkratzen ..."

Bald sind sie in dem Porto Grande. Eigentlich ist es nur eine hohe, dreckige Kaimauer. Autoreifen hängen dort als Fender vor den rostigen Spundwänden. Ein einsamer Wasserhahn ist da und gelegentlich auch ein Kasten mit Steckdosen. Autos fahren auf dem Kai, Motorräder knattern und neugierige Besucher inspizieren die wenigen Schiffe, die hier liegen. Geraffelschiffe, findet Renate. Schiffe von ehemaligen Aussteigern, die die Lust am Segeln verloren haben. Die einzige Attraktion an diesem Kai ist wohl, dass es nichts kostet.

„Aber da drüben ist doch eine Marina", ruft Marion aufgeregt. Alle schauen in die Richtung, in die sie zeigt. Tatsächlich, ein paar Schwimmstege gibt es dort, sie sehen funkelnagelneu aus, ein Bürohäuschen für den Marinero gibt es und überall stehen blaue Kästen mit Strom- und Wasseranschlüssen.

Renate steuert ohne ein Wort auf die Marina zu. Es wird einiges zu reparieren oder mindestens zu reinigen sein, da sind Wasser und Strom unverzichtbar und beides scheint hier auch verfügbar zu sein. Ein Marinero zeigt sich am Steg, er fragt nach dem Tiefgang und der Größe des Schiffes und weist ihnen einen Platz zu. Bald liegen sie fest an einer Mooringleine und Renate inspiziert das Schiff: „Verluste: ein Schlauchboot.

Sonst noch was?"

Renate hat sich schon mit einem Blick vergewissert, dass der Außenbordmotor noch am Heckkorb hängt: „Zum Glück haben wir den Außenborder ja abgenommen. Aber in Zukunft nehmen wir auch das Schlauchboot immer an Deck!"

Sie stutzt einen Moment: „Sofern wir wieder eins bekommen."

Marion hat beim Anlegen den Bootshaken vermisst: „Der Bootshaken ist auch über Bord."

„Schäden?", fragt Renate weiter. Karl meldet sich aus dem Salon: „ungefähr ein halber Kubikmeter Wasser im Schiff, muss durch die offene Luke hereingekommen sein. Bilgepumpe läuft schon. Im Salon ist alles nass, auch die Seekarten auf dem Navigationstisch. Und das GPS ist natürlich immer noch kaputt."

Marion hat inzwischen den größten Schreck überwunden und kann wieder an profane Dinge denken: „Und ich hatte heute morgen meine Frisur frisch gefönt, die ist natürlich auch hin."

Alle lachen befreit auf und Karl bietet ihr etwas ungalant an: „Habe ich heute Morgen gar nicht gesehen. Aber ich werde es im Logbuch notieren!"

„Okay, das ist ja alles zu reparieren!", meint Renate und dann nimmt sie erst Hinni und dann alle anderen in den Arm. „Gut, dass keinem etwas passiert ist. Es war mein Fehler, da herauszufahren. Tut mir leid, hätte schlimm werden können. Und zumindest hätten wir die Festmacher wieder ordentlich verstauen und die Luken schließen können. Ich habe gelernt!"

Nachdem alle ihre nassen Klamotten ausgezogen und sich auf dem Steg das Salzwasser mit einem Wasserschlauch vom

Körper gespült haben und frische Hosen und Hemden tragen, verteilt Renate die Arbeit: „Du, Hinni, schaust bitte, ob irgendwelche Schäden am Schiff sind. Kielbolzen, Wanten, Risse im Rumpf, du kennst dich am besten von uns allen da mit aus. Jan und Karl klarieren den Salon und spülen alles mit Süßwasser ab, auch die Polster und die Bilge bitte. Legt die Polster und die Seekarten auf den Steg zum Trocknen. Und dann kannst du dir ja mal die GPS-Antenne ansehen, Karl.

Du Marion, spülst bitte das Deck ab, aber wenn du die Luken schließt, pass bitte auf, das die da drinnen nicht ersticken. Falls der Marinero noch mal kommt, kannst du ja etwas mit ihm flirten und nach den Preisen hier fragen und uns anmelden. Ich gehe derweil in die Stadt und schaue, wo ich ein neues Schlauchboot bekomme."

Karl und Jan schleppen die Polster auf das Deck und Marion verteilt sie auf dem Steg. Dann will sie die Luken und Fenster schließen, aber die beiden Männer protestieren: „Warte doch mit dem Deck, bis wir hier fertig sind. Wir bekommen ja keine Luft, ist ohnehin alles ein warmer Mief hier drinnen. Totale Sauna." Sie legt den Wasserschlauch bereit und dann schaut sie eine Weile Hinni zu, der das Rigg prüft, das Deck und den Rumpf nach Rissen absucht und schließlich befriedigt nach innen verschwindet, um dort seine Arbeit fortzusetzen.

„Wir sind unten fertig, Marion, kannst anfangen!", meldet Karl. Marion dreht den Wasserhahn und dann spritzt sie gründlich und ausgiebig das Deck ab. Plötzlich erscheint ein wütender Hinni im Niedergang: „Hast du den Verstand verloren? Als wenn wir nicht Wasser genug im Schiff hätten. Hättest ja wohl eben die Fenster und Luken zumachen können." Erschrocken hält Marion inne: „Ich dachte, dass hätten Jan und

Karl noch gemacht", verteidigt sie sich.

„Hey, das hättest du doch sehen können, das die noch offen sind. Bist du blind?" Jan schaltet sich ein: „Und außerdem haben wir innen gerade alles trocken gewischt. Jetzt können wir gleich wieder von vorne anfangen. Scheiße!"

Karl hat einen Vorschlag: „Weißt du was, Jan, wir spritzen jetzt das Deck ab und Marion darf unten alles noch einmal trocken wischen."

Marion nickt betreten, sie sieht ihren Fehler ja ein und will ihn wieder gutmachen: „Okay!"

„Dann runter mit dir", ordnet Karl an und verschließt ostentativ alle Luken und auch den Niedergang, nachdem er gerade noch Hinni herausgelassen habt, der keine Lust auf einen Saunagang verspürt. Er wendet sich an Jan: „Die lassen wir jetzt mal da unten schmoren. Ich schätze mal, so schnell werden wir mit dem Deck nicht fertig, oder?"

„Nee", grinst Jan, „wir wollen das ja schon gründlich machen!"

Marion ist im Nu komplett durchgeschwitzt und bald hat sie sich alles, was sie am Leibe trägt, heruntergerissen. Sie pumpt die paar Liter Wasser heraus, die sie versehentlich ins Schiff gespritzt hat und dann nimmt sie ein paar trockene Handtücher und trocknet und wischt alles ab. So viel Arbeit ist das nun auch wieder nicht, stellt sie fest, da haben Karl und Jan sich mal wieder unnötig angestellt. Bald ist sie fertig und will wieder an Deck oder zumindest die Luken aufmachen, damit etwas Luft ins Schiff kommt und sie sich wieder einen Bikini anziehen mag.

„Lasst mich raus, ihr fiesen Kerle", schreit sie, als sie festgestellt hat, dass Karl oder Jan die Niedergangsluke von außen verriegelt haben, aber als Antwort prasselt nur ein Schwall Wasser auf die Luke. Die müssen doch längst fertig sein, denkt sie, so lange kann das Deck waschen doch nicht dauern. „Aufmachen, Schweinepriester seid ihr, alle beide. Ich ersticke!"

Karl und Jan grinsen durch das Fenster. Nun freuen die sich auch noch, dass ich nackt hier herumzappele, stellt sie fest und dann dämmert ihr, dass Karl sich offensichtlich für die Abfuhr rächen will, die sie ihm in Catania gegeben hat.

Blöder Kindskopf, aber so nicht, nicht mit mir, denkt sie, reißt ostentativ alle Seitenfenster auf, die nur von innen zu öffnen und zu schließen sind und legt sich, nackt wie sie ist, in einer sexy Pose auf ihre von außen gut einzusehende Koje.

„Ihr könnt ruhig weiter mit dem Schlauch spielen, ihr Idioten, aber dann dürft IHR gleich innen noch einmal alles trocknen. Die Fenster sind offen und mir geht es gut hier."

Sie greift sich gelangweilt eine Zeitschrift aus ihrer Tasche, um darin zu schmökern.

„Ist ja schon gut, Marion", will Karl einlenken und öffnet den Niedergang. Marion aber bleibt noch eine Weile liegen, zieht sich dann langsam an und steigt an Deck. „Blödmann", zischt sie Karl zu, „komm mir bloß nicht noch einmal zu nahe!"

Als Renate von ihrem Besuch bei den Schiffsausrüstern zurückkommt, haben sie sich gleich gemeinsam zu einem Bummel durch die Altstadt und den riesigen Markt von Siracusa aufgemacht. Alle möglichen Früchte gibt es hier, Gemüse in großer Auswahl und zwischendurch immer mal wieder einen Stand mit Fleisch, Fisch oder Käsespezialitäten.

„Sagt mal", fragt Marion, „kaufen hier eigentlich nur Touristen ein?" Kein Einheimischer ist um diese Tageszeit, am Spätnachmittag, auf dem Markt zu sehen, aber viele Touristen mit Kameras und es wird fotografiert, als hätte man zu Hause noch nie eine Apfelsine oder einen Berg Weintrauben gesehen.

„Ich vermute, die Siracuser haben schon früh am Morgen eingekauft und dies ist nur noch eine Attraktion für Touristen. Schaut mal, die kaufen sogar die letzten, halbvergammelten Reste auf. Die bringen am Nachmittag das größte Gelump noch an den Mann. Clever, würde ich auch so organisieren, wenn ich einen Marktstand hier hätte", stellt Renate fest. „Aber ich schlage vor, wir essen jetzt etwas und machen einen Plan für die nächsten Tage.

Bald haben sie ein kleines Ristorante in der Nähe des Hafens für ein sehr frühes Abendessen gefunden und Renate fasst zusammen: „Also das Schiff ist wieder trocken und einsatzfähig! Keine Schäden, Hinni?"

Hinni schüttelt den Kopf: „Nee, alles klar! Nur ein paar Gläser in der Pantry waren noch kaputt!"

Renate tut das mit einer abwehrenden Handbewegung beiseite und wendet sich an Karl: „Was ist mit der GPS-Antenne?"

„Oh, die habe ich hingekriegt. Fürs erste jedenfalls, da war Wasser im Antennengehäuse, vielleicht vom Regen. Das habe ich entfernt, alles gründlich getrocknet und jetzt zeigt er wieder einen Fix. Präzise sogar! Und das Gehäuse habe ich provisorisch abgedichtet, der Dichtungsring war hin."

„Super!", lobt Renate. „Bei mir sieht es nicht so gut aus. Leider habe ich kein vernünftiges Schlauchboot für uns gefunden. Entweder waren das Plastikbadeboote oder viel zu groß. Ein ganz kleines hätte es gegeben, aber das war nur für zwei Personen. Ich könnte eines bei einem Händler bestellen, der Preis wäre auch okay, aber es dauert eine Woche, bis das geliefert werden kann. Und ich schätze, der meint eine italienische

Woche. Was machen wir: Warten oder ohne Schlauchboot weiter fahren?"

„Weiterfahren!" Alle sind sich einig. Die Zeit drängt, Malta wollen sie auf keinen Fall verpassen und zur Not wird man ohne Dinghy auskommen.

„Gut, dann essen wir jetzt mal und dann machen wir die Leinen für Malta los. Wann werden wir da sein, Karl?"

„Je nach Wind ungefähr morgen Mittag", schätzt Karl, „es sind knapp hundert Meilen nach Valletta. Dort wollen wir doch zuerst hin?"

„Klar, erst mal shoppen gehen!", findet Marion und zu Jan und Hinni sagt sie: „Ihr könnt euch in der Zwischenzeit ja alte Kanonen und die Festung ansehen."

Auf dem Rückweg zum Schiff nimmt Renate Marion zur Seite: „Sag mal, was ist zwischen dir und Karl? Ich habe das Gefühl, du würdest den nicht mal mehr mit der Kneifzange anfassen!"

„Ach, so ein blöder Kerl", antwortet Marion und dann erzählt sie von der vermeintlichen Abfuhr, die sie Karl in Catania gegeben hat und dessen kindischer Rache.

„Ich hätte ja nichts gegen eine Runde guten Sex gehabt", fährt sie fort, „aber dann hätten wir danach den ganzen Tag in der Koje gelegen und Karl hätte wieder Zukunftspläne geschmiedet. Er will plötzlich, dass wir zusammenziehen. Er kann einfach nicht begreifen, dass ich zwar mit ihm ins Bett gehe, aber ansonsten nur eine gute Freundin oder sein Kumpel sein möchte. Und wenn es ihm nicht reicht, dass wir uns normalerweise nur alle paar Wochen sehen, dann soll er sich doch eine Tusse für zwischendurch suchen. Da hätte ich doch gar nichts gegen! Einen guten Freund, ich meine wirklichen

Freund, hat man doch nicht nur zum Vögeln, oder?"

Renate versteht Marions Einstellung zu Sex und Freundschaft, aber trotzdem muss sie lachen: „Ich wünschte, mein Mann wollte andauernd ins Bett mit mir! Du hast schon die richtige Einstellung, denn wenn du erst mal verheiratet bist und dein Mann glaubt mit der Zeugung der Kinder alle ehelichen Pflichten erfüllt zu haben, dann läuft eben nichts mehr. Aber das ist jetzt auch vorbei!"

„Echt, hast du ihn in die Wüste geschickt?", fragt Marion.

„Das nun gerade noch nicht, aber ich habe ihm von Hinni und mir erzählt. Und nun ist der natürlich stocksauer wegen meiner ehelichen Untreue und was die Leute wohl sagen."

„Wow, du hast aber Mut, ehrlich! Und was sagt Hinni dazu?" Marion ist neugierig.

„Der amüsiert sich darüber, dass mein Mann angedroht hat, sich an ihm rächen zu wollen."

Beide lachen! „Super, so muss das sein", findet Marion, „sollen sich doch die Männer um uns kloppen. Und für Karl, da fällt mir schon was ein!"

Am frühen Morgen haben sie bereits Malta in Sicht. Die Fahrt verlief mal wieder wie in einer Schiffschaukel, fand Marion und Karls Laune wurde dadurch auch nicht besser. Am Abend schlief der Wind ziemlich bald ein, nur die Welle vom Vormittag, die war geblieben. Erst spät in der Nacht kam wieder eine kleine Brise, die zur Welle passte und sie konnten Segel setzen, um zumindest das Rollen und Stampfen etwas zu bremsen. Hinni, der zusammen mit Jan Wache hat, hat das Leuchtfeuer auf dem Fort St. Elmo, vor der Einfahrt nach Valletta schon lange in Sicht und kann danach steuern. Nun im

Morgenlicht sind auch schon die Festung und die Hafeneinfahrt erkennbar.

„Noch fünf Meilen, schätze ich mal!" Er stößt Jan an, der
auf der Cockpitbank einzuschlafen droht. „Ich gehe mal runter
und trage die Position ein, halte du mal Ausschau!"

Er drückt auf den Autopiloten und geht an den Kartentisch.
Erstaunlich, wie schnell Hinni sich mit dem „neumodischen
Zeugs" abgefunden und angefreundet hat, findet Jan. Hinni,
der früher so begeistert vom puristischen Segeln war, gerade
mal, dass er eine Logge und einen Kompass auf seinem Jollenkreuzer geduldet hat.

„Alles klar?", fragt Hinni, als er wieder im Cockpit erscheint.

„Alles klar!", antwortet ihm Jan, „nur da vorne, in dem kleinen Fischerboot oder Motorboot, ich glaube da winkt jemand."

„Tatsächlich, der bewegt die Arme auf und nieder. Notfall!"
Hinni fackelt nicht lange, der Autopilot wird wieder ausgeschaltet und Hinni hält auf das kleine Boot zu. „Segel runter!"

Ein Mann steht im Boot und winkt und ein anderer scheint
im Wasser zu schwimmen und das Boot ziehen zu wollen,
kommt aber sofort an Bord, als er sieht das Hilfe in Sicht ist.

Ein Außenbordmotor ist vorhanden, stellt Hinni fest, wird
aber nicht benutzt. Wahrscheinlich kaputt, vermutet er und
Riemen für den Notfall gibt es nicht.

Bald sind sie in Rufweite. Der Mann dort winkt immer auf-
geregter, dann hält er einen leeren Benzinkanister hoch und
schreit: „Can you help us?"

Hinni hat natürlich den dringenden Wunsch zu helfen, er
versteht zwar die Sprache nicht genau, aber es klingt so ähnlich wie Ostfriesisch. Ohne lange zu überlegen ruft er deshalb
in seiner Muttersprache zurück: „Man wie hemm blot Diesel!"

Dass da noch etwas Benzin für den Außenborder sein muss, hat er ganz vergessen.

„No Diesel, Gasoline please", kommt die Antwort zurück. Anscheinend versteht man hier Ostfriesisch, freut sich Hinni.

„No Gasoline", kommt ihm flüssig von den Lippen und dann bietet er ihnen wortreich an, sie nach Valletta abzuschleppen. Die beiden in dem Boot sind zwar zunächst etwas verwirrt über Hinnis merkwürdiges Englisch, aber als Hinni dann eine Leine hochhält und sie ihnen hinüberwerfen will, klären sich ihre Gesichter.

Hinni fährt mit dem Heck an das stark schaukelnde kleine Bötchen heran, Jan wirft die Leine und dann haben sie das Boot im Schlepp.

„Valletta, yes!", ruft der eine noch und dann setzen die beiden sich gottergeben auf die Bank am Heck ihres kleinen Bootes. Jan lädt die beiden mit einer Handbewegung ein, an Bord der *Makan Angin* zu kommen, aber sie winken ab.

„Die sind wahrscheinlich total fertig", sagt Hinni, „das Geschaukele in den Wellen mit dem kleinen Boot und dann die Angst. Haben sich wohl total mit dem Benzin verschätzt."

Hinni geht etwas mit der Fahrt zurück, damit das kleine Boot hinten nicht ganz so hart in die Wellen einrückt und winkt den beiden beruhigend zu: Alles klar, wir bringen euch schon an Land zurück.

Eine Stunde später sind sie vor der Einfahrt und das gewaltige Fort St. Elmo ragt vor ihnen auf. Die anderen sind inzwischen auch an Deck und Marion übernimmt die Kommunikation mit den Schiffbrüchigen: „Hinni, die meinen, wir müssen auf jeden Fall in den Msida Creek zum Einklarieren. Aber sie fragen, ob wir sie vorher noch in den Grand Harbour hier links von dem Fort bringen können, da haben sie offensichtlich ihren Liegeplatz."

Hinni schaut Renate an: „Für uns kein Problem!" und auch Renate nickt zustimmend. Sie reicht Marion eine Flasche Wasser: „Die beiden haben doch sicher Durst. Gib' denen mal aweng a Wasser."

Aber die beiden lehnen auch das Wasser bescheiden ab und dann wird Hinni mit Handzeichen in den großen Handelshafen von Valletta gelotst. Einer der größten Häfen im Mittelmeer: Riesige Containerfrachter, Tanker und Kreuzfahrtschiffe liegen hier und weit hinten an dessen Ende befindet sich ein kleiner Fischer- und Sportboothafen.

Dann bedanken die beiden sich artig bei Marion und fragen noch einmal, ob sie jetzt auch bestimmt zum Einklarieren fahren und was sie danach vorhaben. „Ja, auf jeden Fall liegen wir dort erst mal am Steg!"

„Okay", winken die beiden, einer macht die Schleppleine los und lässt sich an einen Steg treiben. Hinni dreht, fährt aus dem Hafen heraus und biegt in den alten Hafen von Valletta ein. Hinten am Ende, vor dem Msida Creek ist schon das Zollgebäude mit der Maltesischen Flagge auszumachen.

Renate durchzuckt ein Geistesblitz: „Wir haben überhaupt keine Gastlandflagge und die Quarantäneflagge gesetzt. Jetzt aber fix." Karl flitzt in den Niedergang, zum Glück liegen die beiden Flaggen schon bereit und er befestigt sie an der Steuerbordsaling, die Maltesische Flagge oben und darunter die gelbe Quarantäneflagge.

„Wieso müssen wir hier einklarieren, ich denke Malta gehört inzwischen zur Europäischen Union?", wundert sich Karl. Aber eine genaue Antwort kann ihm keiner geben und so fährt Hinni erst einmal an den mit dem Schriftzug COSTUMS kenntlich gemachten Zollpier heran. Ein freundlicher Beamter in einer schneeweißen Uniform steht dort bereits, sieht sich wohlwollend die gelbe Flagge an und hilft beim Anlegen. Dann fordert er den Skipper auf, ihm mit allen Papieren in das Gebäude zu folgen. Auch sollen die Pässe von allen Crewmitgliedern mitgebracht werden.

Renate will mit ihrer Tasche mit den Schiffpapieren an Land gehen. „Marion, würdest du bitte zum Übersetzen mitkommen und für den Fall, dass es Missverständnisse gibt", bittet sie.

„Only the captain, please!", wird Renate von dem Zollbeamten gehindert von Bord zu gehen, aber Marion greift schnell ein: „She is the captain and I am the translator." Mit einer resignierenden Geste weicht der Mann zurück und gibt für beide den Weg frei.

Im Zollgebäude versucht Marion zunächst einmal zu protestieren: „Wir sind EU-Bürger, unser Schiff fährt unter Deutscher Flagge, warum müssen wir hier einklarieren?"

Der Beamte hinter dem Tresen versucht zu beruhigen: „Stimmt, sie haben recht. Malta ist Mitglied in der EU, genau wie Deutschland. Aber leider haben wir noch keine Anweisung von unserer Regierung, dass EU-Schiffe hier nicht mehr einklarieren müssen. Also eigentlich müssen sie nicht, aber anderseits doch!"

Renate will das nicht verstehen und sagt zu Marion: „Nicht, oder doch? Oder nicht doch? Ich lasse mich doch nicht verarschen!"

Sie will wieder zum Ausgang heraus. Höflich, aber bestimmt wird sie von einem Polizisten daran gehindert, der in der Nähe der Tür auf einem Stuhl gesessen hat.

„Bitte, machen sie keinen Ärger", fordert der Beamte sie auf, „vielleicht haben sie ja Recht, vielleicht auch nicht. Auf jeden Fall können wir uns einige Tage streiten und so lange müsste ich ihr Schiff unter Quarantäne stellen. Bitte füllen sie die Papiere aus, das dauert nur fünf Minuten und alles ist in Ordnung!"

Renate resigniert: „Okay, wenn es denn der Völkerverständigung dient." Tatsächlich dauert es nicht mehr als einen kurzen Moment, bis alle Pässe ein Einreisevisum haben, die Schiffspapiere geprüft sind und eine Crewliste erstellt ist. Lächelnd reicht der Beamte alle Papiere zurück: „Thank you, Madame!"

Und Marion weist er dann noch an, gleich in das nebenliegende Gebäude der Marinaverwaltung zu gehen, damit sie die Liegegebühren bezahlen können. „Und wenn sie Malta wieder verlassen, legen sie bitte die bezahlte Quittung der Marina vor, sonst dürfen wir sie nicht wieder ausreisen lassen."

Nach einem kurzen „good bye" gehen sie eine Tür weiter, zum Yachtclub, wie befohlen. Sie öffnen die Glastür und treten in einen großen Raum. Wie die Rezeption eines größeren Hotels sieht es hier aus, angenehme Kühle umgibt sie, eine Sitzgruppe in der rechten Ecke, links ein Tisch mit Segelzeitschriften und ein Bord mit einem angepinnten, aktuellen Wetterbericht. Genau voraus ein Tresen, offenbar die Anmeldung.

„Wie lange möchten Sie bleiben", werden sie höflich gefragt, dann wird noch um das Flaggenzertifikat und den Versicherungsnachweis gebeten, ein Computer wird bemüht und dann wird eine Rechnung ausgedruckt und vor Marion auf den Tresen gelegt. „Sieben Maltesische Lira und zweiundfünfzig Cent!"

„Und wie viel ist das in Euro", fragt sie, „ich meine wo wir hier doch in Euroland sind?"

Höflich wird sie informiert, das Malta zwar stolz darauf ist, Mitglied der EU zu sein, aber den Euro noch nicht eingeführt hat und dies vorerst wohl auch nicht will. „Da warten wir besser mal, bis der Euro stabil ist und Länder wie Deutschland ihre Staatsverschuldung in den Griff bekommen", wird ihr stolz erklärt. Dann wird wieder auf die Rechnung gedeutet: „Umgerechnet wären das etwa zwanzig Euro pro Nacht. Aber sie können gerne mit der Kreditkarte bezahlen."

Renate schiebt ihre Kreditkarte über den Tisch und sagt leise zu Marion gewandt: „Arrogante Wichtigtuer! Aber höflich sind sie ja, da kann man nichts sagen."

„Hallo Madame!" Kaum sind sie wieder aus dem Gebäude heraus und wollen zurück auf das Schiff, werden sie von einem gut angezogenen Mann angesprochen. Anzug, geputzte Schuhe, weißes Hemd und Krawatte. „Sie sind doch von der *Makan Angin*?" Er sagt zwar „Mäkän Änschin", aber beide nicken erstaunt. „Sie haben mich heute Morgen in den Hafen geschleppt und ich wollte mich noch einmal bedanken."

Beiden fällt es wie Schuppen von den Augen, sie hätten diesen Mann niemals für den vermeintlichen Fischer dort draußen gehalten.

„Oh, keine Ursache, das war doch selbstverständlich. Das hätten sie umgekehrt doch sicher auch getan", beeilt sich Marion zu sagen.

„Ja sicher, aber trotzdem vielen Dank. Ich gehe morgens, bevor ich ins Büro muss, gerne ein wenig fischen, aber heute komme ich zu spät, fürchte ich."

Dann reicht er den Beiden eine schwere Plastiktüte und seine Visitenkarte. Er hält die Tüte auf und lässt sie hineinsehen: „Hier, dass ist für sie, etwas zu trinken aus unserem Land: Likör für die Damen und Whisky für die drei Herren. Und noch ein paar Flaschen Wein von meinem Freund, der hat ein Weingut hier auf Malta."

Dann schüttelt er den beiden Frauen die Hand: „Also, nochmals danke. Und falls sie mal Probleme auf Malta haben, hier ist meine Karte. Rufen sie mich gerne an."

Als sie ein paar Schritte gegangen sind meint Marion: „Meinst du, es wird uns hier gefallen? Das scheinen alles sehr höfliche und sehr, sehr korrekte Menschen zu sein!"

Renate denkt kurz nach: „Doch das wird schon klappen. Korrekt sind wir auch. Und manchmal bin ich ja auch höflich!"

11. Kapitel
Malta und Korfu

Malta und Ostfriesland – Disco in der Lagune – Homo marinus –
Das Liebeslager der Calypso – Orgie – Illegale Ausreise

„Also, mit Shopping war es dann ja wohl nichts", erklärt Marion am Abend, als sie sich zu einem Sundowner im Cockpit versammelt haben, um die Geschenke der beiden geretteten Hobbyfischer zu würdigen.

„Wieso, gab es keine Schuhläden?", fragt Jan anzüglich.

„Doch, schon, jede Menge, es gab auch tollen Schmuck und Klamotten, aber alles nichts für meine Gehaltsklasse." Und mit einem Seitenblick auf Karl ergänzt sie: „Ich muss das mit meinem Millionär dringend forcieren, so wird das nichts!"

Renate erzählt dann noch von den tollen Bussen, die hier fahren. Alte, englische Busse, die zwar alle noch wie Vorkriegsware aussehen, aber sie fahren, wenn auch röchelnd, die steilsten Straßen hoch. Zum Glück befindet sich in jedem Bus ein kleiner Altar, offenbar scheinen die Fahrer doch mehr ihrem Gott als der Technik zu vertrauen.

„Und die Fahrpreise sind minimal", berichtet Renate weiter, „nur ein paar Cent. Aber du musst dein Ticket gut aufbewahren, weil ständig eine Fahrkartenkontrolle erfolgt. Ich glaube, die geben allein für die Kontrolleure mehr aus, als sie mit den Fahrpreisen einnehmen. Mir kommen die Menschen hier irgendwie merkwürdig vor: Sie sind alle höflich und sehr korrekt, aber man versteht den Sinn ihres Handelns oft nicht."

„Auf jeden Fall sind sie sehr religiös", weiß Marion zu

berichten, „angeblich gibt es genau so viele Kirchen und kleine Kapellen wie Einwohner."

„Sag mal, Marion, wieso sprechen die hier eigentlich alle perfekt Englisch?", fragt Jan.

„Okay, dann kommt jetzt etwas Geschichtsunterricht", sagt Marion. Hinni stöhnt zwar, aber Marion holt unbeirrt ihren Reiseführer hervor. „Also, 1798 hat Napoleon Malta erobert, aber den Maltesern gefiel das nicht."

„Kann ich verstehen", wirft Hinni ein.

„Sie baten die Briten um Hilfe und 1799 hat dann unser bekannter Seeheld und Admiral Horatio Nelson Malta erobert und die Franzosen rausgeworfen. 1814 wurde Malta dann Kronkolonie und damit Teil des Britischen Weltreiches."

„Ach, und seit der Zeit hat sich Englisch dann wohl als Umgangssprache und zweite Amtssprache gehalten, so wie das heute ja auch noch in Singapur und Hongkong der Fall ist", wirft Karl ein.

Aber Marion lässt sich nicht unterbrechen, jedenfalls nicht von Karl, so scheint es: „In der Folgezeit wollte dann jeder Malta haben, weil die Insel so hübsch strategisch zwischen Europa und Afrika liegt, besonders die Italiener haben im Zweiten Weltkrieg so einiges an Bomben hier abgeworfen und die Deutschen haben dabei gründlich geholfen. Erst 1969 wurde Malta dann unabhängig."

Renate versteht jetzt auch, warum die Malteser immer so hartnäckig die Preise in Pound und nicht in den offiziellen Malta Lire nennen, obwohl sie damit genau das gleiche meinen.

„Klar, die mögen die Engländer lieber, die haben denen schließlich mal geholfen, während die Italiener das Land nur zerbombt haben."

„Dann dürften die uns Deutsche ja auch nicht mögen", wirft Marion ein. Aber sie findet die Antwort selber: „Aber deutsche Touristen bringen ja genug Geld ins Land, da kann man uns schon ein bisschen lieb haben, oder?"

Hinni hat sich aber noch ganz andere Gedanken gemacht: „Sag mal Marion, Malta ist doch fast genau so groß wie Ostfriesland?"

„Stimmt!"

„Und hat auch ungefähr so viele Einwohner?"

„Stimmt auch!"

„Ja, und warum sind wir Ostfriesen dann nicht auch als eigener Staat in der EU? Wir haben eine eigene Sprache und viel mehr Inseln als Malta. Da muss sich doch mal jemand drum kümmern."

Renate lacht: „Ostfriesland, das Maß aller Dinge! Hinni, das wäre doch was für dich. Stell dir mal vor, wenn du dann im Fernsehen vorgestellt wirst. Schlagzeile: *Hinrich Boomgarden als Abgeordneter des neuen Beitrittslandes Ostfrieslands im Europaparlament.*"

Hinni erschrickt: „Nee, nee, bloß nicht. Aber dort Aufräumen würde ich schon mal ganz gerne!"

Am nächsten Morgen verlassen sie dann den Msida Creek. Sie möchten alle in die berühmte Blue Lagoon, der kleinen Bucht auf der Insel Comino, zwischen Malta und der Nebeninsel Gozo. Sie fahren zunächst langsam im Hafen an dem alten Fort vorbei, halten sich dann Backbords und fahren an der Ostküste Maltas entlang, passieren die Saint Georges Bay mit den vielen Luxushotels und den eher bescheidenen Badestränden

und schließlich zeigt Karl auf einige Klippen an der Backbordseite, gleich hinter der St. Pauls Bay: „Das da müssen die Felsen sein, an denen Paulus gestrandet sein soll."

Jan horcht auf, „stranden" klingt nach Abenteuer, da will er
nichts versäumen: „Was für ein Paulus und wann war denn
das?"

„Na ja", sagt Karl, „der Apostel Paulus aus dem Kindergottesdienst, hab' ich doch schon erzählt. Eigentlich wollten sie
nach Rom, wurden dann aber vom Wind abgetrieben, schließlich haben sie hier geankert. Der Wind soll auf Nordwest
gedreht haben, der Anker hat nicht gehalten und sie sind an
dem Felsen dort gestrandet. Das war übriges genau im Jahre
sechzig!"

Hinni wundert sich: „Woher weißt du das bloß alles?"

„Tja Hinni, du solltest mal öfter wieder in der Bibel lesen!"

Karl holt die Seekarte an Deck und vergleicht Kurse und
Position: „Also, das kann schon sein. Wenn die in der Mellieha
Bay, also in der großen Bucht Backbord voraus geankert haben
... Ankergrund ist Sand mit Steinen, das geht ...", er murmelt
vor sich hin, „Nordwestwind ..., ja das kommt genau hin."

Er schaut auf, als hätte er soeben Troja neu entdeckt: „So
war das wohl. Wow, das hat mich seit dem Kindergottesdienst
beschäftigt und jetzt endlich ist mir klar, wie das passiert ist.
Kann doch eigentlich nicht sein, dass du bei Nordwestwind
strandest, wenn du an der Ostküste einer Insel ankerst." Er
macht noch einen Haufen Fotos zur Erinnerung und besseren
Dokumentation.

„Karl, du solltest Bibelforscher werden", spottet Marion,
aber Hinni nimmt ihn Schutz: „Karl, das ist ein ganz Kluger. So
was ist doch wichtig. Du solltest das Pastor Siebels erzählen,

dann kann der das ja noch in der Bibel dazuschreiben. Damit die Jungs, die jetzt im Kindergottesdienst sind, sich das gleich besser vorstellen können!"

„Ach Hinni, glaubst du wirklich, heute geht noch ein Kind in den Kindergottesdienst? Sonntagvormittag müssen die doch alle Käpt'n Blaubär und den Tigerentenclub im Fernsehen gucken!", berichtet Renate aus dem reichen Schatz ihrer Erfahrungen.

Bald sind sie am Nordöstlichen Ende der Insel Malta angekommen und biegen in die Durchfahrt zwischen Malta und Comino ein. Hier in der Düse zwischen den Inseln frischt der Wind plötzlich auf und Hinni will schon die Segel setzen.

„Nee, lass mal", Renate winkt ab, „ist ja nur noch gut eine Meile und da vorne düsen die Fähren hin und her."

Hinni schaut sich die Fähren interessiert an: „Die sind ja witzig. Die haben ja überhaupt kein Heck, sondern achtern wieder einen Bug mit Steuerstand und allem drum und dran. Auch die Positionslampen sind doppelt. Die können wohl in zwei Richtungen fahren.

Karl informiert sich im Handbuch: „Stimmt, das sind die Fähren zwischen Mgarr auf Gozo und Malta. Die Strecke ist so kurz und die Häfen wohl so eng, dass sich Umdrehen nicht lohnt. Eigentlich genial!"

Eine Viertelstunde später sind sie schon an der westlichen Seite von Comino und drehen nach Steuerbord ab, an der Insel vorbei. Renate hat das Ruder übernommen und fährt ganz dicht an die Insel heran, um die tiefen Grotten, die sich hier in den Fels gewaschen haben, zu betrachten. Bis auf zehn Meter fahren sie an die Steilwand heran und das Wasser ist immer noch über hundert Meter tief.

Ein paar Untiefen und Unterwasserfelsen gibt es aber doch und Renate sucht ihren Weg, immer abwechselnd das Lot und die ohne Rücksicht vorbeifahrenden Fähren im Auge. Endlich biegt sie in die Blue Lagoon ein.

Es ist inzwischen später Nachmittag, eine Yacht liegt noch dort in der Bucht vor Anker und ein Ausflugsboot, das gerade seine Passagiere einsammelt und dann mit lautem Horn die Bucht verlässt. Ein Teil der Bucht ist abgesperrt, eine Badezone offenbar, aber ohnehin zu flach, um mit dem Schiff dort hinein zu fahren. Das Wasser schimmert grün, der Grund ist auf sechs Metern Tiefe noch genau zu erkennen und so lässt Marion den Anker genau in ein Sandfeld fallen.

„Super", freut sich Renate, „besser geht es gar nicht!" Sie gibt ganz wenig Rückwärtsgas, wartet bis die Ankerkette straff kommt und zieht dann mit etwas mehr Gas den Anker in den Sandgrund.

Der anderen Yacht wird ein kurzer Gruß hinübergewinkt, dann wird der Motor ausgemacht und – es ist Ruhe! Kaum ein Laut in der Bucht, außer dem Geräusch des davonfahrenden Ausflugbootes. Ein paar Grillen zirpen an Land und ein paar kleine Wellen gluckern am Schiff.

„Los, ins Wasser", ruft Marion, alle ihre Klamotten ins Cockpit werfend. Aber Renate hält sie zurück: „Du, die haben es hier nicht so mit dem Nacktbaden. Da drüben ist sogar ein Schild, demnach ist ‚oben ohne' für Damen auch verboten."

Marion zieht sich einen Bikini an. „Na gut, ist ja deren Problem, wenn die was versäumen."

Bald schwimmen sie alle mit Schnorchel, Schwimmbrille und Flossen im Wasser, hinüber zur Badezone. Der Grund besteht aus feinem Sand in Stehhöhe, auf der linken Seite gibt es einen kleinen Strand und rechts befinden sich zerklüftete Felsen mit etlichen Grotten darin. Offenbar die Landzunge, welche die Bucht von dem Meer trennt. Viele bunte Fische schwimmen um sie herum, kleine und große und Hinni hätte am liebsten einen Kescher oder noch besser eine Harpune geholt, um das Abendessen zu bereichern. Aber Renate winkt ab: „Fischen ist auch verboten!"

Sie folgen den Fischen in die Grotten hinein, ganz tief bis zum Ende versuchen sie vorzudringen, aber in einer der tiefsten Grotten gibt Jan auf: „Das ist mir zu gruselig da drinnen. Man sieht ja gar nichts mehr und alles fühlt sich so glibberig an. Was ist hier überhaupt mit Quallen, Moränen, Piranhas, Kraken, Haien und Walfischen?"

„Komm Jan", versucht ihm Marion Mut zu machen, „spiel doch mal ein bisschen Höhlentaucher. Was meinst du, wie neidisch die im Finanzamt werden. Los komm!" Sie nimmt ihn an der Hand und zieht ihn hinter sich her.

„Los weiter, da drüben ist ein Ausgang!" Tatsächlich, voraus schimmert grünes Licht durch das Wasser und nach ein paar Metern macht die Grotte einen Knick, rechts wird ein Ausgang sichtbar und dahinter befindet sich das offene Meer. Vor gut einer Stunde sind sie noch an dieser Grotte mit dem Schiff vorbeigefahren.

„Wow, das ist ja geil!" Hier an der Meeresseite stehen natürlich Schwell und Wellen in die Höhle hinein und sie müssen mächtig aufpassen, nicht an die raue Felswand geworfen zu werden. Das Wasser gluckert und gurgelt und wirft weiße Gischt an die Felswände, aber das Gefühl, von der Bucht aus durch eine Grotte in das offene Meer schwimmen zu können, ist unbeschreiblich.

„Los zurück, Zeit fürs Abendbrot!" Renate hat genug gesehen. „Ich habe Hunger."

Nach dem Abendbrot beim Sundowner, Hinni hat an diesem Wort inzwischen Gefallen gefunden und er ist stets der erste, der danach verlangt, genießen sie den Sonnenuntergang über den Felsen und sehen einem der Feuerwerke über der gegenüberliegenden Stadt Mgarr zu, die offenbar allabendlich auf Malta und Gozo veranstaltet werden.

Plötzlich kommt ein großes Schiff heran. *Captain Morgan* steht in großen Lettern auf der Segeltuchbekleidung an der gewaltigen Gangway am Heck. Drei Masten mit Rahen an denen ein paar Stofffetzen hängen, der gedrungene Rumpf und die Aufbauten aus Holz sollen ein historisches Segelschiff vortäuschen. An der Reling hüpfen eine Menge junger Leute herum.

„Eine schwimmende Disco", findet Jan, „die wollen doch wohl nicht hier in die Bucht?" Je näher das Schiff kommt, desto lauter wird die Musik und schließlich biegt es zielstrebig in die Blue Lagoon ein. Noch während des Fahrens wird eine Boje aufgenommen, dann schwenkt das Schiff mit dem Bug zum Felsen, auch dort liegt eine Leine bereit, die mit einem Bootshaken aufgenommen wird, dann liegt das Schiff fest.

Noch während des Anlegemanövers springen die ersten Leute über Bord ins Wasser, die Musik wurde für keine Sekunde unterbrochen und wer noch nicht im Wasser ist, tanzt an Deck weiter.

„Denen wurde wahrscheinlich ein romantischer Abend in einer bezaubernden Bucht versprochen", vermutet Renate.

Die Musik dröhnt weiter, im Wasser und auf dem Schiff

wird gejuchzt und geschrieen, immer mutiger werden die Sprünge, die einige Helden vom Deck des Schiffes ins Wasser machen und die auch fleißig von den Mädchen beklatscht werden. Dann ertönt eine Klingel und eine Lautsprecherdurchsage verkündet, dass das Dinner angerichtet sei.

„Jetzt gibt es Ruhe", hofft Jan, aber sein Wunsch wird nicht erfüllt. Mit dem Dinner wurde wohl auch die Bar eröffnet, das Geschrei und das Gekreische wird immer lauter und schließlich scheint ein Discjockey die Musikanlage in Besitz zu nehmen. Grelle Lichter blitzen auf, die Lautstärke wird noch um einige Dezibel heraufgedreht und dann geht es erst richtig los: Alle aktuellen Hits werden abgespielt, es wird an Bord getanzt, getobt und ins Wasser gesprungen, kein Mädchen an Bord, das auch nur einen Stofffetzen mehr als einen Stringbikini anhat.

Jan verlangt das Fernglas. „Spielst du jetzt die Sittenpolizei und kontrollierst du, ob die auch wirklich alle was anhaben? Ich meine, wo doch Nacktbaden hier verboten ist", fragt Marion.

„Nee, aber da kannst du mal sehen, was aus unseren guten alten Riverboatshuffles geworden ist. Das waren noch Zeiten, nachts von Emden nach Borkum und zurück und alles mit gesitteter Jazzmusik. Nicht so ein Krach wie das hier. Und man konnte auf dem Vorschiff auch mal in Ruhe eine Runde knutschen." Jan träumt von alten Zeiten.

„Ach, erzähl mal Jan, mit wem hast du denn geknutscht. Darf das Birgit wissen?", will Marion natürlich wissen.

Jan winkt etwas verlegen ab: „Na ja, nicht so direkt. Aber man hätte es immerhin gekonnt! Bei diesem Lärm hier kommt man ja zu nichts, da kann doch keine Romantik aufkommen."

Und dann verliert er sich schnell in Ideen, wie man das

Schiff dort abschießen, versenken oder sonst wie in Luft auflösen und die Menschen dort nach Hause beamen könne.

Schließlich kommt er auf die Idee, real über die Bordtoilette einen Torpedo abzuschießen, um denen zumindest für einen Moment das Schwimmen zu verleiden, aber auch das verfehlt die Wirkung – aber zumindest die Fische freuen sich und schwimmen aufgeregt um das Schiff herum.

Kurz vor Mitternacht kommt dann die große Erlösung: Eine Sirene ertönt! Alle Menschen, die noch oder schon wieder im Wasser sind, werden auf das Schiff zurück beordert, manchen muss dabei geholfen werden, und dann legt das Schiff ab, es entfernt sich aus der Bucht und langsam wird die Musik leiser und leiser, bis sie schließlich nicht mehr zu hören ist.

„Jetzt noch in Ruhe einen Absacker", fordert Hinni, „und dann nichts wie in die Koje!"

Am nächsten Morgen trauten sie ihren Augen kaum: Reges Treiben herrscht plötzlich auf dem laut Reiseführer unbewohnten Inselchen. Da rollen plötzlich Eiswagen und Hamburger-Buden in Richtung Strand. Kleine Transporter kommen mit Liegestühlen und Sonnenschirmen und eine Menge Personal knattert auf Vespas heran, um die Fracht zu entladen und aufzustellen. Logistische Vorbereitungen für eine Schlacht, vermutet Karl.

Und dann kommt sie auch schon heran, eine Armada bestehend aus Ausflugsbooten. Alle sind vollgestopft mit Gästen, um deren Geld hier gekämpft werden soll. Wie bunte Ameisen sehen sie aus, die Passagiere, die geschäftig und aufgeregt auf dem Deck hin und her rennen.

Die Schiffe legen an und die Ameisen wuseln plötzlich alle

von Bord, artig in Reih und Glied und rennen eine Anhöhe hinauf und dann zum Strand herunter, immer in Richtung der ausgelegten Köder. Erst alle in Richtung Eiswagen und dann zum Strand zu den Liegestühlen.

Nur wenn ein langer Ton laut hörbar von einem der Schiffe über die Lagune klinkt, scheint sich der Köder umzudrehen und alle Ameisen rennen in die Richtung ihres Schiffes, blaue Bons in der Hand, die offensichtlich zu einem Lunch auf der Rückfahrt berechtigen.

Beim Ablegen hängen all die Menschen an der Reling und betrachten die *Makan Angin*, die es als einzige Yacht noch in der Bucht ausgehalten hat. Neugierig wird das Schiff betrachtet, kommentiert und fotografiert und besonders Marion und Renate, die sich auf dem Vordeck sonnen, sind Gegenstand neugieriger Aufmerksamkeit, besonders der Männer. Wie im Zoo, ein Wunder, dass sie nicht gefüttert werden. Einige anerkennende Pfiffe ertönen, offenbar gefällt den Männern, was sie sehen.

Marion springt auf: „Das bin ich jetzt aber leid!" Sie verschwindet unter Deck und kommt nach kurzer Zeit mit einem großen Papier zurück, das sie mit Klebeband an der Reling am Vorschiff befestigt. Verwundert lesen sie:

Säugetiere, Gattung Homo marinus, weiblich
Verbreitung: leben im Sommer auf Segelschiffen!
Nahrung: Rotwein und Spaghetti.
Sind sehr scheu und dürfen nicht fotografiert werden.
Geldspenden bitte ins Cockpit werfen.

Leider bleibt der beabsichtigte Erfolg aus, das Interesse wird sogar noch größer. Die deutschsprachigen Touristen fragen sich verwundert, was das soll und die fremdsprachigen wollen wissen, was dort steht. Geldspenden fließen auch keine und nach einer Weile, in der er wie ein Zoowärter begafft wird, ist es Hinni leid: Er reißt wütend das Schild von der Reling, zerknüllt es und wirft es in das Wasser.

„So'n Scheiß! Ich schwimm lieber mal an Land und hole mir ein Eis! Kommt jemand mit?"

„Ein Eis willst du?", fragt Karl, „kein Problem, besorg ich dir natürlich. Kommt frei Deck!"

„Wie das?", will Hinni noch fragen, aber Karl sitzt schon am Funkgerät. Er hat den Kanal 11 eingestellt: „This is *Makan Angin*, *Makan Angin*. We are just behind you. Over!"

Anstelle einer Antwort kommt plötzlich ein kleines Motorboot auf sie zu geflitzt: Eine große Tafel mit einer Eiscremereklame und dem Hinweis „VHF CH 11" befindet sich mittschiffs, darunter eine Kühltruhe und am Heck ein 70 PS Außenborder. Ob der in erster Linie für den Betrieb der Kühlbox oder für den Antrieb des Bötchens ausgelegt ist, wird nicht klar.

Das Boot kommt längsseits: „You wana Icecream?"

„Yes!"

Daraufhin wird eine Liste mit den verfügbaren Sorten und den Preisen aufs Deck gereicht. „Gerade billig ist das aber nicht", moniert Jan.

„Egal, dafür brauchst du nicht zu schwimmen. Willst du nun oder nicht?", fragt Karl.

Alle wollen natürlich ein Eis und als Hinni sogar seine Lieblingssorte Magnum Bianco findet, ist für ihn die Welt wieder in Ordnung.

Inzwischen ist die Bucht nicht nur von Ausflugsschiffen bevölkert, sondern auch von vielen anderen Motor- und Segelyachten, die hier einen Tagesankerplatz suchen. Immer voller wird die Bucht und die Schiffe kreisen herum, auf der Suche nach einer der wenigen Ankermöglichkeiten.

„Kommt, lasst uns Anker auf gehen, das ist hier kein Vergnügen mehr", beschließt Renate. „Wir können ja etwas um Gozo herum segeln und heute Abend gehen wir in den Hafen nach Mgarr. Noch eine Disconacht brauche ich nicht."

Der Anker ist bald gelichtet, die Segel werden mangels Wind nicht gebraucht und so fahren sie unter Motor an der Westküste von Gozo entlang. Hohe, steile Felsen erheben sich an ihrer Steuerbordseite, von Wind und Wellen und dem ewigen Schwall hier an der Westseite zerfressen, riesige Grotten haben sich gebildet, in die die Wellen mit lautem Schwall hineinschlagen.

Plötzlich stehen sie vor einer engen Durchfahrt, rechts und links hohe Felsen, dahinter eine kleine Bucht. „Soll ich da mal reinfahren?", fragt Karl.

„Klar, wenn es dort tief genug ist. Schau'n mer mal", antwortet ihm Renate.

Die Wassertiefe vor der Einfahrt beträgt noch über hundert Meter, dann verändert sie sich rasend schnell: Fünfzig, dreißig, zehn – Karl nimmt das erschrocken das Gas weg – und dann liest er laut vor, als sie in der Mitte der Durchfahrt sind: „Acht Meter ... sechs ... fünf Komma fünf ... sieben, zehn, zwanzig."

Plötzlich sind sie in einer kleinen Bucht, die ringsum von hohen Felsen gebildet wird. Ein kleiner Pfad führt von den Felsen zu einer kleinen Plattform direkt über dem Wasser hinunter. Ein nacktes Mädchen liegt darauf, um sich zu sonnen, sie hat in dieser einsamen Bucht wohl nicht mit Besuchern gerechnet. Jan winkt ihr zu und das Mädchen setzt sich auf, ihre vollen Brüste werden sichtbar und sie winkt freundlich zurück.

Jan schluckt: „Können wir hier nicht ankern?", fragt er, „es ist doch eine schöne Bucht. So ruhig und einsam, keine Disco."

„Vergiss sie", antwortet ihm Karl, „dreißig Meter Tiefe und wer weiß, was für ein Grund das ist. Bestimmt Fels oder Stein. Aber ich kann ja mal ganz nahe heranfahren, dann kannst du ihr sagen was du zu sagen hast und ihr deine Telefonnummer geben."

„Nee, nee, lass mal, ich dachte ja wirklich nur an eine ruhige Bucht", wehrt Jan entschieden ab.

„Na, dann ist ja gut", stellt Renate fest, „Fahr wieder raus Karl und dann weiter. Ich möchte noch zur Ramla Bay, das ist genau auf der anderen Seite der Insel."

„Was soll denn da los sein", will Hinni wissen.

„Es gibt einen schönen großen Strand, angeblich dem schönsten von ganz Malta und oberhalb der Bucht befindet sich die Höhle, in der es Odysseus mit der Calypso getrieben haben soll. Sieben Jahre lang, jede Nacht, stell dir das mal vor", antwortet ihm Marion, sie hat sich im Reiseführer informiert

Hinni ist natürlich beeindruckt: „Muss eine tolle Frau gewesen sein. Du weißt doch, das die Potenz der Männer nur von der Frau abhängt." Dabei sieht er Renate vielsagend an.

Renate lacht leise in sich hinein, erfreut über das versteckte Kompliment.

Bald haben sie das nördliche Kap von Gozo erreicht, es geht an der Ostküste weiter in südlicher Richtung, ein paar kleine Fischerhäfen werden passiert und dann ankern sie in der Ramla Bay. Eine großzügige Bucht, feiner, rotbrauner Sand, kein anderes Schiff ist hier. Am Strand ein paar Buden, Sonnenschirme und Liegestühle – Badebetrieb.

Karl sucht mit dem Fernglas den Fels über ihnen ab. „Dort, das muss die Grotte sein. Meint ihr wirklich der hat da ...?"

„Klar", antwortet Marion, „und jeden Morgen wollte er heim zu seiner Penelope und seinem Sohn Telemachos, kletterte zum Strand hinunter, schaute über das Meer nach Ithaka – und dann überfiel ihn wieder die Sehnsucht nach seiner Calypso und er ist flugs wieder den Fels hinauf geklettert."

„Was sollte der denn auch sonst tun", stellt Jan fest, „ohne Boot, Seekarten, GPS und was man sonst noch so braucht, um Ithaka zu finden."

„Genau das war das Problem", meint Marion, „nach sieben Jahren war Calypso es dann endgültig leid und sie hat ihm ein Boot herbeigezaubert. Damit sie den Kerl dann loswurde. Ich meine, wer will schon sieben Jahre mit dem gleichen Kerl ...."

„Gut, dann wollen wir das romantische Lager der beiden doch mal aufsuchen. Schätze mal, wir brauchen ordentliche Schuhe... – Hey, wie sollen wir überhaupt an Land kommen", fällt Renate plötzlich ein. Das Schlauchboot befindet sich ja irgendwo auf Sizilien.

„Hmm", meint Hinni, „Schwimmen! Ich habe einen wasserdichten Seesack, da können wir alle Klamotten und ein Handtuch hineintun. Und vergiss die Bordkasse nicht, Jan."

Viel Schweißtropfen wurden vergossen und viele Kaktusfeigen und anderes stacheliges Gestrüpp werden verflucht, bevor sie an der Grotte ankommen. Ein kleines Häuschen steht davor, ein Mann drückt ihnen eine Kerze in die Hand und verlangt dafür zehn Maltesische Lira oder ersatzweise fünf Euro in bar pro Person und dann dürfen sie in die Höhle hinein.

Es geht eine schmale Treppe abwärts, dann durch niedrige Gänge und schließlich gibt es noch eine kleine Ausbuchtung mit einem harten, rauen Fels. Kein Tageslicht kommt hier herein, nur der Schein der Kerzen erhellt die Höhle ein wenig.

„Siehe an, Sado Maso gab es damals auch schon! Müssen wohl alle beide auf harten Sex gestanden sein", stellt Marion fest. „Ich weiß ja nicht, wie die es getrieben haben, aber einer von beiden muss ständig Rückenschmerzen gehabt haben."

„Ich hoffe, du weißt jetzt meine Schiffskojen zu würdigen." Den kleinen Seitenhieb kann sich Renate nicht verkneifen, aber Marion streckt ihr nur kurz die Zunge raus und droht mit dem Zeigefinger.

Schließlich wird noch die Aussicht von dort oben genossen und dann drängt Renate zum Rückmarsch. Der Abstieg ist natürlich nicht leichter, aber schließlich stehen sie alle wieder am Strand. Karl streckt den Arm aus und zeigt nach Nordosten: „Dort liegt Ithaka. Dreihundert Meilen entfernt. Eigentlich gar nicht so weit, wenn man weiß, wo man hin muss. Und etwas nördlich davon liegt Korfu."

Inzwischen ist es später Nachmittag. In die Bucht läuft trotz des Nordwestwindes ziemlicher Schwell hinein und Renate beschließt, hier nicht bleiben zu wollen.

„Ich schlage vor, wir fahren nach Mgarr, gleich um die Ecke an der südlichen Seite von Gozo. Damit hätten wir die Insel komplett umrundet. Dort können wir dann auch gleich morgen früh ausklarieren!"

Bis nach Mgarr sind es nur ein paar Meilen. Karl will das Schiff per Funk dort anmelden, aber niemand reagiert. Eine der Fähren verlässt gerade den Hafen und so dreht Hinni eine Runde, bevor er in den Hafen hineinsteuert.

Von einem der Stege wird ihnen heftig zugewinkt. „Ich glaube, das ist der Hafenmeister. Du sollst dort anlegen", vermutet Marion.

Hinni fährt näher, der Hafenmeister hat schon eine Mooringleine in der Hand und so dreht Hinni das Schiff, um mit dem Heck voran an den Steg fahren zu können.

„Welcome in Mgarr!", begrüßt sie der Hafenmeister und hilft beim Anlegen. Dann zeigt ihnen den Wasser- und Stromanschluss auf dem Steg, informiert über die Duschanlage und bittet dann the Master of the Ship das Büro zwecks Bezahlung der Übernachtungsgebühren aufzusuchen.

„Fertigmachen zum Landgang", fordert Renate sie auf, als sie von dem Marinabüro zurückkommt. „Dies ist unser letzter Abend an Land, bevor wir in Korfu landen. Also, macht euch hübsch, wir müssen das doch feiern! Restaurants gibt es jede Menge hier."

Die Männer haben sich saubere, lange Hosen angezogen und tragen dazu ihre neuen Hemden. „Schick seht ihr aus", findet Renate.

Sie selber trägt ein Kleid aus einem weichfließenden, dünnen Stoff in einem leuchtenden Goldton. Vorne und hinten ist es ganz tief ausgeschnitten, bis zur Taille und dort setzt es sich mit einem weitschwingenden langen Rock fort. Ihre Brüste lassen sich durch den dünnen Stoff erkennen und die Farbe des Kleides lässt ihre braune Haut wunderschön leuchten. Hinni ist ganz hingerissen. „Renate, meine Königin", bringt er nur heraus und nimmt sie in den Arm.

Marion hat ein türkisfarbenes, mit goldenen Fäden durchwirktes, rückenfreies Kleid aus einem sehr dünnen Stoff an, der sich eng um ihren Körper schmiegt. Im Gegenlicht kann man ihre perfekte Figur erahnen, ihre Brüste und der Po werden deutlich modelliert, offensichtlich trägt sie nichts darunter. Jan pfeift ihr bewundernd zu und auch Hinni kann sich nicht enthalten ihre Figur ausführlich anzusehen: „Sehr sexy Marion. Sag mal, willst du auf eine Party?"

„Oh, wer weiß was kommt. Man muss ja allzeit bereit sein."

Auch Renate ist hingerissen von Marions Outfit: „Wirklich attraktiv, ich wollte ich hätte deine Figur. Aber ist das nicht ein wenig übertrieben? Ich sehe weit und breit keine Disco."

Marion flüstert ihr ins Ohr: „Eigentlich wollte ich nur Karl etwas locken und eine Freude machen. Aber der Stoffel sieht das ja nicht einmal. Also sollen die Kerle in Mgarr doch was zum Gucken haben!"

In den Ort hinein ist es nicht weit, schon nach wenigen hundert Metern am Ende der Marina und des kleinen Fischerhafens finden sie die ersten Restaurants. Alle haben sie eine Speisekarte ausgehängt, auf der neben Fisch als Maltesische Spezialität Rabbit – Kaninchen, angeboten wird.

Gleich beim ersten Lokal bleibt Renate stehen: „Hier sieht es gut aus, finde ich. Die Speisekarte ist eh überall gleich und hier haben wir einen schönen Blick auf den Hafen. Außerdem gibt es Tischtücher und nicht die ewigen Papierdecken."

Alle sind einverstanden, ein paar Stühle werden gerückt und dann nimmt der Kellner die Bestellung auf. Salate als Vorspeise werden geordert und alle entscheiden sich für die Kaninchen, auf Maltesische Art zubereitet. Als Aperitif bestellen sich Marion und Renate einen gekühlten Weißwein, die Männer ein Bier, Löwenbräu vom Fass. Das gibt es hier und sie haben es lange vermisst.

Während sie auf das Essen warten, muss Jan natürlich von

seinen Kaninchen erzählen, die er als Kind gehabt hat und die man ihm immer brutal vor der Nase weggeschlachtet hat. Er habe nie davon essen können und dies sei das erste Mal, dass er es wieder versucht.

„In unserer netten Gesellschaft wird es dir schon schmecken", beruhigt ihn Renate. „Es ist zwar nicht besonders zartfühlend, wenn Eltern so etwas machen. Aber schließlich sind Tiere nun mal zum Essen da. Das hat der liebe Gott eben mal so eingerichtet!"

Hinni schaut immer wieder an Marion vorbei auf einen der Tische hinter ihr und wird ganz unruhig. „Was hast du nur Hinni, gefalle ich dir nicht? Du guckst immer so vorbei!"

„Dreh dich mal vorsichtig um, die Typen kennen wir doch!", sagt Hinni.

Karl hat den Tisch direkt in seinem Blickfeld und auch er überlegt, wird aber bald von dem Kellner gestört, der die Speisen auf den Tisch bringt und verteilt. Marion nutzt die Störung um sich unauffällig umzudrehen.

„Klar, das sind doch die Typen aus Bingum, die den Mastkoker herausgerissen haben. Der eine trägt ja immer noch die Rolex Marine Uhr!"

Renate wird neugierig: „Erzählt, was ist damit?" Und Marion erzählt die Geschichte von der kleinen Yacht in Bingum, von den Männern, die offensichtlich viel Geld, aber keine Ahnung vom Segeln hatten und beim Versuch, den Mast zu stellen, den Mastschuh herausrissen und wie Hinni dann das Schiff wieder repariert und fahrtüchtig gemacht hat.

„Ja, und wie du dann in der Kneipe mit denen angebändelt hast", kann Karl sich nicht verkneifen zu erzählen.

„Na ja, als Frau muss man eben sehen, wo man bleibt. Arm

waren die ja nun gerade nicht. Aber die dachten, die konnten mich verscheißern, von wegen dumme Seglerbraut oder so. Als ich mich dann mit meinem Doktortitel vorgestellt habe, waren sie ganz beeindruckt. Und dann habe ich denen erst mal ihre Dummheit vorgeführt."

An dem Nebentisch ist man nun auch aufmerksam geworden, es wird immer herübergeschaut, auf Renate gedeutet, dann auf Marion, die allerdings mit dem Rücken zu ihnen sitzt und schließlich, als sie ihre Mahlzeit fast beendet haben, steht einer der Männer auf und kommt an ihren Tisch

„Entschuldigung, kennen wir uns nicht?", sagt er etwas schmierig und schaut tief in Renates Ausschnitt.

„Blöde Anmache", antwortet ihm Renate, „an so einen wie Sie würde ich mich bestimmt erinnern!"

Dann aber schaltet sich Marion ein: „Ach, der Herr Doktor Herrmann Koslowski, unser großer Segler vor dem Herrn! Darf ich vorstellen: Frau Renate Reichle, Schiffseignerin, und die drei Herren hier", sie zeigt auf Karl, Hinni und Jan, „kennen sie ja noch."

„Ja natürlich, das Fräulein Doktor Meeresbiologin und die Herren aus Ostfriesland, die unser Schiff repariert haben. So eine Überraschung. Freut mich sie wiederzusehen."

Er reicht erst Marion, dann Renate und anschließend Hinni, Karl und Jan die Hand. Bei Renate versucht er sich zu entschuldigen: „Zwei so attraktive Frauen an einem Tisch, tut mir leid, dass ich sie verwechselt habe. Sie sind mit ihrem Schiff hier?"

Aber bevor Renate antworten kann, winkt er seinen Freunden zu, die das Geschehen natürlich aufmerksam verfolgt haben. Sie kommen herüber und Herrmann Koslowski erklärt seinen Freunden: „Hier sind die Leute aus Bingum, habe ich doch gleich gesagt, dass die das sind!"

Dann stellt er Renate vor und macht seine Freunde bekannt: „Doktor Hartmann, Zahnarzt. Das ist Doktor Gessner, Volkswirtschaft und hier der Herr ist Doktor Steeger, Rechtsanwalt und Wirtschaftsberater und ich selber bin Wirtschaftsprüfer." Etwas enttäuscht, dass Renate von so viel Titeln kaum beeindruckt ist, wiederholt er seine vorige Frage: „Sie sind mit ihrem eignem Schiff hier?"

„Ja, zusammen mit meinen Freunden. Und Sie?" Renate gibt die Frage zurück.

„Wir haben ein Motorboot mit Crew gechartert und fahren nun um Malta herum", gibt er bereitwillig Auskunft. „Aber darf ich sie alle an unseren Tisch bitten? Wir haben einen ordentlichen Wein bestellt."

Marion ist überrascht von dem plötzlichen Interesse der vier Akademiker. In Bingum haben sie auf Hinni, Karl und Jan noch herabgesehen, gerade mal, dass Hinni deren Schiff reparieren durfte und jetzt werden sie sogar an deren Tisch geladen. Kleider machen Leute, stellt sie mal wieder fest, und mit einer Schiffseignerin befreundet zu sein offenbar auch.

Die Tische werden zusammen gerückt und Marion platzt gleich mit der Frage heraus: „Was ist denn aus eurem Törn damals geworden? Übrigens, wir haben uns schon mal geduzt!"

Herrmann greift sein Glas und prostet Renate zu: „Ich bin Herrmann! Ja mit dem Törn, das war nicht so das Gelbe vom Ei. Erst ging es ja mit dem Wetter, aber dann hatten wir immer nur Starkwind, die Seekarten stimmten nicht und wir haben uns im Wattenmeer laufend verfahren. Nach einer Woche haben wir aufgegeben, in Greetsiel das Schiff an Land geholt und sind zurück gefahren."

„Und warum seid ihr nun hier?", will Renate dann wissen.

„Das Schiff haben wir dem Händler zurückgegeben, der versucht es anderweitig zu verkaufen. Dafür chartern wir jetzt gelegentlich eine Motoryacht. Das ist viel bequemer, wir haben Zeit für unsere Gespräche ..."

„Ach ja, der Corporate Climbers Club", fällt ihm Marion ins Wort.

„Genau. Wir können uns in entspannter Atmosphäre erholen, für das Schiff ist ein Kapitän verantwortlich, es gibt eine Hostess und wir können auch mit unseren Büros kommunizieren: Fax, Internet, Satellitentelefon, alles an Bord!"

Renate ist an den Bordeinrichtungen sehr interessiert und dann fragt sie auch die anderen Herren nach ihren Tätigkeitsbereichen aus. Besonders mit den beiden Wirtschaftsprüfern kommt sie bald in ein Fachgespräch, während Marion mit dem Zahnarzt, der ihr ja schon in Bingum eigentlich ganz gut gefallen hatte, plaudert.

Hinni, Karl und Jan waren bisher sehr schweigsam und besonders Hinni und Karl schauen etwas missmutig, weil die beiden Frauen offensichtlich hofiert und mit lüsternen Blicken verschlungen werden. Hinni will aber nicht eingreifen, offensichtlich gefällt es ja beiden Frauen begehrt zu werden. Und so wie die beiden sich heute zurechtgemacht haben, sind sie ja wirklich eine Augenweide, findet er. Aber was genug ist, ist genug! Ostentativ gähnt er, hält sich die Hand vor den Mund und murmelt, dass er müde sei und sie morgen sehr früh aufstehen müssen, weil sie ja immerhin noch nach Korfu wollen. Und als auch Karl und Jan zum Aufbruch drängen, gibt sich Herrmann Koslowski scheinbar geschlagen: „Gut, auch wir sollten auf unser Schiff zurück. Aber wenn die Herren hier zu müde sind, dann möchten wir zumindest noch die beiden Damen zu einer kurzen Schiffsbesichtigung und vielleicht einem Abschiedsdrink einladen. Haben sie Lust?" Marion nimmt die Einladung sofort an, eine gute Gelegenheit, findet sie, endlich Karl seine schäbige Behandlung heimzuzahlen und wer weiß, was sich so ergibt: „Ja gerne, auf einen Drink!"

Renate zögert etwas, sie möchte Hinni nicht brüskieren, andererseits interessiert sie das Schiff und dessen Ausstattung und schließlich sollte sie vielleicht auch ein Auge auf Marion haben.

Ostentativ gibt sie Hinni einen Kuss, den Herrmann, wie von Renate erwartet, etwas missbilligend und enttäuscht registriert: „Geht schon mal auf das Schiff, ich komme gleich nach, versprochen!" Und dann zu Herrmann gewandt: „So, wo liegt denn euer Schiff?"

Für die größeren Motoryachten gibt es einen speziellen Steg in Mgarr, nur wenige Meter von dem Transitsteg für Segelyachten entfernt. Hinni ist beruhigt, dass er die Motoryacht vom Cockpit aus sehen und das Geschehen dort im Blick behalten kann, so hofft er.

„Lasst uns noch einen Absacker trinken", schlägt er vor. Und dann, um Karl und sich selber zu trösten: „Marion und Renate werden sicher auch gleich wieder zurück sein."

Die Motoryacht ist tatsächlich beindruckend. Marion und Renate werden von den vier Männern über eine bequeme Gangway auf das untere Achterdeck geführt, dann geht es eine kleine Treppe hinauf, auf das Aussichtsdeck. Eine Sitzbank gibt es hier, einige kleine Tische und Stühle, durch die geöffnete

Glastür zum Salon ist eine gut bestückte Bar zu erkennen und ein Fernseher läuft dort. Alles ist in ein dezentes Licht getaucht und strahlt Wohlstand und Reichtum aus.

Eine Hostess im weißen Minirock und einem blauen Topp, deutlich als Borddienstkleidung erkennbar, kommt aus dem Salon. Offensichtlich hat sie dort gerade ferngesehen. Sie begrüßt die Gäste auf Englisch und fragt dann nach den Wünschen.

„Champagner", fällt Renate spontan ein, aber ohne eine Mine zu verziehen kommt das Mädchen mit einer offenbar gut gekühlten Flasche Dom Pérignon in einem Eiskübel und sechs Gläsern aus dem Salon zurück und schenkt ein. Sofort bilden sich Tröpfchen von dem Kondenswasser auf der Außenseite der Gläser.

„Brauchen sie mich dann noch", fragt sie Herrmann, der auch hier offensichtlich als der Chef gilt.

„Bleib' bitte noch einen Moment, die Damen hier möchten noch das Schiff sehen!"

Dann steht er auf, bietet Renate den Arm und führt sie durch das Schiff. Den Salon hat sie nun schon gesehen, darüber ist das geschlossene Steuerhaus mit den Kartentischen, allen Navigationseinrichtungen die nur denkbar sind, zwei Radarschirmen und diversen Kommunikationsmitteln.

Von dem Steuerhaus führt eine Treppe zur offenen Flybridge hinauf, von der aus das Schiff bei gutem Wetter navigiert und gesteuert wird.

Dann geht es hinunter: „Dort im vorderen Bereich sind die Unterkünfte der Crew und die Pantry, wir haben hier unsere Kabinen mit Doppelkojen, alle natürlich mit Klimaanlage und Dusche und dort ist eine Art Büro. Möchten sie sehen?"

Renate ist nicht klar, ob er das Büro oder seine Koje zeigen will: „Das Büro würde mich schon interessieren!"

Herrmann schiebt eine Tür auf und ein Großraumbüro im Kleinformat wird sichtbar: Einige fest eingebaute Schreibtische stehen dort, alle mit einem Computer und Bildschirmen ausgestattet, ein Drucker und ein Faxgerät stehen auf einem separaten Tisch und dann gibt es noch einen Fernseher, über dessen Bildschirm unentwegt Börsenkurse flimmern. Zwei, drei Menschen können hier bequem gleichzeitig arbeiten.

Herrmann zeigt auf den Fernseher: „Bloomberg, vierundzwanzig Stunden Börsenkurse von allen bedeutenden Börsen auf der Welt. Wir haben an allen Computern Internetanschluss und natürlich können wir in den Kabinen auch unsere eigenen Notebooks anschließen. Dafür gibt es ein eigenes WLAN-Netz an Bord.

Renate ist zwar beeindruckt, denkt sich aber: Solche Kasperle-Wichtig-Typen! Wie fast überall in den oberen Etagen. Viel Getue, aber die eigentliche Arbeit müssen dann andere machen. Kurz überlegt sie dennoch, ihr eigenes Notebook zu holen um alle ihre Mails der letzten Woche herunterzuladen, aber dann verwirft sie den Gedanken sofort. Bloß keine Situation schaffen, in der sie dankbar sein müsste.

„Toll", sagt sie, „wirklich beeindruckend! Aber seht ihr auch etwas von der See, von Land und Leuten? Wenn ich so ein Büro auf meinem Schiff hätte, ich würde vermutlich aus der Arbeit gar nicht mehr herauskommen."

Herrmann lächelt süffisant: „Arbeiten und genießen, das ist doch heute angesagt." Er rückt näher und will Renate in den Arm nehmen. „Man kann doch durchaus bei der Arbeit seine Freude haben, was meinst du?"

Renate entzieht sich ihm: „Schon, sicher, aber alles zu seiner Zeit. Können wir zurück in den Salon?"

Der Salon hat die Ausmaße einer kleinen Hotellounge und ist auch ähnlich eingerichtet: Sitzgruppen mit kleinen Sofas und Sesseln, der Boden ist mit einem weichen Teppich belegt, an den Wänden befinden sich Sideboards mit üppigen Blumengebinden darauf und einige Regale mit Büchern. Die perfekt ausgestattete Bar mit einigen Barhockern davor hat sie ja schon gesehen, hinter der Bar hockt gelangweilt die Hostess und schaut sich das Fernsehprogramm an.

Auf dem Achterdeck sitzen Marion und Walter auf der Sitzbank, Walter hat den Arm um sie gelegt und Marion macht nicht den Eindruck, als ob ihr das lästig sei. Ob ihre Besichtigungstour schon beendet ist oder noch gar nicht begonnen, ist nicht klar.

Renate verabschiedet sich von Herrmann: „Danke für den Champagner und die Besichtigung. Aber ich muss zurück. Wir haben morgen einen langen Törn über See und ich muss noch dringend einige Telefonate führen. Und das iPhone funktioniert auf hoher See ja bekanntlich nicht. Kommst du mit, Marion?"

Marion zögert und Walter ergreift seine Chance: „Einen Moment kannst du doch noch bleiben. Wäre doch schade, wenn der Champagner verkommt!"

„Nein, geh du schon mal vor, ich trinke noch mein Glas leer. Dann komme ich auch." Und mit einem kurzen Blick auf Walter ergänzt sie: „Aber wartet nicht auf mich, ich komme dann schon."

Renate hebt den Finger, für die Männer unsichtbar. Pass auf, soll das heißen. „Gut, aber denk dran, um acht laufen wir aus!"

Am nächsten Morgen früh um sechs Uhr werden alle wach, als jemand unbeholfen an Bord stolpert, sich ins Cockpit schmeißt und zu heulen anfängt. Hinni und Karl kommen aus ihren Kojen heraus, aber Renate ist schneller: „Lasst mal, ich kümmere mich schon darum! Macht ihr mal das Frühstück fertig!"

Auf der Cockpitbank liegt Marion zusammengekauert, ihr Haar ist zerwühlt, überall im Gesicht und auf der Brust befinden sich Spuren von ihrem Lippenstift, das Kleid ist zerrissen und sie hat ihren Körper mit einem Handtuch notdürftig umhüllt.

Renate berührt sie an der Schulter: „Was ist Marion? Wo kommst du um diese Zeit her, was ist passiert?"

Marion schüttelt nur mit dem Kopf und heult weiter. Renate versucht sie sanft zu rütteln um ihre Aufmerksamkeit zu bekommen: „Tut dir etwas weh? Haben die dir was getan? Kann ich dir helfen?" Ihr ist klar, dass der gestrige Abend für Marion kein gutes Ende genommen hat.

Marion schüttelt wieder den Kopf, diesmal etwas heftiger. Renate streichelt sie und versucht sie zu beruhigen: „Sschsscht, sschsscht...ist ja gut, ist alles vorbei, ich bin es, Renate."

Sie legt ihren Arm um Marions Schulter und versucht sie aufzurichten. Marion lässt das willenlos mit sich geschehen, das Handtuch rutscht dabei herunter und entblößt ihren Oberkörper. Das Kleid hängt nur noch in Fetzen an der Taille. Zum Glück ist keine Verletzung sichtbar, stellt Renate mit einem kurzen Blick fest.

„Ich brauche mal eine Flasche Wasser", ruft sie in den Salon hinunter, „das ist bloß Marion, ihr geht es nicht gut!"

Neugierige Fragen werden aus dem Salon gestellt, aber Renate winkt ab: „Später, gebt nur erst mal das Wasser!"

Sie lässt Marion aus der Flasche trinken, was nach einigen Bemühungen auch gelingt. „So, jetzt erzähl, Marion. Haben die dir was getan? Sollen wir die Polizei rufen?"

Marion schüttelt wieder den Kopf: „Ja, nein, doch! Lass mich wieder liegen, mir dreht sich alles im Kopf!"

Renate legt ihr eines der Cockpitkissen unter den Kopf und langsam hört Marion auf zu weinen: „Diese Scheißkerle, die geilen Böcke. Alle wollten sie mich nur vögeln!"

Dann überkommt sie wieder Heulkrampf und sie kauert sich zusammen, hält die Arme über den Kopf, als ob niemand sie erkennen dürfe.

Renate hört nicht auf sie zu streicheln: „Komm erzähl, so schlimm wird es nicht sein. Ein paar Orgien habe ich doch auch schon hinter mir, da stirbt man nicht gleich dran. Das sind die Kerle ja auch gar nicht wert!"

Langsam beruhigt sich Marion und stockend versucht sie zu erzählen: „Also der Walter, war ja erst ganz nett. Wir haben noch getrunken, erst den Champagner, dann noch einen Gin Tonic, ein paar CDs wurden aufgelegt und wir haben getanzt. Die anderen Kerle haben dann die Hostess ebenfalls zum Tanzen aufgefordert und die hat das auch gerne gemacht, schätze ich. Dann hat Walter sich immer enger an mich gedrückt, wollte meinen Körper spüren und ich habe natürlich auch ihn gespürt. Das hat mich plötzlich unheimlich scharf gemacht und als er das merkte, wollte er natürlich sofort mit mir in seine Kabine."

„Ja und? Bist du mitgegangen?"

„Ja, ich wollte ja. Er war doch eigentlich zuerst ganz nett, ich dachte so ein bisschen Sex und dann sagen wir tschüss! Keine Beziehungskiste, keine Ansprüche."

„Und dann?"

„Dann waren wir in seiner Kabine, er hat mich geküsst, mein Kleid ausgezogen und plötzlich lagen wir beide nackt auf der Koje. Und Walter war ja auch wirklich gut, ehrlich, ich habe es genossen!"

„Wo liegt denn das Problem?", fragt Renate.

Danach habe ich mich wieder angezogen, er auch und wir sind wieder in den Salon zurück. Dort waren die anderen Typen mit der Hostess zugange, jedenfalls war die fast nackig und alle haben an ihr rumgemacht. Aber ihr gefiel das offensichtlich, jedenfalls hat sie sich nicht gewehrt. Wird sicher gut bezahlt dafür."

„Aber dann hättest du doch einfach nur zu gehen brauchen!"

„Wollte ich ja! Aber dann hat mir einer noch ein Glas irgendwas in die Hand gedrückt und mich zu einem ‚one for the road' aufgefordert. Ging ja alles ganz manierlich zu, wenn die Hostess Spaß mit allen Männern gleichzeitig will, ist das ja ihre Sache. Also warum nicht.

„Du hast also noch einen getrunken?"

„Ja, und das war es dann. Ich weiß nicht mehr, was danach passiert ist. Jedenfalls lag ich heute Morgen bei denen auf dem Achterdeck, das Kleid ist hin und mir tut alles weh."

„Die haben dir Knock-out Tropfen gegeben!", stellt Renate fest.

„Ja sicher. Und dann haben die mich vermutlich benutzt und ich habe es nicht einmal gemerkt." Sie heult wieder und Renate nimmt sie wieder fest in den Arm.

„Ich fühle mich ja so Scheiße. Blöde Kerle. Das ich auf die reingefallen bin. Renate, was soll ich Karl bloß sagen? Ich habe ja nichts gegen Sex, aber ich will entscheiden, wann und mit wem! Was sind das bloß für Schweine!"

Renate beruhigt sie: „Leg dich erst mal in die Koje und schlaf dich aus. Mit Karl rede ich, ich erkläre ihm das schon. Und wenn ihm wirklich etwas an dir liegt, dann wird er das verstehen. Ich möchte euch doch beide bei unserem nächsten Törn wieder an Bord haben, weil", sie grinst, „ich ja die Regatta gewinne! Und wenn er es nicht versteht – ach Mädle, die Welt ist groß. Und es gibt auch noch 'ne ganze Menge anständiger Kerle!"

Renate legt Marion wieder das Handtuch um und bringt sie unter den neugierigen Blicken der Männer in ihre Koje.

„Steifbesoffen, was?", fragt Jan anzüglich, aber Renate winkt ab. „Deckt ihr den Tisch im Cockpit, derweil möchte ich kurz mit Karl reden. Allein!"

„Was ist los mit Marion? Hat sie wirklich zu viel getrunken? Das ist doch sonst nicht ihre Art", möchte Karl wissen.

„Karl, ich habe bemerkt, in den letzten Tagen lief das nicht so mit dir und Marion. Das ist eure Sache. Aber ich will dich etwas fragen: Magst du Marion und würdest du ihr einen Fehler verzeihen?"

Karl ist betroffen, offensichtlich sind da schlimme Sachen passiert. Deshalb nickt er nur und antwortet kurz: „Ja!"

„Das ist gut! Weißt du, ich mag Marion auch. Sie ist zwar manchmal etwas überdreht, aber ich glaube mit ihr kannst du Pferde stehlen, oder?"

Karl nickt wieder: „Ja!"

„Ihr Fehler war, dass sie sich zu einem Drink einladen ließ

und offenbar haben die ihr da etwas hinein getan. Jedenfalls weiß Marion nicht genau was heute Nacht passiert ist, sie ist auf dem Deck wieder aufgewacht und nun schämt sie sich. Vor allen Dingen vor dir!"

Karl atmet auf: „Und ich dachte schon, sie wäre verletzt oder so was."

„Ja Karl, sie ist verletzt. Ihre Seele und ihr Selbstbewusstsein sind angeschlagen. Sehr! Aber sie hat auch viel gelernt, heute Nacht. Hilfst du ihr?"

Karl nickt wieder und zögert einen Moment, er muss das erst mal verarbeiten: „Klar helfe ich ihr, ich möchte doch ihr Kumpel bleiben."

Renate klopft ihm auf die Schulter: „Das ist gut, denn ich habe ihr doch gesagt, dass es auch noch anständige Männer gibt. Und ich möchte euch doch beide auf unserem nächsten Törn dabei haben. Auch wenn du mit Hinni wegen der Regatta klüngelst und ihm Tipps gibst."

Karl guckt schuldbewusst: „Das weißt du?"

Renate lacht: „Natürlich weiß ich das. Ich finde das ja auch in Ordnung. Gewinnen werde ich aber trotzdem! Lass Marion jetzt erst mal schlafen und heute Nacht teile ich euch gemeinsam zur Wache ein, dann könnt ihr reden."

Nach dem Frühstück geht Renate, flankiert von Karl und Jan, zum Hafenamt in Mgarr. Customs & Immigration steht über der Glastür zum Eingang. Innen ist ein klimatisierter Raum mit zwei Schreibtischen, aber nur einer ist besetzt. Renate erklärt auf Englisch, dass sie vor zwei Tagen in Valletta einklariert hätten und nun wieder das Land verlassen wollen.

Gelangweilt schaut der Beamte von seiner Zeitung auf:

„Boatpapers, please!"

Renate gibt ihm alle Dokumente, die Reisepässe und die Quittungen der bezahlen Liegegebühren. Der Beamte nimmt alles an sich, er studiert die Papiere und dann führt er verschiedene Telefongespräche. Schließlich stempelt er einige Papiere und reicht sie mit den Reisepässen zurück.

„Okay! Der Zoll ist erledigt. Aber sie müssen noch auf die Polizei warten, damit die Crewliste verglichen wird. Bitte setzen sie sich, der Kollege wird gleich hier sein." Er nimmt seine Zeitung wieder auf.

Nach fünf Minuten wird Renate ungeduldig: „Wann kommt ihr Kollege denn nun? Wir haben es eilig und können nicht warten." Der Beamte greift wieder das Telefon, entschuldigt sich und teilt dann mit, dass es nur noch einen kurzen Moment dauert.

Weitere fünf Minuten vergehen und Renate steht auf, stellt sich vor den Schreibtisch des Beamten und fordert: „Ich möchte jetzt unverzüglich ausklarieren. Wenn der eine Beamte nicht da ist, muss es doch einen Stellvertreter geben. Und außerdem, wir sind Bürger Europas, wenn sie uns an der Ausreise hindern, werden wir uns beschweren."

Der Beamte zuckt mit den Schultern, spricht wieder in das Telefon und verkündet dann, dass der Polizeibeamte gerade einen Raubüberfall aufzuklären habe und nicht abkömmlich sei. Er schicke aber einen Ersatzmann und der sei in fünf Minuten hier.

„Gut", Renate setzt sich wieder, „Fünf Minuten. Dann verlassen wir das Land."

Fünf, sechs Minuten vergehen. Renate nickt Karl und Jan zu, Aufbruch heißt das, und stellt sich wieder vor dem Beamten auf: „Wir haben jetzt fünfzehn Minuten gewartet, obwohl wir als EU-Bürger hier überhaupt nicht einklarieren müssten. Wir verlassen jetzt das Land. Sie können uns natürlich hindern, aber dann werde ich mich bei der Botschaft beschweren."

Sie dreht sich um und will den Raum verlassen. Der Beamte versucht sie zu halten: „Warten sie doch einen Moment. Es wird sich gleich alles klären. Wenn sie jetzt gehen, muss ich die Coast Guard verständigen."

Renate aber bleibt hart: „Tun sie das. Aber ich verständige auch gleich meinen Botschafter. Der Fall kommt dann vor den Europarat!"

Sie winkt Karl und Jan, alle verlassen den Raum.

„So jetzt aber fix", verlangt Renate, „schnell zum Schiff, aber nicht rennen! Und dann sofort Leinen los, Richtung Italien. Und du Karl, schaust gleich, wie weit das Hoheitsgebiet von Malta reicht. Ich lass mich doch nicht von so einem Sesselpupser verarschen."

Atemlos kommen sie auf dem Schiff an. Hinni schaut verwundert aber bevor er fragen kann, ruft Renate ihm zu: „Alarmstart! Leinen los und ab!"

Auf dem Steg reißt sie gerade noch den Stromstecker aus dem Kasten, wirft ihn an Deck und schon ist sie am Ruderrad und startet den Motor.

„Hinni, Mooringleine los, Karl und Jan, Achterleinen los!" Die Leinen sind kaum ins Wasser geklatscht, da macht das Schiff auch schon Fahrt, Richtung Hafenausfahrt. Lass jetzt bloß keine Fähre in den Hafen einlaufen, betet Renate. Ihr Wunsch wird zwar erhört, aber eine auslaufende Fähre überholt sie mit immer schneller werdender Fahrt und zwingt sie brutal zum Ausweichen, fast können sie die Hafenmauer mit

Händen greifen, so eng wird es. Mit Vollgas donnert Renate aus dem Hafen heraus.

Jan versucht Hinni zu erklären, was los ist. Dass sie jetzt illegal das Land verlassen, berichtet er, weil Renate nicht auf den Polizisten warten wollte und das der andere Beamte jetzt gerade in diesem Moment die Coast Guard, die Küstenwache, verständigt. Erregt schließt er: „Die werden auf uns schießen, wenn wir nicht sofort umkehren!"

Hinni lacht: „Das finde ich ja prima. Mit Renate kannst du echt was erleben. Spannung und Abenteuer, das wolltest du doch! Hast jetzt eben ein bisschen mehr zum Angeben im Finanzamt. Wenn du das überhaupt noch mal sehen solltest, falls du das hier überlebst."

Bald sind sie drei Meilen von der Küste Maltas entfernt und als achteraus immer noch kein Schiff der Küstenwache erkennbar ist, entspannt Renate sich ein wenig und nimmt das Gas ein wenig zurück. Sie übergibt Jan das Ruder und bittet Karl an den Kartentisch, um die Route zu besprechen.

„Wir können auf direktem Weg nach Korfu, das sind etwa dreihundertsiebzig Meilen", stellt Renate fest, nachdem sie den Übersegler studiert hat. „Oder wir machen einen kleinen Umweg an der italienischen Südostküste entlang, sozusagen an der Sohle und der Hacke des Stiefels vorbei. Was sagt eigentlich der Wetterbericht?"

„Nichts genaues, wie immer! Für das Ionische Meer sind umlaufende Winde zwei bis drei Beaufort gemeldet, dass heißt auf Deutsch, wir haben kaum Wind. Später soll es dann einmal Nordwest drei bis vier werden."

„Das ist nicht gut", findet Renate, „das heißt wir werden hauptsächlich unter Motor fahren. Haben wir soviel Sprit?"

Karl springt ins Cockpit um die Dieseltankanzeige zu lesen. „Ich schätze mal, da sind noch einhundertfünfzig Liter drin!"

Renate überschlägt kurz den Verbrauch: „ich glaube, das reicht nicht, wenn wir die ganze Strecke unter Motor fahren müssen. Was machen wir, zurück und in Malta noch mal tanken?"

„Nein bloß nicht!" Karl wehrt energisch ab und studiert das Handbuch: „Hier in Crotone in Italien gibt es einen Hafen. Zum Liegen taugt der zwar nicht, aber es gibt eine Tankstelle dort."

Er schätzt kurz die Entfernungen auf der Seekarte ab: „Crotone liegt ungefähr auf halber Strecke. Bis dort müsste der Sprit auf jeden Fall reichen."

Renate entscheidet und versammelt alle im Cockpit, außer Marion, die noch in der Koje liegt: „Gut, dann halten wir jetzt einmal auf das Kap Passero an der Südostecke von Sizilien zu. Dann fahren wir einen Nordostkurs, das heißt genau 38 Grad, damit kommen wir nach Crotone. Und von dort können wir die Nordspitze von Korfu ansteuern. Einverstanden?"

Wie erwartet hat keiner Einwände, aber alle überschlagen im Kopf die Fahrtzeit und die eventuelle Ankunftszeit in Korfu. Hinni fragt in Richtung Karl und Jan: „Sagt mal, wann fliegen wir eigentlich von Korfu ab? Ich denke ihr habt schon Flüge gebucht."

Eigentlich wollte keiner an Rückflug denken, aber da Hinni nun mal die Frage anspricht ... Karl antwortet: „Weiß ich auch nicht so genau. Die Tickets hat Marion. Morgens oder mittags glaube ich, nach Bremen."

„Ja, aber welcher Tag?"

Jan erinnert sich: „Am Sonntag, meine ich!"

Karl schlägt sich vor den Kopf: „Am Sonntag? Und heute ist Donnerstag! Das heißt, wir fliegen schon in knapp siebzig Stunden? Das schaffen wir doch gar nicht?"

Er rechnet nach: „Mit dem Tankstopp in Crotone sind das 380 Meilen bis zum Nordkap von Korfu. Dann noch mal zehn Meilen nach Gouvia. Bei fünf Knoten durchschnittlicher Fahrt über Grund, wenn wir das überhaupt schaffen, sind das über siebzig Stunden. Das wird aber verdammt knapp."

Renate kommt ihnen zu Hilfe: „Wenn wir sowieso unter Motor fahren, können wir auch noch einen Zahn zulegen, ich gehe mal von sechs Knoten aus. Ihr könnt ja unterwegs schon alles packen, wir legen in Gouvia irgendwo an, wo es Taxis gibt und ihr könnt direkt zum Flughafen."

Hinni ist damit nicht einverstanden, ihm gefällt überhaupt die ganze plötzliche Hast nicht: „Aber du kannst doch nicht alleine das Schiff ins Winterlager bringen? Saubermachen, Motorscheck und Ölwechsel, Aufslippen, da ist ja noch viel zu tun. Dafür brauchst du uns doch! Ich meine, das ist doch nicht richtig, wenn du uns zum Segeln einlädst und dann lassen wir dich mit der Arbeit allein sitzen. Ich jedenfalls bleibe. Es gibt ja wohl noch andere Flüge."

Jan meldet sich vom Ruder: „Aber dieser Flug ist gebucht und bezahlt! Vielleicht gibt es noch spätere Flüge, aber die müssen wir neu buchen und bezahlen. Wer weiß was die kosten. Und außerdem muss ich ja Montag wieder zur Arbeit."

Karl hakt ein: „Marion muss ja auch wieder arbeiten. Ich hätte ja wohl noch Zeit, genau wie Hinni, aber was ist mit unserem Flug?"

Renate winkt ab: „Das ist lieb von euch, dass ihr helfen wollt. Flüge buchen wäre nicht das Problem, dass könnte ich von unterwegs machen, mit dem Smartphone, sobald wir wieder ein Netz haben. Aber sorgt euch nicht, ein bisschen Saubermachen kann ich schon, da wärt ihr nur im Weg. Und den Rest macht die Werft. Fliegt ihr mal, wie geplant. Das wären doch nur unnötige Kosten für euch!"

Jan greift zum Gashebel: „Aber erst mal müssen wir rechtzeitig in Korfu ankommen. Sechs Knoten sollten wir schon mindestens machen, oder?" Er legt den Hebel nach vorne, der Motor quittiert das mit sattem Gebrumme und bald sind sie alleine auf dem Meer: Malta ist hinter ihnen im Dunst verschwunden, Sizilien liegt noch hinter dem Horizont.

Später am Nachmittag, Sizilien ist schon deutlich Backbords voraus zu erkennen, kommt Marion wieder an Deck. Noch blass und mit Ringen unter den Augen: „Bin wieder da", meldet sie sich, „auferstanden von Toten. Tut mir leid, wenn ihr heute Morgen Stress wegen mir hattet."

Renate winkt ab: „So sind wir eben etwas früher aus der Koje gekommen. War ganz gut so!" Und dann informiert sie Marion über den Kurs, den sie gewählt haben und das sie etwas in Zeitnot sind.

„Hast du denn die Tickets? Damit wir noch mal prüfen können", fragt Karl.

Marion verschwindet im Niedergang und wühlt in einer ihrer Taschen: „Abflug von Korfu nach Bremen am Sonntag um elf Uhr fünfunddreißig! Wolltet ihr das wissen?", ruft sie nach oben.

Renate geht auch nach unten: „Muss mal eben die Nase pudern", entschuldigt sie sich. Bevor sie die Toilette ansteuert, hält sie Marion fest, die gerade wieder nach oben will: „Ich habe Karl nur erzählt, dass sie dir etwas in das Getränk getan haben. Mehr nicht. Der Rest ist deine Sache!"

„Danke", flüstert Marion zurück, „das vergesse ich dir nicht!"

„Dann sind wir ja von richtigen Annahmen ausgegangen", stellt Renate fest, als sie wieder im Cockpit ist, „ich schlage mal vor, von jetzt an teilen wir wieder Wachen ein und die halten wir auch am Tag durch. Die nächsten drei Nächte werden wir ja kein Land sehen. Also: Karl mit Marion von sechs bis zehn", sie schaut auf die Uhr, „ihr könnt gleich anfangen – und Hinni mit Jan dann von zehn bis zwei. Und so weiter!"

Jan und Hinni bereiten das übliche Essen vor, Spaghetti mit Tomatensauce und heute protestiert nicht einmal Renate, Hinni wäscht mit Renate ab und dann legt sich die Freiwache in die Kojen.

Die See ist ruhig, es weht kaum Wind, Karl sitzt hinter dem Ruderrad, sie haben gerade das Kap Passero passiert, der Autopilot ist auf den neuen Kurs eingestellt und er beobachtet die See um sich herum. Neben ihnen steht die Sonne nur noch wenig über den Bergen von Sizilien. Marion setzt sich neben Karl und eine Weile sitzt sie schweigend dort. Schließlich holt sie Luft: „Karl, was heute Nacht passiert ist, tut mir leid. Renate hat dir alles erzählt?"

Karl nickt: „Ja, war es schlimm?"

Marion überlegt was und vor allen Dingen wie sie es erzählen soll. „Ganz schlimm Karl ..."

Plötzlich wird sie von einem lauten Rotorengeräusch unterbrochen und bald sehen sie beide einen Hubschrauber herannahen. Ganz tief fliegt er direkt auf sie zu, umrundet das Schiff einmal und hängt sich dann nur wenige Meter über den Mast, so scheint es. Die Luft vibriert, ein heftiger Luftstrom kommt von oben, das Biminitopp flattert und kleine Wellen bilden sich auf dem Wasser.

„Karl, die wollen was von uns", ruft Marion entsetzt.

Inzwischen sind auch alle anderen ins Cockpit gestürzt, vom Geräusch des Hubschraubers aus der Koje gerissen.

„Ja um Gotteswillen, was soll denn das? Die hängen gleich im Mast fest! Die spinnen doch. Das sind doch Cowboymanieren!" Renate ist entrüstet.

Karl bleibt unentwegt auf Kurs: „Wenn die was wollen, sollen die sich melden. Jedenfalls kommen die nicht von Malta, das sind Italiener." Der Hubschrauber trägt den Schriftzug *Guardia Finanza* und das Italienische Hoheitszeichen.

„Und wenn die Malteser um Unterstützung gebeten haben und die uns nun suchen?" Jan ist ganz aufgeregt. Er schaut ostentativ in die Runde: „Oder wird hier jemand wegen Steuerhinterziehung gesucht?" Schließlich sind es seine Italienischen Kollegen, dort oben in der Luft.

Hinni grinst: „Jedenfalls nicht in Italien!"

Karl versucht äußerlich ruhig zu bleiben: „Die sollen sich erst mal melden. Ausreißen können wir jetzt sowieso nicht mehr. Wahrscheinlich versuchen die uns jetzt über Funk zu erreichen, aber wir sind ja nicht verpflichtet, das Gerät auch angeschaltet zu haben."

Mittlerweile hat sich der Hubschrauber hinter das Heck gesetzt und fliegt auf Parallelkurs mit gleicher Geschwindigkeit. „Helicopter Guardia Finanza calling sailing vessel", tönt es plötzlich durch den Lärm aus dem Hubschrauber, „please switch on your VHF Channel sixteen!"

Der Ruf wird mehrere Male wiederholt bis Renate resignierend die Schulter zuckt und sagt: „Dann müssen wir ja wohl!"

Sie schaltet das Funkgerät an und wartet. Lange dauert es nicht, dann meldet sich der Hubschrauber über Funk: „This is Italian Guardia Finanza Helicopter, calling sailing Vessel, please confirm!"

Renate meldet sich brav: „This is German sailing yacht *Makan Angin*, calling Italian helicopter. Over!"

Dann stellen die Beamten aus dem Hubschrauber eine Menge Fragen: Welche Flagge führt das Schiff, wo ist es registriert, wer ist der Eigner, ob der Eigner an Bord sei, wo das Schiff gekauft und die Mehrwertsteuer bezahlt wurde, wie viel Personen an Bord sind und wo man hinwill.

Während des Gespräches werden sie immer wieder von einer zweiten Person im Hubschrauber mit einem Fernglas beobachtet. Das Deck, die Aufbauten und alle erkennbaren Ausrüstungsgegenstände werden genau fixiert. Renate versucht alle diese Fragen zu beantworten und schließlich sind die Beamten zufrieden.

„Thank you for your cooperation and have a good sailing", verabschieden sie sich und dann verschwindet der Hubschrauber in der Dämmerung in Richtung Sizilien.

„Was sollte das nun?", fragt Renate entrüstet und erleichtert zugleich.

Jan hat eine Vermutung: „Ich habe davon gehört, dass viele Italiener ihre Yachten im Ausland mit einem niedrigen Mehrwertsteuersatz kaufen und das Schiff dort auch registrieren lassen. Das Schiff wird dann nie offiziell in Italien eingeführt und dem Finanzamt entgeht die Mehrwertsteuer."

„Ja, aber die muss dann doch im Ausland bezahlt werden", stellt Renate fest.

„Schon, aber eine geringere, wie zum Beispiel in Deutschland. Stell dir eine große Yacht vor, Kostenpunkt eine Million. Wenn der Unterschied in der Mehrwertsteuer zwischen beiden Ländern zum Beispiel fünf Prozent beträgt, hast du glatt fünfzigtausend Euro gespart. Das lohnt sich doch."

„Und die wollten jetzt wissen, ob wir tatsächlich Deutsche sind", vermutet Renate. „Aber das muss ich mir merken. In welchen Ländern ist die Mehrwertsteuer eigentlich am geringsten, Jan?"

Jan tut entrüstet: „Soll ich dir jetzt bei der Steuerhinterziehung helfen? Weiß ich nicht, da habe ich kaum mit zu tun. Aber ich kann fragen, wenn du willst."

Renate winkt ab: „Nein, lass mal. Aber vielleicht komme ich später mal drauf zurück. Ich gehe jetzt wieder in die Koje."

Bald ist das Cockpit wieder leer, bis auf die Wache natürlich. Renate hat vorher noch die Positionslampen und das Radargerät für die Nacht angeschaltet. Sie gleiten durch die Dunkelheit dahin. Karl schweigt und Marion überlegt wie sie das vorhin begonnene Gespräch fortsetzen soll.

Plötzlich klammert sie sich an Karl und schluchzt: „Das war so eine Scheiße, Karl. Ich hätte nie mitgehen oder zumindest mit Renate zurückgehen sollen. Aber plötzlich hat mich die Situation gereizt: Der Luxus und der Champagner haben mich bedüdelt und gelöst und ich wollte plötzlich etwas erleben. Die Männer waren zuerst ja auch nett, besonders Walter, wir haben getanzt und ich dachte, warum nicht. Aber dann weiß ich plötzlich nichts mehr, die Schweine haben mir K.O. Tropfen gegeben und mich benutzt! Ich weiß von nichts mehr, nur dass ich heute Morgen mit zerrissenem Kleid auf deren Achterdeck lag und mir nur noch ein Handtuch geklaut habe, um nicht nackt durch den Hafen zu laufen."

Karl erwidert ihre Umarmung nur zögernd: „Aber wieso musst du mit jedem Mann ins Bett, nur nicht mit mir?"

„Ach Karl, ich will doch nicht mit jedem ins Bett, nur manchmal reizt es mich auszuprobieren, wie scharf die Männer auf mich sind, besonders wenn sie attraktiv sind oder Geld haben. Das gibt mir ein Gefühl von Macht. Und dann kann ich nicht mehr zurück, einmal weil es fies wäre und zweitens, weil ich selber ja auch Lust bekomme. Mit dir zu schlafen ist was anderes."

„Was ist anders mit mir", fragt Karl.

„Bei den anderen weiß ich, dass es nur für eine Nacht oder auch nur für den Moment ist. Dann ist es vorbei, ich habe meine Lust und mein Machtgefühl genossen und Spaß gehabt. Wahrscheinlich sehe ich den Typen nie wieder und das ist gut so. Aber an dir könnte ich hängen bleiben! Ich habe dir schon mal gesagt, dass ich kein Heimchen bin, ich brauche meine Freiheit, ich mag keine Bindungen."

„Aber ich mag dich doch, Marion!" Karl legt seinen Arm nun fester um sie.

Ein Zucken und ein letztes Schluchzen geht durch Marions Körper: „Sag das noch einmal", bittet sie.

„Ich mag dich!"

„Auch nach dem was letzte Nacht passiert ist? Und du meine Einstellung kennst?"

„Ja!"

„Du bist so lieb Karl. Ich möchte gerne deine Freundin und dein Kumpel sein und bleiben. Auch deine Geliebte, gelegentlich! Aber wenn wir jeder unsere Freiheit behalten könnten und ich das weiß, vielleicht hilft mir das. Und wenn du Lust hast und scharf auf mich bist, dann sag es einfach und nimm mich! Aber danach werde ich mich nicht aufs Sofa mit dir setzen, ins Kerzenlicht starren und mir Liebesschwüre oder deine Pläne von einer gemeinsamen Wohnung anhören. Zu viel Nähe würde alles verderben, ich mag mich auf dich freuen und mich nach dir sehnen, wenn du weit weg bist. Wahre Liebe entsteht nicht durch Nähe, sondern durch Sehnsucht!"

Karl schweigt, er muss das alles erst einmal verarbeiten.

Marion rückt auf seinen Schoss und streichelt sanft sein Gesicht: „Meinst du das klappt? Ich darf dein Kumpel sein und meine Freiheit behalten?"

Karl fühlt sich plötzlich leicht. Es erregt ihn, wenn Marion sich an ihn drückt: „Ja, ich denke schon. Wir versuchen es! Ich kenne jetzt deine Einstellung, du kennst mich. Ich versuche dich nicht einzuengen und du fühlst dich nicht gleich bedrängt, wenn ich einfach gerne mit dir zusammen bin und dich begehre. Sehe es einfach als ein Kompliment an dich."

Marion drückt sich ganz fest an ihn: „Danke Karl, ich möchte dich nicht verlieren. Du bist für mich so etwas wie ein ruhender Pol. Wir versuchen es. Und jetzt habe ich unheimlich Lust auf Sex mit dir!"

Sie versucht sein Hemd aufzuknöpfen und seine Brust zu streicheln. Dann nimmt sie Karls Hand und schiebt sie unter ihr Shirt und legt sie auf ihre Brust. „Komm' Karl, streichele mich ein wenig!"

Karl stammelt: „Wenn du jetzt ... also ... ich halte das nicht aus ..."

Marion streichelt ihn tiefer, versucht seinen Gürtel auf zu bekommen: „Karl, ich will dich jetzt, hier auf der Stelle und ich fühle, du willst es auch. Komm!"

Die Nacht ist dunkel, der Autopilot steuert unbeirrt seinen Kurs und beide hoffen, dass diese Wache noch lange nicht zu Ende ist.

Am nächsten Morgen können sie schon das Leuchtfeuer Spartivento an der Spitze des Italienischen Stiefels erkennen. Die ganze Nacht war die See still und auch jetzt weht kein nennenswertes Lüftchen. Sie haben sich alle zu einem späten Frühstück während des Wachwechsels im Cockpit versammelt.

Hinni ist unzufrieden: „Ich kann den Scheißmotor bald nicht mehr hören! Wir können doch bis Korfu nicht nur mit Maschine fahren, da muss doch mal Wind kommen. Jetzt haben wir schon vierundzwanzig Stunden Flaute, das ist doch nicht normal!"

Alle hätten sich einen anderen Abschluss des Törns gewünscht, noch einmal eine rauschende Fahrt unter vollen Segeln und Gischt an Deck ...

„Tja, so ist das nun mal. Ich würde euch ja gerne etwas Wind herbei zaubern. Aber ich kann den auch nicht einfach so aus dem Ärmel schütteln", antwortet Renate.

Hinni grinst: „Schade das du keine Jungfrau mehr bist!"

Renate tut entrüstet und wird tatsächlich ein wenig rot: „Hinni, was soll das denn nun wieder?"

„Also, es ist eine alte Regel unter Fahrensleuten, dass sofort Wind kommt, wenn eine Jungfrau am Mast kratzt", erklärt Hinni. „Und wenn sich eine unverheiratete Frau an Bord zur Jungfrau erklärt hat und es kam trotzdem kein Wind, dann war sie eben keine Jungfrau mehr. Die Regel ist hundertprozentig sicher!"

„Ja und jetzt? Wo willst du eine Jungfrau hernehmen? Also

ich komme dafür bestimmt nicht in Frage", stellt Marion klar und errötet in Erinnerung an die letzte Nacht. „Aber wie wäre es mit dir Jan?"

Jan macht ein böses Gesicht: „So'n Blödsinn!"

Hinni aber lässt das Thema keine Ruhe, er will Wind. Aufmerksam beobachtet er die See, jeder noch so winzige Wellenkringel auf der glatten Wasseroberfläche wird sorgsam analysiert, ob sich daraus nicht ein Sturm oder zumindest ein Windhauch entwickeln könnte. Schließlich kommt ein wenig Leben in den Windmesser und er zeigt für eine Weile sechs Knoten Wind an, halber Wind, genau von der Seite, besser geht es nicht. Er springt auf: „Segel setzen, sofort. Hilf mir Jan!"

Renate lässt die beiden gewähren: Wenn Hinni jetzt gebremst wird, ist der Bordfrieden wahrscheinlich dahin, denkt sie. Er muss sich austoben. Letzte Nacht hat er ihr erzählt, dass er am liebsten an Bord bleiben würde, bei ihr, und keine Lust hat, nach Hause zu fliegen. Ganz fest hat er sie an sich gedrückt, als ob er sie nie wieder loslassen wolle. Und sie hat ihm klarmachen müssen, dass auch sie nach Hause zurück muss, sie muss sich um das Geschäft kümmern, um die Kinder und es keine gute Idee wäre, wenn er ihr dorthin folgt. Schließlich hat Hinni das eingesehen aber sie hat ihm mehrere Male versprechen müssen, dass sie ihn besucht, so bald wie möglich und so lange wie möglich. Aber für ihn ist das natürlich nur die zweitbeste Lösung und er ist deshalb unzufrieden. Soll er sich austoben!

Hinni und Jan schleppen den Blister auf das Vordeck und setzen ihn. Schlaff hängt die gewaltige Stoffbahn herab, bläht sich nur einige Male im Wind. „Karl, wie viel Knoten bringt das?", fragt Hinni von vorne.

„Weniger als Null. Das bremst höchstens. Holt den Lappen

mal wieder runter!"

„Quatsch, das bremst doch nicht! Aber ich kann ja noch mit dem Spibaum ausbaumen." Der Spibaum wird aus der Masthalterung gelöst, Hinni befestigt das untere Ende im Schothorn des Blisters und dann lässt Jan den Baum herab. Nun fällt zwar der Blister nicht mehr andauernd ein, aber schneller wird das Schiff auch nicht.

Jan hat mittlerweile aber auch Spaß an den Aktionen gewonnen und er schlägt vor: „Wir können ja noch das Großsegel setzen und die Genua. Kuttertakelung." Renate lässt auch ihn gewähren, jedes bisschen Aktivität lenkt von dem Zeitstress ab, unter dem sie alle stehen.

Sie schaut auf die Tankanzeige, der Zeiger steht weit in der unteren Hälfte. Sie überlegt: Wir müssen auf jeden Fall in Crotone tanken, aber wann kommen wir dort an? Karl und Marion haben sich inzwischen in die Koje gelegt, also muss sie selber an den Kartentisch.

Sie ruft Hinni zu: „Ich gebe mal nach unten, a weng Navigation machen. Du hast ja alles im Griff hier oben!"

Sie trägt die aktuelle Position in die Karte ein, misst die Distanz nach Crotone und errechnet die ungefähre Ankunft.

Mitten in der Nacht, stellt sie fest, da hat natürlich keine Tankstelle geöffnet, zumindest nicht in der Marina. Sie schaut im Handbuch nach: Geöffnet ab sechs Uhr morgens, steht dort. Ein Zeitverlust, der alle noch nervöser machen würde.

Sie geht wieder an Deck und drosselt den Motor. Besser jetzt etwas weniger Fahrt machen und exakt am Morgen in Crotone ankommen, als dort ab Mitternacht Kreise im Hafen zu fahren.

Hinni schaut auf: „Wieso gibst du weniger Gas. Ist was?"

„Nein, alles in Ordnung, aber ich versuche etwas wirtschaftlicher zu fahren, sonst reicht womöglich der Sprit nicht!"

Hinni hebt die Hand: „Verstanden, gute Idee", heißt das.

Leider muss Hinni erkennen, dass bei wenig Wind auch die größtmögliche Segelfläche nichts nutzt, um das schwere Schiff in Fahrt zu bringen. Aber er und Jan sind beschäftigt: Bei jedem Windhauch wird die Segelstellung verändert, aufmerksam werden die Wellenkringel beobachtet, Prognosen angestellt, nur das Wichtigste fehlt – Wind.

Jan überlegt, was die großen Windjammer früher gemacht haben, wenn sie in den Kalmen bei wochenlanger Flaute fest hingen: Alle Mann in die Beiboote und rudern. „Hey, wir können doch das Schiff mit dem Dinghy ziehen. So wie die auf der Bounty!"

Hinni tippt sich an die Stirn: „Jan, dich hat der Klabautermann gebissen! Erstens haben wir kein Dinghy und zweitens läuft unser Motor!"

Jan kratzt sich verlegen am Kopf: „Ach ja!" Das wäre ja auch zu schön gewesen, wenn sie jetzt durch seinen genialen Einfall gerettet würden und er im Finanzamt als Held da stehen würde.

Als Hinni dann aber noch verlangt, dass Renate jedem leisesten Windhauch nachfährt, nötigenfalls auch wieder zurück, protestiert sie. „Jetzt aber mal ernsthaft: Spielt ihr mal weiter mit den Segeln. Aber lasst mich meinen Job machen. Wir wollen doch ankommen!"

„Nee, eigentlich nicht", gibt Hinni leise zu, „vergiss den Scheißflieger!" Er setzt sich zu ihr auf die Ruderbank und legt seinen Arm um sie und seinen Kopf auf ihre Brust: „Ich bin schon angekommen, ich will bei dir bleiben!"

„Hinni, dass können wir nicht machen! Denk an Marion

und Jan. Die haben einen Job und einen Chef!"

Vorsichtig hebt sie seinen Kopf: „Setzt noch ein paar Segel, schrubbt das Deck oder holt mir was zu trinken. Wir werden pünktlich in Korfu ankommen. Verlass dich drauf!"

Zum Glück nimmt der Wind ein klein wenig zu und Hinni hat wieder etwas zu tun: Genua runter, damit der Blister den Wind besser einfangen kann, das Großsegel wird ordentlich getrimmt, er spielt mit den Schoten und dann bittet er Renate, den Motor auszumachen. Sie tut ihm den Gefallen, das bisschen Zeitverlust kann leicht wieder aufgeholt werden.

„Und? Wie viel Fahrt machen wir?" will Hinni wissen.

„Eins Komma sechs Knoten!"

Hinni probiert weiter, zupft an den Trimmleinen, holt Zentimeterweise an die Schoten und fiert sie wieder. Nach einer Weile stellt er befriedigt fest, dass aus diesem Schiff bei diesem Wind nicht mehr Geschwindigkeit herauszuholen ist.

„Scheiße", sagt er laut zu Jan und Renate, aber er ist sich ganz sicher: Die Regatta werde ich gewinnen. Karl muss nur das richtige Revier mit wenig Wind finden!

Am nächsten Morgen kurz genau um sechs Uhr laufen sie in der ersten Morgendämmerung in den Hafen ein. Die Tankstelle ist schnell gefunden, ein einsames Licht brennt dort, aber noch ist niemand zu sehen. Karl steht am Ruder und er legt das Schiff vorsichtig an.

Renate springt an Land, zieht die Leinen durch die Ringe und gibt sie Jan zurück, der sie an Deck belegt. Suchend läuft Renate um die Tankstelle herum, niemand zu sehen. In dem Hafen legt unterdessen eine andere Segelyacht ab und kommt auf die Tankstelle zu. „Still closed?" fragt der Skipper, als sie in Rufweite sind.

„Yes, nobody there!", antwortet ihm Renate.

Der Skipper zückt sein Handy wählt ein Nummer und spricht einige Sätze. „Okay, una momento!", ruft er dann Renate zu.

Tatsächlich kommt nach wenigen Minuten ein Moped herangeknattert, ein Mann steigt ab und schließt die Tankstelle auf. „Sorry, sorry!", entschuldigt er sich und reicht Jan den Zapfhahn.

Bald ist der Tank voll, Jan holt die Bordkasse, bezahlt den Diesel und dann sind sie wieder auf See. „Sechs Uhr dreißig", stellt Renate für das Logbuch fest. „Gutes Timing."

Karl und Marion machen das Frühstück, die Sonne kommt gerade über den Horizont und färbt die See vor ihnen blutrot. Die letzten vierundzwanzig Stunden an Bord haben begonnen.

„Noch hundertfünfundzwanzig Meilen", stellt Karl nach dem Frühstück fest. „Das ist knapp! Wir sollten morgen spätestens um neun in Korfu ankommen."

Marion legt den Gashebel nach vorne: „Wird schon klappen!"

Auch an diesem Tag weht kaum Wind, gelegentlich macht sich ein leiser Windhauch spürbar, aber selbst Hinni verzichtet darauf, die Segel zu setzen. Alle suchen ihre Klamotten zusammen, packen in ihre Taschen, was nicht unbedingt noch gebraucht wird. Keiner redet viel, alle sind mit ihren Gedanken beschäftigt, sie denken an den Törn, der ihnen so viel Neues gebracht und vielleicht auch ein bisschen das Leben verändert hat.

Renate ist stolz, dass sie ihre Aufgabe als Skipperin erfüllt und das Schiff ohne Schäden und Verluste überführt hat. Die Ostfriesen haben sich als nette, verlässliche Menschen erwiesen und wie es mit Hinni weitergeht: Sie wird sehen und das Beste daraus machen. Auf jeden Fall war es eine schöne Zeit.

Hinni vergleicht den Törn mit den früheren Fahrten auf seinem Jollenkreuzer, die *Moi Wicht*! Was die jetzt wohl macht? Spartanisch geht es dort zu, kaum Instrumente gibt es, dafür werden mehr Instinkt und Gefühl für das Segeln benötigt. Er hat seinen Traum erfüllt und das Mittelmeer gesehen – und Respekt bekommen. Es ist nicht unbedingt ein einfaches Revier und die Spielzeuge an Bord, wie GPS, Radar und Echolot haben hier durchaus seinen Sinn. Und es macht Spaß, damit umzugehen. Und für seine nächste Zukunft hat er Ziele: Renates Besuch und die Regatta im nächsten Jahr. Und vielleicht wird er Vorsitzender im Verein – oder soll Karl das lieber werden? Da wird er noch drüber nachdenken.

Jan hat den Törn genossen, Spannung und Abenteuer erlebt, wie er es sich erhofft hatte. Aber wie wird es zu Hause sein, wie steht er zu Birgit? Sie haben kaum Kontakt gehabt während seiner Abwesenheit, ist die Liebe vorbei? Auch ihrerseits? Hier muss einiges geklärt werden, beschließt Jan. Entweder oder! Er wird eine klare Aussage machen und dann soll Birgit sich entscheiden: ein Kind ohne *ihn* oder *ihn* ohne Kind!

Karl ist froh, dass seine Beziehung zu Marion geklärt ist, fürs erste jedenfalls. Jedenfalls herrschen klare Verhältnisse. Und er braucht wieder einen Job, schnell. Zwar wird er nie Millionär, das ist ihm klar, aber weiter herum zu lungern und versuchen bei Marion auf dem Schoß zu liegen, das ist auch kein Leben. Gleich Montag wird er eine Personalberatung anrufen, er ist vielseitig und da wird es doch irgendwo auf der Welt einen Job für ihn geben.

Marion ärgert sich immer noch über das Abenteuer in Mgarr. Scheiß Kerle. Aber es gibt ja auch andere: Hinni, der würde so etwas nie tun, auch Jan nicht, obwohl der immer so geil auf ihren Busen starrt. Aber soll er ruhig, das ist doch eher ein Kompliment. Und Karl! Sie ist froh, dass Karl zu ihr hält, das wird sie ihm hoch anrechnen. Das er eine Frau, die sich wie eine schäbige Nutte aufgeführt hat, noch achtet und anerkennt. Und sie immer noch mag. Vielleicht ist er kein Mann fürs Leben, er ist auch kein Millionär, aber eine Konstante in ihrem Leben, das wünscht sie sich.

Spontan nimmt Marion Karl in den Arm: „Danke, das du mich mitgenommen hast! Danke, dass du mich magst! Bleib mein guter Freund, bitte!"

Karl weiß nicht wie ihm geschieht, aber er wehrt sich nicht, als Marion seinen Kopf in ihre Hände nimmt und ihn lange und ausgiebig küsst.

„Was ist das denn nun?", fragt Hinni neugierig. Sollte Karl endlich ..., er würde es ihm ja gönnen.

„Was das ist?", antwortet Marion. „Ein ganz neues Gefühl."

Und nach einer kurzen Besinnung setzt sie zu einer kleinen Rede an: „Danke Renate, das du uns diesen Törn ermöglichst hast. Du bist nicht nur eine gute Skipperin, sondern auch ein guter Kumpel. Ich habe viel gelernt auf diesem Törn. Das Wesentliche ist", sie sieht Karl an, „dass man eigentlich doch keinen Millionär braucht, um im Luxus zu leben. Mir ist soeben klar geworden, dass man Luxus auch ganz anders definieren kann: Luxus ist zum Beispiel das wunderschöne Gefühl von Sonne auf nackter Haut und den Wind in den Haaren ... Oder das man nicht irgendetwas tun muss oder haben muss, das man weder braucht, noch das es sonst eine wichtige Bedeutung hätte ... Oder sich auf dem Steg in freier Natur mit einem Schlauch zu duschen, der warmes Wasser hat, weil er so lange in der Sonne lag ... Auch das Abenteuer, mit alten klapprigen Bussen zu fahren ist purer Luxus. Busse, die einen hautnah mit Land und Leuten zusammen bringen. Die auch einmal einen Umweg fahren, weil die Menschen stolz auf ihre Heimat sind und diese einem Ausländer zeigen wollen ... Oder der Luxus des unvergleichlichen Geschmacks von sonnengereiften Tomaten, die nach Tomaten schmecken und die einem ein flirtender Verkäufer eingepackt hat ... Das Gefühl der Selbstbestätigung, Wind und Welle zu beherrschen, einen Sturm zu durchstehen, aber den Respekt vor der See niemals zu verlieren... Sich von defekten Wasserleitungen und anderen Mängeln nicht aufhalten und die Freude verderben zu lassen, weil wir sie alleine reparieren können oder es zumindest notgedrungen lernen ... Die Erfahrung zu machen, wie toll Sekundenkleber eingerissene Nägel wieder repariert ... Der Luxus, in kurzen, traumlosen Nächten tiefen und erholsamen Schlaf zu finden ... Luxus ist Glücklich sein, Hoffnungen zu haben und von guten Gedanken beseelt zu sein. Und nicht zuletzt, gute Freunde zu haben, die einen verstehen und tolerieren."

Alle klatschen Beifall, aber keiner hat dazu etwas zu sagen. Viel wäre noch hinzuzufügen, aber nicht alles kann mit Worten ausgedrückt werden.

Hinni bringt es auf den Punkt: „Wie in der Kirche, Marion. Wenn der Pastor so schön predigen würde, könnte es besser auf dieser Welt aussehen. Aber ich glaube, die meisten würden es nicht verstehen!"

Auch Renate ist beeindruckt. Sie geht in die Pantry und

kommt gleich darauf mit einer gekühlten Flasche Sekt und fünf Gläsern wieder herauf: „Danke für deine kleine Rede, Marion. Ich kann dir nur zustimmen. Trinken wir auf das Leben. Und auf uns alle!" Und als alle einen Schluck getrunken haben, hebt sie noch einmal das Glas: „Auf unseren nächsten Törn!"

Die Bordroutine wird fortgesetzt: Der Kurs ist eingestellt und braucht nur gelegentlich überprüft werden, kein Wind kommt auf, die Wachen wechseln im Vierstundentakt, Mahlzeiten werden zubereitet und gegessen und früh am Sonntagmorgen, noch bevor die Dämmerung eingesetzt hat, fahren sie erst an den Inseln Othoni und Errikousa vorbei und dann, gerade als Karl und Marion Hinni und Jan mit der Wache ablösen, kommt das Kap Aikaterini an der Nordspitze von Korfu in Sicht.

Etwas weiter voraus ist Albanien im Dunst zu erkennen.

Karl stellt den Autopiloten ab und steuert von Hand an der Küste entlang, immer einen guten Abstand haltend, weil in der Dämmerung Felsen und Steine noch nicht auszumachen sind.

Renate bereitet das Frühstück zu. Die letzte Mahlzeit an Bord. Sie fahren an den Buchten Stephanos, Kouloura, Kalami und Agni vorbei, neidvoll auf die hier ankernden Yachten blickend und dann schließlich kommt die Marina Gouvia auf der Insel Korfu in Sicht. Zwei Tonnenpaare weisen die Einfahrt in die Bucht und dann sehen sie die vielen Masten in der Marina.

Renate hat das Handbuch aufgeschlagen: „Am besten, wir fahren nicht gleich in die Marina herein, dann erspart ihr euch das Einklarieren und die ganzen Formalitäten. Wir legen am besten an der Pier dort drüben an, wo die Charterbüros sind. Dort gibt es bestimmt auch Taxen und ihr verliert keine Zeit."

Eine Meile noch, ein relativ kurzer Moment, keiner muss

reden. Das Anlegemanöver klappt wie am Schnürchen und dann liegt das Schiff am Pier. Schweigend werden die Taschen aus dem Schiff geholt und auf den Pier gestellt, Renate geht zu einem der Charterbüros und bittet, ein Taxi zu bestellen. Das ist auch sofort da, die Taschen werden in das Auto geladen und dann stehen sie alle herum.

„Macht es nicht so schwer Leute", sagt Renate, „ich mag auch keine Abschiede. Es war toll mit euch, kommt gut nach Hause und guten Flug."

Sie nimmt Marion in den Arm, dann Jan und Karl und zuletzt Hinni. Ganz fest drückt sie ihn und beide flüstern gleichzeitig: „Auf Wiedersehen in Ostfriesland, bald! Ganz bald!"

Anmerkung des Autors

Liebe Leserin,
Lieber Leser,

dieses Buch ist hier zu Ende. Ich hoffe, es hat Ihnen gefallen und Sie sind für ein paar Stunden in die Welt von Renate und Hinni eingetaucht, haben geschmunzelt, gelacht, mit ihnen gefühlt, sich geärgert und gelitten.

Wenn es so war, freue ich mich – und ich hätte eine kleine Bitte: reden Sie darüber. Oder twittern Sie, schreiben Sie einen kurzen Blogbeitrag oder eine Rezension auf ihrem bevorzugten eBook-Shop.

Denn Mund-zu-Mund-Werbung ist für uns Indie-Autoren das gleiche, was Atmen für Nichtautoren ist – lebenswichtig. Wir brauchen den Umsatz und Leserfeedback hält unsere Motivation oben, so dass Sie schon bald ein weiteres Buch ihres Lieblingsautoren lesen können.

Weitere Informationen über mich und meine Buch- und andere Projekte finden Sie auch unter www.HaraldRisius.de

Ihr
Harald H. Risius

Über den Autor

Harald H. Risius ist in Greetsiel an der Nordseeküste aufgewachsen. Die Nähe zur Nordsee, der Betrieb auf den Fischkuttern, die Gewissheit eines schützenden Deiches und eine kleine Dorfschule, in der einfaches, aber praktikables Wissen vermittelt wurde, haben seine Kindheit und sein künftiges Denken und Handeln entscheidend geprägt.

Nach der Schule folgte eine Lehre als Bootsbauer und dann – weil er doch lieber eine eigene Segelyacht besitzen als anderer Leute Schiffe bauen wollte – ein Studium der Holztechnik an der Fachhochschule in Rosenheim.

Das mit der eigenen Yacht musste noch warten, abgesehen von einer kleinen Segeljolle, die er sich mit siebzehn baute und wieder verkaufte, als die Bundeswehr ihn unbedingt haben wollte.

Es verschlug Harald Risius beruflich bald nach Asien und er sah sich dort mit einer völlig anderen Kultur, Werten und Normen sowie ewig lächelnden Menschen konfrontiert. Hier wuchs sein Interesse an gesellschaftspolitischen Themen und seine gelassene Einstellung zu manchen vermeintlichen politischen und wirtschaftlichen Problemen, die uns Europäern sehr wichtig erscheinen, den Rest der Welt aber ziemlich kalt lassen.

Irgendwann hat es dann doch mit der eigenen Yacht geklappt und Harald Risius hat mit seiner Frau Regine viele und lange Törns auf der Ostsee und vor allen Dingen im Mittelmeer gesegelt. Zur Zeit lebt er im Chiemgau und ist auf seiner Segelyacht *Makan Angin* entweder auf dem Chiemsee oder auf Chartertörns in weltweiten Revieren zu finden.

Weitere spannende Segelromane und packende Ostfriesland-krimis mit Hinni und Renate finden Sie hier:

Harald H. Risius
„Kreuz im Süden" als Kindle-E-Book ab Herbst 2015
erscheint im RichterVerlag

Klappentext:
Ein Segeltörn in der Südsee: Gestandene Männer, Ureinwoh-ner Ostfrieslands sozusagen, kaum des Hochdeutschen mäch-tig, geschweige denn anderer Fremdsprachen, ordnen sich einer Skipperin unter, die dazu aus dem Fränkischen kommt und die in Krisensituationen gerne wieder in ihre heimische Mundart zurückfällt – kann das gut gehen? Es kann.

Und so berichtet Autor Harald H. Risius von einem spannen-den Segeltörn mit all den kleinen und großen Problemen, die ein gechartertes und schlecht gewartetes Boot mit sich bringt. Vor allem aber erzählt er über das unglaublich schöne Gefühl, auf den Spuren Captain Cooks auf dem Pazifischen Ozean zu segeln: Von ruhigen Ankernächten, aber auch von gewaltigen Gewittern, von Fischen und Farben, vom Elmsfeuer und vom Kreuz des Südens – von der Erfüllung eines Lebenstraums.

Harald H. Risius
„Regatta mit Nebenwirkungen"
Ein Ostfrieslandkrimi
ISBN: 978-3981707816 Taschenbuch
ASIN: B00PE1SXBS Kindle-E-Book
erschienen im RichterVerlag

Klappentext:

Nicht nur auf der Kieler Woche wird hart um den Regattasieg
gekämpft, die Mitglieder des Segel Clubs am Großen Meer
haben nicht weniger Ehrgeiz. Allerdings hat die letzte Regatta
eine unerwünschte Nebenwirkung: Eine Leiche liegt im Cockpit. Hinni wird verdächtigt, den Rivalen umgebracht zu haben.
Oder war das ganz anders?

Ungewöhnlich für einen Ostfriesenkrimi ist, dass hier ein
Kommissar aus Franken ermittelt, dem Schiffe und Wasser
eigentlich suspekt sind. Er und seine Auricher Assistentin
tappen lange im Dunkeln und müssen tief in die erotischen
Abgründe des Segel Clubs abtauchen. Ist hier das Motiv für
den Mord zu suchen?

Harald H. Risius gibt nicht nur Einblicke in die Seglerszene,
sondern beschreibt in diesem Nordseekrimi seine Heimat Ostfriesland mit allen Eigenarten und der liebenswerten Schrul-
ligkeit seiner Bewohner. Tatorte sind das Große Meer, der
Fischerort Greetsiel und das Wattenmeer mit der Bantsbalje.

Ein spannender Krimi aus Ostfriesland, mit Erotik, Lust und
Leidenschaft.

Harald H. Risius
„Kreuzfahrt in Gefahr"
Mehr als ein Ostfrieslandkrimi
Taschenbuch: „Heiliger Krieg – Sündiger Frieden"
ISBN: 978-3981707830
ASIN: B00SHZJJL6 Kindle-E-Book
erschienen im RichterVerlag

Klappentext:
Es geht in diesem spannenden Roman um zwei ungewöhnli-
che Morde mitten im beschaulichen Ostfriesland. Hatten die
Opfer etwas mit dem Islamismus zu tun? Geht es um eine erotische Beziehung, die aus dem Ruder gelaufen ist? Woher kam
das Geld, das bei einem der Opfer gefunden wurde? Oder sind
tatsächlich religiöse Fanatiker am Werk?

Hinni und Renate werden bei einem Segeltörn auf der Ems
von einem Gewitter überrascht, Renate geht über Bord und
dann schlägt auch noch ein Blitz in den Mast. Sie suchen Hilfe
in einer Marina und werden unfreiwillig in die Ereignisse
um einen geplanten, terroristischen Bombenanschlag auf ein
Kreuzfahrtschiff bei der Überführung auf der Ems verwickelt
und geraten dabei in Lebensgefahr. Gelingt es ihnen rechtzeitig den Täter zu stoppen und Schlimmeres zu vermeiden?

Hauptkommissar Helmut Brunner, ein gebürtiger Franke
der Wasser und alles was darauf treibt nicht mag, und seine
ostfriesische Assistentin Susi Wildtfang stehen erneut vor
einem schwierigen Fall.
Mehr als ein Ostfrieslandkrimi – ein Thriller, der ein heißes Thema
aufgreift und Ostfriesland in das Visier von Anschlägen und Mor-
den rückt, die eigentlich immer nur woanders passieren.

Harald H. Risius „Mord mit Risiken"
Ein Ostfrieslandkrimi
Taschenbuch: „Heiliger Krieg – Sündiger Frieden"
ISBN: 978-3981707854 Taschenbuch
ASIN: B014YYBR9K Kindle-E-Book
erschienen im RichterVerlag
Klappentext:
Am frühen Morgen treibt ein Segelboot im Schilf am Großen
Meer. An Bord befindet sich ein Pärchen – beide nackt und tot.
War Eifersucht im Spiel? Hat der Mord etwas mit den Grund-
stücksspekulationen um ein Hotelprojekt zu tun? Oder war es
eine Verwechselung? Brunner, der fränkische Hauptkommis-
sar, dem Wasser und Boote suspekt sind, ermittelt recht erfolg-
los von Land aus und macht sich keine Freunde.

Plötzlich fallen weitere Schüsse. Der Fall bekommt eine neue
Perspektive, ein Auftragskiller ist unterwegs. Werden Brunner
und Susi es rechtzeitig schaffen, den Mörder zu stoppen? Es
gibt dramatische Szenen bei einer Wattwanderung nach Baltrum und auf einer Segelyacht in der Nordsee vor Norderney.
Eine Bombe wird gefunden und schließlich muss die Küstenwache eingreifen ...

Harald Risius nimmt seine Leser mal wieder mit nach Ostfriesland, lässt sie Nordseeluft schnuppern, die Landschaft
erleben und sich mit den manchmal eigenwilligen Einwohner
auseinandersetzen. Sie bestehen das Ostfriesenabitur mit dem
Hauptfach „Selbstironie" und stoßen darauf mit „Friesengeist" an.
Dies ist der dritte Ostfriesenkrimi aus der Reihe „Sail & Crime
mit Hinni und Renate" von Harald Risius. Bisher erschienen:
„Regatta mit Nebenwirkungen" und „Kreuzfahrt in Gefahr".

Gesellschaftskritische und humoristische Erzählungen finden sich in dem Buch:

Harald H. Risius
„Aufgewacht – Angedacht"
ISBN: 978-3981707847 Taschenbuch
ASIN: B00Y8Y3ZY2 Kindle-E-Book
erschienen im RichterVerlag

Klappentext:

Vor mehr als vierzig Jahren gingen Yoko Ono und John Lennon zusammen ins Bett, um gegen den Krieg zu protestieren. Das damals berühmteste Künstlerpaar der Welt machte seine Flitterwochen öffentlich und verkündete aus dem Bett heraus: „Make love, not war!" Sie sollen auch gesagt haben, dass viele Menschen am Leben geblieben wären, wenn Hitler und Churchill einfach im Bett geblieben wären. In Onos und Lennons Szene wird das Bett zum politischen Instrument der bildenden Kunst.

Als Schauplatz von Geburt, Liebe, Krankheit und Tod, als Ort jeglicher menschlicher Ausdrucksform, in der Geschichte in jeder Kultur zu finden, gehört das Bett wohl zu den am häufigsten in der Kunst reproduzierten Gegenständen. Nicht selten hat seine Darstellung sinnbildliche Bedeutung: Das Bett als Grundlage menschlicher Existenz. Ein Großteil der Menschen wird auf einem Bett geboren, man könnte sagen, dass das unerklärliche Wunder des Lebens auf einem Bett seinen Anfang nimmt.

Auch das Paar Auguste-Elisabeth und Hugo geht eine seiner Lieblingsbeschäftigungen im Bett nach: Nämlich dem Zwiegespräch. Ganz gleich, ob es um den Klimawandel, um Erotik unter dem Tschador oder Frust, Alkohol und Nikotin geht, es gibt kaum ein Thema, über das sich nicht zur Schlafenszeit oder gleich nach dem ersten Augenaufschlag vortrefflich diskutieren ließe. Gemeinsam gehen sie dem Zeitgeist und vermeintlichen Missständen auf den Grund und denken zu Ende, was unsere Politiker in vielleicht guter Absicht, aber ohne Sachverstand begonnen haben. Sie finden Lösungswege, die ihnen plausibel erscheinen und den Leser schmunzeln lassen.

Intelligent, ironisch und erfrischend – ein Beziehungsbuch, das sich mit dem Zeitgeist und den sich daraus ergebenen wichtigen Problemen befasst: Ein Buch in dem Männer zuhören und Frauen mit Sicherheit einparken können.

Dies ist die überarbeitete und erweiterte Neuauflage des Buches „Bettgespräche" von Harald H. Risius